朝鮮時代의 史官研究

金慶洙 著

國學資料院

머 리 말

　조선시대사의 연구에 있어서 다른 분야에 비해 사학사가 상대적으로 부진한 것이 현실이다. 사학사 분야 중에서도 '당대사학사', 즉 實錄의 편찬과 성격, 의의 등에 대한 연구는 더욱 미비하다. 그런데 실록에 대한 연구는 史官에 대한 이해와 분리하여 생각할 수 없다. 따라서 사관의 활동은 곧 실록의 편찬 및 실록에 반영된 역사의식과 직결된다.
　許愼의 『說文解字』에 보면, '史'란 일(事)을 기록하는 사람, 字體는 '手'와 '中'의 합성어라고 정의되어 있다. 여기서 '中'은 '正'을 의미하므로, 史란 곧 '正手' 즉 '바르게 쓴다'라는 의미를 함축하고 있다. 원래 '中'이 의미하는 바는 중국 고대 제후의 祭禮에서 弓射의 적중 수를 세는 것이었다. 활의 적중 수를 세는 사람은 활을 쏜 자의 지위나 권력, 친분여하를 막론하고 공명정대해야 함은 자명하다. 따라서 史(사관)는 궁사의 적중 수를 비롯하여 대소아문의 시행사를 左·右로 치우침 없이 중용을 지키면서 공정하고 정확하게 기록하는 사람, 즉 도덕적 객관성을 가지고 역사 사실을 기록하였던 인사를 의미한다.
　사관의 기사 활동은 군주의 통치행위 및 대소 신료들의 정치 행위를 견제할 수 있는 수단이 되었다. 따라서 이들의 직제나 활동에 대한 연구는 유교정치 이념이 현실 정치에 실현되었는가 여부를 가름할 수 있는 중요한 근거를 제공한다. 사관은 현재 일어나고 있는 사실을 기록하여 후세에 교훈을 주었다. 따라서 이들이 기록한 내용이 무엇이었는가를 당시에는 볼 수 없었지만, 정국의 변동에 큰 영향을 끼쳤다. 대간에게 탄핵되면 당대 관료 생활을 못하는 것으로 끝나지만, 사관에게 폄하되면 후세에 영원히 전해져 본인은 물론 자손과 가문에 누를 끼쳤던 것이다. 이러한 사실은 사관의 기사활동이 매우 의미있었음을 시사하는 것이다.

본서는 필자의 박사학위 논문(『朝鮮 中宗代의 史官硏究』, 1996년)내용을 바탕으로 하였다. 그 동안 본문의 내용을 상당 부분 수정하였으며, 學會에서 발표한 몇 편의 논문을 보충하였다. 필자가 과문한 탓에 논리의 비약이나 잘못된 해석이 있을 수 있으나, 전체적인 論旨는 체계적으로 史官의 職制와 활동을 이해할 수 있도록 노력하였다.

본문의 내용 중 미비한 점이 상당히 많고, 학계에 일정부분 기여할 수 있을까하는 의문이 들면서도, 만용을 부리게 되었다. 이는 이제까지 공부한 바를 정리하여 앞으로 더욱 정진하겠다는 생각때문이다. 그리고 무엇보다도 아직까지 조선시대 史官의 직제와 활동에 대한 본격적인 연구서가 없고, 史草와 實錄 편찬 등에 대한 체계적인 이해가 필요하다는 생각에서였다.

필자가 공부를 계속할 수 있고, 한국사에 대한 안목과 비판적 대안을 가질 수 있었던 데는 주위 여러 분의 아낌없는 사랑과 조언, 질책이 있었기에 가능하였다. 받은 만큼 돌려드릴 수 없는 현실적인 한계 때문에, 늘 죄송스럽고 답답한 마음이지만, 더욱 열심히 학문에 정진하겠다는 것으로 이 자리를 빌어 고마움에 대신하고자 한다.

먼저 필자의 어리석음을 넓은 마음으로 이해해 주시고, 끊임없는 애정으로 지켜보아 주신 지도교수 최근묵 선생님께 감사드린다. 필자가 흔들릴 때마다 잡아주셨고, 언제나 용기와 사랑을 베풀어주신 선생님의 고마움은 감히 표현하기가 어렵다. 학부시절부터 곧은 가르침을 주신 충남대학교 국사학과 선생님들과 항상 격려와 사랑을 베풀어주신 대전대학교 전수병 선생님께 감사 말씀을 드린다. 여러 가지로 미비한 논문임에도 불구하고 꼼꼼하게 읽고 지적해주신 서강대학교 정두희 선생님, 충북대학교 차용걸 선생님, 김수태 선생님 등 논문심사위원들께 감사의 말씀을 드린다.

그러나 무엇보다도 이 자리를 빌어 감사드려야 할 분은 필자에게 공부하는 자세와 역사인식의 방법론을 가르쳐 주신 한국정신문화연구원의 정구복 선생님이다. 선생님은 본서가 나오기까지 연구의 방향을 제시하여 주셨음은 물론, 직접 발굴하셨던 많은 분량의 '史草'와 '日記' 자료를 제공해 주셨다. 그리고 바쁘신 중에도 원고를 직접 읽고 하나하나 지적해 주심으로써 필자의 무리한 해석과 논리의 비약을 막아주셨다. 본서의 곳곳에 선생님의 교시와 학설이 그대로 반영되어 있음은 이러한 연유이다. 이 책의 내용으로 하여 혹시 선생님의 學德에 누를 끼치는 것이 아닌가 걱정된다. 그러나 본서로 인하여 야기될 수 있는 文責은 전적으로 필자에게 있다.

모든 면에서 재주도 없고, 학문도 둔한 사람을 만나 평소의 아기자기한 재미를 잃어버린 아내(변재순, 천안여상 근무)와 두 아이(윤지, 기중)에게 진정으로 미안한 마음을 금할 수 없다. 항상 물심양면으로 도움이 되어 주신 어머님과 장모님께도 이 조그만 책자로 감사함을 대신하고자 한다. 이 분들 외에 감사드릴 분이 너무 많지만, 일일이 거명하지 못함에 죄송할 뿐이다.

본서의 내용만으로 사관에 대한 이해와 의문이 모두 풀리지 않는다. 그리고 부족한 점이 많으며, 여전히 풀리지 않는 과제도 많다. 이는 전적으로 필자의 과문한 탓이며, 앞으로 이러한 의문과 부족한 점에 대한 본격적인 연구와 체계화를 시도해보리라는 것으로 당장의 책임을 면하고자 한다.

경제적으로 어려운 여건에도 불구하고, 대중성이 부족한 본서를 흔쾌히 발간해주신 國學資料院의 鄭贊溶 사장님과 체계적으로 정리되지도 않은 원고의 편집과 교정작업을 해주신 韓鳳淑 실장님 및 편집부 여러분께 감사드린다.

1998.

김 경 수

目 次

머리말 • 3
緒 論 ………………………………………………………… 13

第Ⅰ部 史官 制度의 確立

第1章 史官의 任用 ……………………………………… 29
第1節 資格 要件 ……………………………………… 29
第2節 任命 節次 ……………………………………… 34

第2章 史官의 職制 ……………………………………… 40
第1節 兼任史官의 運營과 性格 …………………… 40
第2節 外史의 運營과 性格 ………………………… 74
第3節 女史의 設置와 性格 ………………………… 104

第3章 史官의 職務 ……………………………………… 115
第1節 入侍 …………………………………………… 117
第2節 史草의 作成 …………………………………… 138
第3節 時政記의 作成 ………………………………… 156

第4節 其他 活動 ……………………………………………………… 167

第4章 史官의 成分과 社會的 背景 …………………………………… 169
　　第1節 史官의 成分 ……………………………………………………… 169
　　第2節 史官의 社會的 背景 …………………………………………… 177

第Ⅱ部　現存 史草의 分析

第1章 專任史官의 史草 …………………………………………………… 201
　　第1節 中宗朝 權撥의 史草 …………………………………………… 202
　　第2節 中宗朝 權輗의 史草 …………………………………………… 233
　　第3節 仁祖代 鄭泰齊의 史草 ………………………………………… 264

第2章 兼任史官의 史草 …………………………………………………… 285
　　第1節 中宗代 盧守愼의 春秋館日記 ………………………………… 285
　　第2節 仁祖代 '兼春秋日記' …………………………………………… 303

第Ⅲ部　實錄의 編纂과 保管

第1章 實錄의 編纂과 保管 ……………………………………………… 313

第2章 實錄 編纂의 實 例 ………………………………………………… 315
　　第1節 燕山君日記의 編纂過程과 編纂官 …………………………… 327
　　第2節 仁祖實錄의 編纂過程과 編纂官 ……………………………… 342
　　第3節 編纂官의 性格 …………………………………………………… 357

第3章 實錄의 史論 ·· 362
　第1節 史論의 作成 ·· 362
　第2節 朝鮮前期 實錄의 史論 ·· 371
　第3節 史論의 性格 ·· 379

結　論 ··· 384

附　錄

부록1) 太祖 1年부터 太宗 1年까지 예문춘추관 관원 일람표 ·········· 393
부록2) 專任史官(太祖~明宗) 一覽表 ·· 394
부록3) 仁祖代 兼春秋日記 目錄 ·· 415
부록4) 燕山君日記 編纂官 名單 ·· 428
부록5) 仁祖實錄 編纂官 名單 ·· 431

◆ 參考文獻 ·· 437
◆ 英文槪要 ·· 445
◆ 索　引 ·· 451

◈ 표 목 차 ◈

1- 1) 예문관과 춘추관의 변화 • 43
1- 2) 예문관의 관제 변화 • 48
1- 3) 춘추관의 관제 변화 • 54
1- 4) 춘추관 겸관 표 • 60
1- 5) 수령 중 외사 겸임자 • 90
1- 6) 도사 중 외사 겸임자 • 95
1- 7) 문과 급제자 최고 관직표(1392년부터 1600년까지) • 175
1- 8) 중종조 사관 역임자의 최고 관직표 • 176
1- 9) 중종조 사관 배출 가문 및 인원 수 • 181
1-10) 『용재총화』 소수 거족 가문 사관 배출 현황표 • 184
2- 1) 한원일기와 실록 기사의 동이점 • 215
2- 2) 한원일기와 실록의 사론 비교 • 217
2- 3) 당후일기와 실록 기사의 동이점 • 224
2- 4) 당후일기와 실록의 사론 비교 • 225
2- 5) 무인일기와 실록 기사의 동이점 • 229
2- 6) 마애 사초의 내용 • 240
2- 7) 조광조의 공신 개정에 동조한 인물 • 256
2- 8) 사론의 내용(정태제 사초) • 279
2- 9) 인조대 겸춘추일기 분류표 • 304
3- 1) 명종실록의 편찬 실 예 • 320
3- 2) 연산군일기 편찬관 급제시 성적 • 336
3- 3) 3명 이상 참여한 가문 • 338

3- 4) 조선전기 실록의 사론 • 371
3- 5) 중종실록에 수록된 사론의 분포 • 376
3- 6) 사론의 내용별 분류 • 378

緒 論

　역사의 효용성은 과거의 사실을 통하여 현재의 교훈(鑑을)과 미래에 창조적 대안을 제시하는데 있다. 따라서 과거의 사실 그 자체는 현재의 우리에게 교훈을 준다는 점에서 의미를 부여할 수 있는 것이다. 더욱이 歷史家의 입장에서 볼 때, 역사를 인식하는 역사적 자료에 있다는 점에서 과거의 사실이 가지는 의미는 매우 크다고 할 수 있다.

　그러나 과거의 사실이 모두 역사서에 기록될 수 있는 것이 아니고, 후세에 전해져 교훈을 줄 수 있는 것은 아니다. 과거의 사실 중에서 현재적 의미를 부여할 수 있거나, 당시의 시대상 규명이 가능하며, 나아가 당시 역사상을 규명할 수 있는 '歷史的' 사실이 되기 위해서는 역사가의 서술, 즉 筆力이 요구된다. 따라서 歷史家는 철저한 객관성과 도덕성에 근거하여 과거 사실을 이해해야 할 것이며, 또한 공정한 평가태도와 서술의식을 유지해야 한다.

　이와 같이 볼 때, 당대의 역사 사실을 객관적으로 이해하는데 누구보다도 중요한 역할을 수행한 인사들은 史官이라고 할 수 있다. 이들은 '掌記時政'의 임무를 띠고 당대의 사실을 빠짐없이 기록·정리하여 후세에 전하였을 뿐만 아니라, 후세에 권계하는 임무까지 수행하였다. 따라서 사관의 직제 및 활동에 대한 연구는 우선 제도사적 이해가 선결되어야 한다. 그러나 이들의 활동이 당대의 역사 사실을 기록하는 것으로 당시 역사상의 이해와 직결되기 때문에, 사학사의 한 분야라고 할 수 있다.

중국은 傳說의 시대인 황제 때부터 孔甲·倉頡·沮誦 등의 사관이 있었다[1]. 그런데 공갑 등의 실존 여부는 후세인의 口傳에 의한 것이기 때문에, 실제로 사관이 존재했음은 알 수 없다[2]. 그러나 殷·周이래로 太史·小史·內史·外史·左史·右史·御史·柱下史·州史·閭史·女史 등 사관의 명칭은 물론 직무가 갖추어지기 시작하였다[3]. 즉 일찍부터 문자가 제작되었고, 중앙과 지방에 사관을 설치하여 군주의 언행과 대소아문의 시행사를 모두 기록하였음을 살필 수 있다.

우리 나라에서 삼국 이전의 사실을 수록하고 있는 문헌의 존재여부는 기록의 미비로 알 수 없다. 그런데 고구려 영양왕대『留記』, 백제 근초고왕대『書記』, 신라 진흥왕대『國史』 등의 사서가 편찬되었다는『三國史記』의 기사를 근거로 삼국시대에 사서의 편찬이 이루어졌음을 알 수 있다.

그런데 신라의『國史』편찬 관련기사[4])에서는 사서 편찬의 목적이 교훈을 위한 것과 이의 편찬을 위하여 편찬관이 별도로 구성되었음을 살필 수 있다. 즉 6세기에 이미 사서의 편찬을 위한 편찬관이 구성되었고, 이들이 각기 정해진 부분을 분담하여 편찬하는 '분찬'의 형식이 있었을 것이라는 개연성을 확인할 수 있다. '광범하게 모집한 文士'라는 표현에서의 '文士'란, 말 그대로 문학하는 선비이지만, 다른 표현으로 '史官'을

---

1) 劉知幾,『史通』, 史官建置篇.
2) 卓用國,『中國史學史大要』, 探求堂, 1986.
3) 中山久四郎,『支那史學發展史』, 四海書房, 1935.
4) 가)『三國史記』卷4, 眞興王 6年 7月.
   "伊湌異斯夫奏曰 國史者 記君臣之善惡 示褒貶於萬代 不有修撰 後代何觀 王深然之 命大阿湌居柒夫等 廣集文士 俾之修撰."
   나)『三國史記』卷44, 居柒夫傳.
   "眞興大王六年乙丑 承朝旨 集諸文士 修撰國史 加官波珍湌."

의미하는 것이 아닌가 짐작된다. 그러나 이 시기에 역사 편찬의 주무부서인 春秋館(史館)이 설치되지 않았기 때문에 단정지을 수는 없다.

'史館(春秋館)'은 고려 초기 光宗代 비로소 설치되었는데5), 唐나라의 제도를 바탕으로, 송나라의 제도를 적용시켜 운영하였다. 史館이 설치되었다는 사실은 일정한 관점에 의해 역사가 계속 편찬될 수 있는 여건이 마련되었음을 의미한다. 당시의 職制는 2품 이상 재상급 관료가 겸하는 감수국사·수국사·동수국사와 3품 이하 6품 이상의 문한관이 겸하여 국사를 직접 수찬하는 수찬관, 그리고 기사를 직접 기록하는 直史館으로 편성되었다.

고려의 史館制는 무신집권기와 원 간섭기를 거치면서 명칭과 기능의 큰 변화를 겪었으며, 기사의 내용도 정치권의 영향을 받아 객관적이지 못하였다. 우왕 원년에 예문관과 통합되어, '藝文春秋館'으로 운영되다가 조선왕조에 계승되었다.

조선왕조 건국직후에는 고려말 藝文春秋館제를 계승하여 운영하다가, 태종 1년 관제 정비시 분리하여, 예문관은 詞命의 제찬, 춘추관은 時政의 기록을 담당하도록 하였다. 그리고 예문관에는 녹관, 춘추관에는 겸관으로 편성하여, 두 기관의 독립성을 부여하였다. 그러나 두 기관은 여전히 동일시되었으며, 대표적인 문한 기구로서 인식되었다. 그리고 예문관의 전임관(奉敎·待敎·檢閱)에게 춘추관의 기사관을 겸임시키면서 전임사관의 임무를 수행하도록 하였다. 이들을 통상 '翰林'이라고 하였으며, 兩司·홍문관과 함께 조선시대 관료 조직 중 淸職으로 대표되었다. 官階上으로는 말단이었지만, 史官에 한 번 제수되면 가문의 영광으로 생각할 정도로 누구나 연망하는 직책이었다.

대간에게 폄하되면 관료생활을 못하는 것으로 그치고, 왕에게 미움받

---

5) 鄭求福, 「高麗時代 史館과 實錄編纂」, 『第3回 國際學術會議論文集』, 韓國精神文化研究院, 1984.

으면 귀양을 갔지만, 사관에게 한 번 폄하되면 후세에 영원히 전해져 권계되었다. 이런 점에서 군주를 비롯하여 조정의 관료들은 모두 사관의 기사 내용에 대해서 민감하였으며, 왕도정치에 벗어나는 정책 수립이나 집행, 유교적 명분에 어긋나지 않는 태도를 견지하였다. 이러한 사실로 볼 때, 조선사회에서 왕권과 신권의 안정적인 조화가 이루어질 수 있었던 것은 삼사의 언론 활동에서 기인한 바 크지만, 사관의 기사 활동으로 영향받은 바도 크다고 할 수 있다.

조선왕조 건국의 주인공들은 건국 직후부터 당대 일어난 사실의 정확한 기록과 역사상의 정립에 많은 노력을 기울였다. 즉 고려 시대의 청산과 새 왕조 건설에 따른 사상 체계의 확립, 사서의 편찬·보급을 시대적 과제로 인식하였다. 이러한 과제를 해결하기 위하여 **前朝史, 前代史** 및 **建國史**, 그리고 당대사(실록)의 편찬에 적극적이었다. **따라서** 새로운 왕조 건설이라는 현실적인 필요성의 고조에 따라 조선초기 역사학은 창업의 정당성과 지배체제의 구축을 위해 강한 정치성을 띠었다. 이러한 정치성은 고려시대사의 정리, 고조선이래 정통성을 계승한 국가임을 천명하려는 전시기 역사의 체계화, 그리고 선대가 온갖 시련을 겪으면서 창업의 기초를 닦았으며, 결국 천명을 받아 건국하였음을 홍보하려는 건국사의 정리에 노력하였다. 이러한 작업과 함께 당대 **政治·經濟·社會·文化·思想·軍事·外交** 등의 사실을 종합한 실록의 편찬을 통하여 건국 이후 자신들이 전개한 정치가 잘 되었음을 강조하였다.

이중 당대사인 실록은 전 왕조 이래의 실록 편찬 전통을 계승하여 당대의 정치가 잘 되었음을 나타내기 위한 목적과 함께 군주의 통치 행위를 비롯한 국가의 **公的** 행위는 정확하게 기록되어 후세에 감계를 주어야 한다는 신념이 반영되어 편찬되었다. 따라서 실록에는 군주의 언행과 **時政事**, 대소 신료들의 시비득실, 국가의 **治亂盛衰**, 인물과 시정사에 대한 도덕적 포폄 등이 모두 수록되어 있다. 신하들의 獨對를 금지하거나, 임금의 거동시 반드시 史官을 대동하도록 하여 공개 정치를 지향하였던 것도 당대 일어난 사실은 반드시 기록되어야 하고, 비밀사가 있어 기록되지 않거나 숨겨지는 것이 없어야 한다는 지배층의 강한 의식과 연관된다.

실록의 편찬을 위해서는 우선 실록청의 구성이 필요하였다. 실록청에는 영의정을 비롯한 당시 집권 관료층들이 총재관 이하 기사관까지 품계에 맞추어 편성되었다. 그리고 실록을 편찬할 때는 史草와 각사 등록류6), 승정원일기, 시정기, 개인문집, 야사, 조보 등의 방대한 자료가 이용되었다. 이중 시정기와 승정원일기를 비롯한 각사 등록류가 군주의 거동·언행과 각 관서의 시행사 등을 서술한 일종의 공문서라고 한다면, 사초·개인문집·야사 등은 군주부터 향촌의 幼生까지, 현부와 시비득실 등이 포폄되어 있는 개인 일기류라고 할 수 있다. 따라서 실록의 편찬시에는 위의 두 자료, 즉 관공서의 공문서를 비롯하여 개인적인 관심사에 따라 작성된 일기류까지, 당대 역사 사실을 수록하고 있는 모든 자료들이 망라되었다. 이는 당대사인 실록의 철저한 정리와 편찬을 통하여 후세에 감계를 주겠다는 강한 의지와 직결된다.

조선시대의 史官은 전임사관과 겸임사관으로 구분된다. 전자는 예문관의 전임관으로 춘추관의 기사관을 겸임하였던 奉敎(정7품·2명)와 待敎(정8품·2명), 檢閱(정9품·4명) 등 8명을 말하며, 후자는 경외의 각 아문에 소속되어 本職을 수행하면서 춘추관의 직책을 겸임하였던 인사들을 의미한다. 전임사관은 『翰苑題名錄』 등 역대 김열직 수행사를 수록한 문서가 전해지고 있어 확인이 용이하다. 그런데 겸임사관은 현재 수행하고 있는 本職 여부에 따라 겸임여부가 달라지기 때문에 확인이

---

6) 각 행정 관서에서 왕의 전교 중 업무에 해당되는 敎旨와 각 관서에서 기안하여 재가를 받은 판지들을 일기체로 정리하여 모은 것으로, 각 행정부서의 업무와 책임, 권한을 살필 수 있는 근거가 된다.

용이하지 않다. 그러나 이들의 임무는 당대의 역사 사실을 정리하는 것이었으며, 후세에 끼친 영향도 매우 컸다. 따라서 이들은 역사의 교훈을 위한 실질적인 역할은 물론 당대사의 체계화에 기여하였던 존재라고 할 수 있다.

여기서 잠시 역사가의 자격, 역할과 영향 등에 대해서 살펴보자. 宋의 曾鞏은 역사가로서의 조건과 자격에 대해, '옛 사람이 말한바 良史란 그 명철함이 만사의 이치를 반드시 족히 두루 알아야 하고, 道義는 반드시 족히 천하의 용도에 적당해야 하며, 지혜는 족히 알기 어려운 의미를 통해야 하고, 文詞는 드러나기 어려운 情抒를 발해야만 史家의 소임을 칭송 받을 수 있다.'[7]라고 하였다. 즉 명철, 도의, 지혜, 문학적 능력 등이 뛰어나야만 유능한 史家가 될 수 있다고 하였다. 그리고 내면성과 외면성, 선천성과 후천성이 필요하다고 하였다. 내면성이란 심적 소양, 외면성은 지적 소양, 선천성은 천부적인 性情, 후천성은 학업을 통하여 얻어진 지적 수준을 의미한다[8]. 즉 현실 시행사의 正邪와 선악을 분명히 인지할 수 있는 능력과 이를 반드시 기록하며, 시비득실을 평가할 수 있는 지적 능력, 그리고 비판의식이 있어야 한다는 것이다. 이러한 조건과 자격을 갖춘 역사가라야만 곡필하지 않고, 후세에 감계될 수 있는 사실을 정리·찬수할 수 있다는 것이다.

이상의 조건에 부합되지는 않았지만, 조선시대의 사관도 여러 가지의 조건이 요구되었다. 그 중 才·學·識 '三長之才'는 가장 기본적인 조건이었다. '才'는 역사서술 능력을 의미하고, '學'은 폭 넓은 역사지식의 함축을, '識'은 현실을 직시하여 시비를 공정하게 가릴 수 있는 능력을 의미한다. 이러한 三長之才가 요구되었음은 군주와 지배층들이 관료직의 사관들에게 철저한 소명의식과 자기 일에 대한 긍지를 가진 우수한

---

7) 曾鞏, 『南齊書』, 目錄 序.
8) 崔秉洙, 「中國 古代 史家의 德目」, 『忠北大學校人文科學研究所』, 1992.

史家이기를 원했던 것으로 생각된다. 따라서 조선시기 史官 모두에게 적용시킬 수는 없지만, 이들의 활동여부를 전최하는 규정이 마련되어 있고, 근만 여부에 따라 상벌이 주어졌던 것을 보면, 직무수행 중에 우수한 史家로서의 자질을 지켰다고 본다. '군주가 두려워 할 바는 황천과 史筆뿐이다'[9]라는 기사는 이런 사실과 직결된다.

이제까지 조선시대 정치사와 경제사, 사회사, 사학사 등의 연구는 활발하게 진행되어 괄목할 만한 연구성과가 집적되었다. 더욱이 각 분야사의 연구가 상호 유기적으로 연관되어 체계적인 분석이 시도됨으로써, 한국사의 내재적 발전론은 물론 조선시대 역사상을 이해하는데 시사하는바가 크다.

사학사 분야에서는 각 시기별 역사학의 특성과 편찬사업에 대한 구체적인 분석이 나왔다. 이중 조선전기의 경우 『고려사』·『고려사절요』 등 고려시대사에 대한 이해[10], 『용비어천가』 등 건국사의 이해[11], 『동국통감』 등 전조사의 이해와 분석[12] 등이 상당히 집적되었다. 따라서 사학사의 연구방법을 통한 조선시기 사회의 변화와 정국 변동, 정국 운영의 주도 세력에 대한 이해가 가능해졌다.

---

9) 『定宗實錄』卷1, 元年 1月 戊寅.
10) 韓永愚, 『朝鮮前期史學 硏究』, 서울대 出版部, 1981.
  邊太燮, 『高麗史 硏究』, 三英社, 1982.
  姜聲媛, 『高麗史 列傳 硏究 -叛逆傳을 중심으로-』, 梨花女大博士學位論文, 1989.
11) 朴菖熙, 「龍飛御天歌에서의 '天'과 '民'의 槪念」, 『千寬宇先生還曆紀念 韓國史學論叢』, 正音文化社, 1985.
  李熙德, 「龍飛御天歌와 祥瑞說」, 『東方學誌』54·55·56, 1987.
  鄭杜熙, 「龍飛御天歌의 編纂과 高麗史」, 제17回 韓國古典심포지엄, 1989. 『震檀學報』67, 1990.
12) 鄭求福, 「東國史略에 대한 史學史的 考察」, 『歷史學報』68, 1975.
  _____, 「三國史節要에 대한 史學史的 考察」, 『歷史敎育』18, 1975.
  _____, 「東國通鑑에 대한 史學史的 考察」, 『韓國史硏究』, 21·22, 1978.
  韓永愚, 『朝鮮前期 史學史 硏究』, 서울대 出版部, 1981.

이와 같이 사학사의 제 분야를 통한 조선 사회의 이해가 가능해졌음에도 불구하고, 당대사인 실록과 관련된 분야는 상대적으로 미흡한 상태이다. 그런데 史官 및 춘추관에 대한 선학의 연구13)를 통하여 사관의 개념과 활동, 실록청의 구성, 실록 편찬 등에 대한 시사를 받을 수 있다. 그러나 여기에도 미진한 점이 없지 않아 좀더 구체적인 분석이 요구되고 있는 실정이다.

우선 사관의 개념과 성격, 운영 등 사관의 제도적인 문제이다. 전임사관과 겸임사관의 구분, 겸임사관의 운영과 성격 등에 대한 이해가 부족하다14). 그리고 外史와 女史 등 비정규적으로 운영된 사관의 구체적인 분석도 요구된다. 둘째, 사관의 활동 중 입시, 사초와 시정기의 작성, 실록의 편찬과 관련된 사항이다. 주지하듯이 시정기는 하번 검열이 각 관청의 時政事를 모아 월 단위로 매년 말에 편집하여 매 式年마다 인쇄한 것으로, 경외 대소 아문에서 시행한 것을 모아서 정리한 '공적일기'라고 할 수 있다. 이에 비해 史草는 사관이 입시하였을 때와, 집에 돌아

---

13) 申奭鎬,「朝鮮王朝實錄의 編纂과 保管」,『史叢』5, 1968.
　　　　,「編纂事業」,『韓國史論』3, 國史編纂委員會, 1975.
　車勇杰,「朝鮮王朝實錄의 編纂態度와 史官의 歷史認識」,『韓國史論』6, 1979.
　　　　,「實錄·史官·史庫에 대하여」,『史庫址調査報告書』, 國史編纂委員會編, 1986.
　鄭求福,「高麗時代의 史館과 實錄編纂」,『第3回國際學術會議論文集』,韓國精神文化研究院, 1984.
　　　　,「朝鮮初期의 春秋館과 實錄編纂」,『許善道先生停年紀念韓國史學論叢』, 1987.
　韓㳓劤,「朝鮮前期의 史官과 實錄編纂에 關한 研究」,『震檀學報』66, 1988.
　車長燮,「朝鮮前期의 史官 -職制및 役割-」,『慶北史學』6, 1984.
　　　　,「史官을 통해 본 朝鮮前期 士林派」,『慶北史學』8, 1986.
　　　　,「朝鮮前期 實錄의 史論」,『國史館論叢』32, 1994.
　吳恒寧,『朝鮮初期 史官制度 研究』, 高麗大博士學位論文, 1998.
14) 사관제도의 정비에 대해서는 최근 발표된 오항령의 전게 학위 논문에서 매우 자세하게 정리되어 있다. 특히 오박사는 조선 당대의 제도 정비와 이해에 그치지 않고, 고려조부터 어떻게 변화되고 발전적으로 계승되었는가 하는 점까지 분석함으로써, 사관제도의 역사적 연속성을 이해하는데 큰 도움이 된다.

와 강박한 기억을 더듬어 별도로 작성한 것으로 관청의 시행사 뿐만 아니라, 인물의 현부와 시비포폄이 수록되어 있는 개인일기라고 할 수 있다. 두 자료가 실록 편찬시 중요하게 이용되었음은 분명하지만, 명확한 성격 구분이 요구되고 있다. 즉 시정기와 사초의 작성, 보관, 이용 등을 구분해서 살펴볼 필요성이 있는 것이다. 그리고 이제까지의 연구에서 가장 소홀하게 취급된 현존하는 사초의 분석이다. 사관이 작성한 사초, 즉 전임사관의 입시사초나 가장사초, 겸임사관의 겸춘추일기 등의 분석은 사관의 활동 실체를 규명할 수 있는 가장 중요한 근거로서 당대 사학사를 이해하는 것과 직결된다. 따라서 사초의 분석은 곧 사관의 활동을 실증적으로 이해할 수 있는 중요한 의미가 있다고 본다.

각 장·절의 세부적인 연구 방향과 기대되는 성과는 다음과 같다.

먼저 第 I 部의 1 章에서는 사관제도의 확립과 관련된 사관의 자격과 요건, 임명절차 등에 대해서 살펴보고자 한다. 사관은 당대 일어난 사실을 모두 기록하여 후세에 권계하는 임무를 수행하였기 때문에, 관료조직상 말단이기는 하였지만 군주조차 비상한 관심을 보일 정도로 주목되었다. 그것은 이들의 포폄 여부가 자손 대대로 전해져 영향을 주었기 때문이다. 따라서 사관의 임명시에는 까다로운 조건과 임명절차 과정을 거치게 하였다. 대간의 탄핵이 당대 관료 생활을 좌우한다면, 사관의 記事는 후세에 영원히 전해져 감계되기 때문에, 반드시 적당한 사람을 임명하여 사실의 정확한 기록과 포폄의 필요성이 상존했기 때문이다.

제2장에서는 전임사관과 겸임사관, 外史와 女史 등 사관의 개념과 활동 등 제도적인 문제와 그 성격에 대해서 살피고자 한다. 이는 사관제도의 확립과 운영에 대한 분석의 하나라고 본다. 정규사관으로서의 전임사관과 겸임사관, 비정규사관으로서의 외사와 여사의 분석은 조선시대 사관제도를 이해하는 것과 직결된다. 더욱이 유교적인 이념의 구현

을 통치체제의 강화와 목표로 생각하였던 조선사회에서 이들에 대한 성격규명과 활동의 구체적인 분석은 성리학적 이념의 구현여부와 관련되기도 한다.

제3장에서는 사관의 직무 중 入侍, 사초와 시정기의 작성, 실록의 편찬과 봉안 등 구체적인 활동 실 예를 살피고자 한다. 정사가 이루어지는 모든 자리에 참여하는 入侍의 허용과 제한, 입시범위, 출입순서 등의 문제, 실록 편찬시 가장 중요하게 이용되었던 사초와 시정기의 작성 등을 살펴보고자 한다. 이제까지 상당한 관심과 연구가 있었음에도 불구하고, 명확하게 정리되지 않았던 시정기의 작성 및 성격, 사초의 작성과 보관, 납입, 세초 등에 대한 구체적인 이해에 일조할 것으로 기대된다. 그리고 국정의 모든 일이 사관의 기사 활동과 연관되었음도 구체적으로 살필 수 있을 것으로 본다.

제4장에서는 당대의 역사사실을 직접 작성하였던 전임사관의 출신과 성분, 사회적 배경에 대해 살펴보고자 한다. 태조부터 명종까지 전임사관에 제수되어 활동한 사람은 부록 2)에서 보는 바와 같이 대단히 많다. 이들의 출신 배경과 성분, 사회적 배경을 한 마디로 설명하여 정의하기는 어렵다. 그러나 문과에 급제한 젊고 유능한 인물들이 사관직에 제수되었다는 사실과 성종대 후반 사림의 정계 등장 이후 이들의 활동이 활발해진 것과 연관하여 시사하는 바가 크다. 그리고 정치지배세력의 변동과 연관된 점도 밝힐 수 있을 것으로 기대된다. 따라서 이 작업은 조선왕조 관료 조직의 운영과 관련하여 그 특성을 이해하는데 중요한 단서를 제공할 것으로 본다.

第Ⅱ部 제1장에서는 중종과 인조대 전임사관을 역임한 權橃과 權盼, 鄭泰齊 등이 작성하였던 입시사초와 가장사초를 분석하였다. 제2장에서는 겸임사관의 日記, 즉 中宗代 盧守愼의 '춘추관일기'와 인조대 겸임사관이 작성하였던 '兼春秋日記' 등을 살피고자 한다. 이는 사관의 사

초 작성 실 예와 사초에 수록된 구체적인 내용, 실록 편찬시 어느 정도 이용되었는가 하는 사실을 살피기 위해서이다. 실록의 편찬 자료로서 사초의 중요성과 사관의 활동이 실록의 편찬과 직결되었음도 밝힐 수 있을 것으로 본다. 그리고 당대 집권관료들의 현실인식 태도, 즉 당대사 의식을 살피는데도 도움이 될 것으로 본다.

第 Ⅲ 部에서는 실록의 편찬과 보관, 실록청의 구성 및 실록에 수록된 사론을 살펴보고자 한다.

실록은 전왕의 역사와 정치적 사건 등을 중심으로 정책과 정국 운영의 정당성 여부를 편년순으로 정리하여 평가한 것이다. 따라서 실록의 편찬은 현실 정치권과 매우 밀접하게 연관되었음은 사관의 기사 내용을 민감하게 이해했던 것과 다르지 않다. 즉 당대 역사 사실을 당대 관료였던 사관이 사초로 정리하였으며, 그리고 사초 등을 근거로 후계한 왕이 즉위한 초기에 실록으로 편찬하였던 점에서, 이 문제는 단순히 전 왕대의 역사 사실을 정리하였다는 것으로 그치지 않고, 현실 정치권과 분리하여 생각할 수 없다. 영의정이 춘추관의 영사, 실록청의 총재관을 겸하였던 사실과 원로 대신 및 각 관서의 주요 관료들이 당상관에 편성된 것은 이들의 뛰어난 학문과 역사학의 깊은 조예가 필요하였기 때문이며, 역사 사실과 이의 기록을 중요하게 인식하였던 태도와 연관되는 것이다. 여기서는 중종 초 편찬된 燕山君日記와 효종 초 편찬된 仁祖實錄의 편찬관에 대해 살펴보고자 한다. 연산군의 폐정을 극복하고 至治主義를 표방하기 시작하였던 중종 초에 편찬된 연산군일기는 조선전기 실록 편찬관의 성분과 성격을 살필 수 있는 단서를 제공한다15). 그리고 붕당간의 대립과 갈등이 심해졌던 효종 초 편찬된 인조실록 편찬관에 대한 분석은 인조 말 효종 초의 정국 전개 과정과 실록 편찬에 끼쳤던

---

15) 연산군일기를 표본으로 한 것은 중종대 활동한 전임사관을 살피는 과정에서, 관심을 가지게 되었기 때문이다. 주지하듯이 사관들은 실록 편찬시 대부분 記事官으로 편성되어 활동하였다.

당파의 영향력을 이해할 수 있다. 이러한 연구는 이제까지 소홀하였던 실록의 편찬 과정과 편찬관, 정국의 변동, 정치권과의 연관성 등을 살피는데 중요한 단서를 살필 수 있다.

한편 사관의 당대사 의식은 실록에 수록된 史論(史評)16)을 통하여 살필 수 있다. 사론은 작성자의 역사의식을 살필 수 있는 가장 중요한 자료로써 작성된 시기를 근거로 '당대사론'과 '후대사론', 성격상으로 '역사학적 사론'과 '포폄론적 사론'으로 구분할 수 있다. '당대사론'은 사관이 역사 사실을 정리할 당시에 시비포폄한 것을 말하며, '후대사론'이란 실록 편찬시 領事부터 記事官까지 편찬관으로 편성된 인사들이 과거 사실을 현재적 관점에서 시비포폄한 것을 말한다. '역사학적 사론'이란 역사적 인과관계를 근거로 당시의 역사를 밝힐 목적으로 작성한 것을 의미하고, '포폄론적 사론'이란 도덕적 가치 기준을 근거로 후세의 교훈을 주기 위한 목적으로 작성된 것을 의미한다.

실록에 수록된 사론은 조선전기 역사학의 일반적인 경향과 마찬가지로 대부분 포폄론적인 성격이 크고, 당대 작성된 것이 주종을 이루고 있다. 이는 조선시대 관찬사서의 경향과 마찬가지로 도덕적이고 교훈적인 성향이 강하다. 따라서 실록에 수록된 사론을 근거로 작성자였던 사관과 실록 편찬관, 나아가 지배 관료층들의 당대사 의식을 분석해내기가 쉽지 않다. 그러나 인물에 대한 시비포폄과 정국을 보는 현실인식 태도에서 어느 정도 관료들의 현실관을 살필 수 있으며, 찬자의 대략적인 역사의식을 살필 수 있다.

사관의 운용은 유교주의 통치체제의 구현과 직결된다. 조선시대의 사관제도가 중국의 사관제도에 연원을 두고, 삼국시대 이래의 전통을 계

---

16) 실록에 수록된 史論의 작성자는 사관을 비롯하여 실록 편찬관, 그리고 개인적인 관심으로 정치사를 정리한 사람 등 다양하다. 그런데 전임사관을 제외한 나머지 인사들에 대해서는 구분하기가 쉽지 않다. 여기에서는 전임사관이 작성한 것으로 실록에 수록된 것을 중심으로 살피고자 한다.

승한 것은 분명하지만, 이전 시기에 비해 제도가 더욱 완비되었고, 또한 비약적으로 발전하였음은 분명하다. 홍문관·예문관·춘추관 등 학술기관의 운영과 학술정치의 추구, 사관의 광범한 기사활동을 바탕으로 군주를 비롯한 대소 신료들을 포폄함으로써 원만한 정국 운영은 물론, 관료들의 도덕성 확립을 도모한 것은 유교적인 교화정치를 구현하기 위한 지배층의 의도에 의한 것이다. 조선시기 관료조직에서 말단이었던 사관이 지위고하를 막론하고, 심지어 군주까지 시비포폄하였던 사실은 이를 잘 보여 준다. 성종대 이후 사관의 활동이 활발하게 전개되었고, 인물과 현실 정치를 포폄한 사론이 많이 작성된 것은 유교적인 이념이 현실 정치에 적극 반영되어야 한다는 인식의 크게 확대되었고, 그대로 반영되었음을 보여주는 것이다.

이상과 같은 연구는 조선시대 사관제의 확립 과정과 특징, 史官의 개념, 그리고 활동 실 예를 이해하는데 도움이 될 것이며, 사관 연구의 동기를 제공할 것으로 생각한다. 사학사적인 면에서는 조선시대 관료층의 당대사 의식을 이해할 수 있으며, 나아가 당대 사학사의 체계화에도 일조할 것으로 기대한다.

철저한 실증주의의 원칙에 따라 사료의 穿鑿에 적극적이어야 했음에도 불구하고, 간혹 지나친 비약이나 무리한 해석도 있다. 이는 전적으로 필자의 책임이라고 생각하며, 앞으로 더 공부하여 구체화한다는 것으로 당장의 책임을 면하고자 한다. 선학 제현과 독자 여러분의 아낌없는 지적과 교시를 바라마지 않는다.

第Ⅰ部 史官 制度의 確立

第1章 史官의 任用

第1節 資格 要件

史官은 군주의 언행을 비롯하여 경외 대소아문의 시행사와 인물의 시비득실 등을 빠뜨리지 않고 기술하여 후세에 감계를 주었다[1]. 이들이 기록한 내용은 경외 대소아문에서 시행한 모든 일로서, 현실 정치의 거울과 萬世의 규범으로 인식되었다. 수행한 임무가 중요하였던 만큼, 아무에게나 임명한 것이 아니고, 적당한 조건을 갖춘 인사 중에서 선발하였으며, 까다로운 절차과정을 거친 뒤에 제수하였다[2]. 이는 이들의 임무가 매우 중요하였음을 그대로 반영하는 것이다. 여기서 사관의 임명 조건을 먼저 살펴보자.

---

1) 『定宗實錄』 卷1, 元年 1月 戊寅.
2) 일반적으로 사관은 전임사관과 겸임사관으로 구분되었다. 전임사관은 예문관의 전임관으로 춘추관의 기사관 임무를 수행하였던 인사들로 '史官' 또는 '翰林'이라고 지칭되었으며, 겸임사관은 本職과 함께 춘추관직을 겸임하였던 인사들을 의미한다. 따라서 전임사관과 겸임사관은 어느 정도 성격의 구분이 요구된다. 따라서 이들의 자격요건과 절차 역시 다른 점이 있을 것으로 생각된다. 필자가 살필 바로는 큰 차이점을 발견할 수 없었다. 이에 사관의 자격조건과 임명절차에 대해서는 전임사관과 겸임사관의 구분 없이 일반적인 경향을 살피기로 한다.

사관에 제수되려면 무엇보다도 文官으로서 才・學・識의 三長之才를 갖추어야3) 했다. 여기에서 '才'란 역사 서술 능력을 의미하며, '學'은 해박한 역사 지식, '識'이란 현실을 직시하여 공정하게 시비포폄할 수 있는 능력을 의미한다. 三長之才를 갖춘 인사와 반드시 문과에 급제한 인사 중에서 선발했던 사실로 보아, 사관은 조선조 대표적인 학자 관료들이었다고 할 수 있다.

주지하듯이 조선사회에서 名門이 되기 위한 조건은 국혼, 녹공 여부, 명문 상호간의 혼인 관계, 문과의 급제 등 몇 가지가 있었다. 그중 문과의 급제여부는 조선 유교 사회에서 가문과 개인의 입신양명을 위한 가장 중요한 기준의 하나였다. 그런데 사관 역임자들이 모두 문과에 급제하였다는 사실은 이들이 당대 명문출신이었거나, 아니면 가문의 성세를 위한 기본적 조건을 갖추었음을 의미하는 것이다. 그리고 문과의 급제자들이 당시 학문을 대표하는 인사들이었던 점에서, 사관은 유학자로서의 소양과 학문 능력을 기본적으로 갖추었다고 본다.

둘째, 世系를 살펴보아 흠이 없는 사람, 즉 內外家門에 하자가 없어야 했다4). 따라서 조상 중에 贓吏罪를 범한 경우이거나, 서얼 출신으로 世系에 문제가 있는 경우이면 절대로 제수되지 못하였다.

조선시기 5품 이하의 관료를 임명할 때는 반드시 대간의 서경을 거치도록 하였다5). 이는 국왕의 최종적인 인사권에 대한 중요한 견제의 수단으로 고려시대 이래의 전통이었다. 즉 국왕과 인사권을 장악한 소수 대신들의 권한을 서경이란 방법으로 견제함으로써 士大夫들의 公論을 보다 더 존중하도록 하였던 것이며, 독단에 빠질 수 있는 우려를 최대한 방지하려는 것이었다6). 따라서 적합한 인물이 아닌 경우에는 告身

---

3) 『太祖實錄』 卷7, 4年 1月 庚申.
4) 『成宗實錄』 卷64, 7年 2月 乙亥 및 同 2月 丙子.
5) 『經國大典』 卷1, 吏典 告身條.
6) 鄭杜熙, 『朝鮮時代의 臺諫 硏究』, 一潮閣, 1994.

狀에 서경하지 않음으로써, 처음부터 관리로 임명되지 못하도록 하였던 제도적 장치였다.

관료들의 임명이 까다로웠던 것 이상으로 사관의 제수 역시 매우 엄격한 조건이 요구되었다. 성종 24년 曹偉가 '사관을 선발할 적에는 마땅히 박학하고 글 잘하는 선비를 선발해야 할 것인데, 옛 풍속에 구애되어 만약 門地가 한미하거나 가난하여 辦備할 수 없는 자이면 비록 삼장지재를 갖추고 있다고 하더라도 백방으로 피하려고 꾀하고, 본관(예문관)에서도 기꺼이 천망하려고 하지 않습니다.'라고 논한 것에서 보듯이, 출신이 상당히 고려되었다. 중종 4년 贓吏 許宕의 孫子 安國을 승정원에서 假注書로 삼고자 하였을 때, 잘못된 인사라고 하면서 승정원에 대한 추고 논의가 있었던 것[7]도 이런 사실을 반영한다. 따라서 사관은 내외 4조를 살핀 뒤, 조상은 물론, 개인적으로 문제가 있는 경우 절대로 제수되지 못하였다[8].

셋째, 예문관의 천거 절차가 요구되었다. 성종 7년 蘇斯軾이 전임사관에 천거되었을 때, 예문관의 천거가 없었다는 이유로 제수되지 못한 것은 이를 반영한다[9]. 그러나 비록 예문관의 천거절차가 있었더라도 薦望에 들지 못한 사람, 즉 적당한 사람이 아니면 천거한 사람이 탄핵당한 것은 물론, 주무부서인 예문관조차 推考될 정도[10]였다.

넷째, 반드시 문과 급제자라야 했으며, 무과는 물론 음서출신자[11]도

---

7) 『中宗實錄』 卷8, 4年 3月 乙巳.
8) 『中宗實錄』 卷22, 10年 7月 丁木.
9) 『成宗實錄』 卷64, 7年 7月 乙巳.
"…臣이 여러 번 史官의 取材한 것을 살펴보건대, 반드시 本館(藝文館)에서 薦擧한 바를 임명했는데 지금 蘇斯軾은 예문관의 천거한 바가 아니니 옳지 못합니다."
10) 『中宗實錄』 卷8, 4年 3月 戊戌.
"藝文館 檢閱 鄭洁은 앞서 承文院에 있을 적에 동료들 가운데 견책을 입어 越薦狀을 의논하였으니 잘못이 매우 큰데, 지금 예문관에서 감히 천거하니 이는 사관을 더럽히는 것입니다. 청컨대 정결을 체직하고 藝文館을 추고하소서."

불가능하였다. 조선 사회에서 유능한 文士라면 누구나 과거에 급제하여 立身揚名하려는 야망을 가졌기 때문에, 문과의 급제여부는 학문의 우수성 여부를 가름할 수 있는 기준이 되었다. 사관으로 활동한 인사 중 문과에 급제하지 못한 사람이 없는 것은12) 이들이 당대 유능한 인재였다는 사실을 반영한다13).

적당한 인사라고 판단되어 제수할 때도 매우 신중을 기하였다. 결원이 생겨 인원이 부족하여 임무수행이 제대로 이루어지지 못하는 경우가 발생하는 일이 있더라도, 다른 관아의 인사들로 채운 것이 아니고, 반드시 별도의 시험을 치른 뒤 보충하는 정도였다. 중종 29년 3-4명 정도로 운영되고 있을 때, 左相 金謹思와 右相 金安老가 '사관으로 될 만한 사람을 내려면 특별히 과거시험을 보고 인재를 뽑아야 할 것이라고'14) 건의한 기사는 이런 사실을 잘 보여준다.

다섯째, 평소의 마음 자세와 正直性이 요구되었다. 마음이 사특하다는 이유로 사관에 적당하지 않다는 기사15)와 史筆은 아무나 잡는 것이 아니고 정직한 사람이 잡아야 한다는 기사16), 公論에 저촉되는 언사를 일삼았던 인사이기 때문에 적합하지 않다는 기사17) 등은 이를 반영한다.

이상에서 살펴본 바와 같이, '三長之才'와 문과의 급제 여부 등 학문적인 면뿐만 아니라, 성격이나 行動擧止를 살펴 올바른 사람이 사관에

---

11) 『中宗實錄』 卷66, 24年 12月 丁卯.
12) 일부 문과의 급제여부를 확인할 수 없는 사람이 있기는 하다. 그러나 이는 전체 사관의 수에 비하면 지극히 적은 숫자일 뿐만 아니라, 전체의 성격을 바꿀 수 있는 정도가 아니기 때문에 의미가 없다고 생각한다.
13) 이에 대해서는 제 I 부 제 4 장 專任史官의 성분과 社會的 背景에서 자세하게 살펴보았다.
14) 『中宗實錄』 卷78, 29年 12月 己亥 및 壬寅.
15) 『中宗實錄』 卷9, 4年 10月 丁未.
16) 『中宗實錄』 卷35, 14年 4月 乙酉.
17) 『中宗實錄』 卷101, 38年 7月 丁卯.

제수되어야 한다고 하였다. 이러한 사실은 이들을 단순하게 조정 관료라는 점외에, 당대 역사 사실을 정리하여 후세에 영원히 권계하는 일을 수행하는 인사로 보았기 때문이었다. 즉 이들이 기록한 내용에 따라 시정사나 인물의 시비가 가려지고 포폄되는 것은 물론, 당대와 후세에 전해져 엄청난 영향을 주었던 것이다. 이는 사관들이 당대 발생한 역사 사실을 객관적이고 도덕적인 기준에 의거하여 있는 그대로의 사실을 기록하는 것이 아니고, 주관적인 판단과 권력에 아부하여 기록하게 되면, 현실 정국은 물론 후세에도 큰 반향을 일으킬 것이기 때문이다. 따라서 사관에 제수된 인사들의 평소의 마음가짐과 행동거지는 중요한 요건중의 하나였다.

여섯째, 관료 생활시는 물론, 평상시에 동료간의 원만한 유대관계를 유지하였는가의 여부 역시 자격 조건의 하나였다. 사람이 간사하고 유생시절부터 동료들과 사이가 좋지 않았다는 이유로 檢閱에 제수되었던 鄭彦慤의 교체를 요구한 것[18]은 이런 사실과 연관된다.

과거의 역사는 현재의 거울(鑑)이다. 오늘날에도 조직의 일원으로 적응하지 못하고, 주위 사람들과 유대가 원만하지 못하거나, 감정에 치우친 발언과 행동을 하여 事端을 유발시키는 사람들이, 멸시를 당하거나 퇴출되는 것은 일반적인 현상이다. 이런 점에서 볼 때, 사관의 임명 조건 중 동료간의 유대와 원만한 인간관계가 요구된 것은 시사하는 바가 크다고 본다. 이는 매우 방대할 뿐만 아니라, 당대사를 규명하는데 기본적인 자료였으며, 매우 중요한 의미를 지니고 있는 역사 사실은 객관적이고 도덕적인 사람에 의해 정리되고 서술되어야 한다는 명제에 의한 것임을 의미한다.

이상의 제 조건 외에 문학적 능력이 뛰어난 사람이 적합하다고 거론되기도 하였다. 이는 첫 번째의 조건에서 거론되었던 재·학·식 중에

---

18) 『中宗實錄』 卷75, 28年 7月 丙午.

역사 서술 능력에 해당되는 '才'의 능력과 연관된다. 결국 역사도 문학 영역의 한 범주에 속한다는 것을 의미하며, 이러한 능력이 요구되었음은 文·史·哲의 기본 소양을 중시하였던 당시 지배 관료층의 인식태도와도 밀접하게 연관되는 것이다. 그리고 사관의 선발을 위하여 1망에 3인이 천거되었을 때, 첫 번째로 의망되지 못한 사람은 불가능하였다. 세종 16년 尹淮의 천거로 朴趂이 사관직에 의망되었으나, 두 번째로 추천되었다는 이유 때문에, 불가능하다는 사헌부의 탄핵 요구[19]는 이런 사실을 반영한다. 즉 제 요건을 기본적으로 갖추어야 하는 것은 물론, 반드시 그 자리에 적합한 인재를 선발하겠다는 의지의 표현으로 볼 수 있다.

이와 같이 엄격한 조건을 갖추어 제수되었던 사관 중에는 활동과정에서 체직되는 경우가 많았다. 이는 그만큼 사관직의 수행이 어려웠음을 반영하는 것이다.

매우 까다로운 조건을 거쳐 제수되었고, 당시 관료 사회에서 淸職으로 인식되었던 것만큼 사관들은 긍지와 자부심을 가지고 임무를 수행하였다. 政事와 학술이 논의되는 장소에는 반드시 입시하여 기록하고자 하였으며, 최고 권력자가 권력의 힘을 빌어 史草의 개수를 요구하는 경우라도 절대로 붓을 꺾거나, 역사를 왜곡하여 기록하는 사례가 없었다. 이런 점에서 조선조 사관들은 자기 직책에 대한 긍지와 자부심이 강하였으며, 철저한 소명감으로 무장되었음을 알 수 있다.

第2節 任命 節次

앞에서 사관의 제수시 요구되었던 까다로운 자격조건을 살펴보았다.

---

19) 『中宗實錄』 卷66, 16年 10月 己巳.

여기서는 이상의 여러 가지 조건을 갖춘 인사들이 어떠한 절차과정을 거쳐 임명되었는가 하는 사실을 살펴보고자 한다. 먼저 다음과 같은 기사는 이러한 사실을 이해하는데 중요한 단서를 제공한다.

> "翰林을 새로 추천할 때에는 '전번 추천에 제일 끝으로 추천이 되어서 下番이 된 자가 여러 동료와 함께 모두 모여서 새로 추천할 사람을 서로 의논하는데, 회의는 하번이 실상 주관하는 것이었다. 문을 닫고 비밀히 의논하여 추천할 사람의 차례를 정하며 추천할 사람이 정해지면 그 추천 문서를 일찍이 翰林을 지낸 사람과 兩館(弘文館·藝文館) 堂上에게 돌려서 이의가 없는 경우에 향을 피우고 皇天后土(天地神明)에게 고하는데, 그 축문에 '史筆을 잡는 임무는 국가에서도 가장 중요하니 추천된 사람이 그 적임이 아니면 반드시 殃禍가 있을 것이라' 하는 것이었다. 이에 三政丞과 의정부의 동벽(左右贊成) 서벽(左右參贊)과 兩 堂上官이 합석하여서 추천에 참여된 사람에게 『綱目』·『左傳』·『宋鑑』 등의 글을 강하게 하여 그 성적의 上下를 정하는 것이었다."[20]

당대 역사 사실의 정리뿐만 아니라, 후세의 시비를 판단하는 근거가 사관에게 있었으므로, 사관의 추천과 임용은 매우 엄중하였다. 위 기사의 내용과 같이 사관을 임명할 때의 儀式節次는 매우 중요하였으며, 후임자를 잘못 추천하였을 경우에는 천거자에게 재앙이 있을 것이라고 하였던 사실에서 어느 정도 관심이 주어졌는가를 알 수 있다. 더욱이 향을 피우고 하늘에 맹세까지 하였던 사실에서 사관 임명의 엄중함과 그 중요성은 매우 컸던 것이다. 金馹孫이 5년간 下番으로 있으면서, 鄭汝昌을 만난 뒤에야 비로소 추천하였다는 사실[21]은, 사관의 추천과 임명이 중요하고 신중을 기하는 일이었음을 보여주는 좋은 사례

---

20) 『燃藜室記述』 別集 卷7, 官職典故 藝文館條.
21) 『翰苑題名錄』 新薦式 後篇.

이다.

그러나 이상과 같이 항상 공정하게 진행된 것만은 아니었다. 중종 15年 장령 鄭應麟이 올린 啓[22]와 동왕 29년 10월 司諫院에서 제의한 기사[23] 등을 보면, 사관의 추천이 개인의 親不親에 따르거나, 혹은 출신 지역에 따라 좌우되기도 하는 등의 문제가 있었다. 그러나 이러한 예는 흔한 것이 아니었다. 따라서 사관의 임명시에는 매우 까다롭고 엄정한 조건이 요구되었으며, 그와 함께 임명절차 역시 상당히 엄격한 절차와 과정이 필요하였던 것이다.

태종 17년 吏曹에서는 사관의 천거 법에 대해 다음과 같이 상언하였다.

> "사관은 時事를 기록하는 것을 맡아서 후세의 귀감이 되니, 그 책임이 가볍지 않습니다. 다만 참외 사관의 천거로써 계문하여 제수하니, 銓選의 법에 실로 미편합니다. 이제부터는 사관의 결원이 생기면 예문관·춘추관의 堂上으로 하여금 시직·산직의 문관으로 參外內에서 직품에 상당한 자를 모아 시험하여 반드시 經史에 통하고 製述에 능하고, 內外의 가문에 결함이 없는 자로써 1망에 3인을 추천하여 이조에 보내어 啓聞하여 제수하는 것을 恒式으로 삼으소서."[24]

---

[22] 『中宗實錄』 卷40, 15年 10月 己酉.
"전일 아뢴 '史官을 秘薦하는 것은 공정하지 않다'는 의논도 요사이 나온 것이 아니고, 말이 있어온지 이미 오랩니다. 대저 전라도 사람이 翰苑에 들어가면 천거하는 것이 다 전라도 사람이고, 경상도 사람이 들어가면 천거하는 것이 모두 경상도 사람이니 매우 공정하지 않습니다."

[23] 『中宗實錄』 卷78, 29年 10月 壬戌.
"…藝文館의 史局은 중요한 곳입니다. 官吏(史官)를 비밀리에 추천할 때 향을 피우고 하늘에 고하며 널리 의논하여 알뜰히 선발하는데, 이것이 史局을 설치한 본의입니다. 근래에는 이런 本意를 아랑곳하지 않고 私的으로 친한 사람을 그릇되게 추천하여 억지로 채운 결과 심지어는 이런 무리(檢閱 羅世纘)들이 그 자리에 외람 되게 앉아 있게까지 되었습니다.…"

[24] 『太宗實錄』 卷34, 17年 12月 乙酉.

이 기사는 사관의 결원이 생기면, 스스로 천거하여 좋아하고 미워하는 데에 따라 적당하지 못한 사람이 선발되는 폐단이 있음을 지적하고, 이에 대한 구체적 대안을 마련하기 위한 것이었다. 이러한 상언을 태종이 받아들였고, 이후로 사관의 결원이 발생하면 예문관과 춘추관의 당상관이 경사에 능하고 가문에 하자가 없는 사람 중에서 직책에 적합한 인사를 선발하는 엄정한 절차가 마련되었다.

세조 6년에는 吏曹의 啓에 따라 史官의 선임에 대한 강화된 규정안이 마련되었다[25]. 기존에 『小微通鑑』과 1편의 제술 시험만으로 史官을 선임하는 것이 잘못되었으므로, 이제부터는 제술 시험은 치르지 않고, 예문관·춘추관·이조당상들이 의정부에 모여서 『綱目』·『左傳』·『宋元節要』 중 1책을 講하여 세 곳에 통한 자를 뽑도록 하는 강화된 규정과 새로운 방법 및 절차를 청한 것이다. 세조 6년 마련된 이 조치는 태종 17년 이조의 사관 천거법 보다 구체화되고 강화된 것이다. 이러한 조치는 세조대의 왕권 강화의도와 연관되는 것으로 본다. 즉 세조 2년 집현전의 혁파를 통하여 관료들의 언관권을 제한하였던 세조는 이조의 계청이라는 편법을 동원하여 사관의 기사활동에 대한 견제를 행사하고자 하였던 것이라고 생각된다.

세조 6년 마련된 원칙에 의거하여 사관을 임용하는 구체적인 절차가 성종 7년 2월에 마련되었다.

> "무릇 사관은 결원이 생기면 藝文館 奉教이하의 관원이 三館 관원의 四祖를 취하여 그 世系를 살펴보고서 이를 천거하고, 춘추관의 관원까지 모두 의정부에 모여서 그 可否를 의논한 뒤 가한 사람은 그 재주를 시험한 후에 뽑게 된다.…"[26]

---

25) 『世祖實錄』 卷20, 6年 5月 丁酉.
26) 『成宗實錄』 卷64, 7年 2月 戊寅.

이 기사는 예문관 奉敎 權景祐의 계문으로, 史官의 결원시 보충하는 방식과 절차를 보여주는 내용이다. 즉 사관의 결원이 발생하면 奉敎·待敎·檢閱 등 예문관의 전임관들이 성균관·예문관·교서관의 三館 관원들을 대상으로 父·祖父·曾祖父·外祖父 등 四祖까지 가계를 면밀하게 살펴서 천거하였다. 그런 뒤에 영의정을 비롯한 기사관까지 춘추관의 겸관들이 모두 의정부에 모여 그 可否를 논의하고 재주여부를 시험한 후에 임명하였던 것이다.

이상과 같이 까다로운 자격조건과 엄정한 절차를 거쳐 제수되었던 사관은 중죄가 아닌 경우 직접 추국당하지 않는 특권이 부여되기도 하였다. '대저 조정 관원이 죄가 있으면 禁府에 가두니, 이것은 사대부를 존대하는 좋은 법입니다. 무릇 參外官은 모두 잡아다가 추고하나 翰林·弘文館員같은 경우에는 으레 織問하게 하니 그것은 經筵官과 史官을 중시하기 위해서입니다.'27)라는 중종 5년 金壽童의 啓는 경연관과 사관 등 언론기구, 혹은 학술기관에 종사하는 관원에 대한 조정의 배려가 상당히 컸던 사실을 확인하는데 도움이 된다. 이러한 계청은 동부승지 金世弼이 사헌부에서 추문 받게 되었을 때 나오게 되었다. 당시 좌의정 유순정과 우의정 성희안은 동부승지가 吏卒들 사이에서 추문 받게 되면, 복직될 때 문제가 있을 수 있음을 논하면서 이의 미편함을 지적하였다. 그러나 대간들이 정당함을 주장하였고, 왕도 잘못한 일이 있는 것이라면, 문제될 것이 없다고 하였다. 관철된 것은 아니지만, 대간과 왕의 논의가 있은 뒤, 김수동이 경연관과 사관을 중시하였던 관례를 들어 논한 것이었다.

이는 유교정치 이념의 구현을 위한 조치와도 연관되는 조치라고 본다. 본래 7품 이하 관료의 범법행위는 司憲府에서 직접 추국하는 것이 원칙이었다. 그러나 직접 추국하지 않고 글로써 사실 여부를 묻는 특혜

---

27) 『中宗實錄』 卷10, 5年 2月 丙午.

를 주었던 것이다. 이는 왕의 유교적 德化를 구현하는데 노력하는 관료와 역사 사실을 기록하는 관료에 대한 우대가 컸음을 의미한다.

한편 사관의 추천과 시험시『綱目』·『左傳』·『宋鑑』등을 시험한 것은『綱目』과『左傳』을 史書의 大典으로 보았던 당시의 시대 사조[28]와 조선전기 지식인의 인식에 宋學이 끼친 영향이 매우 컸음을 보여주는 것이다[29].

---

28)『世宗實錄』卷74, 18年 7月 壬戌.
29) 金慶洙,「治平要覽에 對한 硏究」,『湖西史學』21·22합집, 1994.

第2章 史官의 職制

第1節 兼任史官의 運營과 性格

1. 藝文館과 春秋館의 官制 變化

 실록은 전 왕조 이래의 편찬 전통을 계승하여 당대의 정치가 잘 되었음을 나타내기 위한 목적과 군주의 통치 행위를 비롯한 국가의 公的 행위는 정확하게 기록되어 후세에 감계를 주어야 한다는 신념으로 편찬되었다. 따라서 태종대부터 편찬되기 시작한 실록에는 군주의 언행과 時政事, 대소신료들의 시비 득실이 모두 수록되어 있다. 그리고 내용의 공정성을 유지하기 위하여 군신간의 獨對를 금지하였고, 임금의 거동시 반드시 史官이 호종하여 言行을 기록하도록 하는 등 공개 정치를 지향하였다.
 실록과 역사 사실의 정리, 편찬 등을 주관하였던 춘추관은 건국 직후에는 藝文春秋館으로 운영되다가, 태종 1년 관제 개편시 예문관과 분리되었으며, 전임관 없이 겸관으로만 구성되었다. 춘추관에 편성된 겸임사관[1]은 『經國大典』과 실록, 겸춘추일기, 고문서(告身) 등을 종합하여 살펴보면 60여명이었다.

　겸임사관이 작성하여 춘추관에 보고한 일기는 時政記로 편찬되었으며, 史草와 함께 실록의 중요한 편찬 자료[2])가 되었다. 겸임사관을 비롯하여 여러 관료들이 공동으로 실록을 편찬한 것은 이전 시기에 비해 分撰의 경향이 구체화되었음을 의미한다. 그런데 이제까지 전임사관의 임명과 성격 등에 대한 연구는 어느 정도 있음에도 불구하고, 兼任史官의 인원과 구체적인 활동, 성격 등에 대해서는 부진한 실정이다. 다만 조선시대 광범하게 운영되었던 겸직제[3])나 史官, 실록 편찬 등에 대한 분석[4]) 등에서 단편적으로 언급되거나, 지방 겸임사관(外史)[5])에 대한 연구가 있는 정도이다. 따라서 춘추관의 기능과 겸관 운영, 활동 등이 유기적으로 검토되지 못하였다.

　여기에서는 겸임사관의 설치와 운영, 활동 및 성격을 구체적으로 검

---

1) 실록에는 '겸임사관'보다 '겸춘추'라는 명칭이 주로 사용되었다. 그런데 史官을 구분할 때, 奉敎·待敎·檢閱 등 여덟 명을 '전임사관'이라고 하고, 영관사 이하 기사관까지 광의의 사관을 겸임사관이라고 하므로, 겸춘추보다는 겸임사관이라는 용어가 적당하다고 본다. 본고에서는 겸춘추 대신 겸임사관이라는 용어를 사용하고자 한다. 그러나 겸임사관과 겸춘추가 다른 의미가 아님을 밝혀 둔다.
2) 『光海君日記』卷21, 1년 10월 癸丑.
　전임 사관이 작성한 史草 외에 承政院日記, 各司謄錄類, 承傳單抄冊, 觀象監의 年度別 曆年記, 士大夫의 家藏 日記, 朝報, 行朝日記, 文集의 碑銘·疏·箚와 각 衙門의 고증할 만한 문서 등이 실록 편찬시 이용되었다.
3) 겸직제는 다음의 논고가 참조된다.
　李光麟,「提調制 硏究」,『東方學志』8, 1967.
　李成茂,『朝鮮初期 兩班硏究』, 一潮閣, 1981.
　李迎春,「朝鮮時代의 兼職制度」,『淸溪史學』4, 1987.
4) 史官·實錄 編纂은 다음의 논고가 참조된다.
　申奭鎬,「編纂事業」,『韓國史論』3, 國史編纂委員會, 1981.
　車長燮,「朝鮮前期의 史官 -職制 및 政治的 役割-」,『慶北史學』6, 1983.
　韓㳓劤,「朝鮮前期 史官과 實錄編纂에 對한 硏究」,『震檀學報』66, 1988.
　鄭求福,「朝鮮 初期의 春秋館과 實錄 編纂」,『許善道先生停年紀念 韓國史學論叢』, 1992.
5) 본서 제Ⅰ부 제2장 참조.

토해 보고자 한다. 이를 위해 먼저 고려와 조선시대 예문관과 춘추관의 관제 변화과정을 살펴보고, 이어서 겸임사관의 실질적인 운영과 임무 등을 근거로 그 의미와 성격을 검토해 보고자 한다[6].

2. 예문관과 춘추관의 관제 변화

1) 고려 시대의 변화

조선시대 춘추관 소속 겸임사관의 설치와 운영을 살피기 위해서는 고려 초기이래 문한 기구의 으뜸이었고 典校寺와 더불어 禁內[7]라고 불릴 만큼 관료들이 연망하는 부서였으며, 상호 긴밀하게 연관되었던 예문관과 춘추관[8]의 관제 변화와 운영[9]을 살피는 것이 선행되어야 한다. 『高麗史』百官志를 중심으로 고려 시대 藝文館과 春秋館의 관제 변화과정을 정리하면 다음 표와 같다.

---

6) 최근 발표된 吳恒寧의 박사학위논문(『朝鮮初期 史官制度 硏究』, 고려대학교, 1998.)에서도 이에 대해 자세하게 정리하였다.
7) 『高麗史節要』권34, 恭讓王 元年 春正月.
 "藝文春秋館典校寺上書曰 藝文掌詞命 春秋掌記事 典校掌祀典而修祝文 此三者 皆重事也 是以先王置官禁中 仍號禁內"
8) 예문관과 춘추관의 명칭은 조선 시대 관점에서 부르기로 한다. 명칭을 일일이 시기별로 구분하여 부르는 것이 쉽지 않고, 본고 역시 조선시대 예문관과 춘추관의 변화 과정과 춘추관의 겸관을 살피고자 하기 때문이다.
9) 고려 시대 藝文館과 史館 制度의 운영은 다음의 논고가 참조된다.
  崔濟淑,「高麗 翰林院考」,『韓國史論叢』4, 1981.
  邊太燮,「高麗의 文翰官」,『金哲埈博士華甲紀念史學論叢』, 1983.
  金成俊,「高麗七代實錄編纂과 史官」,『民族文化論叢』1, 嶺南大, 1981.
  申奭鎬,「編纂事業」,『韓國史論』3, 國史編纂委員會, 1981.
  鄭求福,「高麗時代의 史館과 實錄編纂」,『第3回國際學術會議論文集』, 韓國精神文化研究院, 1984.

표1-1) 藝文館과 春秋館의 變化

時　　　期		藝文館	春秋館	備　　考
國初		元鳳省		仍泰封之制
光宗		學士院	史館	
顯宗		翰林院	史館	
忠烈王	元年 10月	文翰署	史館	
	24年 5月	詞林院	史館	(忠宣王 卽位年 5月)
	24年 8月	文翰署	史館	
忠宣王 卽位年		藝文春秋館		倂合 (右文館, 進賢館, 書籍店 倂合)
忠肅王 12年 10月		藝文館	春秋館	
恭愍王	5年	翰林院	史館	
	11年	藝文館	春秋館	
禑王 1年		藝文春秋館		倂合

표에서 보듯이 두 기관은 명칭의 변화와 통합·분리 과정이 복잡하였다. 두 기관의 변화 과정과 의미를 살펴보자.

예문관은 태조 원년 태봉의 원봉성을 모방하여 설치하였다. 광종대 學士院으로 바뀌면서 翰林學士를 두었고, 현종대 다시 翰林院으로 고쳐졌으며[10], 문종대 職制가 마련되었다[11]. 춘추관은 광종대 史館으로 설

---

[10] 崔彦撝의 卒記를 보면 관직이 '翰林院令平章事'였다.(『高麗史節要』 卷2, 惠宗 元年 12月條.) 이에 대해 崔濟淑(「高麗翰林院考」, 『韓國史論叢』, 1981.)은 高麗史 百官志의 내용을 근거로 光宗朝에 學士院으로 고쳤다가 顯宗朝에 翰林院으로 개칭되었던 것으로 보고, 광종 이전의 한림원은 원봉성과 혼동하여 부른 것이라고 하였다. 한편 邊太燮(「高麗의 文翰官」, 『金哲俊博士華甲紀念史學論叢』, 1983.)은 중국의 제도를 채용하여 3성 6부의 정시 관제를 마련한 성종내 翰林院이 설치된 것으로 보고 있다. 그리고 최언위의 卒記에 보이는 관직은 중국 관직의 형식적인 표현으로써 그가 실제로 수행했던 관직으로는 보고 있지 않다. 그리고 한림원보다는 省郎이 기능을 수행했던 것으로 보고 있다. 본고는 전자를 따른다.

[11] 『高麗史』 百官志 藝文館條.
"문종이 정하여 判院事는 宰臣이 겸하고 學士承旨 1인 정3품, 학사 2인 정4품, 侍讀學士 1인, 侍講學士 1인, 直院 4인, 그 중 2인은 權務…" 문종대 이후의 직제 변화를 간단하게 정리하면 다음과 같다.

치된 이래 충선왕대 예문관과의 통합전까지 그대로 유지되었다.

두 기관은 중기 이후 몽고 간섭기에 크게 변화되었다. 충렬왕 원년 10월[12] 원의 관제와 중복되는 명칭이 바뀌고, 고려의 상위 관부가 원나라의 4-5품에 해당되는 司나 5-7품의 署로 격하될 때, 예문관은 文翰署로 개칭되었다[13]. 충렬왕이 재위 24년만에 나이가 많다는 이유로 충선왕에게 선위하였다[14]. 동년 1월 즉위한 충선왕은 충렬왕대 제기되었던 통치상의 문제점을 개선하면서, 5월에 원 간섭으로 격하되었던 관제를 복구하였다. 이때 文翰署는 詞林院으로 개칭되었다.

충선왕의 詞林院 설치는 고려 전기의 한림원[15] 기능을 강화시킨 점

品階	문종	예종 11년	충렬왕 24년	충렬왕 34년	충숙왕 12년	공민왕 5년	공민왕 9년	공민왕 11년
종2	判院事		學士承旨	大詞伯3			大學士(2)	大提學
정3	學士承旨	學士承旨 學士	學士2 〈→司學〉	詞伯2 〈→提學〉		學士承旨		提學
종3			侍讀·侍講 學士 각1					
정4	學士2	侍讀· 侍講學士	待制1	直詞伯2				直提學
정5		侍讀學士1 侍講學士1 直院4		應敎2		待制		應敎
정6				供奉2				
정7				修撰2	修撰(1)	供奉(1)		供奉
정8				主簿2	主簿(1)	檢閱(1)		修撰
정9				檢閱2	檢閱(2)	直院(2)		檢閱

문종대의 시독학사 및 시강학사는 품계가 불명하다.

12) 『高麗史節要』 卷19, 忠烈王 元年 10月條.
13) 이 시기의 관제 개편은 매우 기형적인 것으로, 하위 관부는 그대로 둔 채 상위의 관부만 격하시킴으로써 官階의 상하가 뒤섞이는 형태였다.(李益柱,「忠宣王 卽位年(1298) 官制 改編의 性格」,『14C 高麗의 政治와 社會』, 1994.)
14) 표면상으로는 나이가 많다는 이유로 선위한 것이다. 그러나 실질적인 이유는 원 공주(장목왕후;충렬왕 비)가 죽고 원의 지지와 고려 내 권력의 약화 현상이 나타났기 때문이었다. 세자였던 충선왕이 원의 부마(진왕 딸과 혼인)가 되면서 자신보다 권력이 강화되었던 것을 염려한 것이다.
15) 당시 사람들은 한림에 들어가는 것을 瀛洲(신선이 사는 곳)에 오르는 것 같이

외에, 정방의 銓注權16)과 承宣房의 왕명 출납 기능까지 수행17)하게 함으로써 왕권 강화를 위한 의도가 반영된 것이다. 사림원이 왕의 고문에 대비하였으며, 사림학사 朴全之, 吳漢卿, 시독학사 李瑱, 시강학사 權永 등과 정치를 상의하면서, 매우 총애하였던 사실은 이를 반영한다.

그런데 충선왕이 재위 8개월만에 강제 퇴위되어 元으로 호송되고, 충렬왕이 복위하면서 몽고 간섭기의 관제로 복구되었다18). 이때 사림원은 다시 文翰署로 격하되면서 권한도 축소되었다.

충선왕이 두 번째 즉위하면서 문한서와 사관을 통합하여 예문춘추관으로 운영하였다. 右文館과 進賢館, 書籍店을 합치고, 또 御書院과 秘書省을 병합하여 예문춘추관의 관할 하에 둠으로써, 文翰職 전반을 정리하였다19). 이 시기 文翰職을 정비하였던 것도 처음 사림원을 설치하였던 때와 마찬가지로 재상권을 견제하여 왕권을 강화하려는 목적의식의 반영이었다. 그러나 충선왕이 정치에 무관심하였고, 5년만에 선위하였기 때문에, 예문춘추관이 어느 정도 왕권 강화에 기여하였는가는 파악하기 어렵다.

충숙왕 7년에는 사림원에 속하였던 정방을 복구하여20), 권한이 더욱 약화되었다. 이 시기 심양왕 고와의 갈등으로 원에 압송되었던21) 충숙

여겼다.(『燃藜室記述』卷10, 官職典故 藝文館條) 그리고 翰林院의 學士에 제수되려면, 반드시 문과에 급제하여야 하고, 문음출신도 배제됐으며, 행실이 바르고, 가문에 흠이 없어야 했다. 이로 볼 때, 고려 시대 한림원의 설치와 운영은 지배층의 관심이 크게 반영되었던 것으로 볼 수 있으며, 정국의 변동에도 큰 영향을 끼쳤던 것으로 짐작된다.

16) 『高麗史節要』卷22, 忠宣王 元年 4월.
"정방을 폐지하고 한림원에 人選을 관장하게 하며 학사 崔昷등 4명과 승지 金昇으로 하여금 銓選을 맡게 하였다."
17) 『高麗史節要』卷22, 忠烈王 24年(충선왕 즉위년) 5월.
18) 『高麗史節要』卷22, 忠烈王 24年 12월.
19) 崔濟淑, 「高麗 翰林院考」, 『韓國史論叢』, 1981.
20) 『高麗史節要』卷24, 忠肅王 7年 12월.
21) 충숙왕의 첫 번째 부인(복국장공주)이 죽었을 때, 조카(심양왕 고)는 이를 문제

왕은 부왕 충선왕이 죽던 해(충숙왕 12년) 5월에 비로소 돌아올 수 있었다. 그리고 관제를 개편하였는데, 예문춘추관은 예문관과 춘추관으로 분리되었고, 직제도 일부 마련되었다22).

공민왕 5년(1356) 반원 정책23)과 함께 관제의 개편24)을 도모하여, 예문관은 翰林院, 춘추관은 史館으로 바뀌었다. 그러나 원의 간섭이 심해지고 대내적으로도 반원 정책이 어려워지던 동왕 11년(1362) 다시 예문관과 춘추관으로 고쳐졌다25). 그리고 우왕 1년에 다시 통합되었다26). 이 시기 예문관과 춘추관을 통합하여 운영한 이유에 대해서는 기록의 미비로 확인하기 어렵지만, 두 기관의 기능이 모두 글을 짓는 문한 기관이었던 점27)과 충선왕대 문한직 일체를 정비하여 왕권을 강화하고자 하였던 의도와 연관되는 것으로 본다.

이와 같이 예문관과 춘추관은 국초 이래 관제 개편 시마다 지배층에게 주목되어 명칭과 기능, 직제의 변화 과정을 거쳤다. 文翰機構로서의 기능뿐만 아니라, 통치 체제의 강화에 이용28)되는 등 정국변동에 영향을 끼쳤던 중요한 기관이었음을 확인할 수 있다.

삼아 원에 모함하였다. 이 문제로 원에 압송되었던 충숙왕은 원의 영종이 죽고 태정제(진종)가 즉위하면서 비로소 모함이 풀릴 수 있었다. 원에 압송된 지 5년 만에 원 순종의 손녀(아목가의 딸)와 재혼 후 고려로 돌아오면서, 원의 지지를 얻을 수 있었다.

22) 관제의 개편이 단행될 수 있었던 것은 심양왕 고와의 갈등 해소, 원에서 돌아오면서 원의 지지를 회복하여 대외적으로 통치 체제를 강화할 수 있는 기반이 조성되었기 때문이다.
23) 5년 5월 기철등 친원파의 제거와 征東行省 폐지, 5년 6월 원 年號의 폐지 등은 공민왕대의 대표적인 반원 정책이다.
24) 『高麗史』 世家 卷46, 恭愍王 5年 7月 丁亥.
25) 『高麗史』 世家 卷46, 恭愍王 11年 3月 甲子.
26) 『高麗史』 백관지에는 공양왕 1년에 통합되었다고 기록하였으며, 鄭求福은 李穡의 年譜를 근거로 禑王 1年(1375)이라고 보았다.(「高麗時代의 史館과 實錄編纂」, 『第 3回 國際學術會議論文集』, 1984.) 본고는 후자의 논지를 따른다.
27) 김성준, 전게 논문.
28) 충선왕대의 사림원, 공민왕대의 한림원 운영에서 확인할 수 있다.

2) 조선시대 변화

조선 건국 후 11일만에 단행된 관제 정비는 건국 이전부터 준비된 것으로, 고려말 관제의 문제점 중 미 해결된 것을 정비한 것이라고 본다[29]. 조선 건국 당시의 지배층이 고려말의 지배층에서 크게 달라진 것이 없었고, 그 과정에서 지배층 사이의 타협을 통해 개혁과 신 왕조 건설을 이끌어 냈던 점[30]에서 알 수 있다.

이렇게 보면 태조대의 관제 정비는 고려적인 체제를 바꾸는 획기적인 것은 아니었다고 본다. 그러나 건국 주체 세력이 주도하여 자신들의 통치 체제를 유지하기 위한 의도가 반영되었던 점에서 과도기적인 형태라고 할 수 있다.

먼저 태조 즉위이래 『경국대전』에 반영될 때까지의 예문관 변화 과정과 그 의미를 살펴보자.

건국 초 예문춘추관은 고려말의 체제를 그대로 계승하여, 論議·敎命·國史 등의 임무를 수행하였다. 태종 1년 두 기관은 분리되었는데, 예문관은 중국의 翰林院과 같이 군주의 덕을 보양하는 기구[31]로 인식되었다. 역대로 성균관·교서관과 더불어 三館으로 불리면서 과거에 급제한 뛰어난 인사들이 제수되었다. 따라서 조선시대 관료들이면 누구나 연망하였으며, 학술·경연·사관 등 문한직과 긴밀하게 연관되었을 뿐만 아니라, 승진이 보장되었던 기관이었다[32]. 태조 1년이래 성종 16년

---

29) 尹斗守, 「朝鮮 太祖의 官制改革과 開國功臣」, 『考古歷史學誌』7, 1991.
30) 고려 말기의 난국은 징치직인 년보나는 경제적인 면이 더 컸다고 본다. 소수 특권층에 의한 농장의 확대와 그에 따른 경제 질서의 문란은 농촌 경제의 파탄을 초래하였다. 따라서 조정에 대한 민심의 이반 현상은 심화되었다. 지배층이 기득권을 포기하면서 사회경제적 모순의 단초였던 농장을 혁파하며 토지제도를 개혁한 것은 고려말의 난국을 해결하는 모티브가 되었던 것이다. 이런 과정에서 관제 개편 등 정치체제의 개혁도 동반되었다고 생각된다.
31) 『成宗實錄』 卷22, 3年 9月 庚申.
32) 『成宗實錄』 卷161, 14年 12月 壬午.

『經國大典』 반포시까지 예문관의 관제 변화를 정리하면 다음 표와 같다.

표1-2) 藝文館의 官制 變化[33)]

	藝文春秋館	藝 文 館			備 考
	太祖 1年	太宗 1年	世祖12年	經國大典	
정1품	監館事 (1)		領事 (1)	領事 (1)	
정2품	大學士 (2) 知館事 (2)	大提學(1)	大提學(1)	大提學(1)	例兼
종2품	同知館事(2)	提學 (1)	提學 (1)	提學 (1)	
정3품당상	學士 (2)	直提學(2)	直提學(1)	直提學(1)	都承旨 兼
정4품	充編修官(2) 兼編修官(2)			應敎 (1)	弘文館 直提學─敎理 중 兼
		直館 (2)	典翰 (1)		
정5품	應敎 (1)	혁파			성종대 정3품으로 改定
정7품	供奉官 (2)	奉敎 (2)	奉敎 (2)	奉敎 (2)	春秋館 記事官 兼(專任史官)
정8품	修撰官 (2)	待敎 (2)	待敎 (2)	待敎 (2)	
정9품	直館 (2)	檢閱 (4)	檢閱 (4)	檢閱 (4)	
計	20	14	13	13	

태조대의 예문춘추관에는 감관사에서 서리까지 12개 직책에 24명의 관원이었다[34)]. 관원 중 공봉, 수찬, 직관 등 8인은 태조 4년에 설치[35)]되었음으로, 초기에는 응교 이상의 관제만 갖추어진 채 운영되었다. 그런데 태조 7년 諫官 朴信은 경제적인 어려움을 이유로, 신설된 관직의 汰去를 상언하였다[36)]. 박신의 상언이 다음 달 받아 들여졌는데, 공봉·수

---

33) 태조 1년 예문춘추관 소속의 관원에는 춘추관직도 포함하였다. 비고의 내용은 『經國大典』의 규정을 근거로 한 것이다.
34) 표의 관원(20명)과 書吏 4명을 포함한 경우이다.
35) 『太祖實錄』 卷7, 4年 2月 丁丑.
36) 『太祖實錄』 卷13, 7年 4月 己卯.

찬·직관 등 신설직은 그대로 두고 대학사 2명과 학사 1명을 감하였다[37]. 신설된 관제의 폐지를 요구했음에도 불구하고, 오히려 대학사 등 고위직 겸관을 파한 것은 실무자가 필요했던 정치 상황, 즉 각 부서의 기능과 체제가 제대로 갖추어지지 않아 행정적 어려움을 타개하고, 경제적으로 경비 절감을 위한 방편이었다고 짐작된다.

태조 7년 간관 박신의 상언으로 감원된 대학사 2명 중 1명과 학사 2명[38]은 定宗代 증원되었다[39]. 따라서 표와 같은 체제는 정종 2년에야 비로소 갖추어 진 것이라고 할 수 있다.

태조 1년 이후 태종 1년까지 예문춘추관에 편성되어 활동하였던 사람은 모두 29명[40]이었다. 이들의 성향을 한 마디로 설명하기는 어렵다. 그러나 이들 중 상당수가 건국 이후 정국의 주도권을 장악하였고, 중요한 역할을 수행하였다[41]. 그리고 태조 1년 예문춘추관의 대학사와 학사에게 최고 의결 기구인 도평의사사의 겸직을 허락하였던 사실[42]에서, 이들이 정치지배 세력으로서 상당한 영향력을 발휘하였음을 살필 수 있다.

태종은 즉위와 함께 삼사영사 河崙, 참찬 權近, 첨서 李詹 등에게 관제의 개정을 명하였다. 명이 내려진 다음 달 7월 큰 폭의 개편이 이루어졌는데[43], 예문춘추관은 예문관[44]과 춘추관으로 분리되었고, 예문관

---

37) 『太祖實錄』 卷14, 7年 5月 丁卯.
38) 당시 大學士에는 안처량과 성석린이 겸임하고 있었다. 성석린은 태조 7년 2월에 제수되었고(『太祖實錄』 卷13, 7年 2月 癸卯), 안처량은 4월의 卒記(동 卷13, 7年 4月 乙巳)로 알 수 있다. 그리고 學士는 권근과 정은이 겸하고 있었다.
39) 『定宗實錄』 卷4, 2年 4月 辛丑.
40) 大學士(15명), 학사(10명), 감사(2명), 동지관사(1명), 供奉(1명), 미상(2명) 등 31명인데, 중복된 3명을 빼면 29명이다. 이들 외에 應敎 이하의 관직에 편성되어 활동한 사람들이 있을 것이나, 실록의 기사로는 더 이상 확인되지 않는다. 명단은 부록 참조.
41) 개국공신 등 공신으로 녹훈되거나, 그와 연관된 인사가 상당수 있다.
42) 『太祖實錄』 卷2, 1年 12月 己未.
43) 『太宗實錄』 卷2, 1年 7月 庚子.

에는 녹관, 춘추관에는 겸관이 편성되었다. 태조대 예문춘추관의 정2품 대학사(2명)는 정2품 대제학(1명)과 종2품 제학(1명)으로, 학사는 직제학으로 개칭되었다. 정3품의 직제학과 4품의 직관45)은 청렴하고 정직하며 문학이 있는 자 중에서 선발하였고, 매일 춘추관에 출근하여 각 관청 소속의 겸임사관들이 보고하는 시행사(겸춘추일기)를 점검하고, 이를 바탕으로 사관의 시정기 편찬을 감독하도록 하였다46). 그리고 **供奉**이 **奉教**, **修撰**이 **待教**, **直館**이 **檢閱**로 고쳐졌고 정원은 14명이 되었다.

태종 1년 예문춘추관이 분리되면서, 예문관의 관제와 임무는 태조대보다 세분화·전문화되었으며, 王命의 制撰을 위한 문한 기구로서의 성격이 강화되었다. 이는 예문관의 **大提學**(文衡)을 지낸 인사47)들이 당대 학문을 대표하는 인사들이었다는 점과 연관된다. 그리고 예문관의 분리와 기능의 강화는 태종의 왕권 강화와 통치체제의 정비 의도가 깊게 반영되었다48). 군신간·골육간의 싸움을 겪고 즉위하였던 태종은 왕권의

이날 단행된 관제 개혁의 주요 내용을 약기하면 다음과 같다.
①문하부 좌우정승 - 의정부 좌우정승, ②문하시랑 찬성사 - 의정부 찬성사, ③참찬 문하부사 - 참찬 의정부사, ④정당문학 - 의정부 문학, ⑤지문하부사 - 참지의정부사, ⑥문하부 낭사 - 사간원, ⑦三司 - 司平府, ⑧의흥삼군부 - **承樞府** 등. 이 시기의 개혁에 대해 한충희는 전게 논고에서 도평의사사적인 성격에서 탈피하여 조선의 독자적인 제도로 전환한 것이라고 하였다.

44) 이 시기 藝文館의 설치와 성격을 다룬 논문(崔先惠,「朝鮮初期 太宗代 藝文館의 設置와 그 歷史的 意義」,『震檀學報』80, 1995.)에서는 태종대 정치 권력의 향배와 연관하여 그 성격을 분석하였다. 이 논문에서는 예문관을 정치 세력의 변동 위주로 살피고, 춘추관과의 상호 연관성이 무시되었다.

45) 太祖代 藝文春秋館에 정9품에 편성되었던 直館(2명)이 檢閱로 개칭되면서 2명이 증원되어 4명이었고 정4품계에 동명의 직관 2명을 별도로 설치하였다.

46)『世宗實錄』卷66, 16年 11月 戊寅.

47)『燃藜室記述』別集 卷7, 官職典故 大提學條.
朝鮮 前期 역대 문형을 지낸 인사들은 다음과 같다.
① 太宗朝 文衡 ; 權近, 卞季良. ② 世宗朝 ; 尹淮, 權踶, 鄭麟趾, 安止. ③ 世祖朝 ; 申叔舟, 崔恒. ④ 睿宗朝 ; 徐居正. ⑤ 成宗朝 ; 魚世謙, 盧公弼. ⑥ 燕山朝 ; 成俔, 金勘, 洪貴達, 姜渾. ⑦ 中宗朝 ; 申用漑, 南袞, 李荇, 金安老, 成世昌, 蘇世讓, 金安國. 등

강화와 재상권의 견제를 적극 모색하였다. 문하부를 혁파하고 의정부체제로 하였으면서도, 의정부의 기능을 강화시켜 재상들에게 권한을 주기보다는, 모든 정사를 직접 총괄하였고, 공신들의 반대를 무릅쓰고 사병을 혁파하는 등 권력의 분산과 왕권강화를 도모하였다.

한편 태조대 '표전문제'와 '요동수복계획' 등으로 악화되었던 대명 관계가 태종대 상당히 호전되었다. 명과의 선린 관계가 정립되면서 양국 간의 使行은 빈번해졌으며, 이에 따라 명분에 합당한 사대 외교와 외교문서의 작성이 필요하게 되었다. 이는 '詞命의 제찬'이라는 예문관의 기능을 강화하는 외적 요건이 되었다고 본다.

이러한 태종 1년의 관제 개편은 왕권 강화와 함께 태조대의 과도기 체제에서 새 왕조에 부합되는 체제를 확립하고자 했던 의도를 살필 수 있다. 태조대 고려말 관제를 계승하여 운영하였던 것과 다른 점이 발견되고, 왕조의 집권 체제 확립을 위한 목적 의식이 크게 드러나기 때문이다. 권력의 핵심기구였던 도평의사사가 정종 2년 해체되었지만49), 문하부가 여전히 권력의 핵심기관으로 남아 있어 통치 체제의 확립이 어려웠던 상황에서, 태종은 문하부마저 기능을 축소시킴으로써 본격적으로 새 왕조의 통치 체계를 구축하고자 하였던 것50)이다.

이와 같이 태종 1년의 관제 개혁은 왕권 강화 의도와 집권 체제 마련, 명과의 관계 개선과정에서 야기된 빈번한 외교문서의 작성, 역사기록에 대한 필요성의 漸高 등이 복합적으로 작용된 것으로, 조선 왕조의 통치 질서가 구체화되었다는 의미로 해석될 수 있다.

한편 예문관은 세조 2년 집현전의 혁파 이후, 성종 16년 『經國大典』

---

48) 고려 후기 충선왕대 詞林院을 설치하여 재상권을 견제하고 왕권을 강화하고자 하였던 목적과 유사하다.
49) 『定宗實錄』 卷4, 2年 4月 己亥.
50) 태종대 관제 개편의 성격과 의미에 대해서는 정두희의 논고(「朝鮮建國初期 統治體制의 成立過程과 그 歷史的 意味」, 『韓國史研究』67, 1989.) 참조.

에 규정될 때까지 몇 차례의 변화가 있었다.

　사육신 사건 이후 집현전이 혁파되자, 세조는 집현전 소장의 전적을 예문관에서 주관하도록 하였다51). 동왕 5년에는 3품 이하의 문신으로 젊고 재능있는 인사 15명을 선발하여 예문관직을 겸하도록 하였고52), 10년에는 李陸 등 18인을 '겸예문'으로 삼아 학업에 전념케 하였다53). 그리고 이들에게『동국통감』을 편찬케 하는 등54) 집현전의 기능을 거의 회복시키고자 하였다. 이러한 조치는 유교주의적 관료 국가에서 학문이 뛰어난 유생들의 지지가 무엇보다 필요했음을 세조 스스로 판단한 것과 연관된다. 따라서 세조는 자신이 혁파하였던 집현전의 기능을 예문관에 이관시켜 유지하였고, 학술 기관인 홍문관의 신설 논의에 동조하였던 것이다. 다만 집현전 학사들이 전임관이었던 것과는 달리 겸관으로 운영하였다는 점은 다르다.

　성종 1년에는 金季昌 등 30인을 택하여 예문관의 겸관으로 삼았으며55), 곧 이어 직제를 정비하여, 부제학(정3품, 1인), 직제학(정3품, 1인), 典翰(종3품, 1인), 應敎(종4품, 1인), 校理(정5품, 2인), 부교리(종5품, 2인), 수찬(정6품, 3인), 부수찬(종6품, 3인) 등 14명을 증원 知製敎와 경연 춘추관을 겸하도록 하였다56). 동왕 9년에는 이조의 啓57)에 따라 선비로서 학문에 뜻을 둔 자가 예문관에 들어가고자 하여도 급제 후 직질이 낮아 들어갈 수 없었던 현실적인 문제점을 타개하기 위하여, 博士(정7, 1인), 저작(정8품, 1인), 正字(정9품, 2인) 등 4인을 더 두었고, 그에 상당한 녹봉은 수찬과 부수찬 각 1인씩을 폐하여 그 녹봉으로 충당하

---

51)『世祖實錄』卷4, 2年 6月 甲辰.
52)『世祖實錄』卷18, 5年 12月 甲戌.
53)『世祖實錄』卷33, 10年 7月 丁巳.
54)『世祖實錄』卷38, 12年 4月 癸亥.
55)『成宗實錄』卷4, 1年 4月 癸丑.
56)『成宗實錄』卷4, 1年 4月 甲戌.
57)『成宗實錄』卷89, 9年 2月 辛酉.

였다. 이로써 세조 2년 혁파된 집현전은 성종 9년에야 비로소 세종대 집현전과 유사한 기능과 체제를 갖추게 되었다. 이와 함께 세조 9년 동지중추원사 梁誠之의 의논에 따라 藏書閣을 弘文館으로 개명·신설하고, 직무를 담당할 관원으로 대제학 등 8명을 두면서58), 서적의 출납을 담당하였던 홍문관의 기능을 강화하였다. 성종 9년 봉교 崔乙斗 등은 집현전 혁파 이후 전임사관이 경연관을 겸하게 되어 본래의 직무인 사관직을 수행하기 어렵다는 이유를 들어 한림 8명만으로 별도의 局을 설치해 줄 것을 상소하였다. 성종은 대신들과의 논의 후에 동부승지 李瓊소이, '경연관은 모두 홍문관의 실함을 띠게 하여 출사케 하고, 고문에 대비하며, 봉교 이하는 전례대로 예문관의 직책을 띠고 직무에 전념케 하자'고 하자, 이 논의를 그대로 따랐다. 그리고 吏曹에 전지하여 예문관의 부제학 이하를 홍문관의 실함으로 옮기는59) 등 홍문관의 기능을 강화하도록 하였다60). 예문관의 봉교 이하는 여전히 춘추관의 기사관을 겸임하도록 하였으며, 예문관은 다만 '사명의 제찬' 기능만 담당하도록 하였던 것이다. 이러한 내용은 동왕 16년 『經國大典』에 그대로 반영하였는데, 예문관의 관원은 응교 이상 영사까지 겸관으로 하였으며, 춘추관의 기사관을 겸하는 봉교·대교·검열만 전임관으로 하였다.

이와 같이 예문관은 태종 1년 춘추관과 분리되어 독립기관이 되면서 통치 체제의 강화에 이용되었고, 세조·성종대를 거치면서 혁파된 집현전의 기능과 체제를 갖추었다. 성종 9년 예문관에서 홍문관이 분리된 뒤, 표와 같은 체제로 『經國大典』에 정착되었다.

다음 춘추관의 편제 변화에 대해 살펴보자. 태종 1년 예문관의 기능 강화와 함께 춘추관은 역사적 사실에 대한 정확한 기록의 필요성이 요

---

58) 『世祖實錄』 卷31, 9年 11月 辛未.
59) 『成宗實錄』 卷90, 9年 3月 辛巳.
60) 세조·성종조 예문관의 기능 확대와 홍문관의 분립은 崔承熙의 논고(「弘文館의 成立 經緯」, 『韓國史研究』 5, 1970.) 참조.

구되면서 강화된 것으로 보인다. 더욱이 예문관의 실무관인 봉교·대교·검열 등에게 춘추관의 기사관을 겸하게 하였던 것은 예문관만큼 춘추관의 기능을 중요하게 인식하였던 것으로 보인다. 먼저 고려 광종대 史館이 설치된 이후 세조 12년까지의 관제 변화 과정을 정리해보자.

표1-3) 춘추관의 관제 변화61)

品階\時期	史館 國初	春秋館 忠肅王 12년	史館 恭愍王 5년	藝文春秋館 恭愍王 11年	藝文春秋館 禑王 元年	春秋館 太宗 1年	春秋館 世祖 12년	備考
정1	監修國史	領官事	領館事	領館事		領館事	領事	
		監館事	監館事	監館事	監館事	監館事	監事	
정2	修國史	知館事	知館事	知館事	知館事	知館事	知事	
종2	同修國史	同知館事	同知館事	同知館事	同知館事	同知館事	同知事	
정3당상						充修撰官	修撰官	兼官
정3-종4	修撰官:翰林院3품이하겸	充修撰官 充編修官 兼編修官			充編修官 兼編修官	編修官	編修官	
정5-종5						記注官	記注官	
정7-정9	直史館 (8품)	修撰 注簿 檢閱	編修官 檢閱 直館	供奉 修撰 檢閱	供奉 修撰 檢閱	記事官	記事官	

춘추관은 건국 이후 고려말 예문춘추관제를 계승하여 운영되다가, 태종 1년 예문관과 분리되면서 기구의 독립과 기능이 전문화되었다. 세조 12년 官制와 職名이 일부 고쳐져 『經國大典』에 반영되었는데, 개혁의 핵심은 官階를 기준으로 官署名과 官職名이 통일된 것이었다62).

종2품 이상의 직제는 충숙왕 12년에 마련된 것이 태종 1년까지 그대로 유지되다가, 세조 12년 약간 개칭되었다. 充修撰官과 편수관·기주

---

61) 『高麗史』 百官誌 春秋館條 및 『朝鮮王朝實錄』 참조.
62) 南智大, 『朝鮮初期 中央政治制度 硏究』, 서울대박사학위논문, 1993.

관·기사관 등 당하관의 명칭도 태종 1년 정비된 후 세조 12년 충수찬관이 수찬관으로 개칭되었으나, 주요한 체제는 태종 1년의 것이 그대로 유지되었다. 이와 같은 과정을 거쳐 춘추관에 확립된 정1품 領事부터 記事官까지의 성격과 임무 등에 대해서『經國大典』을 근거로 살펴보자.

정1품 領事는 영의정이 겸하고, 監事는 左·右議政이 겸하며 영사를 보좌하였다. 修撰官은 태조조 이래의 修撰(정8품)이 태종때 예문관의 待敎로 개칭되었다가, 세조 12년 同知事 밑에 정3품 당상관으로 보충되었다. 편수관은 정3품 당하관에서 종4품까지의 타 관원이 겸하고, 태조 1년 7월 관제 반포시 정비된 4품 이상의 充編修官과 兼編修官을 겸하도록 하였다. 그런데 세조 12년 관제 개편시 수찬관이 정3품의 당상관으로 고쳐지면서 편수관은 당하관에 편제되었다. 記注官은 태종 1년 7월 관제 개편 이후 태종 10년 이전의 기간에 설치되어, 정·종 5품직이 겸하면서 '時事를 記注'하는 기능을 수행하였다.

記事官은 정6품에서 정9품까지 時事의 기록을 담당하였으며[63], 예문관의 전임관인 奉敎·待敎·檢閱 등 8명이 겸하였던 직책으로 춘추관의 가장 실무적인 일을 수행하였다. 통상 이들 記事官 8명을 '專任史官' 혹은 '翰林'이라고 하였으며, 군주의 언행과 대소신료들의 시비 득실, 시정사를 빠짐없이 기록하였다. 7품 이하에 제수되어 말단직이기는 하였지만, 수행한 임무는 매우 중요하였다. 관료들이 왕에게 미움을 받으면 귀양을 가더라도 관료생활은 보장되었고, 대간에게 서경받지 못하면 당대 관료 생활을 못하는 것으로 그치지만, 史官에게 폄하되면 후세에 영원히 전해져 勸戒되었다. 따라서 군주를 비롯하여 대소 관료들은 사관의 기록에 큰 관심을 가졌으며 심지어는 두려워 할 정도였다. 이들 翰林은 학문이 뛰어나고 가문에 하자가 없는 신진 기예의 문신 중에서 신중하게 선발하였음은 앞에서 본바와 같다. 엄정한 절차를 거쳐 말단

---

63) 겸춘추관의 성격에 대해서는『經國大典』(註釋編, 韓國精神文化研究院, 1986)을 참고하였다.

인 정9품의 檢閱에 제수되면 타 관직과는 달리 외직(수령)을 역임하지 않았더라도, 근무 일수에 상관없이 待敎・奉敎로 승진할 수 있었다64). 따라서 사관은 문치주의를 지향하는 조선왕조 중추적인 관료였으며, 양반관료체제를 유지하는 우수한 엘리트 계층이라고 할 수 있다65). 이렇게 본다면 춘추관의 관제와 체제의 정비, 기능의 강화 등은 집권 관료국가의 면모를 일신하는데 중요한 의미를 가진다고 본다.

이상에서 살펴본 바와 같이 예문관과 춘추관은 文翰 機構라는 공통점 외에 지배 관료층의 관심이 컸음을 확인할 수 있다. 그리고 예문관의 전임관(전임사관)이 춘추관의 記事官을 겸임했던 사실, 태종 1년 분리된 후에도 여전히 하나의 기관으로 인식된 예66), 예문관을 설치한 것은 오로지 起居注만 관장하게 하였다는 기사67), 大提學이 갖추어져야만 실록의 편찬이 본격화되었다는 점68), 그리고 時政記의 편찬을 위하여 예문관의 녹관 5인과 겸관 5인이 각기 3년씩 나누어 편찬하고, 이를 춘추관의 당상관으로 하여금 고찰하도록 하였던 사실69) 등에서 상호 긴밀하게 연관되었음을 살필 수 있다.

3. 兼任史官의 設置와 運營

1) 겸임사관의 설치와 운영

겸임사관은 시정사를 널리 기록하기 위한 목적에 따라 태조조 이래 광범하게 운영되었다. 세조 3년 우의정 강맹경이, 注書가 춘추직을 겸하지 않았을 때 기록한 것은 '日記'였고, 겸하였을 때는 '時事'를 기록

---
64) 『成宗實錄』 卷11, 2年 8月 辛丑.
65) 李成茂, 『朝鮮兩班社會硏究』, 一潮閣, 1995.
66) 『世宗實錄』 卷66, 16年 11月 戊寅.
67) 『燃藜室記述』 卷10, 官職典故 藝文館條.
68) 인조실록의 편찬시, "…실록 편찬은 전적으로 大提學이 맡은 것인데,…"라고 한 기사(『孝宗實錄』 卷7, 2年 10月 壬申.)에서 알 수 있다.
69) 『世祖實錄』 卷40, 12年 11月 乙酉.

한 것이라는 啓70)에서 겸임사관의 성격을 살필 수 있다. 즉 세조 3년 이전 注書가 겸임사관이 아니었을 때 기록한 것은 '일기'정도로 인식되었던 것에 비해, 겸임 이후에는 사관과 동일하게 인식한 것이다. 다음의 기사는 겸임사관 운영의 실 예를 보여준다.

① "…(鄭道傳에게) 政丞의 자리에 앉히고, 또 國史를 편찬하는 관직까지 겸하게 하였더니,…", "…(鄭摠에게) 국정을 결정하는 의정부에 올리고 史筆을 잡는 관원을 겸하게 하였더니…"71)
② "겸관으로서 수찬관이하의 관직에 충당된 사람은 견문한 바를 기록하여 史草로 만들어서 예문춘추관에 보낼 것."72)
③ "…수찬부터 직관에 이르기까지 각기 보고들은 것에 의거하여 사초를 기록하여 만들게 하니 그 수십 인이 보고들은 것이 어찌 빠뜨려서 기록하지 않은 것이 있으리요."73)
④ "史官은 당시의 선악을 기록하여 후세에 포폄을 전하게 되니, 진실로 관원을 많이 두어서 견문을 넓히지 않는다면 정령의 시비와 민생의 휴척을 어찌 능히 다 써서 자세히 전할 수 있겠습니까.…국가에서 이미 史翰 8명을 두어 날마다 임금의 곁에 모시게 하고, 또 儒臣으로 춘추관을 겸직시켜 時事 기록을 맡게 하였으니, 京官의 編修하는 직책은 구비했다고 할 수 있습니다.…"74)

위 기사는 조선시대 사관의 설치 목적과 역사 사실의 광범한 기록, 즉 역사 사실의 광범한 기록을 위하여 전임 사관 및 겸임 사관(겸춘추)을 폭 넓게 편성하여 운영하였음을 보여준다. 이는 당시 지배층이 역사 사실의 기록에 대한 관심이 깊었음을 보여주는 근거인 것이다.

---

70) 『世祖實錄』 卷8, 3年 7月 己巳.
71) 『太祖實錄』 卷7, 4年 1月 庚申.
72) 『太祖實錄』 卷2, 1年 9月 壬辰.
73) 『太祖實錄』 卷14, 7年 6月 丙辰.
74) 『世宗實錄』 卷54, 13年 11月 丙寅.

①은 태조 4년 정도전과 정총이 고려사를 찬진하였을 때, 태조가 내린 교서이다. 당시 정도전은 종1품의 **判三司事**, 정총은 정2품 문하부의 **政堂文學**이었다. 따라서 정도전은 예문춘추관의 **監館事**를, 정총은 **大學士**를 겸임하고 있었던 것이다. ②는 태조 1년 예문춘추관의 상언, ③은 태조 7년 史官 신개의 상소, ④는 세종 13년 대사헌 **吳陞**의 상언이다. 기사 모두 시정사를 광범하게 기록할 목적으로 태조이래 중앙 행정의 주요 관료들에게 사관직을 겸임하도록 하였음과 겸임사관이 작성한 기사도 史草로 인식하였음을 보여주고 있다.

겸임사관이 시정사를 기록하였고, 이를 사초로 인정하였던 점에서 전임사관의 **職務**와 유사하다고 할 수 있다. 그러나 실질적인 임무와 기능에서는 차이가 있기 때문에, 각각의 성격에 대한 이해가 요구된다. 먼저 『經國大典』에 규정된 춘추관의 임무와 겸관을 살펴보자.

"掌記時政 並用文官 以他官兼 修撰官以下 以承政院・弘文館副提學以下・議政府舍人・檢詳 藝文館奉敎以下及 侍講院堂下官二員 司憲府執義以下 司諫院・承文院・宗簿寺・六曹堂下官 各一員 兼 領事 一員(領議政), 監事 二員(左右議政) 知事 二員, 同知事 二員"[75]

이 기사는 춘추관이 時政事를 기록하였고, 타관서의 문관이 겸한 점, 그리고 이들의 소속 관청을 보여주고 있다. 즉 당상관은 14명[76]이었고, 당하관은 의정부의 사인과 검상, 예문관의 봉교이하, 시강원의 당하관, 사헌부의 집의이하, 사간원・승문원・종부시・육조의 당하관에게 겸임시킨다고 기록되어 있는 것이다. 즉 당상관은 정확한 인원이 규정되었으나, 당하관은 없는 것이다.

---

75) 『經國大典』 卷1, 吏典 春秋館條.
76) 영사와 감사는 의정부 3정승이, 지사는 정2품의 관료가, 동지사는 종2품의 관료 각각 2명, 수찬관 7명은 승정원의 6승지와 홍문관의 부제학 등 7명.

그런데 춘추관의 겸관 중 영관사부터 수찬관까지의 당상관은 춘추관의 兼職보다 本職을 우선 수행하였다고 생각된다. 領議政이 춘추관의 영관사를 겸하였지만 시정사를 기록하거나, 당하관의 기사 활동을 직접 감독하지 않았기 때문이다[77]. 따라서 당상관들이 실제 활동한 것은 실록청이 개국되었을 때와 같은 특별한 경우라고 본다. 이때에도 자료를 정리하거나 초고를 작성하는 실무보다는 전체적인 감독과 중초본 문장의 체제 통일, 史論의 작성 등을 하였을 것으로 본다. 영의정이 총재관으로 실록 편찬을 총괄하였던 것이나[78], 총재관를 비롯한 실록청의 당상관들이 後代史論[79]을 작성하였던 사실에서 알 수 있다. 이렇게 본다면 춘추관의 당상관들은 특정한 시기에 특별한 일이 있는 경우에만 겸관직을 수행하였고, 평소에는 본직을 수행했다고 본다. 이에 비해 당하관들은 본직과 함께 소속 관청의 시행사를 정리하여 춘추관에 보고하는 실무를 수행하였다. 현재 상당한 분량으로 전해지는 겸임사관의 일기는 이러한 사실을 입증하는데 중요한 근거가 된다.

여기서 領事부터 기사관까지 춘추관의 겸관에 대해, 『經國大典』을 근거로, 실록 및 고문서(兼春秋日記) 등을 참고하여 정리하면 다음 표와 같다.

---

77) 集賢殿의 영전사(정품, 2), 대제학(정2품, 2), 제학(종2품, 2) 등 겸관이 관아의 운영에 직접 참여하지 않고, 부제학 이하를 擬望하고, 부제학 이하가 언론 활동상 국왕과 대립하였을 때에 중재하는 역할을 수행하였던 것과 유사하다.(崔承熙, 「集賢殿 硏究」 上·下, 『歷史學報』 32·33, 1967·1968. 참조)
78) 태종대 태조실록이 편찬된 이래 역대 실록 편찬관의 명단을 살펴보면 영의정 등 3정승이 총재관으로 활동하였다.
79) 史論은 작성된 시기에 따라 '當代 史論'과 '後代 史論'으로 구분된다. 당대 사론은 史官이 직접 見聞한 바를 근거로 史草에 기록한 것을 말하며, 후대 사론은 실록 편찬시 總裁官을 비롯한 편찬관들이 과거에 있었던 사실을 현재적인 비판의식에 의거하여 작성한 것을 의미한다.

표1-4) 춘추관 겸관 표80)

관 직	품 계	인원	겸 관	비 고
영 사	정1	1	영의정	經筵 領事 兼
감 사	정1	2	좌·우의정	
지 사	정2	2	例兼	
동지사	종2	2	例兼	
수찬관	정3 당상관	7	부제학+승지6	經筵 參贊官 兼
편수관	정3 - 종4	11	(홍문관):직제학1,전한1,응교1,부응교1. (의정부):사인2. (승문원):판교1. (사헌부):집의1,장령2. (종부시):정1.	經筵 侍講官 兼
기주관	정5 - 종5	7	(홍문관):교리2,부교리2. (의정부):검상1. (사헌부)지평2.	經筵 試讀官 兼
기사관	정6 - 종9	28	(홍문관):수찬2,부수찬2, 박사1, 저작1, 정자2. (시강원) 당하관2. (승정원) 주서2. (사간원) 당하관1. (육 조) 당하관6. (승문원) 당하관1. (예문관) 봉교2,대교2,검열4.	經筵 檢討官 兼 經筵 司經 兼 經筵 說經 兼 經筵 典經 兼 전임사관
계		60		

표에서 보듯이 춘추관의 겸관은 60여명81)이다. 그런데 예문관의 봉교

---

80) 『經國大典』의 규정을 중심으로 실록의 인사 기록과 古文書(告身) 등을 참고한 것이므로, 법전보다 상세하다. 조선 초기 대소 아문의 관원들에게 춘추관의 직책을 겸임시키거나 혁파시킨 사례는 매우 빈번한데(韓㳓劤,「朝鮮前期 史官과 實錄 編纂에 對한 硏究」,『震檀學報』66, 1988.), 표는 성종 16년 『경국대전』의 반포를 전후한 시기를 중심으로 작성한 것이다.
81) 겸관의 수는 논자들간에 다소 차이를 보이고 있다. 필자가 파악한 60명보다 많거나 적을 수 있다. 그러나 1·2명의 차이가 있다고 하여 겸임사관의 운영과 성격을 이해하는데 논지가 달라지거나, 논리가 비약될 것으로 보기 어렵기 때문

(정7품·2명), 대교(정8품·2명), 검열(정9품·4명)등 8명을 전임사관이라고 하였고, 他官으로 춘추직을 겸임하고 있는 인사들과는 구별하였던 인식에 따라 순수한 겸관은 52명이라고 본다[82]. 그러나 현실적인 운영에 있어서는 상당한 차이를 보이고 있다. 즉 법전의 규정과는 달리 융통성있게 운영되었던 것으로 보여진다.

조선 왕조 관직에는 동일한 명칭이 상당히 많다. 예를 들어 춘추관을 비롯하여 경연, 홍문관, 예문관, 관상감의 최고직은 모두 영사로 동일하며, 지사·동지사는 경연과 성균관[83]의 관직과 동일하다. 그리고 이들 관직은 모두 겸직이었다는 공통점이 있다. 따라서 중앙 정치의 최고 핵심직인 영사, 감사, 지사, 동지사, 대제학, 제학, 세자사, 세자이사, 세자부, 세자빈객 등 2품 이상의 36宰[84]는 의정부의 삼정승(3명)과, 찬성(2명), 참찬(2명), 육조의 판서(6명)와 참찬(6명)등 19명이 겸임하였고, 이들에게 권력이 집중되어 있음을 알 수 있다.

이와 같이 소수 인사들에게 권력을 집중시키면서까지 운영하였던 겸직제는 행정 업무의 유기적인 연관성과 유능한 인재의 적재 적소 배치·활용, 국가의 예산 절감 효과[85] 등의 목적의식 때문이었다. 왕권과 신권의 조화와 갈등 등의 문제가 상존하였던 조선왕조는 왕권 강화를

에, 큰 무리는 없을 것으로 본다.
82) 예문관의 전임관들도 춘추관에 편성된 겸관임이 분명하지만, 이들을 전임사관이라하여 '翰林'이라고 칭하는 것이나, 통상 史官을 '전임 사관'과 '겸임 사관(겸춘추)'으로 불렀던 점에서 구분할 필요성이 있다고 본다. 한편 승정원 注書의 임무가 사관과 유사하고, 작성한 '당후일기'를 사초로 인식하였던 점에서, 주서를 사관으로 보는 경우도 있다. 그러나 전임사관이라고 하면, 예문관의 전임관을 의미하므로 여기서는 구분하기로 한다.
83) 知事의 동일 품계로는 홍문관과 예문관의 대제학이 있고, 同知事의 동일 품계로는 홍문관과 예문관의 제학이 있다.
84) 李迎春, 前揭論文.
85) 張東翼, 「高麗後期의 兼職制에 對하여」(下), 『大邱史學』17, 1979.
李成茂, 『朝鮮初期 兩班研究』, 一潮閣, 1980.
李迎春, 「朝鮮時代의 兼職制度」, 『淸溪史學』4, 1987.

도모하였던 태종과 세조가 6조직계제를, 단종과 성종 초기에 의정부서 사제와 원상제를 실시하였다. 따라서 광범한 겸직제의 운영은 정국의 흐름뿐만 아니라, 권력의 향배와도 긴밀하게 연관되는 것이었다. 영사부터 수찬관까지 춘추관의 당상관도 이들 19명 인사들이 겸임하였다. 이는 춘추관이 정치 권력의 동향과 민감했었음을 반영하는 것으로, 조선중기 이후 춘추관의 당상관들이 정치 권력과 연계되어 실록의 편찬시 영향력을 행사하여 객관성이 결여되는 경우가 발생했던 사례[86]와 무관하지 않다.

편수관 이하 記事官까지 실무 인사들은 중앙 행정 官署에 소속된 관리들이 겸임하였다. 표에서 보듯이, 춘추관의 당하관은 의정부, 육조, 홍문관, 승정원, 승문원, 사헌부, 사간원, 예문관, 시강원, 종부시등 중앙 정치 주요 기관에 소속된 인사들이다. 이는 소속 관청의 시행사를 광범하게 수집하여 時政記로 편찬하기 위한 필요성 때문이었다.

겸임사관 중 영사와 감사를 비롯하여 홍문관의 관원들은 모두 왕에게 經史를 강독하고 論評·思慮하는 일을 맡았던 경연관[87]을 겸하고, 홍문관의 부제학 이하 부수찬 이상이 知製教를 겸임하였던 점에서 춘추관은 역사 편찬기관, 학술 기관 및 정치 기관으로서의 성향을 가지고 있다.

이와 같이 겸임사관들은 소속 관청의 시행사를 일기로 작성하는 임무를 충실하게 수행했다. 이는 '掌記時政'이라는 춘추관 본래의 임무를 잘 지켰던 것으로, 역사 사실의 기록을 중요하게 인식하였던 시대 의식과 연관되는 것이다.

---

86) 비록 춘추관내에 임시 기구로 설치된 실록청이 이 문제와 직결되는 것이기는 하지만, 『선조수정실록』이나 『현종개수실록』, 『숙종개수실록』 등은 당파의 권력 향배와 관련하여 실록의 편찬에 영향을 주었던 단적인 사례이다.
87) 經筵은 다음의 논고가 참조된다.
南智大,「朝鮮初期의 經筵制度」,『韓國史論』6, 서울대, 1980.
權延雄,「朝鮮 成宗朝의 經筵」,『韓國文化의 諸問題』, 國際文化財團, 1982.

2) 兼任史官의 資格과 職務

사관은 군주의 언동과 정사의 是非 得失, 풍속의 美惡과 대소신료의 邪正을 빠뜨리지 않고 기록하였으며, 작성된 기사는 후세에 전해져 감계를 주었다. '군주가 두려워 할 바는 황천과 史筆 뿐이다.'[88]란 기사는 임무의 중요성과 교훈성을 잘 보여준다. 이들 전임사관의 자격 요건과 임명 절차는 매우 까다롭고 엄격하였다[89]. 재·학·식을 갖추어야 함은 물론 반드시 문과에 급제해야 했고, 蔭敍 출신도 불가능하였다. 內外四祖를 살펴 가문에 하자가 없어야 했으며, 후임자가 잘못하면 천거자에게도 벌을 물을 정도로 엄격하였다.

전임 사관의 선발시 요구되었던 조건이 그대로 적용되었던 것은 아니지만, 겸임사관들에게도 비슷한 자격이 요구되었다.

먼저 문신이어야 했고, 蔭官은 불가능하였다[90]. 成宗 20년 문과 출신이 아니었다는 이유로, 도승지 韓健이 스스로 '都承旨兼春秋'에 적합하지 않다고 사직을 요구하였던 기사[91]는 이를 반영한다. 再嫁한 여자의 자손도 불가능하였다. 성종 17년 서자 朴始行이 兼記注官에 제수되자, 정언 黃玎은 『經國大典』의 규정, 즉 庶子는 東·西班職에 서용될 수 없다는 명문을 근거로 반대하였다[92].

연산조에서 曲學阿世하여 권력을 누렸던 姜渾이 중종조에 겸임사관에 제수되자, 전력이 문제되기도 하였다[93]. 인물이 용렬하거나[94], 物議가 있는 경우[95], 경솔한 경우[96] 등 개인적인 문제[97]와 함께 世系가 분

---

88) 『定宗實錄』 卷1, 元年 正月 戊寅.
89) 본서 제Ⅰ부 제1장 참조.
90) 『光海君日記』 卷184, 14年 12月 丙寅.
91) 『成宗實錄』 卷231, 20年 8月 壬子.
92) 『成宗實錄』 卷190, 17年 4月 辛丑.
93) 『中宗實錄』 卷7, 3年 10月 丁丑.
94) 『中宗實錄』 卷10, 5年 3月 壬戌 및 『宣祖實錄』 卷190, 38年 8月 庚申.

명하지 않은 경우98)도 결격사유였다. 才行이 있고 신칙한 자를 골라서 서용하라고 한 吏曹의 계99)에서 전임사관만큼이나 자격 조건이 까다로 웠음을 알 수 있다.

한편 세종대에 훈련원 主簿 李壽山이 겸임사관에 제수되었을 때, 翰林출신이었기 때문에 가능했다고 한 기사100)가 있다. 이는 전임사관 역임자가 천전하면 문제가 없는 한 겸임사관에 제수되었던 사실을 반영하는 예로써 시사하는바가 크다. 중종 10년 이후 外史의 제수시에도 전임사관 역임자가 상당히 고려되었던 것과 유사하다101).

엄격한 자격 요건과 함께 반드시 署經을 거쳐야 했으며102), 相避도 적용되었다. 선조 21년 부제학 金應南(1546・명종 1 - 1598・선조31, 본관;原州, 號;斗巖)이 修撰官에 겸임되자, 처남 李山海(1539・중종 34 - 1609・광해군 1, 본관; 韓山, 號; 鵝溪)가 知事를 겸하고 있기 때문에 상피하였던 사실은 이를 반증한다.

이와 같이 겸임사관의 제수시 엄격한 요구 조건과 임명 절차가 요구된 것은 당대 일어난 사실의 기록을 매우 중요하게 인식하였던 時代 思潮, 즉 당시 지배 관료층들의 당대 역사에 대한 깊은 관심과 의식이 철

---

95) 『中宗實錄』 卷41, 15年 12月 辛卯와 동 卷104, 39年 8月 庚午.
96) 『中宗實錄』 卷91, 34年 6月 壬寅.(成均館 直講 李純亨은 경솔하고 인품과 기국이 합당치 못하다고 체직당했다.)
97) 『光海君日記』 卷12, 1年 1月 丙申.(工曹正郎 鄭弘佐는 庸劣하고 文筆도 졸렬하다는 이유로 체직.)
98) 『中宗實錄』 卷22, 10年 7月 丁未.
    이날 外史로 제수된 青松府使 裵益臣, 舒川郡守 尹彦咸, 瑞山郡守 陳植 등은 世系가 미약하고 인물이 적합하지 못하다는 이유로 체직당하였다.
99) 『睿宗實錄』 卷5, 1年 5月 甲辰.
100) 『世宗實錄』 卷88, 22年 1月 壬戌.
101) 본서 제Ⅰ부 제2장 참조.
102) 『中宗實錄』 卷10, 5年 3月 壬戌, 『中宗實錄』 卷77, 29年 4월 戊午 및 동 卷97, 37年 2月 癸亥.(검춘추설서 李元孫과 禮曹佐郎 南𨱽年이 세 차례 署經을 통과하지 못하여 체직당하였다.), 『明宗實錄』 卷23, 12年 7月 乙亥, 『宣祖實錄』 卷216, 40年 9月 戊午 등.

저하였음을 반영하는 것이다. 다시 말하면 군주를 비롯하여 대소 아문의 공식적인 정치 행위는 당연히 기록되어야 하며, 기록은 반드시 후세에 전해져 권계되어야 한다는 의식이 투철했던 것이다.

겸임사관들의 임기는 기록의 미비로 정확하게 알기 어렵다. 대체로 관료의 천전은 근무 일수가 만료되고, 타관서의 결원이 생겼을 때 옮기는 것이 일반적이다103). 그러나 조선시대 관료들은 法으로 정해진 임기를 정확하게 지킨 것이 아니고, 현실적인 사정에 따라 가변적이었다. 관직에 제수되었을 때, 임기를 채우고 遷轉되는 경우가 있는가 하면, 罷職되거나 辭職하는 사례가 많았던 사실로 보아, 관료의 임기를 정확하게 판단하기 쉽지 않다. 더욱이 춘추관을 비롯하여 각 관서에 겸임된 직책은 보다 심하였다.

전임 사관의 천전과 거관은 『經國大典』에 '차차천전하여 1년에 2도목씩 거관한다.'라는 규정이 있다. 그러나 이 규정대로 하면 관직이 적체되고 침체되므로, 단계별 승진제의 폐지를 요구하여 관철시킨 사례가 있고104), 한림 8명은 연소하고 장래가 촉망되는 자를 선택하였으므로 四館의 거관하는 格例에 구애받지 말고 천전시키라고 한 사실105)을 볼 때, 정기적인 인사 시기와 정해진 임기를 채우고 천전된 것이 아니었던 것으로 보인다.

겸임사관의 경우도 정해진 임기가 없으며, 인사시기에 따라 가변적이었다. 吏曹 郞官은 30개월이 차지 않으면 옮길 수 없었으며106), 조선 전기 승지들의 평균 재임 기간이 대략 27개월(도승지 41개월) 정도107)였고, 臺諫의 교체는 매우 잦았다108). 이조 낭관과 대간은 '겸기사관'이었

---

103) 『經國大典』 卷1, 吏典 遷轉條.
104) 『睿宗實錄』 卷5, 1年 5月 甲辰과 『成宗實錄』 卷47, 5年 9月 丙寅.
105) 『成宗實錄』 卷90, 9年 3月 辛巳.
106) 『燃藜室記述』 卷10, 官職典故, 官職의 제수와 승진條.
107) 김창현, 「朝鮮初期 承政院에 관한 연구 - 承旨의 銓注 기능과 임용 실태를 중심으로 -」, 『韓國學論叢』10, 한양대 한국학연구소, 1986.

고, 승지는 '겸수찬관'이었으므로 겸임사관들도 이와 비슷하게 임기를 채운 것으로 본다.

임기가 정해진 것은 아니었지만, 이들은 임기의 길고 짧음에 관계없이 史草의 작성을 중히 여기고 실록 편찬시 家藏하고 있던 일기(史草)를 반드시 실록청에 납입하도록 법규정이 마련되었던 만큼, 소속 관청의 시행사를 기록해야 했다. 세종 6년 前知議政府事 金汝知가, "신은 일찍이 편수관에 참여하여 태종 8년 10월부터 13년 11월까지 6년 동안의 태종대 일을 만 분의 일이나마 대강 기록하였는데,…"라는 기사109)와 예종대『세조실록』을 편찬하면서, 세조 원년 이후로 춘추관에 임명되었던 모든 사람(전임사관 및 겸임사관)들에게 각각 本官의 성명을 쓴 사초를 납입하게 하였다는 기사110) 등은 겸임사관들도 임기동안 반드시 일기를 작성해야 했으며, 각기 家藏하고 있던 일기를 실록청에 납입했음을 알 수 있다. 성종 22년 金馹孫의 啓중, "국가에 안으로는 예문관과 겸춘추관(겸임사관;필자)이 있어 시사를 맡아서 기록하므로 조정의 정사를 갖추어 기록하지 않는 것이 없다.…"라는 기사111)와 인조대이기는 하지만, '겸춘추일기'가 상당 수 현존하는 것에서도 확인할 수 있다.

仁祖 7년 崔衍 등 10인을 겸춘추로 임명했을 때, 제기된 다음과 같은 史官의 史論을 통하여 겸임사관의 임무와 성격의 일단을 살펴볼 수 있다.

"국가에서 內外職에 春秋館員을 두었는데,…內職은 날마다 일을 기

---

108) 鄭杜熙,『朝鮮時代의 臺諫硏究』, 一潮閣, 1994.
109)『世宗實錄』卷26, 6年 12月 辛酉.
　　金汝知(공민왕 19・1370 - 세종 7・1425, 本貫 ; 延安)는 창왕 1년 문관에 장원급제한 후 편수관을 겸한 시기(태종 8년 - 13년)에는 左右代言・知申事・提學 등을 역임하면서 겸춘추로 활동하였다.
110)『增補文獻備考』卷221, 職官考 春秋館條.
111)『成宗實錄』卷251, 22年 3月 丁酉.

록하며 外職은 1개월 단위로 중요한 일을 정리하여 기록하도록 정해져 있다. 이를 토대로 정치의 득실을 상고하고 民生의 休戚을 살필 수 있게함은 물론, 閭巷에 나도는 가요 중에서도 風敎와 관련된 것을 모조리 채집하여 기록함으로써 太史(專任史官 ; 필자)가 혹 빠뜨린 것을 보충하게 하였다.···"112)

이 기사를 보면, 內外 官員으로 춘추직을 겸임한 인사들은 소속 관청 혹은 지방에서의 施行事를 춘추관에 보고했고113), 춘추관(실록청)에서는 이를 근거로 시정기와 실록의 편찬을 주관하였다. 더욱이 이들의 기록물은 殿最時에 참고하여 인사에 반영할 정도로 중요하였다.

춘추관의 주요 임무가 時政事를 기록하는 것이었으므로, 겸임사관들이 시행사를 작성하여 보고하면, 월 단위로 모아 매년 시정기로 편찬하였다. 그리고 실록 편찬시 사초와 함께 중요하게 이용되었는데, 이것이 겸임사관을 광범하게 운영하였던 중요한 이유였다.

한편 겸직이었음에도 실록청의 편찬관직은 본직보다 중시되었다. 전왕이 죽고 춘추관 안에 임시 기구인 실록청이 열리면 별도의 인원이 실록 편찬관으로 편성된다. 이들을 중요하게 인식하였음은 다음의 사례에서 살필 수 있다.

세종 10년 우헌납 李壅이 겸기사관으로 실록을 수찬하였을 때, 좌사간 金孝貞은 임무가 막중하였던 간관이 겸직의 실무를 보았던 사례가 없었다고 하면서 시정을 요구하였다114). 그러나 세종은 이옹을 사간원에서 奉常判官으로 옮겨 계속 기사관의 겸임을 수행하도록 하였다. 그

---

112) 『仁祖實錄』 卷21, 7年 8月 戊午.
113) '內外 관원으로 춘추직을 겸임한 인사'라는 표현은 內史와 外史를 의미한다. 내사란 중앙의 춘추관 관원을 의미하고, 외사란 外官중에 춘추직을 겸임한 사람들을 의미한다. 外史는 통상 文臣 守令과 都事중에 하자가 없는 사람으로 선발하여 지방에서의 시행사를 기록하여 보고하도록 하였다.
114) 『世宗實錄』 卷39, 10年 3月 癸卯 및 甲辰.

리고 동왕 25년에는 평산부사 閔厚生이 실록의 개수115)를 위하여 겸임사관에 제수되었을 때, 지평 李崇謙이 부당하다고 하였다. 이때에도 세종은 실록을 개수해야 하는데 史官의 빈번한 변경은 적당하지 않다고 하면서 간언을 물리쳤다116). 이는 당시 군주와 지배 관료층들이 실록 편찬에 기울인 관심과 편찬을 주관하였던 겸임사관을 중요하게 인식하였음을 보여주는 단적인 사례이다. 즉 군주의 耳目이었던 간관직, 군사와 使行에 매우 중요한 평산 부사직보다 실록청의 겸직을 더 중시하였던 것이다. 더욱이 세종은 민후생을 史官이라고 칭하였는바, 전임사관과 겸임사관을 동등하게 인식하였음을 살필 수 있다.

겸임사관들은 시행사를 일기로 작성하여 보고하는 임무 외에, 다양한 임무를 수행하였다. 글씨를 잘 쓰는 사람은 실록을 正書하였고117), 고려 시대 翰林學士가 지공거의 역할을 담당하였던 것과 마찬가지로 과거를 監視하기도 하였다118). 兼任宗學으로서 겸춘추 2품 이상 1인과 3품 이하 1인은 璿源錄과 종실의 譜牒을 등사하였다119). 변란 중 임금을 扈從하던 사관들의 日記가 불타 없어지자, 겸춘추 李好閔과 奇自獻은 사관 대신 왕명의 출납 및 각 도의 狀啓를 대신 기록하였다120). 비록 전란의 상황이기는 하였지만 직접 史草를 작성하였다는 것은, 이들의 임무와 활동이 중요하였음을 보여준다.

실록이 완성되면 3부가 더 등사(혹은 인쇄)되어 춘추관과 각 지방의

---

115) 세종 24년 왕은 卞季良이 지은 獻陵(太宗 능) 비문가운데 잘못된 내용이 있음을 발견하고 이의 개수와 함께 태조·정종·태종의 3朝실록도 개수하라고 하였다. 이 시기 실록의 개수작업에 민후생이 평산부사 겸춘추로 참여하고 있었던 것이다.
116) 『世宗實錄』 卷100, 25年 5月 己卯.
117) 『中宗實錄』 卷91, 34年 6月 辛亥 및 『宣祖實錄』 卷90, 30年 7月 癸丑, 동 권 153, 35年 8月 戊寅.
118) 『中宗實錄』 卷99, 37年 12月 甲申 및 동 乙酉.
119) 『世宗實錄』 卷42, 10年 10月 壬寅.
120) 『宣祖實錄』 卷28, 25年 7月 庚辰.

史庫에 봉안되었다. 이때 실록의 봉안은 전임사관이 수행하는 것이 원칙이었다. 그러나 정국이 어지럽거나 전쟁 발발과 같은 긴박한 시기에는 겸임사관들이 대신 봉안하였다. 선조 28년 조정에 史官이 4명 뿐이라 실록의 守直 관원을 보낼 수 없어 겸임사관을 差送하였던 사실은 이를 반영한다[121].

전임 사관이 갖추어지지 않아 政廳의 입시가 어려운 경우 대신 입시하거나[122], 입직이나 扈從도 하였다[123]. 時政記 편찬시 결원이 생기면 대신 편찬하였고[124], 나아가 시정기의 수정이나[125], 보충시에도 참여하였다[126].

이상과 같이, 겸임사관들은 매일의 일을 정리 기록하여 춘추관에 보고해야 했으며, 기사 내용은 정치의 득실과 민생의 동향을 살피는 근거가 되었다. 전임 사관이 빠뜨리고 기록하지 않은 사실을 보충하였으며, 실록의 편찬시 자료로 이용되었다. 따라서 이들의 임무는 전임사관의 그것과 크게 다르지 않을 뿐만 아니라, 실록의 편찬과 긴밀하게 연관되었음을 알 수 있다. 따라서 이들은 지배층의 당대사 편찬 목적에 부합되었음을 알 수 있다.

4. 兼任史官의 性格

조선시대의 문화는 중국으로부터 상고하기에 충분한 문헌을 갖추고 있는 '禮儀之國'이라고 불릴 정도[127]로 높은 수준이었다. 이는 조선 초

---

121) 『宣祖實錄』 卷67, 28年 9月 戊寅 및 동 卷173, 37年 4月 甲申.
122) 『宣祖實錄』 卷132, 33年 12月 庚午와 『光海君日記』 卷7, 卽位年 8月 乙亥 및 동 卷163, 13年 3月 戊午 등.
123) 『光海君日記』 卷163, 13年 3月 甲寅 및 戊午, 『顯宗實錄』 卷2, 1年 2月 壬子.
124) 『光海君日記』 卷22, 1年 11月 癸卯.
125) 『仁祖實錄』 卷6, 2年 5月 戊午.
126) 『仁祖實錄』 卷42, 19年 7月 丁亥.

기이래 전개된 편찬 사업과 이를 주관하였던 집현전·예문관·춘추관·홍문관 등 학술 기관의 역할, 그리고 지배층의 강렬한 역사의식의 소산이라고 본다.

고려시대와 조선시대에 史館과 春秋館 등의 명칭으로 운영되었던 춘추관은 時政事를 광범하게 기록하여 후세에 교훈을 주고자 하였다. 이에 중앙 행정 실무 관료들을 겸임사관으로 편성하여 기사의 확충을 도모하였는데, 시정사를 광범하게 기록하겠다는 목적에 따라 1명의 전임관 없이 60여명의 겸관으로만 운영하였다.

1·2사람의 인재에게 적재 적소의 자리를 겸임시킴으로써 효과적인 정국 운영과 직무의 통제가 가능하여 행정의 원활화와 집권 체제의 확립을 도모할 수 있었던 겸직제는 태종·세종대에 다양하게 운영되다가, 세조대 이후 몇 차례의 정비 과정을 거쳐 『經國大典』에 정착되었다. 관리직이라고 할 수 있는 영사, 감사, 판사, 지사, 동지사, 대제학, 제학, 세자사, 부, 빈객 등 2품 이상의 직책은 의정, 찬성, 판서, 참찬 등 의정부와 6조의 고관이 겸하였다. 이는 권력의 집중과 행정 업무의 편의, 유능한 인재의 적절한 활용 및 국가 재정의 절감 효과를 가져오기 위한 목적 때문이었다[128].

동반직 가운데 전원을 겸관으로 보임한 관서는 춘추관을 비롯하여 경연, 宗學, 養賢庫, 四學 등 모두 교육 관련 기관이었다. 춘추관의 겸관은 경외 대소 아문의 모든 부서 관원들로 편성되었는데, 이는 실록의 편찬시 각 관청에서 실행한 업무를 파악하기 위한 현실적인 목적이 반영된 것이다. 중앙의 겸임사관은 소속 관청 매일의 시행사를, 지방의 겸관(외사)은 1개월 단위로 작성하여 보고하였다. 기사의 내용은 전임사관이 빠뜨린 것을 보완하고, 시정의 득실과 민생의 休戚까지 살필 수

---

127) 『仁祖實錄』 卷21, 7年 9月 庚子.
128) 이영춘 전게논문.

있기 때문에 실록 편찬시 중요한 자료로 이용되었다. 따라서 겸임사관이 작성한 기사는 史草와 동일하게 인식되었으며, 당대의 정치가 잘 되었음을 보일 목적으로 편찬된 실록과 마찬가지로 당대사 의식을 밝히는데 중요한 단서를 제공한다. 이는 군주와 국가의 통치행위는 밝게 드러나야 한다는 의식에 따라 공개 정치를 지향하였던 시대정신의 표현이었다. 독대를 금지한 것이나, 임금의 거동시 반드시 사관을 대동케 한 것, 그리고 모든 시정사와 대소신료들의 시비 득실을 빠짐없이 기록하게 한 것에서 확인할 수 있다.

이상의 내용을 근거로 겸임사관의 운영의 의미와 성격을 살펴보자.

먼저 겸임사관은 60여명으로 대단히 많다. 이와 같이 많은 인원을 편성하여 운영한 것은 광범한 사실의 수집과 역사 사실을 정확하게 기록하겠다는 목적 의식이 반영되었기 때문이다. 따라서 춘추관의 겸관은 영의정을 비롯하여 경외 대소 아문의 관료들이 상당 수 포함되어 있다.

둘째, 겸임사관의 임명시에는 매우 엄격한 절차와 자격 조건이 요구되었다. 반드시 서경을 거쳐야 했으며, 본인의 인물됨, 가계의 하자까지 일일이 살핀 뒤 적당한 사람을 선발하였다. 이는 전임 사관의 조건 및 임명 절차와 비슷한 것으로, 아무에게나 겸임시키지 않겠다는 의지와 역사 기록을 중요하게 인식했던 시대 의식의 표현이다. 文行이 있는 자를 선발하여 史翰의 책무를 겸임시키고, 그 위에 당상관을 두어 통솔하게 한 것도 역사 사실의 수집과 그 편찬을 중요하게 생각하였던 조정의 강한 역사 의식이 반영되었기 때문이다. 즉 조정에서는 당대의 사실을 역사서로 편찬하여 후세에 권계하고자 하는 적극적인 태도와 노력을 유지하였던 것이다.

셋째, 겸임사관이 작성한 日記는 治道와 관련되고 후세에 勸戒가 되는 사실을 수록했던 점에서 史草와 마찬가지로 당대사를 밝힐 수 있는 단서를 제공한다. 따라서 실록과 함께 지배 관료층들이 당대 역사를 어떻게 이해하고 있으며, 시정사의 시비 득실, 인물의 포폄, 후세의 감계 여부 등 사학사적 의미를 밝힐 수 있는 근거가 된다. 비록 기사의 내용이 소략하여 한계가 있지만, 현실 정치를 교훈으로 삼아 후세의 귀감으로 삼으려는 의지와 현실의 시행사를 빠뜨리지 않고 기록함으로써 역사를 철저하게 기록하겠다는 정신, 나아가 비밀 정치를 지양하겠다는 의식을 살필 수 있다.

넷째, 겸임사관은 영의정을 비롯한 여러 명의 관료들과 함께 편찬관으로 편성되어 실록을 편찬하였다. 그런데 전 시대보다 구체적이고 체계적으로 운영하였다는 점에서 分撰의 성향이 강화되었다는 점과 일정한 관점에 의거하여 역사가 계속 편찬되었다는 의미129)를 살필 수 있다. 즉 사학사적인 면에서 볼 때, 겸임사관의 철저한 운영은 당대사의 편찬이 본격적이고 체계적으로 이루어 졌다는 것을 반영하는 것이다.

다섯째, 겸임사관들은 철저한 기록 정신을 견지하였다. 소속 관청의 시행사를 빠짐없이 기록하여 춘추관에 보고함으로써, 시정기의 편찬 자료로, 그리고 사초와 더불어 실록의 편찬 자료로 이용되었다.

현재 각종 고문서와 개인 문집에는 실록 편찬시 이용되었던 상당한 분량의 日記가 전해지고 있다. 일기 작성자중에는 겸임사관을 역임한 사람이 있는 가하면, 그렇지 않은 사람도 있다. 그러나 이들은 모두 현직 관료들이었다. 따라서 겸임사관의 일기는 官撰의 성향이 강하고, 춘추관에 보고되어 다른 관료(춘추관의 당상관 등)들이 볼 수 있었던 현실적인 상황 때문에, 기사 내용이 구체적이지 못하고 서술 태도와 서술 의식을 밝히기 어려운 한계가 있다. 일기는 대부분 干支와 기상상태, 특정 사항이 간략하게 기록되어 있는 정도이다. 이에 따라 겸임사관들이 당대의 문제를 어떻게 보고 있으며, 문제점이 있을 때 대안으로 제

---

129) 고려 왕조에서도 分撰에 의한 실록의 편찬이 있었으나, 조선시대만큼 체계적이지는 못하였다. 따라서 분찬의 체계화는 사학사적인 면에서 서술 태도와 방법상의 발전이 있었다고 할 수 있다.

시한 것이 무엇인가 하는 점을 찾기가 쉽지 않다. 즉 因果論的으로 역사를 이해하고 특정 사안에 대해 구체적인 대안을 제시하기보다는 포폄론적 도덕사관, 즉 조선 전기 대부분의 관찬사서와 마찬가지로 유교사관을 띠고 있음이 확인된다.

겸임사관들은 소속 관청의 시행사를 일기로 작성하여 춘추관에 보고하는 일 외에, 전임사관의 임무까지 대행하는 등 활동 영역이 광범하였다. 그리고 시행사를 작성하여 보고한 日記는 정치의 득실과 민생의 休戚을 살피는데 도움이 되었고, 사초의 내용을 보충하였으며, 실록의 편찬 자료로 이용될 정도로 당대 역사를 규명하는 중요한 자료였다. 겸임사관의 광범한 운영은, 지배 관료층들이 당대 역사를 어떻게 이해하는가를 살피는 것과 직결되며, 이들의 기사 활동은 사학사적인 면에서 당대사 의식을 밝힐 수 있는 것이다. 현재 각종의 고문서와 개인 문집에는 상당한 분량의 역사 자료, 즉 당시 실록 편찬시에 이용되었던 日記가 전하고 있다. 일기 작성자는 모두 현직관료들이었다. 따라서 이들이 작성한 일기 역시 官撰의 성향이 크다. 관찬이었던 점과 함께 보고문서를 타 관료(춘추관의 당상관 등)들이 볼 수 있었던 점에서 서술태도와 의식을 명확하게 구분하기 어려운 한계가 있다. 즉 이들이 당대의 문제를 어떻게 보고 있으며, 문제점이 있을 때 그 대안으로 제시하였던 것이 무엇인 가하는 점을 찾는 것이 쉽지 않다. 다만 일부의 내용을 분석해 보면, 因果論的으로 역사를 이해하고 구체적인 대안을 제시하기보다는 포폄론적 유교사관의 성격을 견지하고 있음을 살필 수 있는 정도이다.

이상 예문관과 춘추관의 관제 변화, 춘추관 겸관(겸임사관)의 운영 및 성격을 살펴보았다. 어느 면에서는 이미 밝혀진 사실을 다시 확인한 점이 있지만, 좀더 면밀하게 분석하였고, 이를 통하여 조선시대 겸임사관의 운영과 성격에 대한 새로운 사실을 밝힌 점도 있다고 생각한다.

앞으로 겸임사관이 작성한 일기의 구체적인 내용 분석이 이루어진다면 관료층의 당대 역사 의식을 밝히는 것과 실록의 내용을 보완하는데 크게 기여할 것으로 생각된다.

第2節 外史의 運營과 性格

사관은 군주의 언행과 정사, 대소 신료들의 시비를 직서하여 후대에 감계를 주었다. 따라서 기사 내용은 왕과 신하들에게 직접적인 간언과 탄핵을 하였던 대간의 탄핵만큼이나 현실에 끼친 영향이 컸다.

중앙에서 활동한 사관들의 영향력이 컸던 것 이상으로, 수령의 정사와 시비 득실, 제반 풍속의 善惡事 등 지방에서 발생한 사실을 기록하여 춘추관과 감사에게 보고하였던 지방의 겸춘추(外史)들 역시 수행한 임무가 중요했을 것이라는 짐작이 가능하다.

그러나 이제까지 외사의 설치와 운영, 그 성격에 대해서는 구체적인 검토가 없는 실정이다. 다만 춘추관제의 확립 과정을 논하면서 약간 언급하였거나130), 野史와 유사한 개념131)으로 보고 있는 정도이다.

여기서는 조선초기부터 논의된 사관의 직제 중 하나인 外史의 설치와 운영에 관련된 문제를 바탕으로 그 성격과 의의를 살펴보고자 한다. 外史를 누가 겸임하였는가, 실록의 편찬 자료로 外史의 기록이 반영되

---

130) 金成俊,「高麗七代實錄編纂과 史官」,『民族文化論叢』第1輯, 嶺南大民族文化硏究所, 1981.
131) "官撰의 正史에 對稱되는 개념으로 개인 저술의 史書"(李泰鎭,「朝鮮時代 野史 發達의 趨移와 성격」,『又仁金龍德博士停年紀念史學論叢』, 1988· 9.) 혹은 "在野人이 著述한 歷史 즉 私撰의 역사를 말하는 것으로 正史와 대립된다는 의미로 쓰여져 野乘·稗史·外史·私史"(閔丙河,『한국민족문화대백과사전』, 卷14, 野史條, 1991.)라는 견해가 있다. 그러나 여기에서는 守令의 政事와 是非 得失, 지방의 제반 풍속 및 善惡事 등을 기록하여 보고하는 지방 겸춘추(外史)에 대해 살펴보고자 한다.

었는가, 작성한 문서가 어떤 경로로 보고되었으며, 그리고 보고되었다면 정기적인 것이었는가 등을 밝혀 보고자 한다. 이러한 분석은 외사의 운영 실체와 조선조 춘추관제의 특성을 이해하는데 도움이 될 것으로 본다.

1. 外史의 設置

外史란 道·府·郡·縣 등의 지방 행정 단위에서 史官의 임무를 겸하고, 지방에서 발생한 사실과 수령들의 시비득실을 기록하였던 관료를 의미한다.

고려조에서는 현종 9年(1018) 4都護府·8牧·56州郡·28鎭將·20縣令 등의 지방 제도가 정비되면서 3경과 4도호부 8목에 '司錄'을 배치하고, 이들로 하여금 수령을 보좌하고 屬邑을 순찰하며 향리 감독 등의 임무, 즉 지방 사실의 정리를 담당하도록 하였다[132].

사록은 史館의 수찬관이나 직관처럼 우수한 성적으로 급제한 사람 중에서 선발되었으며, 외사을 수행한 후에는 조정의 요직에 제수되었던 淸要職이었다[133]. 무신집권기 전주목의 司錄에 제수되어 활동했던[134] 李奎報(1168·毅宗22 - 1241·高宗28)가 작성한 '南行月日記'[135]을 보면 司錄의 관심사가 매우 광범위했음을 알 수 있다[136].

---

132) 金皓東,「高麗 武臣政權時代 地方統治의 一斷面 - 李奎報의 全州牧 司祿兼掌書記의 活動을 中心으로 -」,『嶠南史學』3, 1987.
133) 金成俊 前揭論文.
134) 李奎報는 32세때인 神宗 4年(1199) 6월에 全州의 司錄에 除授되어 9월에 부임하여 활동하였다.
135)『東國李相國集』卷23에 수록되어 있다. 이에 대해서 鄭求福은 현전하는 우리 나라 日記중 가장 오래된 것이며 초록을 잡고 얼마간의 시간이 지난 뒤에 일기의 형태로 쓴 것이라고 보았다.(「朝鮮朝 日記의 資料的 性格」,『정신문화연구』, 제19권 제4호 통권 65호, 1996.)
136) "내가 일찍이 사방을 두루 다니며 나의 말발굽이 닿는 곳에 만일 異聞이나 異

조선조에서도 고려조의 司錄이 수행했던 임무를 외관 중에서 적당한 자를 선발하여 겸임시키고자 했다. 태종 10년 이후 중종 10년까지 활발하게 논의된 사실은 이를 반영한다. 그러나 초기에는 논의만 되고 설치되지 못하였는데, 이는 고려조 사록에 대한 부정적인 인식[137]과 의정부나 육조, 승정원 소속 훈구대신[138]들의 반대 때문이었다.

요컨대 초기의 외사 설치 논의는 필요성이 역설되었음에도 불구하고, 논의 정도로 끝나고 말았던 것이다. 당시 훈구대신들이 외사 설치를 반대한 것은 이미 史局이 설치되어 겸관을 갖추었으며, 땅이 좁기 때문에 사방의 풍속과 인물의 선악을 들을 수 있고[139], 직필을 얻기 어렵다는 이유[140] 등이었다. 이러한 표면적인 이유 외에 실질적으로 외사의 설치를 반대하였던 것은, 성종대 정계에 진출한 이후 조야에서 상당한 세력으로 성장하고 있는 사림에 대한 견제의 필요성이 요구되었기 때문이라고 생각된다.

초기에 훈구대신과 왕의 의지 결여[141] 등으로 무산되었던 외사의 설치논의는 중종대 다시 본격화 되었다.

중종 8년 8월 지방에서 臟汚의 죄를 저지르는 관리들이 많다는 보고가 있었을 때 正言 金禎은 '민간의 고통과 수령의 인품, 풍속의 선악이 기록되지 않기 때문'이라고 하였다[142]. 그리고 수령과 도사 중에서 적

見이 있으면 곧 詩로써 거두고 文으로써 채집하여 후일에 볼 것을 만들고자 하였다."라고 토로함으로써 司錄의 관심사가 무엇인지를 밝히고 있다.
137)『世宗實錄』卷123, 31年 3月 乙酉의 議政府啓.
"고려말의 荒縱한 일은 모두 사록과 참군에서 비롯되었다. 다시 설립하는 것은 治事에 무익하다."
138) 이들은 대부분 세조의 즉위에서부터 성종 즉위까지 공신으로 녹훈되면서, 막대한 권력과 부를 독점하는 등 영화를 누렸다.
139)『成宗實錄』卷251, 22年 3月 丁酉.
140)『燕山君日記』권10, 원년 11월 癸巳.
141)『成宗實錄』卷152, 14年 3月 壬寅 및 동 卷178, 16年 윤4월 辛卯.
142)『中宗實錄』卷18, 8年 8月 丁巳.

당한 사람에게 외사직을 겸임시켜 기록하게 한다면, 이러한 문제가 해결될 것이라고 하였다. 이는 초기에 무산되었던 외사의 설치 논의가 다시 일어나게 하였던 단서가 되었다.

이듬해 10월 대사간 崔淑生도 시무조를 올리면서 외사 설치의 필요성을 역설하였다[143]. 처음에 최숙생의 제의를 받아들이지 않았던 왕은 한달 뒤 다시 거론되자[144], 議政府·府院君·六曹判書들에게 논의하도록 하였다. 이날의 논의가 비록 대신들의 반대로 무산되기는 하였지만, 설치 논의가 본격화되었다는 점과 왕이 설치하고자 하는 의지를 가지게 되었다는데 의미를 둘 수 있다[145].

중종 10년 지방의 재변과 불미스러운 사건이 계속 보고되었다. 특히 어머니와 동생을 살해한 사건이 전라도 樂安에서 보고되었을 때[146], 왕은 백성을 감화시키고 아름다운 풍속을 이루는 근원은 敎化에 달렸고, 교화의 근본은 왕이 어떻게 모범을 보이는가에 있는데 이러한 사건이 발생하는 것은 재위한지 10年이 지나도록 교화가 이루어지지 못했기 때문이라고 자책하였다. 같은 해 윤4월 대사헌 權敏手는 임금의 교화가 지방까지 미치지 못하고, 백성들의 탄식이 그치지 않으며 장마와 가뭄 등 재변이 끊이지 않는 것은 조정의 잘못과 군주가 근신하지 않기 때문이라고 上言[147]하였다. 대사간 尹殷輔도 비슷한 논지로 상언하였는데[148], 이러한 논의는 5월까지 계속되었다[149].

---

143) 『中宗實錄』 卷21, 9年 10月 甲寅.
144) 『中宗實錄』 卷21, 9年 11月 癸酉.
145) 『中宗實錄』 卷21, 9年 11月 甲戌.
   이날 왕은 각도의 관찰사들에게, 백성의 고락은 수령에게 달려 있으며, 수령을 올바르게 포폄해야만 지방의 권선징악이 제대로 될 것이라고 하면서, 수령의 시비 득실을 자세하게 보고하라고 지시하였다.
146) 『中宗實錄』 卷21, 10年 2月 癸卯.
147) 『中宗實錄』 卷22, 10年 閏4月 庚辰.
148) 『中宗實錄』 卷22, 10年 閏4月 辛巳.
   이 論議는 5월까지 계속되었다.(上同 5月 壬寅)

주지하듯이 유교 국가에서는 天災와 地變을 天譴으로 인식하고, 유교 정치이념이 제대로 구현되지 못하는 것에 대한 하늘의 경고로 인식되었다. 이 시기 각 지방에서 발생한 재변의 계속된 보고는 왕도정치가 구현되지 못하였음과 군주의 부덕으로 인한 결과라고 인식되었다. 따라서 중종이나 조정의 관료들은 군주의 분신으로서 지방에서 백성들을 교화해야 하는 수령들이 제대로 治道를 구현하지 못하였기 때문에, 각종 재변이 발생하는 것으로 보았던 것이다.

5月까지 각종 재변150)이 계속 보고되자, 대간151)들은 단순한 재변으로 인식하지 않고 수령의 정사행위가 잘못되었기 때문이라고 보았다. 즉 백성과 가장 친근한 관리는 수령보다 더 가까운 사람이 없는데, 지금의 수령들 중 청렴 근신한 자는 적고, 탐혹한 자가 많아서 백성에게 혹독하게 착취하기만 하므로 재변이 발생한다고 하였다.

대간들은 수령에 대해서 중앙의 정책을 지방에서 집행하고 지방의 문제를 조절하며, 또한 필요한 지원을 중앙에 청구하는 대변인으로서

---

149) 『中宗實錄』 卷22, 10年 5月 壬寅.
150) ① 『中宗實錄』 卷21, 10年 2月 乙未.
'강원도 원주·영월·강릉·양양·정선·간성·인제·횡성에 지진이 있었다.'
② 上同 閏4月 己巳.
'平安道 理山郡에서 良人의 딸 향월이 세쌍둥이를 낳았는데, 아들 둘과 딸 하나였다…'
③ 上同 閏4月 己卯.
'전라도 고부군에 다섯발 달린 송아지를 낳았다.'
④ 上同 5月 己丑.
'충청도 면천에 우박이 쏟아졌다.'
⑤ 上同 5月 辛卯.
'전라도 樂安郡에 사는 正兵 조세형의 집에서 암소가 다섯발 달린 수송아지를 낳았다.'
⑥ 上同 5月 丙午.
'함경도 永興府 民家에서 암탉이 네발 가진 병아리를 낳았다.'
151) 이 시기 대간에 소속된 인사들중 상당수가 전임사관이나 실록 편찬관으로 편성된 경험이 있다는 특징이 발견된다.

지방 권력의 핵심이라고 인식하였다. 따라서 지방 정치의 올바른 운영은 전폭적으로 수령에게 의지할 수밖에 없는데, 수령의 정사가 잘못되어 각종 문제가 발생하므로 공정하고 능력 있는 사람을 御使로 임명하여 백성의 고통을 알아보고 수령들을 감찰하면 해결될 수 있다고 하였다. 그리고 都事와 수령 중에 外史를 겸임시켜 바른 대로 기록하게 하고, 선악을 후대에 전하여 교훈이 되게 하면 수령의 정사가 바로 되고 권선징악이 이루어 질 것이라고 하였다[152].

대간의 논의가 있은 뒤, 왕은 대신들과 함께 문제의 해결을 강구하겠다고 하였다[153]. 이틀 뒤 柳洵·鄭光弼·金應箕·盧公弼·申用漑·張順孫·金詮·朴說·高荊山·李自健·柳聃年·安瑭·南袞[154] 등 대신들은 선대에 없던 일이기는 하지만 도사나 수령 중에 적당한 자에게 外史를 겸임시켜 선악을 기록하게 한다면 수령들이 公論을 두려워하여 악한 일을 하지 않을 것이며 문제가 해결될 것이라고 하였다. 그리고 각도의 수령과 도사 중에 1 - 2명을 선발하여 겸임시킬 것을 건의하였다[155].

---

152) 『中宗實錄』卷22, 10年 6月 戊寅.
153) 『中宗實錄』卷22, 10年 6月 戊寅..
154) 中宗 10年 6月을 전후하여 제수된 이들의 官職은 다음과 같다.
柳洵(領議政)·鄭光弼(左議政)·金應箕(右議政)·盧公弼(交城君)·申用漑(兵曹判書)·張順孫(左贊成)·金詮(右贊成)·朴說(左參贊)·高荊山(戶曹判書)·李自健(漢城尹)·柳聃年(工曹判書)·安瑭(吏曹判書)·南袞(右參贊).
위 인사들은 모두 議政府와 六曹에서 要職을 담당하고 당시 권력의 向背를 좌우할 수 있었던 사람들이었다. 따라서 이들이 外史의 設置에 동의한 것은 설치되는 것으로 보아도 무방하다. 그런데 鄭光弼·申用漑·朴說 등은 9年 11月의 논의시에 앞장서서 반대했던 사람들이었는데(領議政이었던 宋軼은 이 시시 臺諫의 탄핵으로 체직된 상태이다.) 찬성한 것은 자신의 의지보다는 당시의 분위기에 동조한 것으로 보인다. 이런 점은 정광필같은 이의 태도에서 알 수 있다. 그는 기존의 제도와 질서를 지키려는 보수적 인사로 개혁에 반대하는 입장을 고수하였으나 때로는 분위기에 편승하여 개혁에 동조하기도 하였다. 그리고 일단 개혁된 것에 대해서도 다시 복구하는 것은 반대하는 입장이었다.(李秉烋,『朝鮮前期 畿湖士林派 硏究』, 一潮閣, 1984. pp.82 - 86)
155) 『中宗實錄』卷22, 10年 6月 庚辰.

大臣들의 건의를 받아들인 왕은 각도 관찰사에게 외사 설치의 유시를 내림으로써, 오랜 기간 논의되었던 외사의 설치는 중종 10년 일단락 되었다156).

그런데 中宗 10年 6月 外史의 설치에 동조했던 대신들은 대부분 연산조의 사화에 연루되어 귀양갔다가 중종 초 해배되어 돌아온 사람들이거나157), 趙光祖 등 신진사류들에게 우호적이었으며, 그들의 정계 진출을 비호했던 인사158)들이다. 그리고 설치를 제의하였던 인사들 중 상당수가 전임사관159)을 지냈거나 실록청의 편찬관160) 경력을 가진 인물들이었다는 점도 확인할 수 있다.

중종 10년 6월 설치된 문신 수령과 도사의 외사 겸임은, 이후 어느 정도 운영되었던 것으로 보인다. 설치 한달 뒤인 7월 裵益臣·尹彦咸·陳植을 각각 靑松府使·舒川郡守·瑞山郡守에 제수하면서 춘추직을 겸임시킨 기사161)라든가, 12年 8月 星州 史庫에 비가 세자 수령으로 춘추직을 겸하고 있는 사람에게 열어 보게 하였던 기사162), 23年 7月 춘추관에서 올린 지방 사고의 포쇄별감에 대한 문건을 승정원에 내려보내면서 전교한 기사163) 등을 통하여 알 수 있다.

---

156) 『中宗實錄』 卷22, 10年 6月 辛巳.
157) 鄭光弼·申用漑·金詮·李自健·南袞 등이며 中宗 6年 사관의 직필과 관련하여 外史설치 논의를 제의했던 金世弼이나 9년 10월 시무조를 올렸던 崔淑生, 그리고 10년 6월에 단서를 제공했던 大司憲 權敏手와 윤은보 다음에 대사간에 제수된 李荇도 동일한 경우이다.
158) 鄭光弼·申用漑·金應箕·安瑭·南袞 등.
  이들의 성향에 대해서는 李秉烋의 論考(「賢良科 及第者의 性分」, 『大邱史學』 12·13 合輯) 참조.
159) 楊守泗(睿宗朝 待敎), 韓㠊(成宗朝 記事官), 金駰孫(成宗朝 檢閱), 柳洵(世祖朝 檢閱), 李荇(燕山朝 檢閱) 등이다.
160) 楊守泗(世祖實錄 記事官), 成俔(世祖 및 睿宗實錄 編修官), 李寬(成宗實錄 記事官), 崔淑生(燕山君日記 修撰官), 鄭光弼(燕山君日記 知館事) 등이다.
161) 『中宗實錄』 卷22, 10年 7月 丁未.
162) 『中宗實錄』 卷29, 12年 8月 甲申.
163) 『中宗實錄』 卷62, 23年 7月 丙戌.

인조 7년 춘추관에서는 당시 사관들의 활동이 부진함을 지적하면서 다음과 같은 계를 올렸다.

> "…서울과 지방의 겸춘추관들은 으레 일별 월별로 기록하는 일이 있게 마련인데,…겸춘추관들은 포폄시 기록한 것 일체를 본관에 보내게 함으로써 역사 편수의 기초를 마련하게 하소서.…"164)

위 기사 외에 인조 19년의 기사165) 및 선조조166), 정조조의 실록 기사167), 『燃藜室記述』168) 및 『東國文獻備考』169) 등의 자료, 규장각의 고문서 중 외사가 작성한 '春秋館日記'170) 등은 외사 운영의 실 예를 보여주는 것이다.

한편 조정에서는 외사 겸임자에게 권한과 활동 여건을 보장해 주었다. 그것은 수령의 비리 견제와 집중되는 재변에 대한 대책의 일환으로 성종 이후 중종대까지 어사의 파견이 제기되었다든지, 수령 인선에 대

이외에 '春秋館의 벼슬을 兼하고 있는 靈光 縣令 某某…'(同 卷94, 35年 10月 甲申)와 같이 외사의 實例를 확인할 수 있는 기사가 다수 보인다.

164) 『仁祖實錄』卷21, 7年 9月 庚子.
165) 『仁祖實錄』卷42, 19年 2月 丁巳 및 7월 丁亥.
166) 『宣祖實錄』卷60, 28年 2月 戊戌.
167) ①『正祖實錄』卷38, 17年 12月 壬戌.
　　"外史인 壞口縣監 趙德潤의 陰晴記"
　②上同, 甲子
　　"外史의 任務는 날씨의 상태뿐만 아니고, 民物·風俗과 기타 기록할 만한 일들을 옛 규례에 따라 기록해야 한다."
　③上同 卷39, 18年 3月 癸巳
　　"別兼春秋(外史)인 洪樂游 …"
168) 『燃藜室記述』別集7, 官職典故17, 都事條.
　　"八道都事·北評事·忠淸·慶尙·全羅·平安右道文官守令 兼記事官…"
169) 『東國文獻備考』卷230, 職官考17, 都事條.
　　"仁祖十四年 南陽府使兪棨疏曰 各道都事 以三司擇遣 還朝日 守宰賢否·軍情·民瘼 ──書啓 如御使 則是無御使之名 而御使之實也…"
170) 奎章閣 古文書 圖書 番號 12932, 20903, 22182, 25293, 26472.

한 개혁 방안이 강구되었던 것과 연관성이 있다.[171]

더욱이 사관의 승진이나 **遷轉時**에 사초나 시정기의 수찬을 끝내야만 가능했다고 한 것[172]을 보면, 외사 겸임자들도 지방 사실의 기록과 보고라는 기본 임무 수행이 요구되었을 것이며 그것이 마무리된 뒤 전직될 수 있었다.

외사가 작성한 문서 중 춘추관에 보고된 것은 경외의 대소 아문에서 보고된 문서와 함께 시정기로 작성되어 실록의 편찬시 이용되었다. 이들은 호구 수 조사, 날씨 등 각각 견문한 실상에 따라서 **原史(實錄**; 필자)에 근거할 만한 것[173]을 기록해야 하고, 날씨의 상태 및 **民物**, 풍속과 기타 기록할 만한 일들을 규례에 따라 기록해야 하였다.[174]

외사의 보고가 정기적인 것이었지는 기록의 미비로 알 수 없다. 그런데 '춘추관일기'가 대부분 5월이나 11월[175]에 마무리된 것으로 보아, 수령의 고과가 있던 6월과 12월[176]에 1개월 단위[177]의 공문서[178] 형식으

---

171) 수령의 인선 문제에 대한 사림의 개혁 의지와 관련하여 살핀 논고(崔異敦, 「16c 전반 향촌사회와 지방정치 - 수령인선과 지방제도개혁을 중심으로 -」, 『진단학보』82, 1996.)에서도 같은 견해를 취하고 있다.
172) ①『顯宗實錄』卷15, 9年 7月 乙巳.
 "…사관의 직무를 맡고 있는 자는 **史草**를 정리하기 전에는 **陞遷**할 수 없게 법으로 정해져 있는데,…"
 ②『英祖實錄』卷51, 16年 4月 壬戌.
 "…**翰苑**의 규례는 삭직되어 **史館**을 떠나는 일이 있더라도 또한 반드시 **下番**을 시켜 수찬하여 바치게 하는 것이 **常例**인데, …."
 ③ 上同 卷117, 47年 8月 庚辰.
 "…**翰林**은 비록 **陞六**하였다 하더라도 사초를 바치기 전에는 **付職**할 수 없는 것이 **古例**입니다. …"
173)『正祖實錄』卷10, 4年 8月 辛酉.
174)『正祖實錄』卷38, 17年 12月 甲子.
175) 공청도 都事 기만헌이 작성한 것은 12월16일부터 5월 31일까지 매일의 기사, 都愼修가 작성한 것은 2월부터 5월까지, 李 某의 일기는 7월부터 11월까지의 각 달중 하루 기사, 성천 도호부사가 작성한 것은 정월부터 5월까지, 고성군수가 작성한 것도 정월부터 5월까지 달에서 하루의 기사가 작성되었다.
176)『世宗實錄』卷23, 6年 1月 乙巳.

第2章 史官의 職制 83

로 보고된 것으로 보인다. 보고문서가 춘추관과 감사에게 보고된 것은 단순히 지방 사실의 기록으로만 그친 것이 아니라, 어사처럼 수령에 대한 직무 감찰의 성격도 있었던 것으로 생각된다.

한편 실록의 곳곳에는 外史를 野史와 혼용하고 있다. 어떤 때는 外史로, 어떤 때는 개인 저술이라는 의미의 野史179)로 쓰고 있어, 용어의 정확한 구분이 요구되고 있는 실정이다.

성종 16년 記事官 韓㑇가 외사의 설치를 건의180)할 때도 野史로 표현하고 있다. 당시 한구가 언급한 표현은 재야의 인사가 개인적으로 편

"吏曹啓 永樂十四年正月日敎旨 各道守令褒貶 今後春夏等六月十五日前 秋冬等十一月十五日前 · · · ."
177) 『仁祖實錄』 卷21, 7年 8月 戊午 및 동 9月 庚子.
178) 『太祖實錄』 卷2, 1年 9月 壬辰.
"본관으로 하여금 서울과 지방의 대소 아문에 직접 공첩을 보내어 무릇 시행한 것이 정령에 관계되고 권계할만한 것은 명백히 공문서로 보낼 것이며. · · ."
179) 實錄에 이런 의미로 쓰인 것은 여러 곳에서 확인된다.
　① 『明宗實錄』 卷11, 6年 1月 癸卯.
　　"…國史에도 기록되고 野史에도 기록된 것이니…"
　② 『宣祖實錄』 卷172, 37年 3月 己巳.
　　"…五賢(김굉필·정여창·조광조·이언적·이황)의 언행과 사적을 위로 史家의 사책에 들어 있고 아래로 野史에 나와 있으니…"
　③ 『宣祖修正實錄』 卷42, 附錄 修正 凡例.
　1. "野史類는 문자가 황잡하므로 지금 요약해서 만들었고…"
　1. "野史는 是非가 온전하지 못하므로 모두 년별로 고르게 배열하지 못하였고…"
　④ 『仁祖實錄』 卷46, 23年 4月 己卯.
　　"…野史나 혹은 다른 書冊에 있는지 與否를…"
　⑤ 『孝宗實錄』 卷2, 元年 11月 乙丑.
　　"…이는 한때의 恩典에 해당되지만 野史가운데 들은 바를…"
　⑥ 『顯宗改修實錄』 卷26, 14年 2月 癸丑.
　　"應敎 李選이 아뢰기를…野史는 國乘과 다른 만큼 事體上 온편치 못한 점이 있다는 것을…"
　이외에 여러 곳에서 더 확인되는데 이상의 기사는 모두 지방에서 개인이 편찬한 사찬사서라는 의미를 가지고 있다. 즉 李泰鎭의 전게 논문의 논지와 일치한다.
180) 『成宗實錄』 卷178, 16年 閏4月 辛卯.

찬한 사찬사서라는 의미보다, 전후 문맥과 내용으로 보아 지방의 사실을 기록하는 관리, 즉 外史의 의미로 쓴 것이다. 그런데 실록에는 지방 사관의 의미인 외사를 야사로 표현한 곳이 몇 군데 더 있다[181]. 따라서 外史와 野史에 대해서 논의할 때는 지방에서 사관직을 겸하고 기사를 작성하여 공문서의 형식을 갖춰 춘추관과 감사에 보고하는 겸춘추(外史)인지, 재야의 인사가 편찬하였던 사찬사서, 즉 野史를 의미하는 것인지, 아니면 재야에서 선비가 견문한 바를 기록해 놓은 개인 저술인가를 정확하게 구분해야 할 것으로 생각된다. 그런데 이것은 문장의 전후 상황을 주의 깊게 살펴보면 어렵지 않게 구분할 수 있다.

중종 14년 7개항의 시무조를 상소하였던 심의가 다음과 같이 당대사를 다룬 야사를 편찬하였다고 주장한 기사가 있다, 이를 바탕으로 외사와 야사의 용어를 구분해보자.

"신이 田園에 물러가 있은 지 지금 6년이 되옵는데, 저술하는 틈마다 朝鮮의 변천한 내력을 우리 나라에 이르기까지 추구하되, 국운의 장단, 잘되거나 잘못된 일의 연유, 君臣의 선악과 忠邪의 귀추를 마음 속에 요량해 보며 상하로 더듬어 <u>야사를 쓰되</u> 그윽이 찬양하고 성토하는 취지를 붙여놓았는데, 진실로 언젠가 죽어 구렁에 묻히게 된다면, <u>신이 저술한 野史</u>가 매몰되고 전해지지 못할까 싶습니다. 삼가 바라옵건대 전하께서 신이 죽게된 다음 우매한 성의를 불쌍히 여기시어 史臣의 준례대로 史局에 들이게 하여 <u>國史(實錄;필자)의 누락된 데를 보충하도록 하여주신다면,</u>…"[182]

沈義(1475・성종 6 - ?, 本貫;豊山, 號;大觀齋)는 豊山君 膺의 아들이며, 기묘사화를 일으킨 좌의정 貞의 동생이다. 중종 2년(1507) 증광 문과에 급제하여, 전임사관을 지냈다. 평소 그는 直言을 잘하였던 인물이

---

181) 『睿宗實錄』卷7, 1년 8月 丁卯와 『成宗實錄』卷251, 22년 3월 丁酉 등.
182) 『中宗實錄』卷36, 14年 8月 丙子.

었다. 형 貞이 謀事를 잘하고, 권력에의 집착이 강하였던 것과는 달리 강직하고 직설적인 논의에 적극적이었다183).

그런데 위 인용문의 기사를 근거로만 본다면 정확한 책명을 알 수는 없지만, 심의가 고조선부터 조선 당대까지의 야사를 저술하였음과 여전히 외사와 야사를 혼용하고 있음을 알 수 있다. 그런데 주목되는 것은 야사의 개념을 지방과 관련지어 보고 있다는 사실이다. 다시 말해 중앙과 지방, 조정과 재야 등을 의미하는 '京外'·'朝野'라는 의미에서 서울에 대한 '外', 조정에 대한 '野'라는 의미로 이해되고 있다는 점이다. 이런 점에서 '野'는 관료조직 이외의 개인적인 관심과 연관된 의미임을 알 수 있다. 즉 심의의 상소 내용에 있는 야사의 개념은 개인적인 관심에서 고조선부터 조선 당대까지의 역사를 저술한 순수한 의미의 야사 개념인 것이다.

조선전기만 하더라도 외사와 야사의 개념이 혼용되었던 것에 비해, 16세기부터는 개인적인 관심에서 저술한 당대 왕조사, 즉 야사의 의미가 일반화되었다. 다음의 기사는 이런 사실을 잘 보여준다.

① "…國史에도 기록되고 野史에도 기록된 것이니…"184)
② "…비록 사관이 아니더라도 산림에서 뜻을 가진 선비가 들은 것을 기록하여 사사로이 야사를 만든 것이 있으면…"185)

①은 명종대 大司成 周世鵬이 상소한 내용 중의 하나이고, ②는 선조대의 논의인데, 두 기사 모두 개인 서술이라는 의미로서 '야사'라는 의미이다.

---

183) 전임사관을 역임하였던 사람으로 역사 사실의 기록을 중요하게 인식하였는데, 시무조에서 야사의 복구와 역사의 설치를 주장한 것은 사관 역임자로서의 역사 인식태도와 역사 사실의 철저한 기록을 도모하였던 태도이다.
184) 『明宗實錄』卷11, 6年 1月 癸卯.
185) 『宣祖實錄』卷60, 28年 2月 戊午.

이와 같이 보면 야사의 의미가 15세기와 16세기가 구분되고 있음을 알 수 있다. 외사가 설치되어 운영되기 전까지는 야사와 외사가 혼용되고 있으며, 외사의 설치이후부터는 순수하게 개인저술이라는 의미로서의 野史개념이 일반화된 것으로 볼 수 있다. 조선시대 야사의 편찬은 조선초기 15세기는 집권 훈구 대신들 중심186)으로 성종대부터 전개되었으며187), 16세기 이후로는 사림파 인사들 중심으로 왕성한 편찬이 나타났다.

한편 宣祖修正實錄 編纂時 논의된 기사에서 野史의 의미를 다음과 같이 정의하고 있다.

"日別・月別 구분이 없고, 일부는 月 구분도 분명하지 않은 것이 있으며, 유명도에 관계없이 다양한 계층의 인사들이 편찬하였다. 그리고 시비포폄이 불분명하고 荒雜하게 기록된 것이 있다."188)

실록의 수정시 편찬 범례이고 임진왜란이라는 전쟁을 경험한 이후이기 때문에, 다소의 문제가 있기는 하다. 그러나 이 기사에서 야사의 개념과 찬자의 계층, 관찬 정사에 비해 내용이 소략하고 시비가 분명하지

---

186) 심승구, 「朝鮮初期 野史編纂의 史學史的 意味 - 筆苑雜記를 중심으로 -」, 『朝鮮時代의 社會와 思想』, 1998.
187) 성종대 야사의 편찬이 크게 유행한 이유는 여러 가지가 있다. 먼저 당시의 난숙한 학문 분위기와 성종의 호학성, 국가와 사대부사회의 안정, 퇴거문인의 閑居, 유학의 융성, 교우관계의 신장과 자아의 각성, 그리고 패관소설류의 간행 등이 활발하였기 때문이다. 이외에 세종조 이래의 안정기조와 관료 문인들이 국정의 전반과 문헌편찬을 주관한 것도 한 이유였다. 이 과정에서 國朝의 역사와 문화전반에 걸친 해박한 지식이 축적되었고, 따라서 경전의 탐독만으로는 문인사이의 교류가 어려워지게 되면서 경전에 근거하면서 야사에 관심을 가지게 된 것이다. 이 시기 편찬된 야사에 지배층의 비리, 사회풍속의 문란, 숭불과 일부 승려의 치부에 따른 문제점의 노정 등이 수록되어 있는 데, 이런 것은 당시 사회의 문제점을 그대로 반영한 것이라고 할 수 있다.
188) 『宣祖修正實錄』卷42, 附錄, 修正凡例.

않다는 것을 알 수 있다.

이상의 내용을 종합해 보면, 外史는 태종 10년 처음 논의된 이후 지속적으로 논의되다가, 중종 10년에 설치되었음을 알 수 있다. 성종조 후반 정계에 진출하여 정치 세력으로 성장하기 시작한 사림들은 수령의 비리 척결에 대해 상당한 관심을 가졌고, 이에 대한 적극적인 해결책을 도모하였다. 이러한 사림들의 노력이 중중조의 정치·사회적 복잡한 상황, 지방의 연이은 재변과 수령의 탐학 행위를 해결하기 위한 방편의 하나로 설치된 것이다. 즉 수령의 정사와 시비 득실을 정확하게 기록하여, 지방의 불안 요인을 제어할 목적, 즉 왕권과 신권, 사림의 성장에 따른 기득권 층과 신진세력의 갈등, 지방 수령에 대한 견제, 그리고 지방의 문화에 대한 관심의 고조 등이 복합적으로 반영되어 설치된 것이다.

2. 外史의 運營

태종 10年부터 논의되기 시작했던 외사가 중종 10년 6월 설치되었음은 앞에서 본바와 같다. 현재 규장각에는 중앙과 지방의 겸춘추가 작성하여 보고한 고문서(춘추관일기)가 여러 건 있다. 수령(성천도호부사 柳某, 고성군수 許 啓)과 도사(李惟一·都愼修·奇晩獻) 등이 작성하여 보고한 문서 외에, 호조[189]와 이조[190], 공조[191], 예조[192]의 좌랑, 그리고

---

189) 인조 7년(1629) 10월 27일부터 12월 11일까지의 사실을 行戶曹正郎兼春秋館編修官 羅緯素(선조 16·1583 - 현종 8·1667, 본관 ; 羅州)가 작성하였다. 나위소는 인조 1년 改試文科에 급제후 형조정랑 등을 역임하였다. 정묘호란시 체찰사 이원익을 도와 무기와 군량의 조달에 힘썼다.
190) 인조 8년(1630) 5월 1일부터 29일까지 1달간의 기사로 吏曹佐郎兼春秋館記事官 尹棨(선조 16·1583 - 인조 14·1636, 본관 ; 南原)가 작성하였다. 윤계는 인조 5년 정시문과로 급제하고 전적, 교리 등을 역임하였고 병자호란시 근왕병을 모집하여 남한 산성으로 들어가려다 청군에 잡혀 죽었다.
191) 인조 8년(1630) 9월 16일부터 26일까지 1달간의 기사를 前工曹佐郎兼春秋館記

記注官 李之華(1588·宣祖 21년 - 1666·顯宗 7년)193) 등 중앙의 겸춘추가 작성한 것 등이다.

외사겸임자 중 성천도호부사는 자료의 미비로 작성자를 알 수 없다. 그러나 고성군수나 충청도 도사가 작성한 문서는 『江原道志』194)의 선생안, 『公山誌』195)와 문서의 말미에 쓰여진 성명을 근거로, 작성자를 알 수 있다. 춘추관일기 중 인조 8년의 문서는 許啓(선조 27년·1594 - ?, 본관 ; 陽川)196), 동왕 9년의 문서는 李惟一197), 12년의 문서는 都愼修(선조 13·1598 - 효종 1·1650, 본관 ; 星州)198), 13년의 문서는 奇晩獻이 작성했다.

이와 같이 볼 때, 외사 겸임자들은 중종 10년 이후 활발하게 활동하였음을 알 수 있다. 여기서는 문신 수령과 도사 중 실질적으로 외사직을 겸임하였던 인사들의 실 예를 살펴보자.

事官 池德海(선조 16·1583 - 인조 19·1641, 본관 ; 忠州)가 작성하였다. 지덕해는 인조 2년 증광문과로 급제 승문원정자등 요직을 지냈다. 정묘호란시 세자를 전주로 陪衛하며 『分朝日記』4권을 기록하여 바치기도 하였다.
192) 인조 14년(1636) 4월과 5월의 기사가 수록되었는데 行禮曹佐郎兼春秋館記事官 兪 某가 작성.
193) 인조 11년 2월과 7월부터 11월까지의 사실을 기록하였다. 작성자인 李之華는 광해군 5년 알성 문과에 급제한 뒤 전임사관을 지냈고 광해군 11年에 충청도 도사로 부임하여 12개월 동안 재임하였다. 일기를 작성한 시기에 어느 부서에 근무했는지 알 수 없으나 춘추관의 기주관을 겸하고 있었다. 그리고 선조실록 편찬시 기사관으로 활동하기도 하였다.
194)「江原道高城郡志」, 『韓國近代道志』, 한국인문과학원, 1991.
195) 『公山誌』에는 선조 15년(1582) 金汝岉부터 철종 5년(1854) 奇文鉉까지 모두 316명의 도사 명단이 수록되어 있다.
196) 인조 2년(1624) 호조좌랑으로 증광문과에 급제하였다.
197) 공산지에는 인조 9년(1631) 도사재임자를 趙廷虎로 기록하고 있다. 그러나 일기(인조 9년 7월부터 11월까지 기록)를 보면 前 公淸道 都事가 작성했다고 사인되어 있다. 전후 부임한 도사중 李씨 성을 가진 사람으로 전임자는 李惟一뿐이기 때문에 그가 작성한 것으로 짐작된다. 그는 광해군일기 편찬시 참여하였다.
198) 徐思遠으로부터 易學을 배우고 鄭逑의 문하에서 수학하기도 하였다. 인조 5년 식년문과로 급제하였다.

1) 文臣 守令

수령은 국가의 정치적 득실과 연결되어 평가되고 왕조의 운명과 직결되고 국왕을 대신하여 백성을 직접 다스렸던 사람으로 관찰사를 제외한 府·牧·郡·縣의 행정 실무 책임자들을 말한다. 이들 행정 구역에 파견된 수령은 모두 329명이다199). 그중 어떤 사람이 외사직을 겸임하였는가 하는 사실은 매우 중요하다. 조선초기 성종대만 하더라도 수령에 제수된 사람 중 문과 급제자는 별로 많지 않았으나200), 중종 10년경이 되면 문과급제자가 상당히 증가되었다201). 따라서 중종 10년 외사 설치 당시에는 수령 중에서도 어떤 사람에게 겸임시킬 것인가 하는 점이 고민되었을 것이며, 적임 여부를 검토하는 것도 간단치 않았을 것으로 생각된다. 문신 수령으로 외사를 겸임한 사례는 다음 표와 같다.

---

199) 『經國大典』 卷1, 吏典 外官職條.
200) 성종대 문과 출신자들이 외직에 나가는 것을 좌천으로 인식하고 수치스럽게 여겼다는 기사(『成宗實錄』 卷138, 13年 2月 丁未)나 한 道에 6·7명 정도의 문과 출신자를 보내면 지방 수령의 각종 비리가 해결될 것이라는 기사(上同 卷225, 20年 2月 辛亥)를 근거로 볼 때, 당시 문과출신자로 수령에 제수되어 나간 사람은 많지 않았던 것으로 보인다.
201) 『中宗實錄』 卷26, 11年 10月 戊申.
"…문신으로 경상도와 전라도의 수령이 거의 50여인에 이르고 있으니…" 이 기사대로라면 경상도와 전라도의 수령중 거의 절반이 문신이었으며 성종대에 비해 문과출신 수령이 상당히 많아졌음을 알 수 있다.

표1-5) 守令 중 外史 兼任者202)

分類	姓 名	赴任/兼任時期	其 間	官職	典據	史官	官路	備考
文臣 守令	權機	중종10년 6월/3개월	30개월	영천군수	교지	○	掌令	燕山 記事官
	배익신	중종10년 7월		청송부사	실록			
	윤언함	중종10년 7월		서천군수	실록			遞職
	진 식	중종10년 7월		서산군수	실록			
	류희령	중종28년 12월/2개월	55개월	대구도호부사	년보	○	學官	
	정복시			길주목사	묘갈			
	柳 某	仁祖 8년	5개월 이상	성천도호부사	고문서			日記 작성
	許 啓	仁祖 8년	상동	固城郡守	고문서			상동
	강 주	선조35년閏2월	4개월	보령현감	교지	○	持平	實錄補修
	윤행임	정조13년 10월	2일	과천현감	교지	○	承旨	

위 표에서 확인된 인사 중 몇 사람의 실 예를 살펴보자.

① 權機(1478・成宗 9년 - 1548・明宗 3년, 號 ; 冲齋, 本貫 ; 安東)
중종 2년(1507) 別試로 급제한 후 전임 사관과 주서, 승지 등을 역임하였다. 이 시기에 『翰苑日記』, 『堂后日記』, 『承宣日記』를 남겼고, 일기는 모두 『중종실록』의 편찬자료로 이용되었다203). 종손가204)에는 그가 관직 제수시마다 받았던 고신205) 대부분이 전해지고 있어, 관로의 확인

---

202) 표의 凡例 ; ① '겸임시기'란 수령으로 부임후 일정 기간 지낸 후 겸임하게 된 시기를 말한다. ② '기간'은 외사직을 겸임한 기간이다. ③ '사관'이란 전임사관 역임 여부이다. ④ '관로'는 외사직 이후에 제수된 관직이다.
203) 본서 제Ⅱ부 제1장 참조.
204) 慶北 奉化郡 奉化邑 酉谷里로 현재 '冲齋先生遺物館'이 지어져서 日記 등 각종의 자료가 보존되어 있다.
205) 조사보고서는 문화재 전문위원들이 冲齋의 宗孫家에 보관되어 있는 古文書(18種 254點)・典籍(13種 179冊)・書藝類(8種 12點)・繪畫類(8種 28點)・遺物(11種 35點) 등 모두 58종 508점의 자료를 정리한 것이다. 그 중 教牒 및 教旨 등 고신은 139건이다.(『冲齋權機宗家 所藏 古文書・典籍・書畵・遺物 調査報告書』, 1985, PP. 20 - 51 참조.)

이 용이하다. 교지 중 外職에 제수되었을 때 받은 것을 정리하면 다음과 같다.

①吏曹正德三年(中宗 3年)十二月十七日 / 敎通仕郎藝文館待敎兼春秋館記事官權橃爲通仕郎守承政院注書兼春秋館記事官者
②吏曹正德十年(中宗 10年)三月十七日 / 敎通善郎永川郡守權橃爲通德郎守永川郡守者
③吏曹正德十年(中宗 10年)六月二十八日奉 / 敎通德郎守永川郡守權橃爲通德郎守**永川郡守兼春秋館編修官者**
④權橃爲朝奉大夫**永川郡守兼春秋館編修官者**(중종12년)
⑤權橃爲嘉善大夫行三陟都護府使者(中宗 14年)

위 고신 중 권벌이 外史職을 겸했음을 확인할 수 있는 것은 ③과 ④이다. 中宗 10년 3월에 받은 고신(② ; 永川郡守 제수시)를 보면, 外史職을 겸하지 못했음을 알 수 있다. 그런데 外史가 설치된 동년 6월 이후의 고신(③과④)[206]을 보면, 춘추관 겸직명이 기록되어 있어 外史職을 겸임하였음을 확인할 수 있다. 이것은 外史의 운영이 중종 10년 6월에 설치되었다는 사실과 일치한다.

② 柳希齡(1480・成宗 11年 - 1552・明宗 7年, 號 ; 夢庵・夢窩・夢老・夢草, 本貫 ; 晋州)

연산 7년(1501) 신유에 진사, 37세 때인 중종 11년(1516) 식년 문과에 급제하였다. 權知校書館副正字로 입사한 뒤 예문관의 檢閱兼春秋館記事官(중종 11년 11월 17일)과 待敎(12年 8月 24日), 奉敎(13年 5月 2日) 등 9개월 간격으로 전임 사관을 지냈다. 그리고 이후 순탄한 관로를 지냈

---

206) ⑤번의 교지에는 외사겸직이 없다. 그는 중종 12년 영천군수직 수행후 경직에 제수되었다가 14년 다시 강원도로 부임했다. 부임했을 당시 그곳에 이미 외사를 겸임한 사람이 있었기 때문에 겸임하지 못한 것으로 생각된다.

다207).

　유희령의 가문은 祖(文通 ; 1438·세종 20年 - 1498·연산군 4년), 父(仁貴 ; 1463·세조 9년 - 1531·중종 26년), 叔父(仁淑 ; 1485·성종 16년 - 1545·명종 원년)와 希齡 본인까지 3대에 걸쳐 4명이 전임 사관직을 역임했다고 하여 '四翰林'이라고 불리었다. 柳希齡의 개인 문집은 없고 다만 위 4사람의 詩文을 모아 놓은 『四翰林集』208)이 전해지고 있으며, 여기에 그의 저작 일부가 전해지고 있는 정도이다.

　종5품의 도사에서부터 종3품의 도호부사까지, 그가 역임했던 외직은 다음과 같다209).

①中宗 15年　8月 24日 - 18年 3月　2日 ; 開城府 都事(從5品)
②中宗 18年　6月 23日 -　同 10月 29日 ; 端川 郡守(從4品)
③中宗 19年 12月　7日 - 20年 5月　　 ; 榮川 郡守
④中宗 23年　2月 28日 - 24年 2月　　 ; 榮川 郡守
⑤中宗 25年　3月　6日　　　　　　　 ; 善山都護府使(未赴任)
⑥中宗 25年　4月 19日 - 28年 9月 29日 ; 利川都護府使(從3品)
⑦中宗 28年 10月 11日 - 33年 5月　　 ; **大邱都護府使**

---

207) 柳希齡이 역임했던 官歷은『四翰林集』卷9의 附錄 年譜에 상세하게 기록되어 있다. 그의 家系 및 生涯에 대해서는 韓永愚(『朝鮮前期 史學史硏究』, 제4장, 1981)와 鄭求福의 논문(「16 - 17世紀의 私撰 史書에 대하여」,『全北 史學』1, 1977.) 참조.
208) 柳文通을 비롯하여 仁貴, 仁淑, 希齡 등 4인의 詩文集이다. 1637(仁祖 15)年에 5代孫 興道가 遺稿를 수집한 것을 12代孫 榮建이 편집·간행하였다. 책머리에 成俔의 序文은 있으나, 跋文은 전해지지 않는다. 文集은 卷1; 槐亭公編(文通), 卷2; 睡齋公編(仁貴), 卷3·4; 靜叟文貞公編(仁淑), 卷5·6·7·8·9; 夢菴公編(希齡)으로 구성되어 있다. 現在 晋州柳氏文貞公派世譜에 收錄되어 있으며 筆寫本『四翰林集』은 後孫 柳承國博士가 소장하고 있다.
209) 『四翰林集』의 卷9에 수록된 柳希齡의 年譜를 중심으로 정리한 것이다. 앞의 권벌처럼 관직 제수시마다 받은 敎旨가 전해진다면 명확하겠으나, 현존하는 것이 없어 오류가 있을 수 있다. 그러나 연보만으로도 그의 관력을 이해하는데는 크게 문제되지 않는다. 외관 수행시마다 외사를 겸임하지 못한 이유는 권벌의 경우처럼 제수된 지역에 이미 겸임한 사람이 있기 때문이라고 본다.

⑧ 中宗 28年 12月 9日   ; 兼春秋館編修官

 중종 11년 11월 예문관의 검열직을 시작으로, 공조 참의를 역임하던 명종 원년 叔父 仁淑이 관련된 을사사화에 연루되어 配所인 금산에서 죽을 때(明宗 7年)까지 30여년의 관료생활 중 12年 3개월 여를 외직으로 보냈다.

 위 연보 중 ⑦과 ⑧을 보면, 중종 28년 10월 11일 大邱都護府使에 제수되고 2개월이 지난 뒤, 외사를 겸임하기 시작하여[210], 동왕 33년 5월까지 55개월간을 수행하였다.

 이상에서 살펴 본 권벌과 류희령 외에, 鄭復始(1522·중종 17년 - 1595·선조 28년, 號 ; 桂潭, 本貫 ; 東萊)는 吉州牧使[211] 역임시, 姜籒(1567·명종 22년 - 1650·효종 1년, 號 ; 竹窓, 本貫 ; 晋州)는 保寧縣監[212] 역임시, 그리고 尹行任(1762·영조 38년 - 1801·순조 1년, 호 ; 碩齋, 본관 ; 南原)은 果川縣監[213]시 겸임했다.

 광범하고 다양한 사례는 아니지만, 이상 몇 가지의 사례를 통하여 중종 10년 6월 외사 설치 이후 문신 수령 중 적당한 사람을 선발하여 외

---

210) 외직에 제수되면서 곧바로 춘추직을 겸임한 것이 아니고 2개월 정도의 기간이 경과된 뒤이다. 都事의 경우도 외직자들은 어느 정도 기간이 지난 뒤 외사를 겸임하였다. 기록의 미비로 알 수 없지만 처음 부임한 지방의 전반적인 상황을 판단할 시간으로 허락한 것이 아닌가 생각된다.
211) 墓碣銘(효종 7년· 1656에 건립되었으며 현재 대전시 대덕구 석봉동에 소재한다.)에 '…其爲吉州 則以有將才也, 而以藝學別兼者 製 敎 及史職也 …'라고 기록되어 있다.
212) 奎章閣 古文書 番號 : 奎231288
 '吏曹 萬曆三十年閏二月十八日 奉 敎奉訓郞行保寧縣監兼春秋館記事官姜籒爲奉訓郞守司憲府持平知製敎者.' 萬曆三十年閏二月 日' 正郞 判書   參判 □□□
  □(押) 佐郞臣柳(押)
213) 규장각 고문서 번호 ;奎27391 - 1 - 52
 '敎旨 尹行任爲通訓大夫行果川縣監兼奎章閣直閣春秋館記事官校書館校理知製敎者 己酉十月初八日'

사직을 겸임시켰음을 확인할 수 있다.

문신수령으로 외사를 겸임하는데는 전임사관이나 실록 편찬관 경력 여부, 그리고 家學 등이 고려되었다. 권벌의 경우 전임사관과 연산군일기 편찬시 기사관 경력, 유희령의 경우 본인을 포함하여 3대에 걸쳐 4사람이 전임 사관을 역임한 사실과 가학, 그리고 그의 역사학에 대한 깊은 조예214) 등이 고려된 것으로 생각된다.

2) 都事

도사(종5품)는 중앙에서 忠勳府, 儀賓府, 忠翊府, 義禁府, 開城府의 속관으로 서무를 주관하였고, 지방에서 經歷215), 從5품의 判官, 從6품의 敎授, 從9품의 審藥·檢律·譯學訓導 등과 함께 관찰사를 보좌하였다216). 經歷과 함께 '首領官'이라고 통칭되었으며, 각도에 한 명씩 제수되었다. 수령의 감찰과 殿最시에도 참여하였을 뿐만 아니라, 文簿를 처결하는 임무도 수행하였다217). 이렇게 볼 때, 비록 품계는 낮았지만 도사가 수행한 임무는 직능상으로 수령보다 상관의 위치였던 것으로 보인다218).

도사 중 외사직을 겸임하였던 사례는 다음 표와 같다.

---

214) 그가 역임한 처음의 관직이 전임사관이었던 檢閱·待敎·奉敎 등이었고, 開城府都事 역임시(중종 15년)부터 시작하여 榮川郡守時(중종 19년과 23년) 완성한 『標題音註東國史略』 12卷 편찬, 중종 37년 4월『東國史記』 4권을 찬술하였던 사실에서, 역사학에 대해 조예가 깊었음을 살필 수 있다.
215) 세조 11년 폐지되었다.
216) 『經國大典』 卷1, 吏典 外官職條.
217) 『經國大典』 註釋篇 '都事'條, 韓國精神文化研究院, 1986.
218) 도사제의 확립과 기능에 대해서는 李義權의 논고(「朝鮮後期 都事의 地方統治行政機構」, 『수촌박영석교수화갑기념논총』, 1992) 참조.

표1-6) 都事 중 外史 兼任者

分類	姓名	赴任/兼任時期	其間	地域	典據	史官	官路	備考
都事	황정욱	명종17년		충청도	행장	○		
	성수익	명종21년		평안도	신도비		戶曹正郎	
	李惟一	인조 9년	5개월	충청도	공산지			광해일기 작성
	都愼修	인조12년 10월	7개월	충청도	공산지			일기작성
	기만헌	인조13년 10월	14개월	충청도	공산지		정언	일기작성
	황 위	인조27년 6월/2개월	36개월	함경도	교첩	○	平壤庶尹	
	김 징	현종2년		황해도	신도비			
	이관징	현종3년2월/2개월	12개월	평안도	교지		正言	顯宗 修撰官
		현종4년5월/6일	1개월	전라도	교지		掌令	
	이 옥	현종9년10월/2개월	10개월	충청도	교지	○	兵曹佐郎	
	심 극	현종15년 1월	18개월	평안도	교지		承文博士	

위 인사 중 몇 사람을 살펴보자.

① 奇晩獻(1593·宣祖 26년 - 1651·孝宗 2년, 號;伯峰, 本貫;幸州)

인조 6년(1628) 別試 文科에 급제한 뒤, 동왕 13년 10월 충청도 도사로 부임하여 이듬해 12월까지 재임하였다. 도사로 활동하였던 기간 기만헌은 春秋館記注官(외사)을 겸하면서 '春秋館日記'를 작성하여 춘추관에 보고하였다.

기만헌이 작성한 문서에는 충청도 도사로 부임하고 2개월이 지난 인조 13년 12월 16일부터 이듬해 5월 30일까지 5개월여 매일의 기사와 人事, 元孫 탄생사실, 賞賜 등의 사실이 기록되어 있다. 대부분의 내용이 기상 변화에 대한 것이고, 간혹 중앙 관서와 관계된 일[219]이라든가, 조정의 인사[220], 경상도[221] 등 타지방과 관련된 사실도 기록되어 있다[222].

---

219) 仁祖 13年 12月 30日 記事.
220) 仁祖 14年 1月 12日 및 同年 2月 18日, 2月 21日 等의 記事.
221) 仁祖 14年 1月 10日 및 同年 1月 27日 記事.

그러나 기록된 내용이 매우 간략하기 때문에 기사의 내용을 바탕으로 특별한 의미를 찾는 것이 불가능하다. 따라서 이를 근거로 外史의 당대사 의식 등 사학사적 의의를 규명하기 어렵다.

기만헌의 가계에서 전임사관 역임자[223]들을 상당 수 확인할 수 있다. 이는 앞에서 살펴본 柳希齡의 가풍과 매우 유사하다. 그가 전임사관을 지낸 것은 아니지만, 전임사관 역임자가 많았던 家風이 고려되어 외사의 겸임이 가능했던 것으로 본다.

2 沈極(1649·인조 27 - 1709·숙종 35, 본관 ; 靑松)

현종 7년(1666) 식년 문과에 형(梠)과 함께 급제하여 승지까지 지냈다[224]. 현종 7년(1666) 3월 9일 과거 급제시 받은 紅牌 교지부터, 숙종 32년(1706) 10월 28일 行三和都護府使에 임명되었을 때 받은 것까지 25장[225]의 교지가 현존한다. 그중 외사직 겸임 사실을 확인할 수 있는 것을 중심으로 정리하면 다음과 같다.

① 幼學沈極文科丙科第二十六人及第出身者 康熙五年三月初九日
② 沈極爲奉正大夫行承文院博士者 康熙十二年二月二十八日
③ 沈極爲奉正大夫行平安道都事**兼春秋館記注官**者　康熙十三年正月初三日
④ 沈極爲建功將軍行忠武衛副司勇者 康熙十四年七月 日

---

222) 왜 이런 일이 발생하는가에 대해서는 자세히 알 수 없다. 다만 忠淸道 都事가 작성하여 보고한 기사와 다른 지방 및 각 관청에서 보고한 기사들이 春秋館에서 일괄 정리되면서 발생한 것으로 생각된다. 그것은 현존하는 규장각 소장 '춘추관일기'의 字體가 거의 비슷하여 한·두사람이 쓴 것으로 보이기 때문이다. 각 지방에서 보고된 문서들이 그대로 전해진다면 작성자의 글씨체가 그대로 남아 있을 것이기 때문이다.
223) 가계 내에 사관을 지낸 인사는 楮, 檳(成宗朝), 遙(中宗朝), 大升, 大恒(明宗朝), 自獻, 協(宣祖朝) 등이다.
224) 『萬姓大同譜』 靑松沈氏條 및 『國朝文科榜目』 참조.
225) 영남대 박물관에서 編한 『古文書 資料』 제1집(1993년 간행)에 전해진다.

③번 교지는 현종 14년(1673) 정월 초3일 승문원 박사에서 평안도 도사로 제수될 때 받은 것으로 도사겸기주관으로 외사 임무를 수행했던 사실을 확인할 수 있다.

이외에 黃廷彧(1532·중종 27년 - 1604·선조 40년, 호 ; 芝川, 본관 ; 長水)의 행장[226]을 보면, 명종 16년(1561) 충청도 도사시[227] 겸임했다. 成壽益(1528·중종 23년 - 1598·선조 31년, 號 ; 七峯, 本貫 ; 昌寧)은 명종 21년(1566) 평안도 도사시[228], 그리고 黃㬇(1605·선조 38년 - 1654·효종 5년, 號 ; 塘村, 본관 ; 長水)는 인조 27년 함경도 도사시[229], 金澄(1623·인조 1년 - 1676·숙종 2년, 호 ; 坎止堂, 本貫 ; 靑風)은 현종 2년(1661) 황해 도사시[230], 李觀徵(1618·광해군 10년 - 1695·숙종 21년, 호 ; 芹谷, 본관 ; 延安)은 교지[231]를 근거로 현종 3년과 4년에 각각 평안도[232]와 전라도[233] 도사시 겸임했음을 알 수 있다. 그리고 관징의

---

226) 아들 赫이 蒐集·編次한 草稿本에 外孫인 郡守 李厚源이 附錄을 더하여 1632(仁祖 10)年頃 丹陽에서 初刊하였다. 현재 韓國精神文化硏究院 藏書閣(圖書 番號 :4-6521)에 所藏되어 있다.
227) 公山誌에는 그가 宣祖 16(1583)年에 都事로 부임했다고 기록하고 있는데 착오이다. 宣祖 16年은 都事가 아니고 觀察使로 부임한 해이다.
228) 명종 21년(1566) 평안도 도사시 '…丙寅 …其冬 移授平安道都事 **兼春秋館記注官** …'이라고 神道碑(대전시 유성구 둔곡동 소재)에 기록되어 있다.
229) 『全北地方 古文書』(1)(全北鄕土文化硏究會, 1993.)에 그의 교지가 14장이 전해진다.
　　吏曹順治六年八月十一日奉敎奉直郞咸鏡道都事黃㬇爲奉直郞**咸鏡道都事兼春秋館記注官者**
　　順治六年八月 日 正郞 　判書 　參判 　參議臣沈(押) 　佐郞假郞廳臣玄(押)
230) 神道碑(京畿道 始興郡 儀旺邑 旺谷里 소재)에 '…辛丑 … 爲黃海都事兼記事官 …'이라고 기록된 것에서 확인된다.
231) 규장각에 81장의 敎旨가 전한다. 그는 현종실록 편찬시 수찬관으로 참여하였다.
232) 규장각 고문서 번호:奎27393 - 26.
　　'敎旨 李觀徵爲通訓大夫行平安道都事**兼春秋館記注官**者 康熙元年二月初九日'
233) 규장각 고문서 번호:奎27393 - 34.

아들 李沃(1641·인조 19년 - 1698·숙종 24년, 호 ; 博泉, 본관 ; 延安) 은 현종 9년(1668) 충청도234) 도사로 제수되었을 때 겸임하였는데, 父子 가 함께 外史를 역임한 사실을 확인할 수 있다.

이상 도사 중 외사를 겸임한 실 예를 살펴보았다. 비록 도사 역임자 모두를 살핀 것은 아니지만, 이러한 사례만으로도 운영 사실을 이해하는데 도움이 된다고 본다. 그리고 조선후기 정조대 전임사관이었던 金祖淳이 '각도에 兼史를 설치한 것은 대체로 謠俗을 채집하고 상서와 이변을 살펴서 시정기의 편수 자료를 갖추기 위해서입니다.…'235)라고 하였던 기사를 보면, 후기까지의 운영사실을 확인 할 수 있다.

한편 도사에 제수되었던 인사들은 부임과 동시에 외사 임무를 겸한 것 같지 않다. 황위와 이옥(2개월후), 이관징(2개월과 6일후)의 경우를 보면, 대체로 도사에 제수되고 2개월이 지난 뒤 겸임하였다236). 이것은 부임한 지방의 현황을 파악하는데 필요한 시간을 어느 정도 허락하고, 이후 남은 재임기간동안 외사직을 겸임하게 한 것으로 짐작된다237).

외사의 겸임기간은 문신 수령보다 도사가 상대적으로 길었는데, 이는 문신수령보다 도사들이 임기를 제대로 채웠기 때문이라고 생각된다238). 그리고 도사는 임기를 마치면 대부분이 三司를 비롯하여 중앙의 요직으로 천전되었다. 문신수령의 경우도 외사를 겸임한 이후, 도사와 유사한 경향을 보이고 있다.

'敎旨 李觀徵通訓大夫全羅道都事兼春秋館記注官者 康熙二年五月二十五日'
234) 奎章閣 古文書 番號: 奎27394 - 31.
'李沃爲通訓大夫行忠淸道都事兼春秋館記注官者 康熙七年十月初十日'
235) 『正祖實錄』 卷25, 12年 1月 癸未.
236) 이관징의 경우는 전라도 도사에 부임하고 6일만에 겸임하기도 하였다. 이는 도사로 두 번째 부임하였기 때문이라고 생각된다.
237) '春秋館日記'를 작성하였던 충청도 도사 기만헌의 경우도, 2개월이 지난 이후부터의 사실을 기록하고 있다.
238) 조선조 수령에 제수된 사람들이 제대로 임기를 마치지 못했음은 李源鈞의 논고(「朝鮮時代의 守令職의 交遞實態」, 『釜大史學』3, 1979.)에서 확인된다.

第2章 史官의 職制 99

　　이상 문신 수령과 도사 중 외사를 겸임하였던 사례를 통해서 다음과 같은 특징을 찾을 수 있다.
　　먼저 모두 문과 급제자라는 점이다. 그리고 급제 후 전임사관을 역임한 사람이 8명으로 절반이었으며, 실록 편찬관으로 참여하였던 인사도 상당 수이다. 이렇게 볼 때 외사직을 겸임하는데 있어서 문과의 급제와 전임사관 및 실록 편찬관 경력 여부 등이 상당히 고려되었던 것으로 생각된다[239].
　　한편 外史의 임무를 겸임시킬 때는 전임사관에게 요구되었던 원칙과 자격이 적용[240]되었으며, 매우 신중을 기하였다. 世系가 분명하지 않거나 문제가 있으면 겸임이 불가능하였다[241]. 수령이나 도사 임용시 마땅한 사람을 구하기 위해 內外 四祖 및 본인의 결격사유 여부를 살피고, 일일이 서경[242]했던 것도 이러한 이유와 연관성이 있다.
　　따라서 외사는 대체로 연소하며 기백이 날카롭고 성정이 곧아 아부하지 않으며, 문벌에 허물이 없는 신진[243]이거나, 문학적 능력[244]이 풍부한 사람 중 적당한 인사를 선발하여 겸임시켰다.
　　外史를 겸임한 사람들은 견문한 바를 바탕으로 2부의 보고문서를 작

---
239) 전임사관을 역임하지 않은 사람들도 교지나 연보 등이 전해지지 않아 확인하지 못했을 뿐이다. 이들의 교지가 모두 전해진다면, 좀더 확실한 통계와 구체적인 사실을 파악할 수 있을 것으로 본다. 그러나 전임사관을 역임하지 않았다고 해서, 외사의 겸임이 어려웠다고 보기는 어렵다. 본인의 학문이나 家學으로도 외사를 겸임하는데 큰 무리가 없기 때문이다. 그리고 이러한 제 조건 역시, 현재적 관점에서 그 특성을 이해하기 위한 근거의 하나일 뿐이지, 당시에도 반드시 요구되었던 조건은 아니었다고 생각된다.
240) 『成宗實錄』 卷110, 10年 閏10月 丙子.
241) 『中宗實錄』 卷22, 10年 7月 丁未.
　　 청송부사 배익신, 서천군수 윤인함, 서산군수 진식 등에게 수령겸춘추직을 제수하였다. 전임사관을 지냈던 장령 金瑛은 이들의 家系가 미천하고 본인의 인물됨이 적합치 않다고 하면서, 교체할 것을 강력하게 건의하여 무산시켰다.
242) 『經國大典』 卷1, 吏典 告身條.
243) 『世祖實錄』 卷35, 11年 3月 癸酉.
244) 『中宗實錄』 卷21, 9年 10月 甲寅.

성하여 년 2회(6월과 11월) 수령 고과시기에 춘추관과 감사에게 보고하였다. 그것은 현존 외사의 일기가 대체로 5월과 11월까지의 기사로 마감된 것에서 추정해 볼 수 있다.

춘추관에 보고된 외사의 보고문서는 조정 대소 아문의 시행사[245]와 함께 시정기로 편찬되어 실록편찬에 이용되었고, 감사에 보고된 문서를 수령의 전최시 참고되었다. 따라서 이들 외사가 기록한 것은 단순히 지방에서 발생한 사실을 작성하여 보고하였다는 의미 외에, 감사의 수령에 대한 직무 감찰과 밀접하였을 뿐만 아니라, 조정의 외관에 대한 감시 의도도 반영된 것으로 볼 수 있다.

한편 조선왕조에서는 외사를 칭할 때, 고려왕조에서 司錄을 外史라고 하였던 것과는 달리, '守令(또는 都事)兼春秋館○○○' 등으로 표현하였다. 이는 고려조의 사록이 그 직책에 제수되면 곧바로 외사직을 수행했던 것에 비해서, 조선왕조에서는 적당한 사람을 선발하여 겸임시켰기 때문이다.

3. 外史의 性格

조선왕조에서는 고려왕조의 예에 따라 일찍부터 지방의 풍속, 수령의 정사와 시비 득실 등을 기록하는 '外史'의 설치문제가 논의되었다. 태종 10년 처음 논의된 이후, 중종 10년 6월 문신 수령과 도사 중 적당한 사람에게 겸임시키는 것으로 정해졌다.

비록 법전을 비롯하여 실증적 用例를 확인할 수 없지만, 중종 10년 설치된 이후 지속적으로 운영되었음은 현존하는 고문서('춘추관일기')와 실록의 기사, 교지 등의 문헌 자료와 神道碑, 墓碣 등 금석문을 통해서 살필 수 있다. 여기서 외사의 설치와 운영이 지닌 성격 및 의의를 살펴

---

245) 조정 각 아문의 시행사는 춘추관에 편성된 겸임사관들이 작성하였다. 이에 대해서는 본서 제Ⅰ부 2장 1절 참조.

보자.

　첫째, 외사설치 논의 당시 수령의 탐학 행위에 대한 내용이 계속 거론되었던 사실로 미루어 볼 때, 무엇보다도 수령의 비리를 방지하고 견제하려는 의지가 컸다. 즉 외사의 설치를 통하여 왕의 정령이 각 지방에 파급되어 수령의 비리를 견제하고, 각 지방의 사실을 기록하여 후세에 전하려는 의식이 내재되었다고 본다.

　둘째, 중종조 사림과 우호적이거나 그들의 정계 진출에 도움을 주었던 비공신계 훈구세력들이 정계를 주도하고 사림계 인사들이 대거 진출하던 시기에 외사가 설치되었다는 점에 의미가 있다. 그리고 설치를 주장했거나 동의했던 인사들의 상당수가 사관의 활동과 관련이 있거나 사림의 개혁 정치에 매우 우호적인 인사들이라는 점도 확인된다. 이들은 향촌 자치의 구현에 상당히 주력하여 향약의 실시, 소학의 보급 등을 주장하였다. 사림 문화의 지방 보급은 각 지방의 문화에 대한 관심의 고초로 이어졌고, 이후 왕성하게 나타나기 시작하였던 사찬사서와 읍지 편찬에 영향을 주었다고 생각된다. 따라서 외사의 설치와 운영은 춘추관제의 확립과 함께 이 시기 사관의 활동이 활발해진 것과 무관하지 않다. 즉 외사의 설치와 운영은 향촌 자치와 도학 정치의 구현, 향약의 보급과 함께 사림 문화의 지방 보급, 지방의 역사적 사실에 대한 관심, 수령의 비리와 탐학에 대한 대책의 하나로 수령의 엄정한 인선과 운영에 대한 개혁의지 등이 반영된 것으로 본다.

　셋째, 전임사관 혹은 실록의 편찬관으로 편성된 경험이 있는 사람들 중 상당수가 외사의 설치를 주장했거나, 실제로 외사를 겸임한 경우가 많다. 史官의 경력 여부, 또는 사관의 활동과 관련된 사항이 요구된 것은 지방의 역사 사실을 정확하게 기록하겠다는 의지와 역사의식이 복합적으로 반영되어 나타난 것으로 생각된다.

　넷째, 겸춘추(겸임사관)로써 해당 관청의 시행사를 작성하여 춘추관에 보고한 문서('겸춘추일기')가 상당수 현존하고 있다246). 이는 당시 집권층이 당대사의 중요성에 대해 어느 정도 인식하고 있었던 것과 연관된다. 조선왕조의 건국에 성공한 집권층들은 자신들이 건국한 왕조의 정치가 잘 전개되고 있음을 강조하기 위해서 당대사인 실록의 편찬에 적극적이었다. 따라서 지방에서도 중앙의 정령이 파급되어 별 무리 없이 정치가 전개되고 있음을 강조하려고 하였을 것이며, 이는 지방 사실의 광범한 기록을 위한 장치의 설치로 나타난 것이다.

그런데 겸춘추가 작성한 문서 중에 인조대의 것이 주로 전해지는 이유에 대해서는 자세히 알 수 없다. 그러나 이러한 기록이 인조대만 특별히 작성되었을 것으로는 생각되지 않는다. 즉 조선전기 편찬되었던 실록을 비롯한 각종의 역사 자료가 여러 번의 전란으로 소실된 사실로 미루어 볼 때, 외사를 비롯한 겸임사관들이 춘추관과 감사에 보고한 문서도 이러한 이유 때문에 전해지지 않는 것으로 짐작된다. 그리고 실록의 편찬이 끝나면, 이용되었던 모든 자료들은 반드시 세초되었다. **따라서 이들의 보고문서가 전해지지 않는 것은 당연하다고 보여진다.** 만일 이들이 작성한 문서가 전해진다면, 실록에서 소략하게 다루어졌던 지방의 시행사를 밝히는데 큰 도움이 될 것으로 본다.

다섯째, 외사가 작성한 문서는 전반적으로 매우 간략하며, 의미를 부여할 만한 기사도 적다. 따라서 이들이 작성한 기사를 근거로 겸임사관의 당대사 의식을 규명하기 어려운 점이 있다. 내용중 일부분이 실록에 기사화 되었는데, 이는 조정에서 外史의 기록에 대해 어느 정도 필요하다고 인정한 것으로 볼 수 있다. 그러나 기사 내용은 한계점이 더 많다. 기록된 내용이 지방 수령들의 정사와 시비 득실 등의 사실을 충분히 기록한 것도 아니기 때문에, 이들의 기록을 근거로 역사의식을 찾는 것이 어렵다. 이것은 조선 전기 編史 態度가 역사의 주체를 왕과 신하 중심

---

246) 이에 대해서는 제Ⅱ부 2장 2절 참조.

으로 보는 관찬 위주였으며, 강한 정치성을 띠고 있기 때문에, 지방의 사실을 소홀하게 취급한 결과라고 생각된다. 따라서 外史가 기록한 내용은 매우 소략하고 당대의 문제를 역사적 인과관계에 근거를 두고 문제점의 발견과 해결책을 도모한 것이 아니다. 따라서 이를 근거로 역사의식을 규명하는데는 한계가 있다.

이러한 문제가 있지만, 외사가 작성한 문서가 존재한다는 것만으로도 운영의 실 예와 지방 춘추관제의 확립과정을 살필 수 있다는 점에서 의미를 부여할 수 있는 것이다.

여섯째, 外史의 기록은 작성자의 姓과 手決이 쓰여진 채로 보고되었다. 따라서 특정 사안에 대해 작성자의 견해를 표현한 사론이 없다. 史論이 작성되지 않은 것은 지방의 시행사를 중심으로 기록하는 과정에서 논평할 것이 없었기 때문이라고 본다. 더욱이 성과 수결이 쓰여져 작성자가 누구인가를 확인할 수 있는 점에서 필화 사건에 대한 우려로 사론의 작성이 어려웠던 것으로 생각된다.

일곱째, 법제적으로 명문화되지 않아 구체적인 활동 사례를 살필 수 없지만, 작성된 문서는 연중 2회(6월과 12월)에 걸쳐 주기적으로 춘추관과 감사에게 보고되었다. 이중 춘추관에 보고된 것은 중앙 각 관서의 시행사와 함께 시정기로 작성되어 실록 편찬시 이용되었으며, 감사에게 보고된 것은 수령 고과시 전최의 자료로 쓰였다. 수령의 비리를 기록하여 감사에게 보고된 것으로 보아, 외사의 활동은 조선왕조 지방 춘추관제 확립이라는 의미뿐만 아니라, 수령에 대한 직무 감찰, 즉 외관에 대한 조정의 감시 의도도 컸던 것으로 볼 수 있다.

이상에서 살핀 바와 같이, 외사는 단순히 지방의 사실을 기록으로 남기는 새로운 관직의 설치라는 점에 국한되지 않았다. 그것은 지방에서 자행되는 수령의 탐학을 견제하고 지방의 문화도 기록으로 남겨야 하겠다는 의지가 집약되어 나타난 역사적 소산이었다.

104 第Ⅰ部 史官 制度의 確立

　일반적으로 역사의식이라 하면 좁은 의미로는 과거 역사에 대한 인식을 말하지만 넓은 의미로는 당대 문제를 역사적 과제로 의식하고자 하는 현재적 인식을 의미한다. 外史의 설치와 운영이라든가, 그들이 작성한 문서의 내용을 분석하는 것은 곧 당대 문제에 대한 현실 인식, 즉 역사의식과 관련된다.

　비록 外史가 작성한 자료를 근거로, 이들의 역사의식을 파악하는 것이 어렵기는 하지만, 설치되었다는 사실만으로 역사적 사실을 기록으로 남기고자 하는 지배층의 의지와 역사의식이 복합적으로 반영되어 나타난 결과이다. 다시 말하면 계속되는 수령의 비리를 견제하기도 하고, 한편으로는 지방의 문화와 역사를 기록하려는 의지 등이 집약되어 나타난 역사적 소산이다. 그리고 조선왕조 춘추관제 확립과정을 이해하는 데 중요한 단서와 의미를 부여한다.

第3節 女史의 設置와 性格

1. 女史의 槪念

　사관의 제도적 운영은 정규사관과 비정규사관으로 구분할 수 있다. 정규사관은 예문관의 전임관인 봉교·대교·검열 등 여덟 명 전임사관과 춘추관 소속의 60여명 겸임사관을 의미한다. 비정규사관은 앞 절에서 살펴 본 지방에서 사관의 임무를 수행하였던 외사를 비롯하여, 閨門 안의 사실을 기록하는 여사 등이라고 할 수 있다. 여기서는 여사의 개념과 설치 논의, 임무 및 그 성격에 대해서 간단하게 살펴보자.

　중국에서는 天官(吏曹)의 속관으로 王后의 禮職을 주관하였으며, 역사를 기록하는 임무를 수행하였다. 아무나 할 수 있는 것이 아니었고 良家의 부녀자로 글을 아는 사람 중에서 선발하였다[247]. 여사의 첫 용례는 三代의 '古者人君 外朝有國史 內朝有女史 擧則左史書之 言則右史書之'248)라는 기사에서 확인된다. 그리고 『杜佑通典』에 '漢起居注似在宮中爲女史之任'249)라고 한 것에서 漢代에도 여사를 운영하였다는 사실을 짐작할 수 있다. 이들은 자신들이 專有하는 彤管을 가지고 后妃와 관련된 일을 기록하였으며, 황후의 詩에 대한 물음에 자문하기도 하였다. 즉 閨門안에서 왕후에 관련된 사실을 기록하여 후세에 전하는 임무를 수행하였으며, 황후의 자문역도 하였다.

우리 나라에서도 여사의 설치를 통하여 어떠한 장소라도, 설령 그곳이 궁궐의 은밀한 곳이라도 역사 사실과 관련되고 후세에 교훈을 줄 수 있는 것이라면, 적극적으로 기록해야 한다는 논의와 설치 등이 도모되었다. 이는 조선초기이래 사관의 입시가 확대되고, 기사 활동이 광범해지며 구체화되었던 시대사조와 무관하지 않다고 본다.

2. 女史의 設置 論議

조선왕조에서도 여사 설치에 대한 활발한 논의와 이의 설치를 통하여 후세에 권계해야 한다는 점이 제기되었다.

실록에서 女史에 대한 첫 용례는 태종 10년의 기사에서 확인할 수 있다. 明에 진헌할 목적으로 정씨 여인을 데리고 京師로 돌아갈 때, 內

---

247) 周官名.
  ① "天官之屬 掌王后之禮職也 以婦女曉書者爲之", "女史者 說文史部云 史記事者也 惠士奇云 女史視大史小史 詒讓案 亦兼視內史外史 詳本職疏 注云女史 女奴曉書者 謂通曉文字者 亦與女酒同案 女史疑當以良家婦女知書者爲之"(周禮 天官 女史條), "世婦之屬 女奴有才知者", "世婦 每宮卿二人 下大夫四人 中史八人 女府二人 女史二人 奚十有六人"(周禮 春官 女史條)
  ② "後宮之女書記也"(漢書 外戚 孝成班倢伃傳), 顧女史而問詩(後漢書 皇后紀), 良曰 女史 女人之官 執彤管書后妃之事(文選 潘岳 寡婦賦)
248) 『歷代職官表』卷24, 三代 經筵日講起居注官.
249) 『歷代職官表』卷24, 經筵日講起居注官.

史 田嘉禾와 海壽 등이 정씨 여인의 아버지 鄭允厚, 小宦 2인, 女史 4인을 대동하였다는 기사가 있다250). 그런데 이 기사에서의 여사는 견문한 바를 기록하는 사람이라는 의미가 아니고, 정씨와 함께 진헌된 사람이었던 것으로 보인다. 즉 궁권 안에서 벌어진 사실을 기록하는 임무를 수행하였던 여사를 의미하는 것과는 거리가 있는 것이다.

성종 8년 우승지 임사홍과 예조참판 이극돈이 왕비의 親蠶儀 의식을 參定하여 아뢴 기사에서도 여사의 용례가 보인다. 왕비의 친잠 의식이 진행될 때, 여사는 각각 낫(鉤)과 광주리(筐)를 잡는 사람으로 의식에 참여하였던 것이다.

친잠시의 의식절차를 간단하게 살펴보면 다음과 같다. 먼저 왕비가 뽕을 채취하면, 여사가 채상할 내·외명부에게 갈고리를 주었으며, 왕비의 뽕 채취가 끝나면, 典賓이 내·외명부를 인도하여 차례로 뽕을 채취하였다. 이것이 끝나면 집광자가 이를 받는데, 내·외명부 1품은 각 일곱 가지를 채취하고, 2·3품은 각각 아홉 가지를 채취하였다. 이런 과정을 마치면 여사가 갈고리를 받아 집광자와 더불어 물러나 제자리로 돌아왔다251). 이 기사에서의 여사는 왕비가 누에치기할 때, 왕비의 가장 측근에서 잡일을 하였던 사람이라는 의미가 크다. 따라서 이상의 기사에서는 역사사실을 기록하는 사람으로서의 여사와는 거리가 있음을 알 수 있다.

한편 여사를 궁녀의 폐단과 관련된 女謁로 인식한 경우를 성종252)과 중종대253)의 기사에서 확인할 수 있다. 이는 여사를 내명부에 속한 궁녀의 한 사람으로 인식한 경우라고 본다.

연산군대는 서책에 대해서 잘 아는 궁중 여인이라는 의미로 이용되

---

250) 『太宗實錄』 卷20, 10年 10月 辛酉.
251) 『成宗實錄』 卷77, 8年 閏2月 乙丑.
252) 『成宗實錄』 卷295, 25年 10月 乙亥.
253) 『中宗實錄』 卷35, 14年 3月 甲午.

었다. 궁인들이 문자를 알지 못하기 때문에, 서책을 가져오도록 하였음에도 제목조차 알지 못하는 경우가 많아 문제가 있음을 지적하면서, 예전에 女史가 있었음을 승정원에 말하였다254). 이는 書冊을 잘 알고, 그와 연관된 임무를 수행하였다는 여사의 의미와 연관된 기사이다. 그러나 연산군 역시 예전에 있기는 하였지만, 별도로 설치하여 운영하겠다는 의지는 없었으며, 다만 젊은 여인을 선발할 목적으로 전교하였던 것 같다. 설치되지도 않았고, 별도의 연산군 의도가 있기는 하였지만, 처음으로 서책을 아는 사람, 즉 역사 사실의 기록과 가까운 의미로서의 여사 개념을 살필 수 있다는데 의미를 둘 수 있다.

역사 사실을 기록하는 記事者로서의 의미와 규문 안에서 임금의 거동과 언행을 史策에 기록하여 후세인에게 선악의 교훈을 준다는 의미의 여사 개념은 중종 14년 同知事 金安國의 계문과 李淸의 논의에서 살필 수 있다255). 다소 길기는 하지만 본격적인 여사 설치 논의와 관련된 기사이기 때문에, 내용을 모두 인용해 보기로 한다.

조강시 『속강목』을 강하던 중 김안국은 太后와 神宗이 말한 일이 매우 상세히 기록되어 있는 것은 閨門안의 일을 여사가 기록하였기 때문이라고 하였다. 그리고 여사는 궁궐 안에서 임금의 거동과 언행을 모두 기록하므로 바깥 사람이 그 일을 알 수 있는 것이며, 史冊에 기록하여 놓음으로써 후세인이 그를 보고 선악을 알게 된다고 하였다. 그리고 우리 나라에서 규문 안의 일을 알 수 없는 것은 女史가 설치되지 않았기 때문이라고 하면서, 古制에 따라 여사를 두어 군주의 동정과 言爲를 기록할 수 있도록 할 것을 아뢰었다. 이에 장령 兪遵노 임금은 구중궁궐에 거처하므로 밖에서 그 일을 알 수 없으므로 여사를 두어 선악을 기록하게 해여야만 군주가 愼獨할 수 있다고 주장하였다. 그러나 중종은

---

254) 『燕山君日記』 卷56, 10年 11月 庚戌.
255) 『中宗實錄』 卷35, 14年 4月 乙酉.

예전에는 여자가 글을 지을 수 있었기 때문에 가능했으나, 지금은 글을 아는 여자가 적어 기록할 수 있는 사람을 얻기 어렵다고 하면서 반대 의사를 표명하였다.

중종의 부정적인 태도를 보이자 김안국은 다시, 글에 능하지 않더라도 조금만 문자를 해독할 수 있다면 규문의 일을 보는 대로 기록하여, 후왕과 後賢으로 하여금 선왕은 규문 안 혼자 있는 곳에서도 잘못하는 바가 없었다는 것을 알게 하면 된다고 주장하였다. 이렇게 하면 권징되는 바가 클 것이며, 밖에 있을 때, 좌우에 侍從・史官이 갖추어진 것과 다를 것이 없다고 하였다. 그리고 여사가 갖추어지지 못한 것은 治道의 큰 欠節이므로 불가하다고 주장하였다.

이에 시강관 李淸은 굳이 문자(한자)가 아니고, 諺文으로 기록해도 문제될 것이 없다고 논하였다. 그리고 여사는 公議를 유지하고, 褒貶을 명백하게 하여 만세에 보이는 사관과는 다르며, 규문 안의 일상 생활만 적기 때문에 문제될 것이 없다고까지 하였다.

김안국과 이청의 여사 설치 논의는 본격적으로 규문 안의 군주 언행사를 기록하여 후세에 권계되도록 하자는 것이다. 즉 당대 역사를 정확하게 기록하여 후세에 교훈을 주고자 하였던 실록의 편찬 의도와 직결되는 것으로, 군주가 있는 곳에는 반드시 사관이 있어야 하고, 규문 안의 일이라도 女史가 있어 깊은 궁궐, 은밀한 일까지 빠뜨리지 않고 기록해야 한다는 의식이 반영된 것이었다.

중종대 등장한 사류들은 인습과 구제의 혁파를 통한 도학정치의 구현을 추구하였다. 이 시기 여사의 설치 요구 논의는 이러한 도학정치의 현실 정치 구현과 연관되는 것이라고 생각된다.

그러나 중종은 정직한 사람을 선발하여 사관에 제수하는 것과 마찬가지로 史筆은 아무나 잡는 것이 아니며, 마음이 올바른 여자를 구하기 어려울 것이라는 이유를 들어 반대하였고, 결국 무산되고 말았다.

이와 같이 중종 14년 본격적으로 논의되기 시작하였던 女史의 설치와 운영 문제는 임금의 반대에 직면하여 설치되지는 못하였다. 그런데 4개월 뒤, 沈義는 상소256)를 올려 여사의 설치를 다시 논의하였다. 그는 관제의 개혁과 野史의 복구, 女史의 설치 등 일곱 가지의 내용을 중심으로 상소하였다. 심의가 올린 상소 중 야사를 복구하자는 논의는 외사를 혼용한 것으로, 앞 절에서 살핀 외사의 설치 논의와 직결되는 것이다. 즉 중종 10년 설치된 이후 적극적으로 운영되지 못하였던 현실적인 문제점을 지적한 것이다. 그리고 여사는 아직 설치되지 않았기 때문에, 복구가 설치로 주장하였던 것이다. 그러나 이 주장 역시 받아들여지지 못하였다.

중종 19년 세자빈의 책봉시 책문에, '儆戒하여 어김이 없으면 女史의 훈계를 지킬 수 있다'257)라고 한 것에서도 궁중 안의 사실을 기록하는 여사를 의미하는 것이다. 동왕 23년 홍문관 부제학 兪汝霖의 상소에서도 記事者를 의미하는 女史 용례를 살필 수 있다. 유여림은 女史란 彤管을 잡고 허물을 적는 것인데, 이는 집을 바르게 하는데 도움이 되는 것258)이라고 하였다. 동왕 26년 대사간 황사우, 사간 김섬, 헌납 상진, 정언 채무역·허항 등이 올린 차자에서도 여사 설치의 목적을 잘 알 수 있다. 다소 길지만 이들이 올린 箚子를 정리하면 다음과 같다.

"內治가 엄하지 않으면 밖을 바르게 할 수 없고, 가정이 법도가 없으면 멀리 교화시킬 수 없습니다. 그러므로 옛날 현명한 왕들은 修身으로부터 齊家를 하고, 제기에서부터 治國을 하지 않은 이가 있지 않습니다. 전하께서 보위에 오르신 이래 오로지 聖學에 정진하시고 계시니 修齊治平의 도에 存養省察하심이 지극하다 하겠습니다. 그런데 근년 이래로 인습만 따라 정사를 새롭게 하지 않고 편안한 것만을 점

---

256) 『中宗實錄』 卷36, 14年 8月 丙子.
257) 『中宗實錄』 卷50, 19年 3月 辛未.
258) 『中宗實錄』 卷64, 23年 11月 壬戌.

차 생각하시어 內寵이 날로 성해 가고 婦言이 날로 넓어져 가고 있습
니다. 그래서 宮闈가 이 때문에 엄숙하지 못하고 內政이 이 때문에 엄
격하지 못하여 …밖의 말이 이 길을 통하여 쉽사리 안으로 들어오고
안의 말이 이 길을 말미암아 쉽사리 밖으로 나가게 됩니다. 그리하여
宮政을 혼란시키고 聖治를 문란하게 하는 등 못하는 짓이 없습니다.
조종 이래로 궁금을 엄히 하지 않은 적이 없었습니다. 용맹스러운 군
사가 夜警을 돌며 閽人이 대궐문을 지키며 典言이 전교를 맡으며 女
史가 궁중 일을 기록하는 것은 내외를 엄히 하고 궁위를 바르게 하려
는 것입니다.… 고금의 궁정의 법도를 무너뜨리고 조종의 家法을 어
지럽힘이 이보다 심한 것이 없습니다.…"259)

　사간원에서 연명으로 올린 이 차자는, 궁중에서 벌어지는 사실이 지
나치게 밖으로 나가는 것에 대해 우려한 것이다. 그리고 엄중하지 못한
궁중의 일을 바로 잡는데는 女史의 설치가 무엇보다 필요하다고 한 것
이다. 나아가 이들은 태종이 『大學衍義』 중에서 궁위가 법받고 경계할
만한 귀절을 써서 궁인을 가르친 것과 성종이 역대의 聖后와 賢姬를 뽑
아 屛風에 그리게 한 것은, 궁위의 도를 바르게 하고 내외의 일을 삼가
려는 뜻에서 나온 것이라고 하면서, 이를 깊이 본받아서 宮闈의 다스림
을 삼가고 사사에 끌리는 정을 모두 버려 내외의 분별을 엄격히 할 것
을 말하였다. 그리고 이제부터는 후궁인 嬪御에서부터 시비인 하천에
이르기까지 私第에 나가는 것을 허락하지 말 것을 건의하였다. 이에 대
해 중종은 궁위를 엄숙히 해야 한다는 일은 마땅히 유념하겠다고 하였
으나, 차자의 내용처럼 여사를 설치하여 궁중의 비밀스런 일들을 모두
기록하는 것에 대해서는 허락하지 않았다.
　이상의 기사 내용에서 보는 바와 같이, 여사를 설치하여 궁중의 일을
기록하도록 한 것은 내외를 엄격하게 하고 궁위를 바르게 하고자 하는
의도가 컸음을 알 수 있다.

---

259) 『中宗實錄』 卷70, 26年 3月 丁未.

第2章 史官의 職制   111

그런데 조선전기 실록에서는 확인되지 않지만, 후기의 실록에서는 여사의 실질적인 운영 사실을 살필 수 있다.

현종개수실록에 '慈懿大王大妃의 道가 중화에 합치되고 德이 女史에 밝게 드러났다고'260)라고 기록된 것과 '定安王后의 인애가 일마다 女史에 빛나며,'261) '女史에게 명하여 덕을 찬술하게 하고 玉冊에 실어서 아름다움을 찬양하니,'262) '女史가 향기로움을 드러내었으니,'263) 등과 '女史가 그 미행을 어찌 다 기록할 수 있겠습니까.'264)라는 기사를 볼 때, 여사가 閨門 안의 왕비 관련 기사를 작성하는 것을 바탕으로 하면서 실질적으로 운영되었던 것으로 짐작할 수 있다.

이상의 사실을 근거로 볼 때, 사관제도의 확립 과정에서 女史가 설치되었다고 단정하기는 어렵지만, 조선후기의 경우 비상설기구로 군주가 아니고, 왕비의 언행과 관련된 기사 작성 목적으로 어느 정도 운영된 것이 아닌가 생각된다.

군주의 규문 안 언행까지 기록하여 후세에 교훈을 줄 목적으로 논의되었던 여사가 비록 설치되지 못하였지만, 이들이 수행한 임무는 상당히 다양하였다.

먼저 여사의 가장 기본적인 임무는 군주와 왕비의 언행을 중심으로 규문 안 사실을 기록하는 것이었다. 즉 무엇보다도 정규 사관의 가장 기본적인 임무가 기사활동이었던 것처럼, 이들에게도 궁궐 안 시행사 기록을 기본적 임무로 하였던 것이다.

둘째, 왕비와의 관련성에서 임무를 살필 수 있다. 왕비의 요구에 수시로 자문하거나, 물음에 답해야 했다. 그리고 임금의 명으로 소학 등

---

260) 『顯宗改修實錄』 卷6, 2年 7月 甲戌.
261) 『肅宗實錄』 卷12, 7年 12月 丙戌.
262) 『肅宗實錄』 卷15, 10年 4月 戊戌.
263) 『純祖實錄』 卷5, 3年 閏2月 壬辰.
264) 『純祖實錄』 卷24, 21年 8月 甲申.

經書를 講265)하기도 하였다.

 셋째, 왕비의 친잠시 시종신의 일을 수행하였다266). 그리고 문서의 전달 등 궁녀의 단순한 임무267)도 수행하였다. 이는 전임사관들이 군주의 명을 받아 대신의 문병이나, 형옥의 검열, 조세징수의 잘잘못 확인, 얼음의 저장 실태 파악, 성균관과 四學의 유생 到記 검열, 범죄사건의 처리 상황, 종묘 제사의 주재 등 다양한 임무를 수행한 것처럼, 이들 여사들도 규문 안의 역사 사실을 견문한 바에 따라 기록하였던 활동 이외에, 다양한 임무를 수행한 것으로 볼 수 있다.

3. 女史의 性格

 사관이 조정과 지방의 사실을 기록하여 후세에 감계를 주었던 것과 같이 여사는 규문 안의 사실을 기록하면서 군주의 愼獨을 강조하였다. 이는 궁중 안의 비밀스런 일까지 기록하여 후세에 감계를 주겠다는 당시 지배층들의 강렬한 역사 기록 의지와도 연관된다. 즉 지방의 시행사를 기록하여 당대사의 체계적인 이해를 도모하여 외사를 설치하였던 것과 마찬가지로 閨門 안의 사실까지 빠뜨리지 않고 기록하겠다는 지배층의 고조된 역사의식의 소산인 것이다.

 여사의 설치 논의가 본격적으로 제기되었던 시기는 중종 14년이다. 이 시기는 조광조를 비롯한 신진 사류들의 급진적인 개혁 요구와 지나친 과감성에 중종은 물론, 훈구세력의 비판이 고조되면서, 일면 이들을 퇴출시키려는 의도가 고조되고 있었다. 그것은 왕 9년 외사의 설치 논의에 동조했던 것과는 다른 태도를 보이고 있기 때문이다.

 당시 여사의 설치에 적극적인 자세를 보인 인사들은 金宏弼의 제자

---

265) 『仁祖實錄』 卷12, 4年 3月 甲子.
266) 『英祖實錄』 卷108, 43年 3月 甲戌.
267) 『宣祖修正實錄』 卷8, 7年 1月 丁丑.

들이고, 조광조와 연관된 신진 인사들이었다. 이들은 유교주의 이상국가의 구현이라는 명분아래 '至治主義'를 추구하였고, 중종 10년이래 급진적이고 혁신적인 개혁을 요구했던 공통점을 가지고 있다.

이들은 도학정치의 성패여부가 군주에게 달려있다고 판단하였다. 따라서 군주의 자질과 덕성 함양에 우선을 두고, 이의 실현을 위하여 노력하였다. 군주가 호학하는 자세를 가져야 한다거나, 聖君·聖賢의 언행을 체득하고 군주로서의 도리를 다할 것을 강조하기도 하였고, 언로의 확대가 국가의 운명과 관련된다면서 간언을 받아들일 것을 주장하였다[268].

그런데 앞에서 보았듯이, 중종 14년의 시기에 군주의 태도는 이들 신진사류의 과감한 개혁에 부정적이거나, 두려움까지 가지고 있었다. 즉 이들이 규문 안의 사사로운 일, 즉 왕비의 언행사는 물론, 군주의 사적인 夜間 일까지 기록하겠다고 하였을 때, 군주로서는 부담과 불쾌감까지 느꼈을 것으로 생각된다. 결국 여사의 설치 논의는 중종의 거부로 무산되고 말았던 것이다. 비슷한 시기 女樂의 설치가 논의되었을 때, 중종이 보인 태도와 비교되기도 한다. 중종은 신진세력의 요구에 따라 여악을 폐지하기는 하였지만, 사화 후에 다시 여악을 설치하였다. 이런 사실에서 여사의 설치에 동조하지 않으려고 했던 중종의 자세와 입장을 살필 수 있는 것이다.

비록 설치되어 운영되었던 정확한 근거를 확인할 수는 없지만, 여사의 설치논의가 본격화되었고, 그리고 중종 10년 외사가 설치되었던 사실에서 중종조 사관제도 운영의 의미와 특성을 확인할 수 있다. 즉 유교 이념의 구현을 정치의 가장 중요한 과제로 인식하였던 당시 지배층의 의식이 외사와 여사의 왕성한 설치 논의로 나타났다고 볼 수 있는 것이다. 즉 언로의 확대와 下意上達의 제도적 장치를 위한 기반이 마련

---

268) 李秉烋, 『朝鮮前期 畿湖士林派研究』, 一潮閣, 1984.

되는 것과 연결시킬 수 있다. 따라서 이는 현실 정치에 유교 정치 이념의 구현을 위한 노력이 중종 이후 상당히 고조되었음을 보여주는 근거가 된다고 할 수 있다. 나아가 새로운 질서를 위한 국가정책의 정착을 가져올 수 있는 계기의 하나가 되었다고 볼 수 있다.

이와 같이 볼 때, 여사의 설치 논의는 군주를 비롯하여 대소 신료들의 시비득실과 시정사를 기록하여 후세에 전하겠다는 것과 연관되며, 왕권의 견제와 함께 현실 정국 운영시 유교이념의 적극적인 반영의지가 고조되어 나타난 것이다. 따라서 사관제의 설치논의와 확립과정이 성종대를 거쳐 중종대 이후 활발해졌다는 것은 비밀을 지양하는 공개정치와 公道와 공론을 지향하는 사림 정치가 구체적으로 운영될 수 있는 계기가 부여되었음을 반영하는 것이다.

第3章 史官의 職務

『經國大典』에는 춘추관의 임무가 '掌記時政'이라고 규정되어 있다. 즉 군주의 언행을 비롯하여 경외 대소아문의 시행사, 즉 당시 정치·경제 등 일체의 時政事를 주관하여 기록하는 것이었다. 따라서 춘추관에 소속된 인사들은 당대 역사 사실을 빠짐없이 기록하는 것을 가장 중요한 직무로 인식하였다. 다음 예문춘추관에서 상언한 기사는 춘추관에 소속된 사관(전임 및 겸임)들의 직무, 즉 활동의 실 예를 살펴볼 수 있다.

① "매양 正殿에서 萬機를 裁決하고 臣僚들을 접견할 때는 원컨대 사관으로 하여금 左右에 入侍하게 하여 일의 大小를 논할 것 없이 모두 참예해서 듣도록 하소서."
② "兼官으로서 修撰이하의 관식에 충당된 사람은 원컨대 가기 보고 들은 바를 기록하여 사초를 만들어서 모두 本館으로 보내게 하소서."
③ "本館으로 하여금 서울과 지방의 大小衙門에 직접 公牒을 보내어 무릇 시행한 것이 政令에 관계되고 權戒할만한 것은 명백히 공문서를 보내게 할 것이며, 또 도평의사사와 檢詳條例司로 하여금 매양 그 달의 마지막 날에 條例를 모두 써서 본관으로 보내어 기록에 憑

考하게 하고 이것을 일정한 법식으로 삼게 하소서."269)

①은 정사가 벌어지는 자리에 사관을 입시하게 하여, 일의 경중에 상관없이 모두 기록하도록 하자는 내용이다. 즉 사관의 '入侍'와 관련된 상언이다. 그런데 이 시기에 사관의 入侍가 거론된 것은 아직까지 입시가 일반적으로 허용되지 않았음을 보여주는 근거라고 생각된다. 그리고 이 기사는 대신들의 조계시 입시를 요구한 논의이고, 경연시 입시에 대해서는 논의되어 있지 않다.

②와 ③의 기사는 사관의 직무 중 가장 중요한 것으로 '史草 및 時政記의 作成'에 대한 내용이다. 史草는 전임사관 및 겸임사관 등 춘추관에 소속된 관료 모두가 작성하는 것으로, 시정기와 함께 실록 편찬시 가장 중요하게 이용되는 자료이다. 時政記는 경외 대소 아문에서 시행사를 보고한 문서를 근거로 작성된 관청의 '公的日記'라고 할 수 있다. 따라서 시정기에는 사초와 달리 사관의 개인적인 판단, 즉 인물과 시정사에 대한 포폄 기사가 없다. 기사의 내용 중 修撰이하의 관료들에게도 사초를 작성하도록 한 것은 겸임사관의 사초 작성과 관련된 것이며, 중앙 및 지방의 대소아문에서 시행한 기사를 작성하여 보내라고 한 것에서는 外史의 활동을 살필 수 있는 근거가 되기도 한다.

위 예문춘추관의 상언 내용과 함께 사관이 수행한 직무는 매우 다양하다.

먼저 사관들은 실록의 편찬이 있을 때는 실록청의 기사관으로 참여하였고, 완성된 실록의 봉안과 포쇄, 고출, 이안, 봉심 등 실록과 관련된 기본적인 임무를 수행하였다. 왕을 대신하여 대신을 문병하기도 하였고, 형옥의 檢査, 성균관 유생들의 圈點確認, 그리고 氷庫의 얼음 저장 실태 등을 파악하는 일도 수행하였다.

---

269) 『太祖實錄』 卷2 1年 9月 甲午.

이와 같이 볼 때, 사관이 수행한 임무는 실로 다양하고 광범하였음을 알 수 있다. 그런데 다양한 史官의 직무 중에서 무엇보다도 가장 중요한 것이라고 할 수 있는 것은 군주와 신하들이 모여 정사를 논의하는 각종 회의와 학술을 토론하는 경연 등의 자리에 입시하는 것과 사초 및 시정기의 작성, 실록의 편찬시 편찬관으로 활동하는 문제, 그리고 편찬된 실록의 봉안과 포쇄 등의 임무라고 할 수 있다.

먼저 사관의 다양한 직무 중 入侍에 대해서 살펴보자.

第1節 入侍

조선 유교사회에서 정책을 결정하기 위한 규범적 틀은 몇 가지 있다. 우선 사회의 최고 규범이었으며, 경연시 강경 자료였던 유교 경전이다. 즉 조선조 정치는 유교 경전을 근거로 하였고, 정치의 기본 목표를 정립하는 근거가 되었다. 둘째, 정책 결정의 準據는 통치체제의 기본 틀을 수록하고 있는 『경국대전』이다. 大典은 '祖宗之法'·'祖宗成憲' 등으로 인식되어 시대적 변천이나 사회적인 요구에 의하여 變改되지 않고 유지되었다. 따라서 조선 통치의 기본법으로, 정책의 입안과 집행시의 원칙, 왕권과 신권, 경직과 외직, 각 관청간 상관관계, 권력기관간의 상호관계 및 각종 의례 등을 적시하고 있어, 유교 정치 운영의 근거를 제공하였다. 셋째, 前例이다. 조선 사회의 사상적 기준으로 작용하였던 유교는 복고주의적 성향을 가지고 있었으며, 중국 夏·殷·周 三代를 이상 정치의 표본으로 인식하였다. 이런 자세로 인하여 정책의 집행 과정에서 당연히 전례를 중시하게 되었다. 이는 유교주의적 왕도 정치를 실행하겠다는 의지라고 할 수 있다.

이상의 세 가지 기준을 근거로 조선사회에서는 정책 입안과 집행이 이루어졌다. 이를 잘 지킨 군주인 경우면 성군, 그렇지 않으면 폭군으로 정의되었다.

　유교 사상의 보급과 유교 정치 이념의 구현을 표방하였던 조선사회에서는 모든 정책의 입안과 집행을 군신이 모인 자리에서 논의·결정하고자 하였다. 따라서 군신이 모인 곳에서 벌어지는 정책 논의와 학술의 토의는 실질적으로 당대의 정치와 역사가 전개되는 현장이라고 할 수 있다.

　그런데 임금이 참석하는 자리에 모든 신하들이 참여하거나 정책을 논의할 수 있는 것은 아니었다. 官階를 정하고, 6품 이상의 관료를 참상관, 7품 이하관료를 참하관이라고 구분한 것은 군주가 참석하는 자리에 참여할 수 있고 없는 기준을 마련한 것이다270). 따라서 조정의 관료라고 모두 임금이 참석한 회의에 들어갈 수 있는 것은 아니었다. 그런데 7품 이하의 말단 관료였던 史官이 군신이 모여 정치와 학술을 논의하고 정책을 수립하기 위한 자리에 참여한다는 것은 주목된다. 더욱이 이들은 군주와 대소 신료들이 논의한 모든 내용과 행동거지 일체를 기록하여 후세에 전할뿐만 아니라, 포폄까지 하였던 점에서, 활동자체에 관심이 집중되었다.

　조선시기 임금과 신하가 만날 수 있는 것은 국왕과 함께 정책과 학술을 토론하는 자리였다. 우선 임금에게 經史를 가르쳐 유교의 이상정치를 실현하고자 하였던 '經筵'과 신하가 임금을 알현하여 啓事를 올리는 朝會가 있었다.

　먼저 경연은 중국 한나라 때부터 시작되었던 것으로, 우리 나라에는 고려 예종때 처음 도입되었다. 그러나 숭불의 시대사조로 발전하지는 못하였다. 그러나 유교가 숭상되고 불교가 억압되었던 조선사회에서 비약적인 발전을 보였다.

　조선시대 경연관은 모두 27명 이상이었고271), 강의 방식은 세종과 성

---

270) 『太宗實錄』 卷30, 15年 8月 丁丑.

종대 완비되었다. 세종대는 승지 1인, 경연의 낭청(집현전관) 2인, 사관 1인이 입시하였다. 성종대는 조강에 영사·지사(또는 동지사)·참찬관 각 1인, 낭청 2인, 대간 각 1인, 사관 1인(뒤에 2인), 특진관 2인 등 10인 이상이 입시하였고, 주강과 석강은 세종대와 같았다. 따라서 조선사회에서의 경연은 군신간의 학술토론 뿐만 아니라, 강의 후 군주의 治道와 정치적인 문제가 토의되는 등[272] 유교 이념의 구현과 유교 정치 체제의 확립에 중요한 기반이 되었다.

신하가 군주에게 정책을 보고하고 토의하는 장치는 많았다. 먼저 常參은 매일 행하는 것으로, 의정부·宗親府·忠勳府·中樞府·儀賓府·敦寧府·六曹·漢城府 등의 당상관 전원과 대간 각 1명, 경연 참상관과 당하관 각 2명 등이 참여하였다[273]. 이것은 원래 의례적인 朝儀의 한 형식이었지만, 侍從臣 및 정무기관의 당상관이 참여하여 정책상의 보고사항을 啓事할 수 있도록 마련한 장치였다. 朝會(朝參)는 참상관 이상이 매월 5일마다(5일·10일·20일·25일 등 4차례) 근정전에 나아가 왕에게 四拜하고 등청하였음을 알리는 儀禮로, 한 달에 여섯 번 한다고 하여 六衙日의 조회(조참)라고 하였다[274]. 常參은 일종의 약식 朝會로서 매일 대신·重臣·중요 아문의 당상관·경연관·승지·사관 등이 副殿[275]에서 常服차림으로 조알하던 행사이다. 통상 상참을 마치면 조계와 윤대가 이어졌다. 朝啓는 왕에게 國事를 아뢰는 것으로 상참 후 啓事할 관원이 사관과 함께 殿內로 들어가 俯伏하고 아뢰는 것이었다. 輪

---

271) 領事(정1품·3인), 知事(정2품·3인), 同知事(종2품·3인), 參贊官(정3품 당상관·7인), 侍講官(정4품·4인), 試讀官(정5품·2인), 檢討官(정6품·2인), 司經(정7품·1인), 說經(정8품·1인), 典經(정9품·1인), 特進官(文武1·2품·정원無)
272) 經筵은 다음의 논고가 참조된다.
  南智大, 「朝鮮初期의 經筵制度」, 『韓國史論』 6, 1980.
  權延雄, 「世宗朝의 經筵과 儒學」, 『世宗朝文化研究』, 1982.
273) 『經國大典』 卷3, 禮典 朝儀條.
274) 『世宗實錄』 卷30, 7年 12月 庚寅.
275) 경복궁의 경우 思政殿을 말한다.(『經國大典』 卷3, 禮典 朝儀條)

對는 윤번으로 왕에게 정사를 아뢰는 일로, 세종 7년 변계량의 건의로 마련되었다276). 상참과 조계에 참여하지 못하는 관청에서 차례로 1명씩 조계 후 입대하는 것이었는데, 처음에 문관 4품 이상, 무관 2품 이상으로 제한했던 것을 문관 6품 이상, 무관 4품 이상으로 낮추었고, 매일 5명을 초과하지 못하도록 하였다277). 독대는 신하가 임금과 단독으로 만나 국정뿐만 아니라, 개인의 사적인 일까지도 논의하였던 것으로, 사관이 참여하지 못하여 기록할 수 없다는 점에서 금지되거나 항상 논란의 대상이 되었다. 이러한 정례적인 것 외에 후기에 마련된 것으로, 임금이 불러 들여서 만나보는 '인견'이나 '소견'과 같은 장치도 있었다.

이와 같이 조선사회에서 임금과 신하가 만날 수 있는 장치는 다양하고 광범하였다. 이는 유교적인 관료제 사회에서 군신간의 원활한 의사소통의 장이 마련되었음을 의미한다. 군주와 신하가 경연청과 정청에서 토의하거나 계사한 내용은 정치적으로 민감했을 뿐만 아니라, 당대의 생생한 역사 사실이었기 때문에, 이를 기록하여 후세에 전하는 것은 매우 중요한 일이 아닐 수 없었다. 따라서 시정사의 기록을 담당하였던 사관들은 모든 자리에 입시하여, 논의되는 일체의 사실을 정확하게 기록하는 것을 소명의식으로 생각하였다. 더욱이 군주의 언행과 정사 등을 상세히 기록하여 후세에 전하고, 이를 바탕으로 권계하였다는 사실은 사관의 기사활동 자체가 매우 중요한 일이었음을 반영하는 것이다. 따라서 역사 사실의 광범하고 정확한 기록과 공개 정치를 지향하였던 조선 사회에서 군주와 신하의 政事 행위를 기록하기 위한 史官의 入侍 문제는 초기부터 상당한 논의가 있었다.

그런데 군주나 대소신료들의 입장에서 보면, 자신의 모든 행동거지와 言行 일체를 기록하기 위하여 참예하고, 기록한 것을 후세에 전하여 권

---

276) 『世宗實錄』 卷38, 7年 6月 辛酉.
277) 『經國大典』 卷3, 禮典 朝儀條.

계하는 사관의 행동 자체가 좋아 보일 수는 없었다. 따라서 사관의 입시는 반대하고자 하는 측과 반드시 참예하여 기록하겠다는 史官사이에서 항상 논란이 벌어졌다. 이는 왕권과 신권, 사관의 언론권 행사와 관련되어 중요한 의미를 가지기 때문에, 정국의 변동에도 상당한 영향을 주었다.

이상의 여러 가지 의미가 부여되었던 사관의 입시는 초기부터 상당히 관심이 고조되었다. 여기서는 경연과 조계 등에 사관의 입시가 언제부터 이루어 졌는가와 입시 인원 및 출입 순서 등을 살펴보자.

사관의 입시 논의는 건국 직후인 태조 1년 9월 예문춘추관의 상언[278]에서 처음 확인할 수 있다. 史官은 時事를 기록하는 사람들이므로 左右에 들어오게 해야할 것이라고 하였다. 이 기사는 예문춘추관에서 기사의 확대를 도모하기 위해 올린 계로서, 사관의 정청 입시가 불가능하였던[279] 고려말의 상황과 다른 점을 보여준다. 그러나 태조 7년 史官이 경연의 입시를 청하였으나 허락하지 않은[280] 점에서 볼 때, 아직 제도적으로 정비되지 못하였던 經筵에는 입시가 불가능하였던 것으로 보인다.

경연 입시는 정종대 경연이 제도화되고, 동왕 1年 門下府에서 '史官의 직책은 人主의 언동과 정사의 득실을 直書하여 숨기지 않고 후세에 전하니, 觀省에 대비하고 勸戒를 남기므로, 날마다 좌우에 입시케 하여 언어 동작을 기록하고, 그때 그때의 정사를 적게 하여 만세의 규범을 삼도록 하라.'[281]고 상소하였고, 이를 윤허함으로써 가능하게 되었.

이로써 태조대는 각 司에서 정사를 아뢰는 사리에 사관의 입시가 허락되었고, 정종대 경연이 제도적으로 정비되면서 경연입시가 이루어지

---

278) 『太祖實錄』 卷2, 1年 9月 甲午.
279) 『太宗實錄』 卷1, 1年 5月 丙申.
280) 『太祖實錄』 卷15, 7年 12月 申亥.
281) 『定宗實錄』 卷1, 1年 1月 戊寅.

게 되었다. 그러나 정종 2년 酒宴席에 사관이 入侍하자, 군신들이 반대하여 쫓겨난 일282)이 있다. 경연과 조계 등 공식적인 자리가 아니기는 하였지만, 사관의 참석을 배제한 것은 자신들의 언행 일체를 기록하는 사관의 기록을 두려워하였기 때문이 아닌가 생각된다.

　태조대와 정종대 마련된 조계와 경연의 입시는 태종이 즉위하면서 제한이 두어지는 등 사정이 변화되기 시작하였다. 승정원의 승지들이 모두 겸춘추(겸임사관)이므로 사관이 입시하지 않더라도 군주의 일동일정을 모두 기록할 수 있다는 시독관 金科의 논의283)에 따라 일시 경연의 입시가 금지되었다. 그러나 다음달 문하부 낭사의 건의로 사관의 좌우 입시를 다시 허락하였다284). 태종 1년 경연에서 사관 민인생이 편전의 입시를 요구하였을 때, 경연의 입시는 가능하지만 편전에서 정사를 듣는 것은 불가능하다는 기사285)나 侍讀官 金科가 다섯 승지가 모두 겸춘추이므로 사관의 입시는 필요없다고 하였던 논의로, 수찬 盧異와 다툰 기사286) 등을 보면, 태종 초 정청과 경연의 사관 입시가 다소 어려웠던 것으로 보인다.

　태종 1년 7월 六衙日의 視朝시 사관의 입시를 허락하였으나, 태종이 편전에서 앉아 있을 때, 사관 閔麟生이 戶外에서 엿보다가 발각되는 일이 발생하였다. 이일로 사관의 詣闕이 아예 금지되었고287), 민인생은 변방으로 귀양보내졌으며, 衙日의 朝啓時 외에는 사관의 입시가 불가능해지게 되었다. 이로써 태종대 사관의 조계와 경연 입시는 상당부분 제한되거나 금지되고 말았다.

　태종 3년 3월 사관에 태종의 사관에 대한 태도를 살필 수 있는 중요

---

282) 『定宗實錄』 卷6, 2年 9月 己巳.
283) 『太宗實錄』 卷1, 1年 3月 壬午.
284) 『太宗實錄』 卷1, 1年 4月 甲戌.
285) 『太宗實錄』 卷1, 1年 5月 丙申.
286) 『太宗實錄』 卷1, 1年 6月 己卯.
287) 『太宗實錄』 卷2, 1年 7月 乙未.

한 사건이 야기되었다. 사간원에서 올린 時務條의 내용 중에는 태종이 경연에 참예하지 않는 것을 지적한 것이 있다. 이에 태종은 다만 병날까 염려되어 경연에 참예하지 않은 것이며, 평소에는 열심히 학문에 전진한다고 하였다. 그런데 사간원에서는 경연의 참석을 요청하지 말라는 전교로 잘못 듣고, 경연의 참석 요구와 간관의 말을 막는 것은 잘못이라는 상소를 올리게 되었다. 이에 태종은 자신의 말이 간관에게 잘못 전달되었음을 확인하고, 近臣에게 이르기를 '궐내의 일은 諫官이 알 수 없는 것이므로, 반드시 사관이 말한 것이다.'288)라고 사관을 의심하면서, 사관의 입시를 금지하라고 전교하였다. 이 일로 사관의 입시는 다시 제한되었다. 이 기사는 사관에 대한 태종의 인식태도가 매우 좋지 않았음을 보여주는 중요한 사례이다. 즉 궐내에서 논의되는 사실이 유출되는 것은 사관이 모든 일을 기록하기 때문이라고 단정하였던 것이다. 태종은 사관의 정청과 경연 입시, 언행과 정사의 기록 등 사관 본연의 직무 수행을 긍정적으로 생각하지 않은 것이다. 그것은 같은 달 종친과 화살을 쏜 사실에 대해서 간원이 '날마다 무신과 화살을 쏜다'289)라고 하였을 때에도, 사관이 잘못 기록하였기 때문이라고 인식하고 있는 것에서 알 수 있다. 태종의 사관에 대한 의심으로 인하여 사관의 朝啓 입시는 전면 중단되는 사태까지 발생하였다.

1년 뒤인 태종 4년 춘추관 기사관 등이 '예전에 列國에서는 각기 사관이 있어 무릇 君上의 일이라면 크게는 언행과 정사를, 작게는 동정과 언동을 상세히 기록하여 후세에 보이지 않는 것이 없었으므로, 勸戒하는 바가 있었습니다. …지금 三府의 대신으로 하여금 매일 입시하여 治道를 돕게 하시니, 이는 진실로 세상에 드문 아름다운 법입니다. 그러나 그 사이에 敷奏하고 문답하는 것도 또한 마땅히 신등이 갖추어 기록

---

288) 『太宗實錄』 卷5, 3年 3月 庚辰.
289) 『太宗實錄』 卷5, 3年 3月 甲辰.

하여 후세에 보이는 것이 마땅합니다. 원컨대 이제부터 만기를 청단하고 대신을 예로 접견할 때면, 비록 淸和亭이나 便殿이라도 반드시 신등에게 입시하도록 하소서.'290)라고, 정청 입시를 상서하였으나, 허락 받지 못하였다.

태종 5년 형조참의 崔兢이, '사관은 기사의 직책을 맡았는데, 지금 오직 경연 외에는 참예하지 못하므로 유감이다.'291)라고 아뢰었을 때, 비로소 정청 입시를 허락하였다. 이로써 태종 3년 3월 이후 금지되었던 정청의 입시가 풀리게 되었고, 육조의 계사시 입시가 가능하게 되었다.

한편 사간원 좌사간대부 柳伯淳의 상소에 의해 편전의 啓事時 입시가 가능했다는 기사292)와 왕 12년 지신사 金汝知가 아뢴 기사293)를 통해서, 사관의 편전 입시가 일시 허락된 적도 있었다. 그러나 사관이 失次한 이유294)와 승지가 겸춘추이므로 사관을 대신하여 기록할 수 있다295)는 논의에 따라, 편전의 입시는 일시 금지되기도 하였다. 태종 13년 1월 사헌부에서, '…代言과 侍臣으로 하여금 史職을 겸하게하여 날마다 좌우에 모시게 하였으니, 그것이 시사를 記注하는 직임이 넓다 할 만한 이유이나, 그러나 사관을 겸직한 자는 각각 직사의 번거로움이 있어, 실록의 상세한 것은 사관이 전장하여 극진히 함만 같지 못합니다. 지난번에 전하가 사관이 진퇴에 실수하였다고 하여, 드디어 근시하지 못하게 하였으나, 신등은 전하의 嘉言과 善政이 후세에 전하지 못할 까 두렵습니다. 원컨대 전하는 어리석은 마음을 굽어 채택하시고 옛 법도를 따라 사관으로 하여금 날마다 聽政하는 곁에 모시게 하여 만세의 법이 되게 하소서'296)라고 상소하자, 이를 받아들였다. 이는 조계의 입시

---

290) 『太宗實錄』 卷8, 4年 9月 甲寅.
291) 『太宗實錄』 卷9, 5年 6月 戊寅.
292) 『太宗實錄』 卷20, 10年 10月 壬戌.
293) 『太宗實錄』 卷24, 12年 7月 壬子.
294) 『太宗實錄』 卷24, 12年 8月 戊寅.
295) 『太宗實錄』 卷24, 12年 10月 丙子.

가 다시 가능해졌음을 의미한다. 그러나 이것도 聽政하는 경우로만 제한한 것으로, 편전의 입시 등은 여전히 불가능하였다.

이와 같이 볼 때, 태종대 사관의 朝啓時의 입시는 태조대와 정종대보다 훨씬 제한되거나 금지되었음을 알 수 있다. 이는 무엇보다 태종의 사관에 대한 인식태도와 직결된다. 즉 태종은 사관의 입시와 그들의 기사 활동에 대해 긍정적으로 보기보다는, 자신의 언행과 시비득실을 기록하는 관료의 한 사람으로써 대간과 같이 자신의 권한을 견제하려는 인사로 인식한 것 같아 보인다. 태종 12년 대사헌 鄭易이 사관의 朝啓 입시를 청하였을 때도 代言이 記事하기 싫어서 정역을 사주하여 고하게 한 것297)이라고 한 것이나, 10년 전인 태종 3년 사관 민인생이 戶外에서 엿보다 발각된 사건을 지적하면서 심히 미워한다298)라는 표현을 한 것을 보면, 사관의 활동과 사관의 입시에 대해 부정적인 태도를 보이고 있음을 알 수 있다. 그리고 사관이 자신의 언행을 기록하여 궐내에 퍼뜨린다고 보거나299), 말에서 떨어졌을 때 좌우를 보면서 '사관이 알지 못하게 하라.'300)고 한 기사 등으로도 태종의 사관에 대한 인식태도가 좋지 않았음을 살필 수 있다.

이와 같이 태종은 사관이 자신의 언행과 시정사를 모두 기록하여 후세에 전하는 것은, 대간과 마찬가지로 자신의 권력에 대한 도전과 견제의 수단으로 받아들였던 것이다. 따라서 왕권의 강화를 도모하였던 태종으로서는 왕권을 견제하는 세력이나, 행동을 용서하지 않았으며, 가뭄301)과 칭병을 이유로 조계를 금지하거나302), 대간의 조계 입시 금

---

296) 『太宗實錄』 卷25, 13年 1月 丙申.
297) 『太宗實錄』 卷24, 12年 11月 申丑.
298) 『太宗實錄』 卷24, 12年 10月 丙子.
299) 『太宗實錄』 卷5, 3年 3月 庚辰.
300) 『太宗實錄』 卷3, 2年 4月 癸丑.
301) 『太宗實錄』 卷21, 11年 5月 辛巳.
302) 『太宗實錄』 卷22, 11年 7月 辛酉 등.

지303), 사관의 입시 금지 등을 서슴지 않았던 것이다.

세종대는 부왕 태종대에 비해 그다지 큰 변화가 없다. 세종 3년 정사 후 경연을 열고자 하면서, 경연 당상관과 간관, 사관을 제외하고 講官 2·3명만으로 侍講케 하라는 전교304)를 볼 때, 세종 초에는 경연의 입시가 불가능했다. 그런데 왕 6년 중단된 경연이 다시 열리면서305) 입시가 가능해졌다. 5년 조계의 입시가 허락되었고306), 7년에는 紙筆의 소지를 허용되었으나307), 윤대의 입시는 여전히 불가능하였다308).

右文政策으로 방대한 역사서의 편찬은 물론, 각종의 문화 사업이 강력하게 전개되었던 세종대에 역사 사실의 기록을 위한 사관의 입시가 제한되고, 일지 정지되었다는 사실은 다소 의문이다. 이는 세종대 집중적으로 강화되고 활동하였던 집현전과 밀접한 관련성이 있다고 생각된다. 즉 세종은 인재를 양성하고 문풍을 진작할 목적으로 집현전의 강화와 인재의 양성, 이를 통하여 건국이후 여전히 확립되지 못하였던 유교 국가체제의 구현을 도모하였다. 그리고 집현전 학사들을 누구보다 신뢰하였으며, 이들과 더불어 학문 토의와 정책 수립 및 집행을 주도하였다309). 따라서 세종은 집현전 학사가 다른 직무에 나누어 仕進하기 때문에, 여유 인원이 없다고 하면서 경연을 정지하는가 하면310), 사관 1명만이 조계시 입시하여 국가사를 모두 기록할 수 없으므로, 집현전 학사

---

303) 『太宗實錄』 卷27, 14年 3月 丙申.
304) 『世宗實錄』 卷14, 3年 11月 丙寅.
305) 『世宗實錄』 卷25, 6年 9月 癸巳.
306) 『世宗實錄』 卷21, 5年 7月 癸卯.
307) 『世宗實錄』 卷30, 7年 11月 戊戌.
308) 『世宗實錄』 卷29, 7年 8月 丁亥.
309) 集賢殿과 集賢殿 學士는 다음의 논고가 참조된다.
　　李光麟,「世宗朝의 集賢殿」,『崔鉉培先生還甲紀念論文集』, 1954.
　　崔承熙,「集賢殿 硏究」,『歷史學報』32, 1966.
　　鄭杜熙,「集賢殿 學士 硏究」,『全北史學』4, 1980.
310) 『世宗實錄』 卷78, 19年 9月 庚寅.

들에게 사관직을 겸임시켜311) 기사활동을 수행시키기도 하였다.

이와 같은 세종의 집현전 학사들에 대한 배려는 상대적으로 사관의 활동이 위축되는 계기가 되었다. 따라서 세종대 사관의 입시가 다소 제한되거나, 태종대보다 확대되지 못한 것을 오해하는 것은 잘못된 판단이라고 할 수 잇다. 이는 세종대 집현전의 기능이 그만큼 강화되었다는 사실을 의미하는 것으로 보아야 할 것이다.

단종대는 경연과 조계의 입시가 즉위 초 일시 제한되었다가 다시 허용되었다. 단종 즉위년 예문관 봉교 全孝宇 등이 경연의 입시를 상서하자312), 사관과 대간이 한꺼번에 들어오면 부끄럽다면서 반대하였다. 그러나 동년 9월 집현전 관원·승지 등과 함께 조강시에는 대간과 사관 각 1명씩, 주강과 석강시에는 사관 1명이 입시하도록 하였다313). 동왕 2년 사간원에서 사관의 정청 입시를 요청하였을 때314)도 이틀 뒤 허락하였다. 따라서 단종대의 사관 입시는 정청과 경연 모두 가능하였음을 살필 수 있다.

그런데 이 시기는 단종의 의지에 따른 정책의 집행이라기 보다, 신하들에 의도가 더 크게 작용되었기 때문에 큰 의미를 부여하기는 어렵다고 본다.

계유정란을 통하여 김종서 등을 제압하는데 성공한 뒤, 즉위하였던 세조대는 사육신 사건 이후 집현전이 혁파되면서, 일시 학자들의 활동이 위축되거나, 사관의 입시가 제한되기도 하였다. 그러나 겸예문관을 설치하여 이전과 마찬가지로 경연과 조계시의 입시를 허용하였다. 그리고 세조 원년 進對時 사관을 입시시키자는 도승지 신숙주의 啓315)를 받

---

311) 『世宗實錄』 卷20, 5年 6月 癸酉.
312) 『端宗實錄』 卷1, 卽位年 6月 申巳.
313) 『端宗實錄』 卷1, 卽位年 12月 戊午.
314) 『端宗實錄』 卷12, 2年 10月 丁亥.
315) 『世祖實錄』 卷1, 元年 閏6月 丁巳.

아들이는가 하면, 동왕 3년에는 思政殿의 棒戲 구경시 입시를 허락하기
도 하였다316). 이는 집권 과정에서 명분을 잃었던 세조의 태도와 무관
하지 않다. 유교 국가에서 조카를 죽이고 보위를 유지하고자 하였음은,
도무지 용납되지 못하는 사실이었다. 이러한 상황에 사관의 입시마저
막고, 역사 사실의 기록이 끊어지게 하는 것은 명분을 더욱 잃을 수 있
기 때문이었다. 세조 스스로 역사 사실의 정확하고 광범한 기록을 허용
한 것은 후세에 대한 평가를 우려한 것이 아닌가 여겨진다.

 사관의 입시 논의가 가장 왕성하게 논의된 것은 성종대이다. 이 시기
에 입시 논의가 활발하고, 입시 범주까지 넓어진 것은 사관의 활동에
대해 상당히 긍정적이었던 성종의 인식태도, 당시 지적 수준의 향상,
그리고 지식인의 성장과 밀접하게 연관된다. 성종 19년 신하들과 논의
중에, 왕이 '후세 사람이 알고 모르는 것은 史臣에게 달려 있다.'317)라
고 한 말이나, 22년 대신들간의 논쟁시, 사관에게 들은 바를 기록하여
아뢰라고 하고, '사관이 어찌 우연히 듣고서 역사에 썼겠는가. …사관의
말이 같다면 내가 듣고서 잊은 것이다.'318)라고, 할 정도로 사관의 기사
활동이라든가, 사관에 대해서 상당히 신뢰하였다.

 성종 즉위년 신숙주가 經筵事目, 즉 '朝講時에는 元相 2명, 經筵 堂上
官 1명, 堂下官 2명, 承旨 1명, 臺諫 2명, 史官 1명, 晝講時에는 承旨 1
명, 堂下官 1명, 史官 1명이 參詣'하도록 하는319), 것을 건의하였을 때,
이를 받아들였다. 동왕 1년 2월 夕講이 개설되었을 때320)와 2년 11월
夜對가 개설되었을 때321)도 입시를 허락하였다. 이로써 성종대는 조강
·주강·석강을 비롯하여 야대까지 모든 경연 자리에 사관의 입시가

---

316) 『世祖實錄』 卷7, 3年 3月 戊寅.
317) 『成宗實錄』 卷211, 19年 1月 己酉.
318) 『成宗實錄』 卷253, 22年 5月 癸未.
319) 『成宗實錄』 卷1, 卽位年 12月 戊午.
320) 『成宗實錄』 卷3, 1年 2月 癸亥.
321) 『成宗實錄』 卷13, 2年 11月 庚戌.

항례화되었다. 그리고 승정원에서 경연의 일을 알 수 없으므로, 사관의 예에 준하여 注書도 입시할 수 있도록 함으로써, 성종 22년 경연의 주서 입시도 가능해졌다[322]. 이외에 성종대는 臺諫의 啓事時[323], 宗親과 文武高官에 대한 饋餉時[324], 禮宴과 재상의 啓事時[325]에도 입시할 수 있어, 전 시기보다 매우 확대되었음을 살필 수 있다.

그러나 성종대 입시의 범위가 넓어졌음에도 일부는 여전히 제한되었다. 대신과 독대시[326], 고변자 인견시[327], 국가 비밀사 密鞫時[328], 그리고 宗親宴이나 內觀射와 같은 행사시[329] 등은 입시가 제한되었다.

한편 경연에 사관 1명만 입시하다 보니 토의된 내용을 모두 기록할 수 없다는 논의가 나오게 되었다. 이에 사관들은 기사의 확충을 위하여 경연시 2명의 사관이 입시할 수 있도록 허용할 것과 사관이 입시하였을 때, 앉아서 기록할 수 있도록 청하였다. 성종 20년 경연이 끝난 뒤 검열 李胄는, '땅바닥에 엎드리어 머리를 들지 못하므로, 다만 음성만 듣고 용모를 보지 못하니, 어찌 능히 사람을 분변할 수 있겠습니까. … 옛날의 사신은 容色과 言貌를 모두 기록하여 후세에 전하였으니, 땅에 엎드리어 일을 기록하는 것은 옳지 못하다.'[330]라고, 하였다. 즉 좌우에 2명이 입시할 것과 앉아서 기록할 수 있도록 간하였다. 이러한 건의를 성종이 받아들이면서, 2명의 사관이 경연에 입시할 수 있었고, 앉아서 기록할 수 있었다. 따라서 2명이 입시하였던 朝啓에 비해, 1명만 입시하던 경연에 성종 20년 비로소 2명이 입시하게 되었다.

---

322) 『成宗實錄』 卷255, 22年 7月 丙戌.
323) 『成宗實錄』 卷209, 18年 11月 戊午.
324) 『成宗實錄』 卷65, 7年 3月 乙卯.
325) 『成宗實錄』 卷243, 21年 8月 癸卯.
326) 『成宗實錄』 卷8, 1年 12月 乙巳.
327) 『成宗實錄』 卷232, 20年 9月 己卯.
328) 『成宗實錄』 卷232, 20年 10月 丁亥.
329) 『成宗實錄』 卷114, 11年 2月 庚辰과 同 11年 3月 戊子 등.
330) 『成宗實錄』 卷231, 20年 8月 壬子.

한편 언제부터 사관이 紙筆을 소지하고 입시할 수 있었는가 하는 사실을 살펴보아야 할 것이다. 보통 사관이 입시하면 紙筆을 소지하는 것으로 사료된다. 그런데 실록에 조계시 지필 소지는 세종 7년부터이고, 경연의 지필 소지는 성종 20년 이후에 가능하였다고 기록된 것은 매우 주목된다. 그런데 이 기사는 실제로 지필을 소지하지 못한 것으로 보기는 어렵다. 지필의 소지 여부는 이들의 기록 활동이 그만큼 중요하다는 것을 의미하는 것으로 이해할 수 있다. 즉 지필을 소지하지 않고 입시하였다가, 물러 나와서 논의된 내용을 기억에 의존하여 기록한다는 것은 현실적으로 불가능하기 때문이다.

만약에 사관이 잘못 기억하여 반대로 기록하거나, 왜곡해서 기록하는 경우가 발생한다면, 이는 엄청나게 큰 문제를 일으킬 수 있기 때문이다. 사관이 사실을 정확하게 기록하지 못하는 것으로 끝나는 것이 아니고, 후세에 잘못 기록된 사실이 전해져 포폄이 바뀔 수도 있는 것이었다. 이는 정확하고 광범한 역사 사실의 기록과 실록의 편찬 등 당대사를 중요시하였던 지배층의 의식과도 배치되는 문제였다. 그런데 성종 20년의 기사는 경연이 끝나고 동지사 李瓊仝이 사관의 입시시 지필 소지를 건의하는 내용으로 주목된다331). 동왕 23년『北征日記』의 기사 내용이 잘못 기록되었음을 논하는 자리에서, 승정원이 지금의 사관은 붓도 잡지 않고 있을 뿐만 아니라, 또 우러러보며 자세히 기록하지도 못하기 때문에 착오가 생기므로, 이제부터 비록 서서는 모시지 않더라도 붓을 가지고 들어와서 듣는 데로 기록할 수 있도록 할 것을 재차 건의하였다. 이에 성종은 '진실을 잃지 않도록 하는 것이 옳은 것이다. 또 이제부터는 朝啓나 經筵에는 사관이 붓을 가지고 들어와서 사건을 즉시 기록하는 것이 옳겠다.'332)라고 함으로써 紙筆을 소지하고 입시할 수 있도록 허

---

331)『成宗實錄』卷231, 20年 8月 壬子.
332)『成宗實錄』卷261, 23年 1月 丁酉.

락되었다333). 이 기사를 액면 그대로 믿기는 어렵다. 정청이나 경연의 자리에 입시하여 논의되는 내용을 기록하여 후세에 전하는 것이 임무였던 사관이 紙筆을 소지하지 않았다는 것은, 전쟁터에 나가는 군사가 무기없이 출정하는 것과 같은 이치이기 때문이다. 따라서 이 논의는 앞에서 언급한 바와 같이 사관의 기사 활동을 반어적으로 강조한 것이 아닌가 생각된다.

이상과 같이 성종대에는 전 시기보다 경연과 조계 입시의 범주와 인원이 상당히 확대되었고, 경연의 지필 소지도 가능해졌음을 알 수 있다. 이러한 사실은 시행사를 광범하게 기록하겠다는 왕의 의도와 지배층의 의식이 복합되어 나타난 결과이다. 따라서 이 시기에는 사관의 활동도 훨씬 활발해질 수 있는 여건이 마련되었다고 볼 수 있다.

연산조에서는 왕 3年과 8년의 경연에 입시한 기사관 李幼寧과 李賢輔가 정청 입시를 요구한 기사334)가 있는 것으로 보아, 경연의 입시는 지속되었던 것으로 보인다. 연산 11년 朝賀와 朝參, 거동시 주서와 사관을 입시를 허용하였던 일도 있다335). 그러나 수시로 경연과 조계를 폐지하였던 정치・사회적 분위기336)와 史官에 대한 연산의 냉혹한 태도337)로 보아서는 성종대의 입시범위가 그대로 유지되었다고 보기 어렵고, 오히려 훨씬 제한되었던 것으로 보여진다. 더욱이 입시한 대신들

---

333) 입시시 사관의 紙筆소지를 주장한 인사들은 성종 20년 경연에 참가하였던, 領事 尹壕, 특진관 李克均, 검토관 金詮, 동지사 李瓊소과 성종 23년 논의시 도승지를 비롯한 승정원의 승지 모두이다.
334) 『燕山君日記』卷5, 3年 7月 戊辰.
335) 『燕山君日記』卷58, 11年 6月 乙丑.
336) 영의정 韓致亨과 좌의정 成俊, 우의정 李克均 등이 올린 時弊 10條目을 보면 당시 정치・사회적 분위기를 이해하는데 큰 도움이 된다.(『燕山君日記』卷43, 8年 3月 丁酉.)
337) 兼春秋의 稱號 삭제, 사간원과 홍문관의 혁파, 持平 2人 減員, 日記・史草의 내용 삭제, 가장 사초의 수납 등과 시정기의 기록을 소홀히 하였다고 사관을 국문하여 치죄하라는 태도 등…

조차 平坐한 것이 아니고 俯伏하고 있었으며338), 規諫하는 기풍보다는 연산군의 비위를 맞추려고 하였던 태도가 일반적이었던 점에서 볼 때, 이 시기 입시를 비롯하여 사관의 활동은 위축되었다고 본다.

반정으로 즉위한 중종대는 연산군대보다 사관의 입시 범위와 활동 등이 훨씬 확대되었다. 중종 5년 승지와 사관이 매번 扈駕할 때 標旗밖에서 시위하여 제대로 듣지 못하고 기록할 수 없다고 하자, 가까이서 시위할 수 있도록 하였다339). 사냥시 입시도 허락되었으며340), 성종대 금지되었던 고변자의 인견341)이나, 연산조에서 금지된 정청의 입시342), 재상이 巡邊使로 떠날 때의 작별 연회장의 입시도 가능해 졌다343). 대신의 진견시에도 奸路를 막는다는 명분으로 입시할 수 있었고344), 성종대 마련되었다가 연산군대 금지된 야대가 다시 개설되자, 역시 사관의 입시가 허락되었다345).

이와 함께 중종대에는 여러 면에서 사관의 활동과 관련한 새로운 조치가 마련되었다. 3년 12월 중종은 승정원과 예문관에 붓 40자루와 먹 20笏을 주면서, '이것으로 나의 모든 과실을 숨김없이 쓰라'346)고 하였으며, 21년에는 입시하여 기록할 때 자세히 기록할 수 있도록 자리를 이동할 수 있도록 허락하였다347).

이러한 변화는 중종의 사관에 대한 인식태도가 매우 긍정적이었던 것과 연관되며, 기사활동을 권면하였던 성종의 태도와 일치하는 것이

---

338) 『中宗實錄』 卷4, 2年 11月 甲寅.
339) 『中宗實錄』 卷10, 5年 3月 甲子.
340) 『中宗實錄』 卷19, 8年 10月 戊戌.
341) 『中宗實錄』 卷19, 8年 10月 丙辰.
342) 『中宗實錄』 卷4, 2年 11月 戊午.
343) 『中宗實錄』 卷61, 23年 4月 壬子.
344) 『中宗實錄』 卷7, 3年 12月 辛未.
345) 『中宗實錄』 卷18, 8年 8月 壬寅.
346) 『中宗實錄』 卷7, 3年 12月 戊子.
347) 『中宗實錄』 卷57, 21年 9月 辛丑.

다. 중종 6년에는 주강시 참찬관 金世弼이 사관을 우대해야 한다고 한 건의와 시강관 金克愊이 이전의 史局事件(戊午士禍)으로 사관들의 사기가 떨어졌으므로 배려해야 한다는 건의348) 등을 받아들이기도 하였다. 따라서 이 시기에는 사관들이 긍지와 자부심을 가지고 활동할 수 있는 여건이 마련되었던 것으로 볼 수 있다. 더욱이 7년에 중종이 스스로 '史官의 직무는 국가와 관계되며, 대저 역사란 사실대로 써서 千秋에 전하는 것이기 때문에, 군신들은 서로 권면하고 경계 삼아야 하는 것인데, 士禍를 겪은 이후로는 모두 史筆을 경계할 뿐이라고 하면서, 史筆 잡은 자들은 왕의 선악과 신하의 득실을 사실대로 써서 숨기고 꺼리는 폐단이 없어야 한다'고 傳敎349)하였다. 그리고 11년에는, '史書를 읽는 것은 故事를 관찰하여 좋은 것을 본받고 나쁜 것을 경계하고자 함이며, 단지 읽고 듣는 것만으로는 안되기 때문에, 옛 일로 이제의 일을 비교하여 보면 저절로 권계를 얻을 것이다.'라고350) 하였다. 이러한 중종의 인식 태도는 사관이 활동할 수 있는 여러 가지 조건이 좋아지게 되었음을 의미한다.

이외에, 사관의 활동은 모름지기 역사 사실의 광범한 기록과 연관되었다고 인식하는 중종의 자세는 여러 곳에서 확인할 수 있다. 경연시 홍문관이 진강할 大文 및 座目單子를 모두 翰林에게 쓰게 하자, 기사관 申潛은 이러한 일은 사관의 소임이 아니라고 하였다351). 이에 왕은 즉시 진강할 大文은 홍문관이 직접 쓰게 하고, 座目單子는 승정원이 쓰도록 하는 시점하였다. 9년 3月 조강시 기사관 沈義欽이 대간과 侍從들이 너무 조심하여 왕에게 아뢰기 때문에, 말소리가 작아서 사관이 듣고 기록하는데 어렵다고 건의하자, 좌우에서 진언하는 내용을 사관이 상세히

---

348) 『中宗實錄』 卷13, 6年 1月 己卯.
349) 『中宗實錄』 卷16, 7年 9月 庚寅.
350) 『中宗實錄』 卷24, 11年 2月 丁丑.
351) 『中宗實錄』 卷36, 14年 7月 甲午.

들을 수 있도록 정확하게 뜻을 알리라고352) 승정원에 전교하였다. 그리고 전례가 없었음에도 불구하고, 세자의 언동을 史冊에 써야 한다고 하면서 사관의 서연 입시를 권면할 정도였다353). 34년 10월에는 注書 李士弼이 사실과 다르게 기록한 것이 문제가 되자, 왕은 이제부터 사관 2명을 입시하게 하여, 한 사람은 앞에서 말하는 것만 적고, 다른 한 사람은 곁에서 왔다갔다하면서 따로 적게 하여 빠뜨리는 말이 없게 하라고 전교354)하였다.

이상과 같이 정청과 경연에 입시하여 군주의 언행과 시비득실을 모두 직서할 수 있는 제도적 장치였던 입시는 태조이래 활발하게 논의되었고, 입시의 범위와 인원도 점차 확대되었음을 살필 수 있다.

한편 입시의 범위와 함께 살펴보아야 할 것은 입시의 출입 순서와 위치에 대한 것이다. 본래 경연이나 啓事와 같은 일이 있으면, '들어갈 때는 上位者부터, 나갈 때는 下位者부터'355)하는 것이 조종의 관례였다. 그러나 入侍史官(正9品의 下番 檢閱)은 말단이기 때문에, 늦게 들어가고 먼저 나와야 했다. 따라서 먼저 들어가고 늦게 나오는 고관들이 정사 이외에 왕과 별도로 나누는 말을 기록할 수 없었다. 성종대 임사홍이 늦게 나오면서 남몰래 아뢰는 말을 閤門밖에서 사관이 들었다는 중종대 사관 許洽의 上箚356)는 이를 반영한다. 이에 전기부터 사관이 먼저 들어가고, 늦게 나와야 한다는 '先入後出'의 입시 순서를 주장하는 사례가 있었다. 따라서 이 문제는 사관의 적극적인 기사 활동 요구와 연관되어 대신들과 사관 사이에 미묘한 문제를 야기시켰다. 그리고 경연시에는 사관이 殿內에 들어가서 上敎와 제신의 啓를 상세히 듣고 기록

---

352) 『中宗實錄』 卷20, 9年 3月 丁卯.
353) 『中宗實錄』 卷39, 15年 4月 甲申.
354) 『中宗實錄』 卷92, 34年 10月 甲申.
355) 『仁宗實錄』 卷2, 1年 4月 辛丑.
356) 『中宗實錄』 卷23, 10年 9月 壬寅.

할 수 있으나, 朝啓時에는 外殿에 俯伏함으로 계사하는 사람을 볼 수도 없고, 자세히 들을 수 없는 문제가 있었다357).

세종 7년 영춘추관사 李原은 국초부터 사관 1사람을 입시하게 하였으나, 한 사람으로는 그 자리에서 보고들은 바를 모두 기록하지 못하고, 더욱이 물러 나와서 다시 정서하는 과정에서 빠뜨리고 잊어버리므로, 옛 법과 제도에 따라서 두 사람으로 하여금 좌우에 입시하게 하고, 나갈 때는 여섯 承旨가 나가기를 기다린 뒤에 물러날 수 있도록 간하였다. 또 승정원 곁에 가까운 집을 주어서 사관이 거처할 수 있도록 하여, 무릇 장계나 하교한 일에 대해서는 사관이 기록한 뒤에 六曹와 臺諫에 내리는 것을 정식으로 삼아야 한다고 건의358)하였다. 이 논의는 사관의 입시뿐만 아니라, 入侍 순서와 관련된 것으로 시사하는 바가 크다. 즉 종래에 1인이 입시하여 亂草로 기록한 것을 물러 나온 뒤, 다시 기억을 더듬어서 정서하던 것이 문제가 있음으로, 두 사람이 같이 들어와서 기록할 것과 이전의 '後入先出'하였던 출입순서를 '先入'은 안되더라도 '後出'할 수 있도록 할 것, 그리고 모든 啓事와 教下事도 史官의 抄錄 후에 육조와 대간에 내릴 것 등을 건의한 것이다. 그런데 당시 이 건의가 받아들여진 것으로 보아서, 사관의 입시순서가 비록 '先入'은 아니더라도 '後出'은 가능했었던 것으로 짐작된다. 세조대는 常參의 입시시 토의 내용을 자세히 들을 수 있도록 殿內에 들어오도록 허락359)하였고, 사관의 출입도 '선입후출'하였다360). 이후 사관의 출입순서에 대한 본격적인 논의는 성종 5년 전임사관 姜居孝의 상소에서 제기되었다.

강거효(생몰년 未詳, 본관; 晉州)는 먼서 사관의 직책과 이들의 지무 수행과 관련하여 문제가 되는 점을 다음과 같이 논의하였다.

---

357) 『成宗實錄』 卷178, 16年 閏4月 辛卯.
358) 『世宗實錄』 卷29, 7年 11月 戊戌.
359) 『世祖實錄』 卷3, 2年 4月 壬子.
360) 『成宗實錄』 卷48, 5年 10月 戊子.

"① 조계와 大小宴享에 신등이 계단 위의 동·서쪽에 엎드려 있으니, 殿內의 언론을 멀어서 들을 수 없다.
② 경연에 講을 마치면 신등은 例로 먼저 나가기 때문에 전하께서 돌라보고 묻는 것과 대신의 아뢰는 것을 때때로 듣지 못한다.
③ 기밀의 일이라고 사관을 들어오지 못하게 하니 잘못이다.
④ 원컨대 外庭에 납실 때는 신등으로 하여금 성상의 덕음과 대신의 論奏와 대간의 논의를 함께 실어서 만세에 전하게 하라"361).

이 논의는 사관의 입시순서와 관련된 가장 적극적인 논의이며, 사관의 앉는 위치가 잘못되었던 것까지 지적하고 있다. 더욱이 기밀사와 밖에서의 일까지 모두 기록할 것을 요구한 것은 사관의 적극적인 기사활동을 요구한 태도로 볼 수 있다. 강거효의 상소를 성종은 원상에게 내려 논의하도록 하였다. 그런데 성종은 대신이 먼저 들어와, 늦게 나가면서 논의하는 것이 국가와 관련된 일이고, 사사로운 것이 아니기 때문에, 문제될 것이 없다고 하였다. 그리고 멀어서 들리지 않는다고 한 것도 宣政殿은 잘 들리므로 문제될 것이 없으며, 仁政殿은 안 들릴 수도 있으나, 그러나 전내로 들어오는 것은 불가능하다362)고 하였다. 즉 강거효의 주장을 받아들이지 않은 것이다. 성종이 비록 강거효의 주장을 받아들이지는 않았지만, 윤대 대신 독대를 요구하는 신료들의 요구363)는 거부하였다. 군주가 거부하기는 하였지만, 강거효의 논의는 사관의 출입순서와 관련된 것으로 시사하는 바가 크다.

한편 성종 5년 視事時 사관이 '先入後出'했고, 동서로 나누어 입시하면서 미리 硯具를 펴놓고 듣는 데로 기록하였다는 기사364)를 볼 때, 사

361) 『成宗實錄』 卷47, 5年 9月 乙亥.
362) 『成宗實錄』 卷48, 5年 10月 戊子.
363) 『成宗實錄』 卷54, 6年 4月 申卯.
364) 『成宗實錄』 卷48, 5年 10月 戊子.

관의 '先入後出'이 일시 허용되었던 것으로 짐작된다. 그러나 이 기사이후 '先入後出'의 실 예와 입시순서에 대한 더 이상의 논의는 찾아볼 수 없다. 따라서 성종대 '先入後出'의 출입순서가 확정된 것인지, 아니면 이전의 관행이었던 '後入先出'이 항례화 되었던 것인지는 분명하지 않다.

성종대 사관의 출입순서 논의가 무산된 뒤, 이 문제는 중종대 다시 제기되었다. 중종 10년 예문관 奉敎 許洽 등은 입시 때 史官의 '後入先出'로 인한 문제점과 상참 및 조참시 사관이 殿外에 부복하므로 가부 논의를 잘 들을 수 없어, 앞으로 나가는 경우가 발생한다고 上箚365)하였다. 上箚한 내용 중 전외에 부복하여 잘 들을 수 없다는 문제점은 중종이 받아들여 시정되었지만, 출입순서는 여전히 시정되지 못하였다. 동왕 14년 기사관 申潛이 출입순서의 문제점을 다시 제기하였다. 제일 늦게 入侍하는 것은 별 문제가 없으나, 가장 먼저 나가는 것은 불가하므로 참여한 관료들이 모두 나간 다음에 나가는 것이 사관의 직무에 맞을 것366)이라고 하였다. 신잠의 논의를 왕과 영사 安瑭이 옳다고 하여, 일시 입시순서가 '後入後出'로 정비되는 듯하였다. 그러나 이 조치 역시 6개월 후인 같은 해 12월 경연관이 나갈 때에 아랫사람부터 나가는 것은 선대 조정에서부터 그렇게 해온 것이고, 재상을 의심해서는 안되므로 조종조의 예대로 아랫사람부터 나가는 것이 옳다367)고 함으로써, 입시는 '後入先出'로 규정되었다. 즉 재상과 같은 고관들을 의심해서는 안되며, 더욱이 조종조의 성헌을 지킨다는 명분으로 6개월 전에 왕 자신이 허락한 조치를 번복하였던 것368)이었다. 이 문제는 명종 10년 석

---

365) 『中宗實錄』 卷23, 10年 9月 壬寅.
366) 『中宗實錄』 卷36, 14年 6月 甲子.
367) 『中宗實錄』 卷37, 14年 12月 丁卯.
368) 이것은 중종의 신진들에 대한 견제심리와 밀접한 관계가 있는 것으로 보인다. 특히 6개월전(己卯士禍전)에 '先入後出'을 건의했던 申潛이 현량과 출신으로 기묘사림였던 사실은 이런 사실을 반증한다.

강시 다시 논의되었다369). 그러나 禮가 아니라는 논의에 따라 시행되지 못하였다. 이렇게 보면 사관의 출입순서는 결국 '후입선출'로 항례화 되었던 것으로 볼 수 있다.

이상에서 살핀 바와 같이 조선전기 이래 사관의 입시와 출입 순서에 대한 논의는 매우 왕성하였다. 이는 당시의 사회 분위기가 사관의 활동에 대해 긍정적으로 인식하였고, 역대 군주들의 배려, 집권 지배층의 투철한 역사의식, 그리고 사관 스스로 역사적 사실을 정확하게 남겨야 한다는 적극적인 소명의식 등이 복합되어 나온 결과라고 본다.

第2節 史草의 作成

군주가 통치의 거울(鑑)로 삼기 위한 史書는 실록이다. 그러나 실록은 현 왕이 승하한 뒤 후계한 왕이 편찬하는 것이었기 때문에, 당대 군주는 볼 수 없었다. 더욱이 당대의 역사 사실을 견문한 바에 따라 기록한 史草도 열람할 수 없도록 비밀을 보장함으로써, 사관의 직서가 가능하였던 것이다.

국가에서 사관을 설치하고 이들에게 역사(史草)를 쓰도록 한 것은 君相의 선악과 시정의 득실을 기록하여 후세에 시비를 공정하게 함으로써, 간신과 적자가 두려워 할 바가 있다는 것을 알고 감히 방자하게 행동하지 못하도록 하기 위한 것이었다370). 따라서 사초에는 사관의 공정한 말과 강력한 필법이 들어 있다. 이는 당시대의 역사가 될 뿐만 아니라, 현실정치의 거울이었으며371), 時政의 득실과 행동의 선악이 있는 그대로 서술되어 만세에 전해져 누구도 고치지 못하도록 하였다372). 이

---

369) 『明宗實錄』 卷18, 10年 3月 丁未.
370) 『仁宗實錄』 卷1, 1년 閏1月 庚辰.
371) 『太祖實錄』 卷14, 7年 6月 丙辰.

를 근거로 治亂興亡의 자취와 교훈을 얻을 수 있으며373), 선왕의 공덕이 민멸되지 않고374), 군주의 잘잘못과 재상들의 어질고 어질지 못함과 현실 정치의 선악을 살필 수도 있었다375). 나아가 후세에 전해져 교훈이 되고, 만세에 경계를 보이며376), 관계됨이 지극히 중하고 다른 문서에 비할 바가 아니었다377).

성종 6년 주강시 司經 安彭命이 일기가 비록 비밀의 글은 아니더라도 사관이 쓰면 史筆이며, 사필은 비밀히 하지 않을 수 없다고 한 것378)은 철저하게 비밀이 보장되었을 의미한다. 그것은 관청의 대소사만 기록되어 있는 時政記와 달리 군주와 관료들의 선악·득실이 모두 기록되어 있기 때문이다. 예종대의 민수 사옥이나 연산군 4년의 무오사화는 비밀이 보장되지 못하고 누설되어 나타난 대표적인 필화사건이었다.

이와 같이 사초는 매우 중요하게 인식되었던 만큼 실록에 수록되어 만세에 전해졌으며, 함부로 취급되지 못하였다379). 중종 2년 봉교 金欽祖를 비롯한 전임사관들이 상소한 다음의 기사는 사초의 성격을 이해하는데 중요한 단서를 제공한다.

> "…예로부터 지금까지 위아래로 수천백 대에 각각 史官을 두어 당시의 일을 기록하되, 아름다운 점을 가리지 않고 나쁜 점을 숨기지도 않아 사실에 따라 바르게 써서 進退시키고 予奪함이 하나같이 공정하였던 것은 方策 등에 늠름하게 실려있습니다. 그러므로 한 글자의 포

---

372) 『太宗實錄』 卷1, 元年 3月 壬午.
373) 『太祖實錄』 卷14, 7年 6月 丙辰 및 『成宗實錄』 卷273, 24年 1月 戊子.
374) 『睿宗實錄』 卷5, 1年 4月 甲子.
375) 『世宗實錄』 卷56, 14年 5月 甲戌.
376) 『中宗實錄』 卷3, 2年 6月 己丑.
377) 『世宗實錄』 卷123, 31年 3月 壬午.
378) 『成宗實錄』 卷52, 6年 2月 癸巳.
379) 『燕山君日記』 卷30, 4年 7月 癸丑.

폄이 斧鉞보다도 엄하고 만세의 경계됨이 별이나 햇빛보다도 밝았으니, 사관의 직책이 너무도 중하지 않습니까? 비록 왕공의 위엄으로서 미미한 신하에 의해 논평을 당하게 된다 하더라도 이를 꾸미거나 지워버릴 수 없는 것은 실로 천하 만세의 공론이 두렵기 때문입니다. 만약 공론을 두려워하지 않고 뜻대로 꾸미거나 지워 버린다면 군신 상하가 서로 두려워하고 꺼리지 않아 오랑캐로 전락하게 되어 왕의 법이 무너지고 사람의 윤기가 끊어질 것이니 누가 다시 붓을 들고 사실대로 써서 뒷세상에 권면과 징계를 보여 주겠습니까?"380)

이 기사는 사관의 직무 중 가장 중요한 것이 사초의 작성이었으며, 사초는 만세의 경계가 되어 해보다 밝았고, 철저한 비밀 보장과 함께 공론의 형성에 바탕이 되었음을 밝히고 있다. 따라서 사초는 군주의 마음에 맞도록 쓰라거나, 고치라고 할 수 없으며381), 그 내용은 다른 사람이 알 수 없고, 褒貶은 누구라도 논의할 수 없는 것이었다382).

이와 같이 사초는 당시 역사 사실을 정리하는데 가장 중요한 편찬 자료로서의 성격 외에 후세에 전해져 권계가 되고, 수범되는 근거가 되었다. 따라서 사초의 내용에는 군주의 언동과 조정의 득실, 대소 신료들은 물론, 향촌에 있는 말단의 유생까지 현부와 시비득실이 포폄되어 있다. 이에 사초에 기록된 내용은 실록 편찬시 중요한 자료로써 父子와 兄弟사이라도 이야기할 수 없으며, 찬수된 뒤에는 군주라도 볼 수 없는 것이었다383).

사초는 작성자가 현재 사관직에 있거나, 천전되어 다른 관직에 옮긴 경우라도 반드시 가지고 다녀야 했으며384), 누설하거나, 자의나 타의에 의해 절대로 개수할 수 없는 것이었다. 따라서 사초와 사관은 불가분의

---

380) 『中宗實錄』 卷3, 2年 6月 壬午.
381) 『中宗實錄』 卷92, 34年 10月 己丑.
382) 『肅宗實錄』 卷45, 33年 10月 辛丑.
383) 『正祖實錄』 卷3, 1年 5月 壬辰.
384) 『宣祖實錄』 卷137, 34年 5月 庚戌.

관계로 분리하여 생각할 수 없었다.

사초의 종류는 '入侍史草'와 '家藏史草' 두 가지로 구분할 수 있다.

입시사초란 예문관의 전임관 중 기사관(檢閱)이 정사가 이루어지는 장소에 입시하여 기록한 것을 의미한다. 입시사초는 춘추관에 납입되어 승정원일기, 겸임사관이 보고한 각 관청의 시행사와 함께 시정기로 작성되었다. 즉 입시사초는 상번검열(右史)이 군주의 언동을 기록하여 초서로 쓴 원본을 하번검열(左史)에게 넘기면, 下番이 정서·정리하여 上番에게 바친 뒤 춘추관에 보관하고 있다가 각 관청의 시행사와 함께 시정기로 정리되는 것이었다385).

가장사초란 견문한 시행사는 물론, 인물의 현부득실도 기록하였으며, 이에 대한 작성자의 論評까지 수록한 것으로, 실록청에 납입되어 실록의 편찬자료로 쓰이는 것을 말한다. 여기에는 기밀사 등이 기록되어 있으며, 私的으로 집에 보관하고 있다가 실록청에 납입했기 때문에 入侍史草와는 다소 성격이 다르다. 즉 가장사초는 퇴궐한 뒤 집에 돌아와 강박한 기억을 더듬어 다시 작성한 것이다. 기사의 내용은 時政記와 비교하여 同異한 기사가 있을 수 있으며, 실록의 기사와 동이한 점이 발견되기도 하는 것이다.

실록에서 확인할 수 있는 가장사초의 용례는 연산 11年 7月 왕은 즉위이후의 일기를 모아서 수찬하되 '兼春秋의 "家藏史草"를 금일로 수납하되, 바치지 않는 자에 대해서는 논죄하고, 史草에 塗改한 자가 있으면 마땅히 엄중히 논죄'하라는 전교386)와 중종 2년 『연산군일기』 편찬시 편찬관들이 왕에게 보고한 다음의 기사 등을 통해서 확인할 수 있다.

"家藏史草의 수납의 納廳期限이 경중은 5月 晦日인데, 지금 기일이

---

385) 『翰苑故事』 雜例條및 柳世鳴 跋文 및 鄭求福, 韓㳓劤의 前揭論文 참조..
386) 『燕山君日記』 卷58, 11年 7月 壬辰.

지났는데도 납입하지 않았기 때문에 일을 시작할 수 가 없다. 이것은 반드시 직필자가 사람이 누설할 것을 두려워하여 戊午年의 일(戊午士禍)과 같은 것을 경계하기 때문이다."387)

좁은 의미의 사초라면 사관이 작성한 것을 말하지만, 넓은 의미의 사초는 현실 정치·경제·사회·문화 등 역사 사실을 기록하고 있는 것으로 실록 편찬시에 이용되는 모든 자료를 의미한다. 실록 편찬시 이용되는 자료는 사초를 비롯하여 승정원일기 등 각사 등록, 개인문집, 야사, 조보 등 매우 다양한데, 이를 모두 사초라고 할 수 있는 것이다. 실록의 기사 중 승정원의 注書가 작성한 '堂後日記'를 사초라고 하였던 것388)은 이를 반영한다. 그런데 당후일기의 경우 누구나 볼 수 있었으며, 상호 의논하여 세상에 퍼져 오히려 사람의 이목을 더럽혔다고 한 것을 보면389), 비밀이 보장되었던 사초와는 다소 성격이 달랐다고 생각된다.

사초의 기록 형태는 종류에 따라 다르다. 선조 31년 왕과 명 나라 사신이 만난 자리에서 명나라 사신이 입시하여 논의 내용을 기록하고 있던 사관의 사초를 보고자 하였을 때, 선조가 '거칠고 간략하다'390)라고 한 것을 보면, 입시사초의 경우 알아보기 어려울 정도의 飛草로 작성되었음을 알 수 있다391). 그러나 가장사초는 사관이 별도로 작성하여 집에 가장해 두었던 것이기 때문에, 입시사초에 비해서는 읽기 쉽고 체계적으로 정리되었다392). 그리고 가장사초에는 인물에 대한 시비가 기록되어 있으며, 어떤 내용은 당시의 公論과 일치하지 않는 것도 있었

---

387) 『中宗實錄』 卷3, 2年 6月 己丑.
388) 『肅宗實錄』 卷15, 10年 3月 甲申.
389) 『英祖實錄』 卷127, 52年 2月 丙午.
390) 『宣祖實錄』 卷97, 31年 2月 丁巳.
391) 중종대 전임사관 權橃가 작성한 사초는 전형적인 입시사초이다.
392) 中宗代 權橃과 仁祖代 鄭泰齊가 작성한 사초는 전형적인 가장사초이다.

다393). 따라서 기사의 내용이 누설될 경우에는 필화사건394)에 대한 우려가 상존하였다.

사초의 작성자는 협의의 사초와 광의의 사초가 각기 다르다. 협의의 사초는 전임 및 겸임사관이 입시했을 때와 평소에 견문한 바를 기록한 것이며395), 광의의 사초는 실록 편찬시 이용되는 모든 자료를 의미하는 것이므로, 사관이 아니더라도 朝野에서 당시 역사 사실을 수록한 것은 모두 사초라고 할 수 있다. 따라서 전자의 작성자는 예문관의 전임사관과 춘추관의 겸관으로서 수찬 이하부터 直館까지를 의미하며, 후자의 경우는 춘추관의 영관사를 비롯하여 당대 역사 사실을 기록한 모든 사람들을 의미한다.

사초 중에는 성명이 기입되어 작성자가 확인되는 것이 상당 수 있다396). 성명이 기입되었다는 것은 사관의 직필을 가로막는 장애 요인이 될 뿐만 아니라, 필화사건의 원인이 되기도 하였다. 따라서 사관들은 대신들의 반대에도 불구하고, 공론을 유지하고 선악을 천지사이에 밝혀 백대 뒤에도 권장하고 경계하기 위한 목적으로 성명을 기입하지 않고자 하였다. 그러나 대신들은 성명을 기입하지 않으면, 사관 자의대로 인물 및 시정사를 포폄할 것이라는 우려를 들어 반대하였다. 특히 가장사초의 경우 인물의 시비가 당시 공론과 어긋나는 경우가 많고, 사관의 평가도 함부로 이루어 질 것이라고 반대하였다397).

그런데 입시사초나 가장사초라고 하더라도 당시인들은 작성자가 누구인가를 분명하게 알 수 있었던 것으로 생각된다. 입시사초의 경우는

---

393) 『明宗實錄』 卷9, 4年 1月 甲戌.
394) 예종대의 閔粹史獄과 연산군대의 무오사화는 대표적인 필화사건이다.
395) 이는 權輗・權橃・鄭泰齊 등 전임사관의 사초와 仁祖代 겸임사관들이 작성한 '兼春秋日記'의 형태로 전해지고 있다.
396) 安崇善의 史草(『端宗實錄』 卷6, 1年 5月 癸亥), 洪瀚의 史草・申從濩의 史草(『燕山君日記』 卷30, 4年 7月 癸丑) 등.
397) 『明宗實錄』 卷9, 4年 1月 甲戌.

당일 정청에 입시하는 사관의 명단이 있으며, 가장사초라고 하더라도 사관 역임자 및 사초 제출자의 신분을 확인할 수 있기 때문이다. 따라서 사초의 작성자들은 시비포폄 등 時政과 인물에 대한 史評을 수록하는 직필보다는, 있는 사실 그대로만 적으려고 하는 '直書主義'를 고수하고자 하였다.

사초는 매우 귀하고 엄밀하여 군주도 볼 수 없었음은 앞에서 살펴본 바와 같다. 조정에서는 당대 역사의 보존 및 후대의 교훈을 위하여 실록 편찬시 정해진 기한 내에 사초를 납입하도록 하였고, 이를 어길 경우에는 엄한 벌을 내리는 등 '禁方措置'를 마련하였다.

실록 편찬시 사초의 납입 기한은 서울과 경기 및 지방 등 지역에 따라 약간의 시간 간격을 두었다. 태종 9년 9월 태조실록의 수찬을 위한 사초의 납입시, 서울은 10월 15일, 지방은 11월 1일까지로 정하였고[398], 세종 5년 12월 태종실록의 편찬시에도 서울은 2월 그믐, 경기·충청·강원은 3월 그믐, 경상·전라·평안·함길도는 4월 그믐까지로 정하였다[399]. 이는 사초의 수납시 거리를 판단하여 서울과 경기, 그 외의 지방을 구분한 것이다. 이는 당시 교통 여건이 좋지 못했던 상황과 사초를 직서한 인사들이 서울뿐만 아니라, 지방에 내려가 있는 경우가 있었기 때문이다. 그러나 현실적으로는 사초의 수납이 제대로 이루어지지 않았으며, 시일을 지키지 못하거나, 분실, 소실하는 사례가 많았다.

이와 같이 실록 편찬을 위한 사초의 수납이 제대로 이루어지지 못하고 지연 납입 및 분실, 소실 등의 사례가 많아지자, 이의 방지를 위한 조치가 마련되었다. 태종 10년 태조실록의 편찬을 위해 사초의 수납이 발표되었을 때, 납입하지 않는 자에 대해서 '徵銀 20냥과 자손 금고'라는 규정이 마련되었다[400]. 그리고 사초의 수정과 개수에 대한 엄격한

---

398) 『太宗實錄』 卷19, 10年 1月 戊寅.
399) 『世宗實錄』 卷22, 5年 12月 丙子.
400) 『太宗實錄』 卷19, 10年 1月 戊寅.

금방 조치도 마련되었다. 세종 31년 춘추관의 계에 따라 史官이 자기와 관계된 일을 싫어하거나, 혹 친척과 친구의 청을 들어서 그 사적을 없애고자 하여 卷綜을 완전히 훔치면, '制書를 도둑질한 율'로써 논죄하여 斬하고, 도려내거나 긁어 없애기 위해 먹으로 지우면, '制書를 찢어버린 율'로써 논죄하여 참하며, 동료관원으로서 알면서도 고하지 아니하면, '1등을 감'하고, 사초의 내용을 누설하면, '近侍官이 기밀의 중한 일을 남에게 漏泄한 律로써 논죄하여 참'401)한다는 조치가 마련되었다. 그리고 이러한 사항을 위반했을 경우에는, 비록 赦宥를 지냈을지라도 正犯人은 고신을 빼앗고 영영 서용하지 않으며, 犯人이 物故되었으면 追奪을 행하고, 알면서도 고하지 아니한 자와 누설한 자는 직첩을 거두는 조항도 마련되었다.

한편 태종 10년에 마련된 '징은 20냥과 자손금고'라는 처벌규정이 너무 과중하다는 건의가 제기되자, 세종은 상정소에 내려 논의하도록 하였다402). 상정소에서 구례의 준수를 아뢰자403), 왕은 다시 의정부에 내려 논의하도록 하였다. 의정부에서 '징은 20냥 자손금고'를 '징은 20냥 본인 불서용'으로 제의하자, 춘추관에 내려 입법하도록 하였다. 이에 춘추관에서는 '자손을 금고시키는 것은 너무 중하고, 또 은은 본국에서 생산되는 것이 아니니 마땅히 대명률의 詔書를 棄毁한 條에 의거하여 杖 90대에 徒 2년반에 처하고, 자손으로서 傳受하다가 유실한 사람도 또한 이 형률에 의거하여 죄줄 것.'404)을 상언하였다. 그러나 세종은 너무 경하여 후세에 경계할 수 없으니, 다시 의논하도록 하였다. 이에 춘추관이 다시 '지금부터 사초를 잃은 사람에게는 은 20냥을 징수하고 서용하지 않으며, 그 자손으로서 전해 받아 잃은 사람에게도 위의 항목에

---

401) 『世宗實錄』 卷123, 31年 3月 壬午.
402) 『世宗實錄』 卷56, 14年 5月 甲戌.
403) 『世宗實錄』 卷56, 14年 6月 癸卯.
404) 『世宗實錄』 卷57, 14年 8月 辛卯.

의거하여 시행'405)할 것을 건의하자, 받아 들였다.

이후의 실록 기사에서 금방 조치에 대한 별도의 논의가 없는 것으로 보아 사초의 누설이나 불납시에는 '징은 20냥에 본인 불서용, 자손으로서 소실한 사람에게도 동등한 규정'이 계속 적용되었던 것으로 보인다.

그런데 중종 2년 일기청에서는, '史局의 일을 누설한 자는 변방에 보내 종신토록 노예가 되게 하고, 자손을 금고하여 용서하지 말라'406)고 요청하였다. 이는 연산군일기를 편찬하였던 시기의 현실적인 관심이 반영된 것이며, 그리고 시대적인 상황과 무관하지 않다. 즉 연산군 4년의 무오사화를 경험하고 얼마 지나지 않은 시기로서 사초에 대한 누설 및 개수 등의 처벌규정을 강화시켜야 하는 인식이 고조되었다. 즉 사초의 금방 조치를 강화함으로써 이에 대한 근본적인 해결책을 도모하고자 했던 것이다. 그리고 연산군일기를 편찬하려고 일기청이 열리고 사초의 수납이 요구되었던 시기였다. 따라서 사초의 수납이 제대로 이루어지지 못할 것에 대한 우려를 미리 근절시키기 위한 조치로 볼 수 있다.

이와 같이 사초에 대한 엄밀한 관리와 비밀유지, 금방조치 등이 마련되었음에도 불구하고 사초의 열람과 수정, 개수 등의 실 예는 상당히 많았다.

사초의 열람과 관련된 처음의 용례는 태조 2년의 기사에서 확인할 수 있다. 시중으로 춘추관의 영사를 겸하고 있었던 조준이 춘추관에 앉아서 고려왕조의 사초(실록 ; 필자)를 보았다는 것과 태조가 무신년 이후의 사초를 바치게 하고서 친히 이행이 기록한 사초를 보았다는 기사407)는 사초의 열람이 자행되었음을 보여주는 것이다. 특히 태조는 즉위이후의 사초뿐만 아니라, 고려조에서 활동하였을 당시의 역사 사실을 보고자 하는 의지가 강하였다. 대신 등이 강력하게 반대하였으나, 그는

---

405) 『世宗實錄』 卷57, 14年 8月 庚子.
406) 『中宗實錄』 卷3, 2年 6月 己丑..
407) 『太祖實錄』 卷3, 2年 1月 戊午.

당 태종도 본 일이 있고, 군주가 보고자 하는데 史臣이 거역한다면 신하된 도리가 아니라고 주장하는 등 사초의 열람에 대해 상당한 관심을 보였다. 이에 사관 申槩 등이 사관을 설치한 것은 임금의 언행·정사와 신하의 시비득실을 모두 정서하여 숨기지 않는 것이라고 하면서,

"…당대의 군신은 당대의 역사를 숨겨서 뒷세상에 전하였으므로 號令과 언행을 경계 삼아 감히 잘못된 것을 하지 말게 하였다"408)

라고 하였다. 그리고는 사초의 열람을 적극적으로 반대하였다. 더욱이 역사의 교훈을 얻으려면 옛 성현의 글을 보면 될 것이므로, 만약 당대 역사를 보게 되면 후계하는 왕들에게 모범을 보이게 되어 사관의 직필을 가로막는 요인이 된다고 하였다. 그러나 태조는 듣지 않고 고려 공민왕 이후의 역사(실록)와 즉위 이래의 사초를 들이게 하였다. 즉 태조는 자신의 치적과 통치행위에 대한 사관의 기사를 직접 보고자 하였던 것이다409).

대신 및 사관의 반대가 있었음에도 불구하고, 사초를 열람하고자 하는 역대 군주들의 의지는 매우 강했다. 태종도 이미 편찬된 태조실록을 열람하고자 하였다. 그러나 신하들의 반대로 보지 못했으며, 호학 군주였던 세종도 태조실록은 직접 보았고, 태종실록은 황희, 신개 등의 반대로 보지 못하는 일이 있었다.

이와 같이 조선전기만 하더라도 사초(실록)의 열람이 어느 정도 가능하였던 듯하다. 성종 24년 전임사관 柳崇祖가, "사초는 선악을 갖추어 권계를 후세에 전하는 것인데, 근래에 대개 상고할 바가 있으면 반드시

---

408) 『太祖實錄』卷14, 7年 6月 丙辰.
409) 이는 무력으로 권력을 장악한 군주들에게서 찾아볼 수 있는 공통적인 속성의 하나이다. 현대사에 있어서도 역사를 자신의 통치 행위에 대한 홍보 정도로 인식하고 있는 권력자들에게서 그 속성을 찾아볼 수 있다.

사초를 상고함으로 마침내 일정한 전례를 이루었습니다. …"410)라고 말한 것을 보면, 사초의 열람이 광범하게 자행되었음을 확인할 수 있다. 이와 같은 현상이 자행된 것은 사관의 기사 내용에 대한 군주의 관심이 어느 정도 깊었는가를 반영하는 것이며, 상대적으로는 사관의 직필을 가로막는 요인이 되고 말았다.

사초의 열람은 연산군대 절정을 이루었다. 연산군 4년 사관 김일손의 사초(弔義帝文)로 인하여 발생한 무오사화는 大臣(실록청 당상)들의 사초 열람에 따른 결과였다. 이 사건으로 사림이 크게 피해를 입었음은 물론, 사관들의 기사활동을 극도로 위축시켰다. 그리고 역사 사실을 있는 그대로 기록하는 것이 아니라, 왜곡시키게 되는 요인이 되기도 하였다. 이외에 가장사초의 작성을 금지시키거나, 時政事외의 기록활동을 하지 못하도록 하거나, 심지어 공정치 못한 기사를 작성한 사람은 죄로 다스리겠다는 연산군의 태도에 따라, 사관들은 曲學阿世하거나 바르지 않은 기사를 쓰는 경우가 생기기도 하였다.

연산군의 사관에 대한 탄압과 활동 자체를 위축시킨 결과 春秋筆法은 무너지고 말았다. 위축된 사관의 활동과 무너진 필법을 다시 복구하고, 만세의 공론을 다시 세우기 위한 노력은 중종반정 이후 본격화 되었다.

중종 2년 전임사관 金欽祖 등은, '사관의 일을 엄하게 하고, (무오사화 때에)사관으로 죽은 자는 모두 봉작·증직시키며, 다시 법 조목을 세워 분명히 史局(실록청)에 보여 공론을 밝힐 것'411)을 상소하였다. 중종은 三公의 啓에 따라 史局의 일을 비밀히 하고, 엄한 법을 세워 연산군때 무너진 史家의 筆法을 세우도록 하였다. 따라서 연산군 때처럼 대신들이 자신들의 권력과 부를 유지할 목적에 따라 조직적이고 체계적

---

410) 『成宗實錄』卷273, 24年 1月 戊子.
411) 『中宗實錄』卷3, 2年 6月 壬午.

으로 사초를 열람하는 것을 금지시켰다. 따라서 사관들은 연산군 이전과 같이 비밀이 보장되었던 것을 계기로 객관적으로 역사 사실을 기록할 수 있게 되었다. 인조 12년 다음의 기사는 이런 사실을 잘 보여준다.

> "史臣은 군주의 잘잘못과 신하의 賢邪, 그리고 시정의 시비를 모두 기록하므로 역대 君相 중에 흉포해서 제멋대로 하는 사람도 사초를 가져다 보지 못했다. 연산군 때에 간흉 유자광은 사람들이 자기에 대해 의논하는 것을 싫어하여 士禍를 얽어 만들었다. 중종반정이 일어나자 비로소 그 폐단을 고쳤다."412)

이 기사는 연산군대 광범하게 자행되었던 사초의 열람이 중종반정 이후 금지되었음을 보여주고 있다. 그러나 사초의 열람이 완전히 없어진 것을 아니었고, 특정 사실을 확인하거나 살필 목적에서는 여전히 자행되었던 것으로 보인다. 선조 31년 선조와 명 나라 사신과의 대화 중 명 사신이 사관의 史草冊을 보여달라고 하자, '사초는 군주도 볼 수 없다'413)라고 한 것은, 연산군 이후 군주의 사초 열람이 어느 정도 금지되었음을 보여주는 사례이다. 그러나 이 기사 역시 특정의 상황에서 논의될 수 있는 것일 뿐, 일반적인 것은 아니라고 본다.

중종반정 이후 금지되었던 사초의 열람은 당파의 정쟁이 심해지고 실록의 수정과 개수가 진행되었던 조선후기에 다시 심해진 것으로 보인다. 광해군일기의 편찬 과정, 선조실록과 선조수정실록, 숙종실록과 숙종보수실록, 경종실록과 경종개수실록 등이 편찬된 것을 보면, 이미 편찬된 실록과 사초의 광범한 열람과 분석 없이는 불가능한 일이었다. 따라서 붕당정치가 전개되는 과정에서 집권 당파가 바뀌었을 때, 상대 당파가 편찬한 실록의 내용은 자기 당파의 이념에 맞도록 재구성되었

---

412) 『仁祖實錄』 卷30, 12年 12月 癸巳.
413) 『宣祖實錄』 卷102, 31年 7月 丁未.

고, 이런 과정에서 조직적인 수정이 이루어졌던 것으로 보인다. 그러나 상대 당파에 의해 편찬된 실록이기는 하지만, 내용은 고치더라도, 삭제하여 없애지는 않았다. 숙종보수실록에, '이 단락은 처음 사초의 戊辰日 경연의 말과 참고하여 보라'414)라고 한 기사 등은 이를 반증한다. 즉 내용은 수정하더라도 사초의 기사는 원래대로 보존하는 자세를 철저하게 유지하였던 것이다. 이는 역사 사실을 기록한 사초는 함부로 變改하지 않는 것을 원칙으로 하였던 당시 지배층의 강렬한 역사의식의 소산이라고 할 수 있다.

영조가 '사초는 비록 제왕의 높음으로도 감히 취해 보지 못하게 하여, 그 한계를 지극히 엄하게 한 것은, 당시에 당연히 꺼려야 할 바로써 후세의 사필을 엄하게 하려는 때문이었다.'415)라고 전교한 것은 사초의 성격과 의미, 열람이 금지되었던 이유 등을 살피는데 좋은 근거 자료가 된다.

이상과 같이 사초의 열람, 수정과 개수 등에 대한 금방 조치가 마련되었음에도 현실적인 상황이나 실록의 편찬이 진행되는 중에 수정이나 개수 등이 있었음을 확인할 수 있다.

당대 지배 관료층이 실록청의 당상관으로 편성되어 실록을 주도적으로 편찬하였던 현실에서 말단의 사관들은 항시 자신이 기록한 사초가 누설될 것을 염려하였다. 따라서 이들은 시정사와 인물에 대한 시비포폄보다는 있는 사실 그대로를 적고자 하는 직서주의를 고집하였다. 따라서 사관이 기록한 기사 내용을 근거로 역사적 인과 관계나 문제 의식을 살핀다는 것은 상당히 어렵다. 더구나 권력을 가진 대신들이 사초 내용의 변개를 원할 때, 수정까지 서슴지 않았던 사례에서 이들이 역사적 판단을 정확하게 했다고 하기 어렵다.

---

414) 『肅宗補修實錄』卷14, 9年 1月 甲子.
415) 『英祖實錄』卷69, 25年 5月 丙寅.

사초의 수정이 자행되었다는 사실은 객관적인 역사 사실을 이해하는 것과 다소 거리가 있다. 그리고 당대 역사를 제대로 작성하였을까 하는 의문마저 생기기도 한다. 그런데 이와 같은 현상이 발생하는 것은 작성자의 성명을 기입한 채로 사초가 납입되었기 때문이다. 권신의 눈치를 보고, 자신이 기록한 사초를 먹으로 지우거나, 혹은 승정원일기만 베껴내는 경우가 발생하기도 하였다416).

사초의 수정은 사관 스스로 기사 내용이 밝혀질 것을 염려하여 고치는 경우와 대신들이 사초를 열람한 뒤 잘못된 내용의 수정을 요구하는 경우에 이루어 졌다.『세종실록』편찬시 영관사 皇甫仁을 비롯한 당상관들은 사관 李好問이 기록한 황희 관련 기사가 사적으로 작성된 것이라고 하면서 고칠 것을 요구한 것은 후자의 경우에 해당된다. 이외에 대신들의 私慾에 의해 사초가 고쳐지는 경우도 있었다. 단종 1년 김종서는 사관 안숭선이 작성한 사초에 자신의 기사가 나쁘게 기록된 것을 발견하고, 실록청 기사관으로 하여금 고치도록 하였다. 그런데 그는 후세에 사초를 마음대로 고쳤다는 비난이 있을 것을 염려하여 원래대로 다시 고칠 것을 요구하였다. 이러한 사실은 실록 편찬시 실록청의 당상관들에 의해 사초의 개수가 자행되었음과 기사 내용이 실록의 기사와 다르게 표현될 수 있음을 반증하는 사례라고 본다.

사초의 개수와 관련된 사건으로 가장 대표적인 것은 예종대의 閔粹史獄이다. 세조실록 편찬시 사초의 납입요구가 있자, 세조대 사관을 역임하였던 奉常 僉正 민수는 관례대로 자신의 사초를 납입하였다. 그런데 성명을 기입한 채로 사초를 납입했던 민수는 자신이 사초에 포펌된 대신들이 실록청의 당상관으로 편성된 사실을 확인하고, 기사 내용이 누설되지 않을까 우려하였다. 이에 실록청 기사관으로 편성되었던 친구 康致誠에게 부탁하여 납입된 자신의 사초를 꺼내어 수정하였던 것이었

---

416)『文宗實錄』卷12, 2年 2月 丙戌.

다417).

　조선전기 대표적인 사초 개서 사건이었던 민수사옥은 사초에 성명을 기입하였기 때문에 발생한 것이었다. 이는 大臣의 사초열람을 우려하여 사관 스스로 사초를 고친 경우에 해당된다. 이와는 반대로 실록청의 당상관에 편성된 인사가 납입된 사초 중에 자신과 관련되어 나쁘게 기록된 내용을 확인하고, 수정을 요구한 경우도 있다. 연산군 4년 실록청 당상관에 편성되었던 이극돈은 사관 김일손이 작성하여 납입한 사초에 자신의 기사가 나쁘게 기록된 것을 보고, 이의 수정을 요구하였다. 이는 후자의 경우에 해당되는 대표적인 필화사건이다.

　이와 같이 사초의 수정문제로 인하여 발생한 사건은 사관의 직필의식에서 비롯되었다. 자신이 작성한 기사가 斧鉞보다 강하고, 후세에 영원히 전해져 감계된다는 역사의식이 반영되어 나타난 소산물이다. 즉 사관들은 자신이 기록한 것이 곧 역사이며, 현재와 미래의 좌표가 된다는 사실을 굳게 믿었던 것이다.

　사초의 개수와 관련된 사실은 몇 가지 사례에서 확인할 수 있다. 문종 2년 세종실록의 찬진시, 사관들이 꺼리는 바가 많아서 먹으로 史草의 字句를 지우고 고쳐 썼으며, 다만 승정원일기만 베낀 경우가 있었다고 한 것418)이나, 단종 원년 5월 金宗瑞가 세종실록 감수시에 安崇善이 쓴 사초를 보고, 자신에게 불리한 기사를 삭제하도록 요구한 경우419) 등을 통해서 알 수 있다. 史草의 개서와 관계된 기사는 중종조에서도 발견할 수 있다. 중종 15년 조강시에 왕이, 요즘 사관은 거의 다 홍문관에 사초를 가져와서 사사로이 의논하여 고친다고 한 것420)과 동왕 33년 사간원에서, 南應雲은 당시의 史草를 하찮은 것으로 여기고 이미 반년

---

417) 『睿宗實錄』 卷5, 1年 4月 丁丑.
418) 『文宗實錄』 卷12, 2年 2月 丙戌.
419) 『端宗實錄』 卷6, 元年 5月 癸亥.
420) 『中宗實錄』 卷39, 15年 6月 壬午.

이 지나도록 내버려둔 채 정리하지 않았으니 자세하고 신중해야하는 역사기록의 원칙을 심하게 그르쳐서 직분을 져버렸다고 언급한 사례, 같은 날 사헌부에서 대교 崔希孟은 당시 주서로 있으면서 日記를 수정하지 않은 채 지금까지 있다가, 춘추관에서의 근무업적을 평가할 때 草藁를 수정하여 겨우 책임이나 모면하였다421)고 한 것에서 확인할 수 있다. 따라서 조선중기에도 사관들의 임무수행이 소홀했음과 사초의 개서 역시 광범하게 자행되었음을 알 수 있다. 더욱이 왕 스스로 '인군이라도 사초를 고칠 수 없다.'422)라고 한 것에서, 조선전기이래 사초의 改書가 상당히 이루어 졌음을 알 수 있다. 이러한 일이 상존한 것은 그만큼 사관의 기록이 역사에 영향을 주고, 나아가 당시 국정전반에 주는 여파가 컸기 때문이라고 짐작할 수 있다.

이상과 같은 문제는 사관들이 작성한 사초에 대해서 군주가 열람하고자 했던 점, 大臣의 비리를 직서한 뒤 누설될 것을 염려한 사관의 심정 변화, 사초에 작성자의 이름을 기입하였던 것 등이 복합적으로 반영되어 나타난 것이다.

세종 13년 태종실록이 편찬되었을 때, 왕은 '前代의 제왕들이 선왕의 실록을 친히 보지 않은 자가 없는 것 같은데'423)라고 하면서 보고자 하였다. 이 기사는 태조이래 역대 왕들이 평소 실록과 사초의 열람을 요구하였고, 결국은 열람했던 사실을 보여준다. 실제로 태조 2년 1월 사헌부가 상언한 다음의 기사는 이러한 사실을 반영하고 있다.

"前 예문춘추관 학사 李行이 일찍이 공양왕의 知申事(都承旨)가 되어 직책이 史官修撰을 겸했는데도 李穡과 鄭夢周에게 아첨하여 우리 주상전하께서 辛禑・辛昌과 邊安烈을 죽였다고 거짓으로 꾸며서 썼사

---

421) 『中宗實錄』 卷87, 33年 6月 庚申.
422) 『中宗實錄』 卷92, 34年 11月 己丑.
423) 『世宗實錄』 卷51, 13年 3月 甲申.

오니 청컨대 직첩을 회수하고 국문하여 논죄하소서."424)

위 기사는 사헌부에서도 사초를 읽었음을 보여준다. 같은 날 태조는 戊辰年이후의 사초를 바치게 하여 친히 열람하였다. 동왕 4년 6월에도 왕은 즉위 이래의 사초를 보고자 하였으며425), 7년 윤5월에도 사관에게 명하여 왕이 보고자하니 신하된 도리로써 즉위 이래의 사초를 빠짐없이 바치라고 하였다426). 그러나 12일에 사관 申槪 등이 만세의 공론이 아니므로 열람할 수 없다고 간하자, 태조는 지금 열람하고자 하는 것은 착하고 악한 행실의 자취를 보고자하는 것이 아니라, 史臣들이 알지 못하는 것을 알려주려고 한다고 하면서, '李行이 일찍이 知申事가 되었을 때에 그 사실을 기록한 것이 또한 바르지 못했으니 그 외의 史臣이 어찌 능히 임금과 신하사이의 이야기한 말을 다 알겠는가. 고려조 공민왕으로부터 그 이후로는 이미 편수한 역사와 壬申年이후의 史草를 가려 내어 바치도록 하라'427)고 하여, 결국 열람하였다.

태조가 무신년 이후의 사초를 열람한 것은 사초의 기밀유지라는 모범이 무너졌음을 의미한다. 이후로 역대 왕들은 사관의 史草와 편찬된 실록을 보고자했으며, 신하들의 반대를 무릅쓰면서도 결국은 열람했던 것으로 짐작된다. 국왕의 사초와 실록열람은 사관들로 하여금 자신이 작성한 사초에 성명을 기입하는 일을 꺼리게 만들었다. 실제로 조선전기만 하더라도 실록의 기사에서 사초의 작성자가 누구인지를 알 수 있는 것이 많다428). 그러나 군주의 사초열람과 사초로 인한 여러 차례의

---

424) 『太祖實錄』 卷3, 2年 1月 戊午.
425) 『太祖實錄』 卷7, 4年 6月 辛未.
426) 『太祖實錄』 卷14, 7年 閏5月 丙子.
427) 『太祖實錄』 卷14, 7年 6月 丙辰.
428) 朝鮮前期 실록과 조선후기 사찬 저술에서 확인할 수 있는 사초작성자의 명단은 다음과 같다.
① 『定宗實錄』 卷5, 2年 7月 乙丑. "史臣 洪汝剛曰…"

화⁴²⁹⁾가 야기되자, 사초에 작성자의 성명 기입여부를 논하는 문제가 본격적으로 제기되기 시작하였다. 이는 사관 스스로 자신들의 기사 행위를 보호받기 위한 적극적인 대응책으로 나온 것이라고 할 수 있다.

이렇게 본다면 사초의 기밀유지가 완벽하게 되었다고 보기는 어려우며, 앞에서 살펴본 바와 같이, 史草의 改書라는 개연성은 상존했다고 볼 수 있다.

이상에서 사초의 개념, 성격 및 사초의 작성자와 누설, 개서시 처벌문제 등에 대해서 살펴보았다.

주지하듯이 사초에는 단순히 시행사가 기록된 정도로 그치는 것이 아니었다. 모든 현행사를 견문한 바에 의거하여 작성한 뒤, 실록청에 납입되어 실록의 편찬시 기초 자료로 이용되었다. 그리고 후세에 감계를 주었으며, 현실적으로는 군주와 집권관료들의 전횡과 비리를 견제할 수 있는 수단이 되었던 것이다. 따라서 조선 유교정치 구현의 중요한 요인이었다고 할 수 있는 것이다.

---

② 『太宗實錄』 卷27, 14年 6月 癸卯. "史臣 柳思訥曰…"
③ 『太宗實錄』 卷27, 14年 5月 壬午. "…태조때에 鄭道傳·鄭摠·尹紹宗 등이 前朝 實錄을 修撰할 때 여러 사관이 모두 사초를 고쳐서 바쳤으나 오로지 李行만이 고치지 않았다.…"
④ 『端宗實錄』 卷2, 卽位年 7月 乙未. "審觀 好問史草…"
⑤ 『端宗實錄』 卷6, 元年 5月 癸亥. "그때 황보인·김종서가 춘추관에 자리하고 世宗實錄을 監修하였는데 申亥年(1431) 겨울에 安崇善의 史草에…"
⑥ 『燕山君日記』 卷30, 4年 7月 癸丑. "洪瀚史草云…", "表沿沫史草云…", "權五福史草亦如…"
⑦ 『芝峰類說』 卷4, 官職部 史官條.; "鄭摠·李詹이 만든 史稿는 즉 자기 집에 감춰온 사초로서 일을 자세하게 기록하였으며, 天災時政 등을 바로 비판하여 숨김이 없었다. 책의 첫머리에 또 바르게 姓名을 써놓았다."

429) 睿宗 2年 6月의 閔粹 史獄과 燕山 4年 7月 金馹孫의 史草事件(戊午士禍).

第3節 時政記의 作成

시정기는 각 관청 소속의 겸임사관이 시행사를 일기 형식으로 작성하여 보고하면, 춘추관의 상번 검열이 모아서 편년순으로 정리 한 것을 말한다. 인물의 시비포폄까지 수록되어 있는 史草와는 달리 각 관청의 시행사 중심으로 정리된 공적 일기라고 할 수 있다.

중국에서는 唐 則天武后대인 長壽 2년(693) 재상 姚壽가 국가의 大計 및 후계한 왕에게 모범이 될만한 교훈의 작성을 말한 것에서 비롯되었다. 즉 이러한 기사는 잠시라도 기록하지 않으면 안되며, 軍國 政要를 찬록하여 '時政記'라 하고, 매 월 史館에 封送하도록 하였던 것이다[430].

우리 나라의 경우 고려 이전의 시정기 편찬 여부는 기록의 미비로 확인하기 어렵다. 그런데 호학 군주였던 고려 예종 8년(1113) 한림학사 승지 金緣(金仁存)과 시강학사 朴昇中이 '時政策要' 5권을 지어 올리자, 이에 왕이 각각 犀帶를 하사하였으며, 편수관이었던 김부철 이하 사람들에게도 차등있게 물품을 하사하였다[431]는 기사에서 그 단서를 확인할 수 있다. 이 기사는 고려 예종대 시정기의 편찬이 있었던 사실과 당시에는 '시정책요'라고 불렀음을 보여주는 것이다. 예종 이전에 '시정책요'가 편찬되었는지의 여부 역시 기록의 미비로 알 수 없지만, 이 기사를 근거로 볼 때, 고려시대에도 각 관청의 시행사를 중심으로 시정기가 편찬되었음을 확인할 수 있는 것이다. 여기서 정3품의 한림학사 승지 김인존과 정4품의 시강학사 박승중이 '시정책요'를 찬진하였다고 한 것은, 한림원의 책임자였기 때문이다. 따라서 편찬의 실무는 편수관 金富轍을 비롯하여 직원(直翰林院) 4인[432]이었던 것으로 생각된다[433].

---

430) 『歷代職官表』 卷24, 經筵日講起居注官條.
431) 『高麗史節要』 卷8, 睿宗 8년 11月條.
432) 직한림원은 한림원의 초급직이지만 본직으로 직접 사초도 작성하고 본원의 사

第3章 史官의 職務 157

　　조선왕조에서는 초기부터 시정기가 편찬되었다. 태조 1년 예문춘추관에서 '서울과 지방의 대소아문에 직접 公牒을 보내어 무릇 시행한 것이 정령에 관계되고 권계할 만한 것은 명백히 공문서로 (본관에)보내게 할 것이며,…'434)라고 상언한 기사를 볼 때, 일찍부터 시정기의 편찬이 있었음을 알 수 있다. 즉 경외의 대소아문에서 보고하는 문서를 수집·점검하여 년 월의 순서대로 편찬해서, 국가의 예악·형정·제도·문물과 현재 행하는 사무로서 大體에 관계되는 것을 모두 써서 유실됨이 없게 하고, 실록 편찬시 근거로 삼았던 것이다. 세종 14년 의정부의 반대로 무산되기는 하였지만 동지춘추관사 정인지가,

　　　"우리 나라의 예의정형과 가부논의를 …춘추관으로 하여금 때를 따라 시정기를 수찬케 하시면, 그 나머지 기밀사 및 인물의 현불초의 일들은 저절로 법과 같이 될 것이며, 후세에는 국사의 고흘함이 없을 것이다."435)

라고 상언한 기사를 보면, 국가의 예의정형 및 역사 사실의 실상을 밝힐 수 있는 기본 자료였음도 확인할 수 있다.
　　선조 39년 춘추관에서 올린 啓는 時政記의 편찬 및 편찬자, 그 의미 등을 시사 받을 수 있다.

　　　"법전에 '춘추관의 時政記는 承政院日記 및 각 衙門의 긴요한 문서

　　　무와 知制誥의 일반 행성노 담당하였던 실무 관이었다(邊太燮,「중앙의 통치기구」,『한국사』13, 국사편찬위원회, 1993.)
433) 睿宗朝 翰林院의 관원구성은 다음 표와 같다.

職責	判院事	學士承旨	學士	侍讀學士	侍講學士	直院	醫官	吏屬
人員	1	1	2	1	1	4	2	8
備考	宰臣 兼	정3품	정3품	정4품	정4품			

434)『太祖實錄』卷2, 1年 9月 壬辰.
435)『世宗實錄』卷58, 14年 11月 壬午.

들을 찬집하여 연말마다 그 책의 수효를 아룁니다.'고 하였습니다. 예문관의 참하관에 봉교 이하로 8명을 두어 오로지 史記의 편수만을 맡깁니다. 하번 검열은 항상 정원에 출근하여 정원일기를 베껴 내고, <u>상번 이상은 항상 춘추관에 출근하여 각 아문의 긴요한 문서를 가져다가 상고하여 시정기를 찬수합니다.</u> 하번이 써낸 것이 만일 소루함이 있으면 상번이 규검하고 그래도 소루함이 있으면 차차로 규검합니다.… 이제부터는 일체 구례대로 시행하여 하번 검열은 오로지 정원일기와 각 아문의 긴요한 문서를 맡아 베껴 내게 하고, 상번 검열 이상의 관원은 정원의 單抄冊을 상고하여 각사로 하여금 일일이 가져오게 하고, 만일 제때에 가져오지 않으면 해사의 관리를 추고하기를 계청하게하여 史局의 사체를 중하게 하는 것이 마땅하겠습니다."436)

이 기사는 예문관의 전임사관 중 하번 검열이 『承政院日記』를 정리하고, 上番 이상이 춘추관에 출근하여 각 아문에서 보고한 문서를 근거로 시정기를 편찬하였음을 보여준다437). 즉 각 아문의 소속 관원중 사관직을 겸임한 인사438)들이 해당 관청의 시행사를 정리하여 춘추관에 보고하면, 이를 상번 검열이 日別·月別로 모았다가 연말에 시정기로 편찬하는 것이었다. 그리고 겸임사관들이 소속 관청의 시행사를 제때에 보고하지 않을 경우에는 추고할 수 있는 조치도 마련되어 국가적 관심이 높았음을 살필 수 있다.

태조 1년 예문춘추관에서 시정기 편찬에 대한 단서를 언급하였으나,

---

436) 『宣祖實錄』卷201, 39年 7月 丙戌.
437) 『光海君日記』(卷158, 12年 11月 己丑)의 기사에서도 확인된다.
438) 조선시대 관료제에서 인재의 적재 적소 배치와 원활한 운영, 경비절감 등의 효과를 위하여 광범한 겸직제가 시행되었다. 춘추관의 경우 한 명의 전임관 없이 60여명의 겸임관으로만 운영하였는데, 이는 각 관청의 관료들에게 사관직을 겸임시켜 시행사를 정리·보고하도록 한 목적과 연관된다. 즉 춘추관에서 시정기를 편찬하기 위해 각 관청의 시행사를 용이하게 수집하기 위한 목적과 직결되는 것이다.(이에 대해서는 본서 제1장 제1절 '전임사관과 겸임사관'조 참조.)

체계적인 편찬은 세종 16년부터인 것으로 생각된다. 세종 14년 동지춘추관사 정인지의 상소가 의정부에 의해 무산된 이후, 시정기의 편찬 여부를 확인할 수 없으며, 세종 16년 춘추관의 계를 통해서 확인할 수 있기 때문이다. 이날의 啓를 통하여 대소아문의 시행사 보고형식, 겸임사관의 확충, 시정기의 편찬과 포쇄, 수찬시 근만의 검찰, 대간과 신하의 상서, 使行事의 정리439)와 편찬이 본격화되었음을 살필 수 있는 것이다. 한편 시정기는 예문관의 녹관 5명과 겸관 5명으로서, 두 사람이 1廳이 되어 각기 3년으로 나누어 편찬하고, 춘추관의 당상관으로 하여금 고찰하도록 하였던 것과 이를 日課로 삼게 하라는 세조 12년 대사헌 梁誠之의 상서440)를 볼 때, 시정기 편찬의 주체가 예문관과 춘추관이었으며, 감독은 두 기관의 당상관이었음을 확인할 수 있다.

이와 같이, 시정기의 편찬은 史官이 주도하였으며, 평상시 이들이 수행해야 하는 중요한 직무였다. 동지춘추관사 鄭麟趾가 '…춘추관(史官; 필자)으로 하여금 때를 따라 시정기를 수찬케 하시어'441)라고 상서한 것이나, 중종 14년 조광조가 '翰林이 써 가는 것은 시정기인데442)', 동왕 15년 知事 權鈞이 '…근래에 사관의 숫자가 적어 시정기를 때맞추어 수찬할 수 없는 실정입니다.'443)와 명종 3년 司猛 孫弘績이 '신이 전에 檢閱로 있을 때 기록한 병오년 9월의 시정기 가운데'444) 등의 기사는 이러한 사실을 반영한다. 따라서 翰苑의 규례에는 史館에서 천전되는 경우 반드시 하번을 시켜 시정기의 수찬을 마치도록 하였던 것이다445).

시정기가 년 말에 책의 형태로 편찬되기 전, 각 관청 시행사를 수집

---

439) 『世宗實錄』 卷66, 16年 11月 戊午.
440) 『世祖實錄』 卷40, 12年 11月 乙酉.
441) 『世宗實錄』 卷58, 14年 11月 壬午.
442) 『中宗實錄』 卷36, 14年 6月 甲子.
443) 『中宗實錄』 卷38, 15年 3月 壬辰.
444) 『明宗實錄』 卷7, 3年 2月 己未.
445) 『英祖實錄』 卷51, 16年 4月 乙未.

하여 월별로 정리한 초고의 형태를 副本(飛草)이라고 하였다. 당 武宗 會昌 2년(842) 기거주의 근만 여부를 전최하도록 한 규례가 마련된 이래446), 우리 나라에서도 시정기 부본의 정리 여부는 춘추관 포폄(殿最) 시 사관의 근만 여부를 살피는 근거가 되었다447).

한편 성종 8년 좌승지 李克基가 지금의 시정기는 다만 諸司의 文書만을 찬집하였다고 한 것448)을 보면, 시정기에는 현재 행해진 時政事만 정리되었을 뿐, 인물의 현부와 시비득실 등을 포폄한 내용은 수록되지 않았던 것으로 생각된다. 즉 시정기에는 현실의 시정사만, 인물의 현부 득실은 사초에 기록되었던 것이다. 예종대 민수 사옥 추국시 다음과 같은 강치성의 대답은 이를 반증한다.

"인군의 정사는 의정부와 육조의 등록에 실려 있으므로 신이 쓰지 않더라도 자연히 문적에 등재되어 있고, 다만 <u>재상의 일은 모름지기 사초를 기다린 후에 알게되기 때문에</u>, …"449)

이 기사를 보면, 시정기에는 대소아문에서 시행한 시정사만 기록되고, 史草에는 인물을 비롯한 사관의 시비포폄 기사가 기록되었음을 알 수 있다.

한편 사초와 시정기 등 역사 사실을 기록한 사료의 열람과 개수는 원칙적으로 금지되었다. 그러나 현실적으로는 일부 자행되었던 것으로

---

446) 『歷代職官表』 卷24, 經筵日講起居注官.
447) 1. 『翰苑故事』 雜例條.
　　"凡時政記 正件外又有副本草書者 名曰飛草 本館褒貶時 堂上取考飛草 以課修史勤慢"
　　2. 『六典條例』 卷, 禮典 時政記條.
　　"政記正本外 又有副本草書者 名曰飛草 本館褒貶時 堂上取考飛草 以課勤慢"
448) 『成宗實錄』 卷77, 8年 閏2月 丁卯.
449) 『睿宗實錄』 卷5, 1年 4月 庚辰.

보인다. 따라서 사관들은 항상 필화사건에 대한 우려를 하게 되었고, 따라서 '직필'보다는, '직서'의 태도를 견지하였던 것이다.

이렇게 보면 시정기는 소속 관청의 겸임사관이 보고한 시행사 중심으로 편찬된 것을 의미하며, 사관들의 入侍史草나 家藏史草와는 다소 성격이 다른 것으로 보인다. 즉 시정기에는 특정 사안에 대한 평가라든가, 인물의 포폄 내용이 수록되지 않고 관청의 시행사 위주로 작성되었던 것이다.

세종 16년 이후 구체적으로 편찬되기 시작한 시정기의 세부 편찬 원칙은 『六典條例』450)에 다음과 같이 명문화되었다.

1. 第一行 ; ① 年·月·日·干支, ② 날씨, ③ 각 지방의 災變.
2. 第二行 ; ① 왕의 위치, ② 常參·經筵의 참석여부, ③ 일의 순서.
3. 왕에게 보고되거나 王命을 쓸 때는 다음과 같은 원칙으로 기록하였다.
   ㉠ 입시하여 설명하는 사항은 내용의 요점만 기록한다.
   ㉡ 沿革과 是非 등은 본말을 상세히 기록하고, 褒貶의 자료가 되는 될만한 사항은 별도로 綱目을 설정한 다음 그 아래에 쓴다.
   ㉢ 臺諫에서 아뢰는 일은 모두 기록하되 여러 번 되풀이되면 連啓 몇 차라 쓰고, 내용에 첨가된 것만 더 기록한다.
   ㉣ 사헌부·사간원에서 아뢴 것은 官司名으로 쓰고, 論事가 중대한 경우는 職과 名을 쓰고 이의자의 성명도 쓴다.
   ㉤ 疏章의 경우 중요한 것만 쓰고, 儀式·禮에 관한 것은 후일 참고가 될 만하면 번거로워도 모두 쓴다.
   ㉥ 과거 급제자는 몇 등 누구 외 몇 넝이라고만 쓴다.
   ㉦ 관리의 임명은 고관과 현직만 쓰고, 지방관의 임명이나, 특별임용, 임용에 물의가 있었던 사람은 미관말직이라도 모두 기록한다.

시정기에는 견문한바 인물의 현부득실, 비밀과 관계된 일 등을 기록

---
450) 『六典條例』 卷5, 禮典 時政記條.

한 '家藏史草'의 내용을 제외하고는 경외 대소아문에서 일어난 일과 使行人, 대간의 상소와 신하의 상서 등이 모두 기록되어 있는 일종의 공문서이다. 그리고 인물과 관련된 것 중 物議가 있었던 경우에는 미관말직이라도 반드시 기록하도록 한 것은 인사의 공정성을 유지하고자 하는 태도이며, 인물의 현부를 중요한 평가 기준으로 삼았던 유교사관의 일면을 살필 수 있다. 연혁과 시비 포폄의 자료를 기재하도록 한 것 역시 역사의 교훈을 권계하려는 태도로 교훈사관의 성향을 반영하는 것이다. 즉 체계적이고 객관적인 역사사실의 기록과 후세에 교훈을 주고자 하였던, 당시 지배층의 철저한 유교주의 역사의식을 살필 수 있으며, 이러한 태도가 복합적으로 반영되어 나타난 것이다.

경외 대소아문의 보고문서 등을 중심으로 편찬된 시정기는 사관이 작성한 사초, 『승정원일기』 등과 함께 실록 편찬시 중요한 편찬자료가 되었다. 다음의 기사는 이러한 사실을 그대로 반영하고 있다.

> "…대저 실록을 수찬하는 예는 <u>승정원일기와 시정기, 경연일기와 諸司의 등록</u>으로 무릇 상고할 만한 문서라면 모두 다 주워 모아서 연대를 나누고 방을 나누어 각기 斥正하여 편입하게 하고, <u>여러 신하의 사초</u>는 년·월·일에 따라 전문을 바로 써서 그 사이에 附入하므로 片言隻字라도 가감이 있을 수 없으며,…"451)

이 기사는 연산군 4년 실록청의 당상 어세겸 등이 올린 箚子인데, 실록이 승정원일기 및 시정기, 각사 등록류 등을 중심으로 편년순으로 정리한 뒤, 여기에 사관의 사초가 부입되어 편찬되었음을 보여주고 있다. 즉 시정기 등 각 관청 시행사를 편년순으로 먼저 정리한 뒤, 군주와 신하의 현부득실, 인물과 시행사를 포폄한 가장 사초를 연대에 맞추어 첨부시킨다는 것이다. 『승정원일기』가 왕명의 출납을 중심으로 정리된 것

---
451) 『燕山君日記』 卷30, 4年 7月 乙卯.

이라면, 시정기는 『승정원일기』를 비롯한 경외 대소아문의 시행사를 모두 수집하여 정리한 것이기 때문에, 당대 정치사를 확인하는데 가장 기초적인 것이라고 본다. 이는 시정기가 사초만큼이나 실록 편찬시 중요하고 기초적인 자료였음을 의미한다. 중종 29년 영의정 張順孫 등이 '대저 시정기에 의거해서 실록을 만들어 만세에 전합니다.'[452]라는 것이나, 정조 1년 실록 편찬시 주로 이용되는 자료가 무엇인가를 묻는 질문에, 좌의정 金尙喆이 '時政記를 주로 하되 정원일기를 참고하고 있습니다.'[453]라고 한 기사 등은, 이러한 사실을 확인하는데 중요한 근거가 된다.

시정기의 편찬은 매년 춘추관에서 주관하였고[454], 편찬이 끝나면 충주사고에 봉안되었다. '을사년 8월·9월·10월의 시정기'[455], '武定寶鑑을 찬집할 일로 을사년 8월의 시정기를 꺼내다가…'[456] 등의 기사는 월 단위로 편찬되었음을 보여준다. 포쇄는 실록의 포쇄년에 맞추었다[457]. 그리고 승문원 문서와 함께 매 3년마다 인쇄하여 춘추관, 승문원, 의정부 및 史庫에 간직하도록 하였고, 매년 말 편찬된 冊數를 왕에게 보고하였다[458]. 조정에서는 시정기 수찬의 근만 여부를 감독하고, 편찬이 지연되는 것을 방지하고자 노력하였다. 이에 수찬의 근만을 감독하거나 편찬을 소홀히 한 사람들에 대한 처벌 규정이 마련되었다. 예문관의 직제학과 直館, 춘추관의 당상관 중 한 사람이 매월 춘추관에 나와서 수찬의 근만 여부를 검찰하게 하거나[459], 성종 7년 겸임사관 중

---

452) 『中宗實錄』 卷77, 29年 6月 己酉.
453) 『正祖實錄』 卷3, 1年 5月 己丑.
454) 『成宗實錄』 卷66, 7年 4月 甲申.
455) 『明宗實錄』 卷6, 2年 11月 癸卯.
456) 『明宗實錄』 卷7, 3年 2月 己未.
457) 『世宗實錄』 卷66, 16年 11月 戊寅.
458) 『經國大典』 禮典 藏文書條.
459) 『世宗實錄』 卷66, 16年 11月 戊寅.

춘추관의 당상관에게 근만을 검찰하도록 한 것460)은 이를 반영한다. 예문관의 응교에게 시정기 및 사대교린의 문서를 전담하도록 한 것461) 역시 시정기 수찬을 독려하기 위한 의도라고 본다.

시정기의 수찬 여부를 감독하고, 수찬을 소홀히 한 경우 6품의 승진이 불가능하도록 하였던 제도적 장치462)가 마련되었지만, 근본적인 해결책은 아니었다. 세조 1년 세종과 문종의 실록을 편찬하는 관계로 시정기의 수찬이 이루어지지 못했다는 경우463)는 시급한 일이 있으면 미루어졌음을 의미한다. 그리고 연산군 4년에 발생한 무오사화은 사관들의 기사활동은 물론, 시정기의 편찬 등 역사 사실의 체계적인 정리를 막는 원인이 되었다. 이외에 연산군 11년, 5년마다 시정기를 편찬하도록 한 것이나464), 중종때 시정기의 수찬이 해이해졌음이 논의된 점465), 4-5년 동안이나 수찬되지 못했다는 기사466) 등도 시정기의 편찬이 원만하지 못했음을 보여준다. 광해군 때는 시정기의 수찬이 해이해져 전최시 문제가 되거나467), 수찬하지 않은 잘못으로 **奉敎 李必達**이 벌을 받았고468), 인조 때는 **金光炫**이 시정기를 정리하지 않았다는 이유로 추고당했으며469), 효종때 정언 **趙嗣基**는 사관 역임시 시정기 편찬을 소홀하게 했다는 이유로 하옥당하기도 하였다470). 현종때 **申晸**이 지평으로 승진하였을 때의 史論471)에는 신정이 사초의 정리를 제대로 하지 않았

---

460) 『成宗實錄』 卷66, 7年 4月 甲申.
461) 『中宗實錄』 卷55, 20年 11月 甲申.
462) 『英祖實錄』 卷31, 8年 1月 戊辰.
463) 『世祖實錄』 卷2, 1年 8月 庚午.
464) 『燕山君日記』 卷58, 11年 7月 辛卯.
465) 『中宗實錄』 卷13, 6年 1月 己卯.
466) 『中宗實錄』 卷44, 17年 5月 辛亥.
467) 『光海君日記』 卷167, 13年 7月 壬戌.
468) 『光海君日記』 卷171, 13年 11月 丙午.
469) 『仁祖實錄』 卷21, 7年 9月 庚子.
470) 『孝宗實錄』 卷8, 3年 4月 癸亥.
471) 『顯宗實錄』 卷15, 9年 7月 乙巳.

기 때문에 승진이 불가하다고 하였으며, 당시 識者들이 안타깝게 여겼다고 한 기사도 있다.

이렇게 볼 때, 사초의 정리와 시정기의 수찬은 당시 지배 관료층들이 매우 중요하게 인식하였고, 큰 관심을 보였음을 알 수 있다. 즉 시정기의 수찬 여부는 사관 본인의 관료생활에 지대한 영향을 끼쳤으며, 遷轉 시 문책여부가 결정될 정도였다.

조선시대 사관이 작성한 사초를 비롯하여 실록, 승정원일기, 시정기 등 당대 역사 사실을 수록한 것은 열람할 수 없도록 비밀이 보장되었다. 따라서 사관 등 당대사의 작성자들은 공정하게 기록할 수 있는 여건이 마련되었다. 그러나 현실적인 상황에 따라 열람되거나 개서와 수정되었던 것으로 보인다. 연산군 6년, 이전의 사실을 확인하기 위해서 시정기를 보았다고 한 것이나, 자신의 허물이 시정기에 쓰인 것을 모두 삭제하였다는 기사[472], 연산군의 전교에 따라 승지들이 시정기를 상고하였다는 기사[473], 춘추관 당상 등이 시정기를 상고하여 書啓하였다는 기사[474], 명종 2년 『續武定寶鑑』의 찬집을 위하여 춘추관에 보관된 시정기를 살폈다는 기사[475] 등은 열람이 광범하게 이루어졌음을 보여준다. 더욱이 3년마다 인쇄되어 춘추관 및 의정부에 보관되었던 점에서, 두 기관의 관원들이 볼 수 있었던 것이 아닌가 생각된다.

시정기의 열람 외에, 광해군 1년에는 임진왜란시 소실된 시정기의 편찬[476]을 위하여 廳을 설치하고, 朝報와 野史를 수집하였고, 이를 바탕으로 본격적인 수정 작업이 진행되기도 하였다[477]. 영조 때는 鞫案이 빠졌다고 하여 당시 사관으로 하여금 개수하노목 하였다[478]. 이와 같이

---

472) 『燕山君日記』 卷37, 6年 5月 戊午.
473) 『燕山君日記』 卷53, 10年 閏4月 丙戌.
474) 『燕山君日記』 卷54, 10年 6月 癸亥.
475) 『明宗實錄』 卷6, 2年 11月 癸卯, 동 卷7, 3年 1月 乙巳 等.
476) 『仁祖實錄』 卷6, 2年 5月 戊午.
477) 『仁祖實錄』 卷6, 2年 6月 辛亥.

열람이 원칙적으로 금지되었음에도 불구하고, 시정기의 열람과 수정, 개수 등은 어느 정도 있었던 것으로 보인다479). 이는 이들 기사가 객관적으로 정리 편찬되었다는 사실을 믿기 어렵게 하는 요인이라고 본다.

실록이 완성되면 다른 자료들과 함께 시정기도 洗草되었다. 일부의 인사가 역사 사실의 인멸을 염려하여 세초를 반대하는 경우도 있었으나480), 대부분은 세초되거나 불에 태워졌다481). 영조 7년 한림 洪昌漢이 실록이 완성되면 시정기는 불필요하기 때문에 세초해야 한다고 하였을 때, 영조도 춘추관에 시정기를 보관하는 것은 마땅하지 않다고 하면서 속히 세초할 것을 명하였던 사실482)에서, 알 수 있다.

이상에서 살핀 바와 같이, 시정기는 경외 대소 아문의 시행사를 중심으로 사관들이 매년 편찬하여 충주사고에 보관한 뒤, 3년마다 승문원 문서와 함께 인쇄되었다. 그리고 시정기 편찬의 근만을 살피고 독려하기 위해서 예문관과 춘추관의 당상관들로 하여금 감독하도록 하였다. 봄·가을의 전최시에 시정기의 찬록 여부를 살핀 것은 편찬을 독려하였던 것과 연관된다. 영조때 '翰林推薦釐革' 10조의 절목에서, 사관 중 사초를 정리하여 바친 사람을 순서에 따라 6품으로 승진시키도록 한 것483)과 시정기의 수찬을 제대로 하지 않은 사람은 6품 승진을 불가능하게 한 것484)도 동일한 경우이다. 이는 당시 지배 관료층들이 역사 사실의 정리와 편찬을 중요하게 인식하였음과 사초와 동일하게 인식하였음을 보여주는 것이다.

---

478) 『英祖實錄』 卷1, 卽位年 10月 甲戌.
479) 이러한 현상은 중기 이후 외란과 내란 등이 빈번했던 것과도 연관된다. 즉 상당한 사료의 소실은 결국 이에 대한 보충이 요구되었고, 이는 사료의 열람과 수정, 별도의 편찬작업이 이루어지게 되는 배경이 되었다고 본다.
480) 『孝宗實錄』 卷10, 4年 6月 庚申.
481) 『孝宗實錄』 卷19, 8年 9月 庚申.
482) 『英祖實錄』 卷29, 7年 5月 辛巳.
483) 『英祖實錄』 卷53, 17年 4月 丙辰.
484) 『英祖實錄』 卷117. 47年 8月 庚辰.

이상 사관의 활동 중 입시, 사초와 시정기의 작성 등을 살펴보았다. 이외에 사관은 실록청의 기사관에 편성되어 실록의 편찬에 참여하기도 하였으며, 실록이 완성된 뒤에 봉안의 일과 이안, 고출, 포쇄 등의 임무를 수행하였다. 이에 대해서는 뒤485)에서 살피기로 한다.

第4節 其他 活動

앞에서 史官들의 활동과 관련된 내용 중 입시와 사초, 시정기의 작성 등을 살펴보았다. 여기에서는 이상의 가장 기본적인 활동 이외에, 다양하고 광범하게 수행하였던 기타의 활동에 대해 살펴보고자 한다.

사관은 경연과 정사 회의가 있는 모든 곳, 즉 역사의 현장에 참여하여 사실의 광범한 기록은 물론, 왕의 가장 측근에 있는 侍從臣의 한 사람으로서 다음과 같은 각종의 임무를 수행하였다.

먼저 租稅徵收의 잘잘못을 지적하고, 이의 시정책과 문제점을 살펴 조사하였다486). 주서와 함께 東西氷庫487)에 가서 얼음 저장의 근태와 摘奸(不正摘發)을 살피기도 하였다488). 典獄署에 가서 옥에 구류된 죄수를 조사하기도 하고489), 죄인 신문시에는 동참하기도 하였다490). 대신이 사직을 청하는 경우, 왕이 이들의 사직을 불허하는 경우 사관을 보내 사직을 허락하지 않는다는 말을 전달시키기도 하였으며491), 大臣의 문병을 대신 다녀오기도 하였다492). 성균관 및 4학에 가서 유생의 到

---

485) 본서 제Ⅲ부 제1장 '실록의 편찬과 보관'조에 자세하다.
486) 『中宗實錄』 卷7, 4年 1月 己亥.
487) 동빙고는 祭享·供佛의 수용을 공급하였고, 서빙고는 御膳·賓食·百官頒給의 수용을 공급하였다. 氷庫에는 제주(1), 별좌(종5, 별제·별검과 합해 4인), 별제(정6-종6), 별검(정8-종8) 등 5인의 관원이 편성되었다.
488) 『中宗實錄』 卷19, 8年 12月 癸卯.
489) 『中宗實錄』 卷20, 9年 5月 癸未와 同 23年 4月 壬子 등.
490) 『中宗實錄』 卷75, 28年 6月 丙子.
491) 『中宗實錄』 卷24, 11年 4月 壬子.

記493)를 가져다가 원점을 헤아리기도 하였으며494), 宣慰使의 酒禮行爲에 대한 여부를 왕이 三公에게 묻고자했을 때 사관을 보내 물어오기도 하였다495). 범죄사건의 처리상황 검열496)과 종묘에 짐승을 올리는 제사를 주재하며497), 빈민구휼소에 가서 구휼행위가 제대로 시행되는 지의 여부를 조사하거나498), 의정부 찬성의 임명시 후보자를 삼정승에게 물어오는 임무도 수행하였다499).

이와 같이, 사관은 사초와 시정기의 작성, 그리고 실록의 편찬 등과 관련된 역사 편찬 활동 이외에, 매우 다양한 임무를 수행하였다. 즉 왕의 최 측근에서 보필하였던 侍從臣의 한 사람으로서, 왕의 명을 받아 많은 일을 대신 수행하였던 것이다. 수행한 임무가 하찮은 것으로 보일 수도 있으나, 그러나 그것은 모두 군주의 통치행위와 연관된 것이었다. 이는 이들의 활동이 유교 정치 이념을 현실적으로 구현하는 것과 긴밀하게 연관되었음을 반증한다.

사관은 역사 사실의 정리와 기록, 이를 바탕으로 당대사인 실록을 편찬하는 등의 중요한 임무를 수행하였음은 물론, 기타 활동도 매우 다양하고 광범하였다. 그런데 그 활동은 모두 조선 유교 사회의 이념에 부합되고, 그 실천에 중요한 요인이었던 점에서 중요성을 찾을 수 있다. 더욱이 이들의 활동이 公論의 소재와 형성에 기여하였던 점에서는 언론정치의 전개와 관련하여서도 의미를 부여할 수 있다.

---

492)『中宗實錄』卷31, 12年 12月 丙寅.
493) 성균관 유생의 근만을 확인하기 위하여 식당에 들어간 횟수를 圓點으로 標記하여 놓은 것.
494)『中宗實錄』卷38, 15年 2月 24日.
495)『中宗實錄』卷41, 16年 2月 甲辰.
496)『中宗實錄』卷55, 20年 9月 乙酉.
497)『中宗實錄』卷55, 20年 11月 辛酉 및 同 卷92, 34年 10月 庚辰.
498)『中宗實錄』卷89, 33年 11月 癸未.
499)『中宗實錄』卷91, 34年 6月 庚戌과 同 卷99, 37年 11月 戊午.

第4章 史官의 成分과 社會的 背景

第1節 史官의 成分

　史官은 전임사관과 겸임사관으로 구분된다1). 전임사관은 역대 역임자의 명단2)이 전해질 뿐만 아니라, 인명 작성시 관직이 반드시 기록되기 때문에, 사관 역임 여부를 구분해내는 것이 어렵지 않다. 그러나 겸임사관은 매우 다양하고 광범하게 운영되었던 만큼, 구분하기가 용이하지 않다. 설령 구분해 낸다고 하더라도 워낙 방대한 인원이 겸임하였기 때문에, 한 마디로 그 성격을 도출해내기 어려운 점이 있다. 따라서 명단의 확인이 용이한 전임사관을 중심으로 하여, 이들의 사회적 배경이나 성분을 살피고자 한다3).

---

1) 관찬 문서에는 '겸임사관'보다 '겸춘추'라는 용어가 더 일반적이다. 따라서 '겸춘추'라는 용어를 써야 할 것이나, 檢閱·待敎·奉敎 등을 '전임사관'이라고 하므로, 상대적인 개념으로 '겸임사관'이라고 하는 것이 구분의 편의상 용이할 것으로 본다.(본서 第Ⅰ部 제2장 제1절 참조.)
2) 『翰苑題名錄』,(奎章閣 古文書 No9735·9819, 1책 67장 筆寫本)
3) 전임사관과 겸임사관이 유사한 임무를 수행하였던 것으로 인식하고 있던 당시 思潮나, 겸임사관의 선발조건이나 수행 임무가 유사한 점에서 볼 때, 전임사관의

한편 조선시대 활동하였던 사관 전체를 대상으로 한다는 것은 무리일 뿐만 아니라, 필자의 능력에도 미치지 못하며, 논리의 비약이나 정확한 성격 규명을 놓칠 우려가 있다. 그리고 조선 사회의 발전 과정에서 각 시기별 정치·경제·사회적인 변화, 집권 세력과 정국 운영의 실상, 사상·문화의 변화상이 상당히 다양하였고 광범하였던 점에서 일반적인 성향을 찾는다는 것도 무리라고 본다. 따라서 전체를 대상으로 하기보다는, 일정한 시기로 한정하여 살펴보는 것이 구체적이고 실질적인 분석이 될 것으로 생각하여, 중종대 활동하였던 전임사관을 대상으로 그 성분과 사회적 배경을 살피고자 한다4).

주지하듯이 『경국대전』이 반포되어 집권체제가 정비되었던 성종대는 영남지역에서 학문에 정진하였던 일단의 학자들이 과거시험을 통하여 중앙 정계에 진출하기 시작하였다. 새로 정계에 등장한 士林들은 대간·홍문관·사관 등 문한직에 진출하여 정치적으로 크게 성장하면서5), 건국이래 정치 권력과 경제적 부를 독점하고 있던 훈구 대신과 대립·갈등하기 시작하였다. 따라서 성종대부터 중종대까지는 정치·경제·사회 등 각 분야에서 조선 사회의 성격이 크게 변화되기 시작하였던 시기라고 할 수 있다.

그런데 성종대 후반 정계에 진출하기 시작한 젊고 유능한 인재들 중 일부가 문한직이었던 사관에 진출하였다는 것은 주목된다. 따라서 이들의 사회적 배경, 가계 및 가문의 성향을 살피는 것은 조선 관료 사회의

성격을 살피는 것만으로도 무리는 없을 것으로 본다.
4) 지나치게 시기를 한정하였기 때문에, 일반적인 성격을 도출하기 어려운 점이 있을 수 있다. 그러나 이러한 작업이 다른 시기의 사관 성분을 이해하는데 도움이 될 수 있다고 본다. 그리고 시기를 한정했다고 하여 전혀 다른 의미나 논리의 비약이 있을 것으로는 생각하지 않는다.
5) 사림의 대간직 진출은 정두희의 저서(『朝鮮時代의 臺諫硏究』, 一潮閣, 1994.)에, 사관직 진출은 차장섭의 논고(「史官을 통해 본 朝鮮前期 士林派」, 『慶北史學』8, 1985.)에 자세하다.

운영과 그 특성을 이해하는 것과도 연관되는 것이다.

전임사관의 성분을 이해하기 위해서는 무엇보다도 정확한 명단을 작성하는 것이 선행되어야 한다. 그런데 이들의 명단을 작성하기 위해서는 실제 사관으로 활동한 인사들의 자료나 기사를 면밀하게 찾아야 할 것이다. 현존하는 자료 중 전임사관 역임자를 확인할 수 있는 것으로는 다음의 몇 종류가 있다.

첫째, 『翰苑題名錄』이다. 이 자료는 태조대 黃喜로부터 철종대 朴海昌까지 역대 검열직 역임자를 등과 시기별로 수록하고 있다. 따라서 어느 왕 때 활동하였던 사관이었는가를 살피는데 가장 중요한 근거를 제공한다.

둘째, 『國朝文科榜目』이다. 과거시험의 실시이래 역대 문과 급제자들을 성적순으로 나열하면서, 그가 역임하였던 주요 관직명을 기록하고 있다. 이중 사관직을 역임한 경우에 '翰林'이라고 쓰고 있어 확인이 용이하다[6].

셋째, 실록의 기사이다. 실록에서 인명을 작성할 때는 인명 앞에 반드시 관직을 기록하고 있다. 이런 점에 착안하여 인명 앞에 봉교·대교·검열이나, '史官' 혹은 '記事官' 등의 직책이 기록되어 있는 경우, 사관직을 역임한 사람이라고 볼 수 있는 것이다.

넷째, 위 세 가지의 자료에서 확인 할 수 없는 사람 중 개인문집의 연보나 행장을 근거로 살필 수 있다. 그런데 이는 후손에 의해 윤색될 우려가 있다는 점에서, 객관적인 사실로 인정하기 어렵기 때문에, 자료의 이용상 조심해야 한다[7].

이상의 자료들을 근거로 중종대 전임사관 역임자를 살펴보면, 모두

---

[6] 『문과방목』이 급제자의 일람표인 점에서, 일부 사관 역임자를 빠뜨릴 수 있음은 당연하다. 그런데 다른 한편으로는 『한원제명록』에 수록되지 않은 사람이 기록된 것도 있어, 두 자료를 종합하여 살피는 것이 요구된다.
[7] 문집의 경우 위 세 자료의 것과 일치하며, 별도의 사례를 확인하지 못하였다.

176명8)이었다9).

　중종대 활동하였던 176명의 사관들의 성분을 이해하기 위해서는 먼저 급제여부와 급제시 성적, 그리고 이후의 관력 등을 살펴보아야 할 것이다. 조선 관료제 사회에서 과거의 급제 사실과 성적은 이들의 학문 및 가문의 성세 여부를 살피는 근거를 제공하기 때문이다.

1. 及第時 成績

　사관의 자격 조건과 임명 절차는 이미 살펴본 바10)와 같이 매우 엄격하였고 까다로웠다. 문관으로 三長之才를 갖춘 사람이 사관에 제수되었던 사실에서, 학문이 뛰어난 인재들이었다는 가정을 해볼 수 있다. 그러나 실제로 사관에 제수되어 활동하였던 사람들은 어떤 성향의 사람들이었고, 학문은 뛰어났는지, 임기는 어느 정도였으며, 관력은 어디까지 승진하였는가 하는 사실은 아직까지 구체적으로 분석되지 못한 실정이다. 즉 이들의 성분 및 사회적 성격은 여전히 모호한 실정이라고 할 수 있는 것이다.

　먼저 사관의 학문정도를 이해하는 근거로 급제시 성적을 살펴보자.

---

8) 『翰苑題名錄』에서 122명, 『國朝文科榜目』에서 13명, 實錄에서 41명을 확인하였다. 이중 『翰苑題名錄』이나 『國朝文科榜目』에서 확인한 사람들은 별 착오가 없을 것이다. 그러나 실록에서 확인한 41명의 경우, 필자가 모두 발견하지 못했거나, 아니면 실록 편찬관들이 잘못 기록한 사람도 있을 수 있기 때문에, 정확하다고 단정하기 어렵다. 그러나 전체에 비해 그 수가 많지 않고, 대체적인 내용을 이해하는데 논리의 비약이나 오류를 유발할 것으로 보지는 않는다.

9) 부록에는 185명으로 정리되어 있다. 본문과 부록의 인원수가 다른 것은, 부록에는 『翰苑題名錄』의 명단을 등과 시기 기준으로 나열하였기 때문이다. 이를 본문처럼 등과 시기와 실제로 활동한 시기를 구분하여 다시 정리한다면, 각 왕대 활동한 사관의 인원수가 어느 정도 차이날 것으로 본다. 한 예로 金欽祖는 연산군 7年 등과하였지만, 중종 2년 봉교직을 수행하였기 때문에(『中宗實錄』 卷3, 2年 6月 壬午.), 중종대 활동한 史官으로 파악하였다.

10) 본서 第Ⅰ部 제1장 참조.

이는 당시의 학자라면 누구나 과거에 급제하여 立身揚名하려는 포부를 가졌고, 이것이 가문의 성세를 가져올 수 있는 근거가 된다고 보았기 때문이다. 따라서 과거에 급제한다는 것은 개인의 영광이기도 하였지만, 나아가 가문의 성세를 가름하는 기준이 되기도 하였다. 더욱이 대대로 명문이 되기 위해서는 왕실과의 국혼이라든 가, 다른 명문과의 혼인관계도 중요하지만, 과거의 급제와 仕宦이 매우 중요한 요소가 되었던 것이다. 그것은 조선왕조의 권력 구조가 관료제에 기초하고 있고, 관료제는 과거시험을 근거로 하고있기 때문이다. 따라서 이들의 과거 급제 여부와 어느 정도의 성적으로 급제하였는가를 파악하는 것은 학문 수준 및 재행, 가문의 성세 정도를 판단할 수 있는 것이다.

중종대 활동한 176명의 사관 중, 문과에 급제하지 못한 사람은 단 1명도 없다. 이들이 모두 文科에 급제하였다는 사실만으로 학문과 才行이 뛰어났다고 할 수 있을 것이다. 그러나 중종 재위동안 문과 급제자만 899명[11]이기 때문에, 급제한 사실만으로 유능하고 학행이 뛰어났다고 하는 것은 다소 무리가 따른다. 따라서 이들의 급제시 성적을 확인하는 것이 필요하다고 본다[12].

176명 중 식년시 급제자가 78명, 謁聖試·親試·賢良科 등 별시 급제자가 98명이다. 그러나 중종 재위 동안 식년시는 13회, 별시는 36회 실시했기 때문에, 비율로 본다면 식년시 급제자가 더 많다. 3년마다 정기적으로 실시하는 식년시에 비해, 시간적 여유를 두지 않고 실시하는 별시의 특성으로 볼 때[13], 식년시 급제자가 많다는 것은 서울 및 근기 지방 출신이 많았던 것으로 볼 수 있다. 그리고 조선시대 청요직의 독점

---

11) 중종대 문과 급제자 899명 중 별시 급제자가 467명, 식년시 급제자가 432명이다. 별시는 36회, 식년시는 13회 실시했다.
12) 『文科榜目』에는 과거의 종류와 성적이 명확하게 정리되어 있다. 성적순으로 나열하고 있기 때문에, 어느 정도의 성적(席次)인가를 살피는 것도 용이하다.
13) 宋俊浩, 「朝鮮時代의 科擧와 兩班및 良人」, 『歷史學報』69, 1976.

현상이 거족 가문이나 閥閱14)에 의해 장악되었던 것과 연관된다고 본다.

급제시 성적을 보면, 전체 식년시 급제자 78명 중 상위 11등 이내의 사람은 23명(29%)이고, 중간 성적인 12등에서 22등까지의 사람은 35명(45%), 23등 이하의 하위 그룹은 20명(26%)이다. 이로 보아 중간 정도 이상의 성적으로 급제한 사람이 74%정도인 것을 확인할 수 있다15). 따라서 우수한 성적으로 급제한 사람과 그렇지 못한 사람이 반반 정도인 것을 알 수 있다. 그런데 5등 이내의 뛰어난 성적으로 급제한 사람은 9명(12%) 뿐이다16).

이러한 성적 분포로 보아, 고려시대 활동하였던 史官들의 성적17)보다, 조선시대 활동한 史官들의 성적이 다소 떨어진 것으로 보인다. 조선시대 사관들의 급제시 성적이 고려시대보다 좋지 않았음에도 불구하고, 사관직의 수행이 무리없었던 것은 유교문화가 전시대보다 훨씬 보편화되었고, 한문도 일반화되었기 때문이라고 본다. 즉 급제 성적에 크게 좌우되지 않고 사관직을 수행할 수 있었던 시대적 배경이 조성되었던 것으로 볼 수 있다.

그러나 급제시의 성적만으로 학문적 수준이라든가, 才行을 모두 밝힐 수는 없다. 따라서 급제 성적 외에 최종적으로 역임했던 관직이 무엇인가를 살펴보고18), 이를 바탕으로 정치적 영향력 및 정국 주도권 장악여

---

14) 鉅族과 名族은 이태진의 논고(「15세기 후반의 '鉅族'과 明族意識」, 『韓國史論』 3, 1979.)에 자세하고, 閥閱은 車長燮의 저서(『朝鮮後期 閥閱研究』, 一潮閣, 1997.)에 자세하다.
15) 別試의 경우도 전체 97명중 상위 성적으로 급제한 사람은 22명(23%)이고, 중간 성적이 34명(35%), 하위 성적이 41명(42%)이다.
16) 성적이 좋은 사람들은 7품(봉교), 8품(대교), 9품(검열)의 말단에 제수되지 않았기 때문에, 사관 중에 성적이 월등히 좋은 사람은 드물다.
17) 고려시대 史官의 성적이 뛰어났음은 정구복의 논고(「高麗時代의 史館과 實錄編纂」, 『第3會國際學術會議論文集』, 韓國精神文化研究院, 1984.)와 崔齋淑의 논고(「高麗翰林院考」, 『韓國史學論叢』, 1981.) 참조.

부를 살펴보자.

2. 史官 이후의 官歷

조선왕조 건국 이후 선조 33년(1600)까지 문과 급제자 4309명의 최종 관직을 분석한 논고19)는 본 절의 내용을 이해하는데 시사하는바가 크다. 먼저 4309명 문과 급제자들의 최종 관력을 살펴보자.

표1-7) 文科 及第者 最高 官職表(1392년부터 1600년까지)

分類	品階	人員	比率
上級	정1품 ~ 정3품당상관	1583	36.7
中級	정3품당하관~ 종6품	2295	53.3
下級	정7품 ~ 종9품	104	2.4
未詳		327	7.6
	계	4309	100

위 표를 보면, 문과 급제자의 90%이상이 종6품계 이상을 역임했으며, 당상관으로 진출한 사람도 1583명(36.7%)이었음을 알 수 있다. 즉 문과에 급제한 사람 중 큰 하자가 없는 경우라면, 대체로 종6품계 이상으로 진출하였다. 그러나 당상관으로 진출한 사람은 37%정도로써 누구나 최고 관료층인 당상관의 진출이 보장된 것은 아니었다.

조선 양반 관료제 사회에서 당상관들은 국정의 입안과 집행을 맡은 최고급 관료집단20)이고, 급제 후 최소한 17.3년에서 23.5년이 지나야만

---

18) 『한원제명록』이나 『문과방목』 등의 자료는 史官 각 개인들의 관력과 최종 관직을 거의 수록하고 있다. 176명 중 요절한 사람이나, 역모 등으로 파직된 사람들도 있기 때문에, 정확한 통계는 아니지만, 이런 경우에 해당되는 사람이 많지 않으므로 분석에는 큰 영향을 미치지 않는다.
19) 崔永浩,「朝鮮前期 科擧及第者와 良人-1392~1600년대 朝鮮社會構造의 한 側面-」,『朝鮮身分史 硏究-身分과 그 移動-』, 法文社, 1987.
20) 李成茂,『朝鮮初期 兩班硏究』, 一潮閣, 1980.

올라갈 수 있는 자리였다[21]. 따라서 당상관으로 진출했다는 것은 개인의 영달뿐만 아니라, 가문을 빛낼 수 있는 조건을 갖추었다고 할 수 있는 것이다.

　사관 역임자중 당상관까지 오른 인사를 분석하는 것은 어느 사람이, 혹은 어느 가문의 인사들이 정치적 영향력과 정국 주도권을 행사했는가 여부를 파악할 수 있는 것과 연관된다. 여기서 중종대 사관 역임자들이 역임한 최고 관직을 살펴보면 다음 표와 같다.

표1-8) 中宗朝 史官 歷任者의 最高 官職表

分　類	品　　階	人　員	比　率
上級	정1품　　～　정3품당상관	101	57
中級	정3품당하관　～　종6품	63	36
下級	정7품　　～　종9품	10	6
未詳		2	1
계		176	100

　표에서 보듯이 중종조 전임사관 176명 중 종6품계 이상 진출한 사람은 164명(93.4%)으로, 1392년부터 1600년까지 문과 급제자들의 비율보다 약간 높다. 그러나 당상관 이상 진출한 사람은 101명(57.4%)으로, 앞의 사례보다 훨씬 높은 비율임을 알 수 있다.

　이러한 사실은 중종대 사관직을 역임한 사람들 중 요절했거나 역모 등의 사건에 연루되어 일찍 관직에서 물러난 경우가 아니라면, 대체로 절반 이상이 당상관에 올랐다는 짐작을 가능하게 한다. 이는 이들의 관직 생활시 태도나 자세가 상당히 적극적이었고, 분명하였던 것으로 추정할 수 있는 근거이기도 하다. 따라서 급제시의 성적이 비록 월등하지는 않았지만, 이들의 관로는 매우 순탄하였고, 개인과 가문에 특별한

---

21) 金泳謨, 『朝鮮 支配層 硏究』, 一潮閣, 1977.

하자가 없는 한 당상관까지 진출하여 최고의 지위를 누렸던 엘리트 계층이었다고 할 수 있다.

第2節 史官의 社會的 背景

앞에서 살펴 본 급제시 성적이나 최종 관력은 그들의 학문이나 재행, 그리고 정치적 진로를 판단할 수 있는 기준이 된다. 그런데 이들의 사회적 배경은 어느 家門의 출신이었는가와 출신가문의 성세 여부를 근거로 판단할 수 있다. 이는 사관을 배출한 가문이 15세기 이래의 훈구계 가문이었는지, 아니면 사림계 가문이었는지, 그리고 본래는 훈구계 가문이었는데, 사림계로 전향하였는지 등을 살피는 것과 연관된다. 그리고 대표적인 문한기구 중 하나였던 사관을 어떤 성향의 인사들이 역임하였는가를 밝히는 것과 함께 조선 관료사회의 특성을 이해하는 것이기도 하다.

훈구파는 고려말 조선 초의 혁명 시기에 혁명파 사대부로서 건국에 깊숙하게 관여하였을 뿐만 아니라, 두 차례의 왕자의 난과 계유정난 등 정치적으로 민감한 사건이 발생하였을 때 공을 세워 정치 권력과 경제적 부를 독점하였다. 이에 비해 사림파는 郡縣吏族에서 科擧·添設職·散職을 통해 士族化하였고, 관직보다는 학문을 중시하였다. 그리고 官歷도 대개 侍從·文翰·教授職 등을 역임하였으며, 부모 봉양을 위해 외직을 구하여 수령직의 역임이 잦았다[22]. 따라서 이들은 정계에 투신하더라도 권력구조나 권력투쟁에 적극적이지 않았으며, 그 결과 가문의 성세 여부를 가름하는 國婚이라든가, 명문과의 결혼, 錄功되는 사례가 적었다.

---

22) 李樹健,『嶺南士林派의 形成』, 嶺南大學校出版部, 1979.

조선사회에서 훈구파와 사림파의 구분은 일찍부터 논의되어 왔으며, 근래에 들어 이에 대한 괄목할만한 연구성과가 집적되어 시사하는바가 크다. 그리고 연구의 분화도 이루어져 훈구파와 사림파에 대한 개별적인 검토가 진행되었고, 훈구 집단의 가문이나 성분에 대한 연구[23], 사림에 대한 심층적인 연구도 나왔다[24].

성종 이후 중종대를 전후한 시기의 사림과 사림파에 대한 연구는 대체로 두 가지 방향에서 진행되었다. 먼저 사림의 학문적 경제적 배경이나 출신에 대한 것과 다른 하나는 이들이 추구한 구체적인 활동에 대한 것이다. 이러한 연구는 사림파가 학문적으로는 성리학을 기반으로 하였으며, 신분적으로는 지방사족이고, 경제적으로 중소 지주층이라는 결론을 도출시켰다[25]. 그러나 이에 대한 비판도 제기되면서, 조선 중기의 정치사를 훈구 對 사림의 도식으로만 설명할 수 없고, 사림파의 성분도 반드시 지방 사족이거나 중소 지주층으로만 볼 수 없다는 견해[26]도 제기되었다. 즉 사림이란 본질적으로 서울과 중앙 정계에 기반을 두고, 서울 및 근기 지방에 뿌리를 내린 세력으로서, 경외의 세력이 사상적으로 상통하는 움직임을 유지하였다고 보았다.

---

23) 李泰鎭,「15세기 후반기의 名族과 鉅族意識」,『韓國史論』3, 서울대학교 국사학과, 1976.
　　李秉烋,「朝鮮 中宗朝 靖國功臣의 性分과 動向」,『大邱史學』15・16, 1978.
　　鄭杜熙,『朝鮮初期 政治支配勢力硏究』, 一潮閣, 1984.
24) 李樹健,『嶺南士林派의 形成』, 嶺南大學校出版部, 1979.
　　李泰鎭,「16세기 士林의 歷史的 性格」,『大同文化硏究』13, 1979.
　　李秉烋,『朝鮮前期 畿湖士林勢力 硏究』, 一潮閣, 1984.
　　全用宇,『湖西士林에 대한 硏究』, 忠南大博士學位論文, 1994.
　　鄭杜熙,「朝鮮前期 支配勢力의 形成과 變遷」,『韓國社會發展史論』, 一潮閣, 1992.
25) 李樹健,『嶺南士林派의 形成』, 嶺南大學校出版部, 1979.
　　李泰鎭,「16세기 士林의 歷史的 性格」,『大同文化硏究』13, 1979.
　　李秉烋,『朝鮮前期 畿湖士林勢力 硏究』, 一潮閣, 1984.
26) Edward Wagner,「李朝 士林에 관한 再檢討」,『全北史學』4, 1980.

이외에 엄밀한 의미에서의 사림은 在地의 사족만을 지칭하는 것이었지만, 관료로서 중앙에 진출하여 사림의 이해관계를 대변하는 정치 집단이라고 하였다27). 특히 중종대의 경우 사림의 확대가 이루어져, 영남사림과 더불어 기호지방의 사류들이 사림의 중심이 되었고, 범주도 확대되어 사제관계나 지연, 혈연관계가 결속의 핵심요소가 되지 못하였고, 사림정치운동에의 참여를 중심으로 사림의 범주가 구성되었는데, 이러한 변화는 사림이 이념 집단적 성격이 강화된 것이라고 하였다. 그리고 '士大夫之林' 즉 학자관료들의 무리라고 보는 견해도 있다. 즉 士族·士類·士林을 사대부와 비슷한 용어라고 하면서, '士族'은 학자관료를 배출하는 계층으로 광의의 양반개념이고, '士類'는 학자관료를 의미한다고 하였다. '士'의 의미에 대해서는 시대에 따라 다르다고 보면서, 古代의 士는 武士를 의미하고, 14·15세기의 사는 文士, 16세기 이후의 士는 선비를 의미한다고 하였다. 그리고 점차 사대부 층이 넓어져 관직에 모두 수용할 수 없게 되자, 관직이 없는 지식인 선비들이 많아지게 되었고, 이들을 士林이라고 부르게 되었다고 하였다28).

이와 같이 조선의 건국 이후 중기에 이르는 시기까지, 정국을 주도하였던 정치 지배세력의 성격에 대해서는 한마디로 정의하기 어려운 점이 있다. 더욱이 훈구와 사림에 대한 실질적인 同異点의 비교 검토가 없는 상황에서, 관료 조직의 일원으로 활동하였던 史官의 성분과 성격을 단언하여 구분한다는 것은 난해한 작업이 아닐 수 없다. 더욱이 사관으로 활동하였던 인사들이 수시로 천전되었던 현실적인 상황으로 볼 때, 이러한 작업은 더욱 어려울 수밖에 없다.

여기서는 본관과 정치적 격변기에 있었던 녹공여부 등의 사례를 바탕으로 사회적 배경을 살펴보고자 한다. 본관이나 녹공 여부는, 전기이

---

27) 崔異敦, 『朝鮮中期 士林政治構造 研究』, 一潮閣, 1994.
28) 李成茂, 「士林과 士林政治」, 『淸溪史學』 8, 1991.

래 盛世가 이어진 가문이었는가와 훈구계, 사림계의 여부를 살필 수 있는 근거를 제공하기 때문이다.

먼저 本貫이 어디인가를 근거로 사관을 배출한 가문의 성향을 살피고자 한다. 이는 가문의 성향과 성세여부를 알 수 있는 가장 쉬운 방법이라고 보여지기 때문이다. 그런데 우리 나라의 본관이 대부분 경상도에 집중되어 있는 점에서, 이를 근거로 사관의 출신 성향과 사회적인 배경을 분석한다는 것은 한계가 있을 수 있다. 오히려 거주지를 살피고, 이를 근거로 在地적인 요소와 정치적 영향력을 살피는 것이 더 필요한 작업이라고 본다. 그러나 현존하는 자료를 근거로 이들의 거주지를 파악한다는 것은 매우 어려우며, 더욱이 파악했다고 하더라도, 거주지에서 어느 정도의 영향력을 행사하였는가를 살피는 것은 사회사적인 접근 방법이 필요하므로 필자의 능력에 미치지 못한다. 그러나 본관을 근거로 사회적 배경을 살피는 것이 전혀 무의미하다거나, 무리한 해석이라고는 할 수 없다. 조선 사회에서 개인의 사회적인 지위와 가문의 영향력을 파악하는데 본관을 근거로 살피는 것이 기초적인 방법의 하나이기 때문이다.

태조대부터 명종대까지 활동한 모든 사관(559명)들의 본관을 살피는 것은 시기와 인원이 너무 방대하기 때문에, 정확한 의미와 성격을 찾아낼 수 없을 것으로 보여지기 때문에, 여기서는 앞 절 등과와 성적, 관로를 살핀 바와 같이 먼저 중종대 활동하였던 사관들의 본관을 살피고자 한다.

앞에서 보았듯이 사림이 정계에 처음 등장하였던 성종부터 명종대의 시기는 조선 유교 관료사회의 특성과 정치지배세력으로서 훈구와 사림의 대립·갈등 및 조화가 조성되는 시기라고 할 수 있으며, 여러 가지 의미도 살필 수 있을 것으로 본다. 특히 중종대는 연산군대의 폐정을 극복하고 성종대의 문치를 재현하고자 하였으며, 三代의 이상정치였던

至治主義를 지향하였던 시기였다. 따라서 조선 유교 정치운영의 정형을 살필 수 있으며, 훈구와 사림의 갈등 및 분화과정을 바탕으로 조선 중기 정치지배세력의 동향을 살피는 것이 용이하다. 이에 중종대 활동하였던 사관의 가문을 근거로 사회적 배경을 살펴보고자 한다. 이러한 작업은 사관으로 활동하였던 사람들의 성분과 가문의 성향, 즉 사회적 배경에 대한 일반적인 성향을 밝힐 수 있을 것으로 기대되기 때문이다. 먼저 중종대 사관을 배출한 가문의 본관을 정리하면 다음과 같다.

표1-9) 중종조 史官 배출 가문 및 인원 수

本貫	姓	人員	本貫	姓	人員	本貫	姓	人員	本貫	姓	人員	本貫	姓	人員
禮安	金	1	河東	鄭*	1	淳昌	趙	1	昌寧	成*	1	杞溪	兪	2
	李	1	陝川	李	1	延安	李*	1	平山	申	1	晋州	蘇	3
甘泉	文	1	文化	柳*	1	南原	尹	1	陽城	李*	1	宜寧	南*	3
道安	李	1	忠州	朴	1	呂興	李	1	熙川	金	1	全義	李*	3
青海	李	1	文義	朴	1	新平	宋	1	羅州	林	1	南陽	洪*	3
平康	蔡	1	綾城	具*	1	豊德	張	1	平澤	林	2	順興	安	3
豊山	沈	1	星州	李*	1	高靈	申	1	押海	丁	2	坡平	尹*	3
仁同	張	1	奉化	琴	1	柒原	尹	1	豊壤	趙	2	昌寧	曹	3
彦陽	金	1	長水	黃*	1	木川	尙	1	恩津	宋	2	全州	李	3
昌原	黃	1	江陵	崔*	1	唐津	韓	1	仁川	蔡*	2	龍仁	李	4
完山	李*	1	安定	羅	1	密陽	朴	1	眞寶	李	2	青松	沈*	4
海州	鄭	1	原州	元*	1	延安	李*	1	羅州	羅	2	豊川	任*	4
寶城	吳	1	草溪	鄭	1	楊州	趙	1	延日	鄭*	2	晋州	柳	4
水原	白	1	竹山	安*	1	丹陽	禹	1	清州	韓	2		姜*	4
朔寧	崔	1	潘南	朴	1	咸悅	南	1	光州	鄭	2	安東	權*	5
光州	藩	1	驪興	李	1		金*	1	全州	崔	2		金*	5
	盧	1	清州	鄭	1	慶州	李*	1		柳	2	東萊	鄭*	5
尙州	金*	1		慶*	1		崔	1	光州	李	2	驪興	閔*	5
	周	1	三陟	沈	1	固城	李	1		金	2	咸陽	朴	6
廣州	安	1		金	1		南	1	陽川	許*	2	廣州	李*	7
善山	林	1	計			102개 가문, 176명								
	柳	1												

(* 표시 ; 용재총화에 수록된 거족 가문)

표에서 보듯이 중종대 1명 이상 사관을 배출한 가문은 102개 가문이다. 이중 67개(66%) 가문에서 1명의 사관을 배출하였고, 16개(16%) 가문에서 2명, 19개(17%) 가문에서 3명 이상을 배출하였다[29].

이를 세부적으로 살펴보면, 1명을 배출한 가문은 醴安 金氏 등 67개 가문에서 67명(38%), 2명을 배출한 가문은 平澤 林氏 등 16개 가문에서 32명(18%), 3명은 晋州 蘇氏 등 8개 가문에서 24명(14%), 4명은 龍仁 李氏 等 5개 가문에서 20명(11%), 5명은 安東 權氏 등 4개 가문에서 20명(11%) 등이다. 6명(3%)을 배출한 가문은 咸陽 朴氏이고, 가장 많은 7명(4%)을 배출한 가문은 廣州 李氏이다.

한편 1·2명을 배출한 가문이 83개 가문(81%)에 99명(56%)을 배출하여 절반을 넘는 사실로 볼 때, 중종대의 경우 특정 가문에서 독점적으로 사관을 배출한 것이 아니라는 사실과 가문의 성세여부와 무관했던 것으로 생각된다. 그러나 일부 가문에서 집중적으로 배출하였던 점도 있어 주목된다. 5명 이상 배출한 가문이 安東 權氏·安東 金氏·東萊 鄭氏·驪興 閔氏·咸陽 朴氏·廣州 李氏 등인데, 이들 가문에서만 33명(19%)이 배출되었다.

여기서 중종대 사관을 배출한 가문의 성격, 즉 신진 사림파이었는지, 명문 거족이었는지의 여부를 살펴보자. 이는 어느 집단이 주도하였는가를 보여주는 것이다. 이를 위해 成俔이 『慵齋叢話』에서 언급한 '我國 鉅族'(卷10) 76개 가문에 해당되는가의 여부를 먼저 살펴보자.

표에서 보듯이 총 102개 가문 중 41개(39%) 가문이 鉅族이었으며[30], 이들 가문에서 배출된 인원은 89명(51%)으로 절반이 넘는다[31]. 이러한

---

29) 사관을 배출한 가문의 家系圖는 필자의 학위논문과 차장섭의 전게 논문에 자세하게 정리되어 있다.
30) 76개 거족 가문만 대상으로 한다면 절반이 넘는 54%이다.
31) 상대적으로 사관을 배출하지 않은 가문에 대한 이해도 요구된다. 그러나 여기서는 사관을 배출한 가문의 성격을 밝히고자 하는 것이 목적이므로, 이는 뒤에서 별도로 다루어 보고자 한다.

사실은 중종대 사관을 배출한 가문의 성향이 조선초기 이래 鉅族 가문 출신이 많았음을 짐작게 한다. 그리고 1명을 배출한 가문 67개 가문 중 22개, 2명을 배출한 가문 16개 가문 중 5개 가문, 3명을 배출한 가문 8개 가문 중 6개, 4명을 배출한 가문 5개 가문 중 3개, 5명을 배출한 4개 가문은 모두, 6명을 배출한 함양 박씨는 해당되지 않으나, 7명을 배출한 廣州 李氏 역시 鉅族이었다.

이상의 통계에서 재미있는 사실을 발견할 수 있다. 우선 1명을 배출한 가문 중 거족 가문이 33%이고, 2명을 배출한 가문이 31%라는 사실이다. 따라서 1·2명을 배출한 가문의 1/3정도가 거족이었다는 점이다. 이에 비해 3명 이상 배출한 가문의 경우는 대부분 거족이다. 3명 이상을 배출한 가문 19개 중 14개(74%)가 거족이고, 인원으로는 77명 중 57명(74%)이다. 이와 같이 중종대 활동한 사관의 출신 가문 중 절반 이상이 거족 출신이었던 점에서, 중종대의 사관은 전기 이래의 훈구계의 성향과 사림계의 성향을 동시에 확인할 수 있다[32].

이렇게 본다면 중종대 사관직에 진출한 사람들은 성종대 과거 시험을 통하여 정계에 등장하여 淸職에 진출한 뒤, 훈구 대신들과의 대립·갈등 과정에서 정치세력화 하면서 성장하였던 사림과 조선초기 이래 거족가문의 출신이 섞여 있다[33].

한편 중종대 사관을 배출한 가문(41개 ; 51%)의 성격을 살피면서, 성현이 밝힌 鉅族 가문 중 사관의 배출이 적었던 가문의 이유도 살펴야 한다. 그런데 이는 중종대로 시기를 제한하면 안되고, 태조부터 명종까지 진체 사관의 성향을 살펴야만 가능할 것으로 본다.

---

[32] 3명 이상 배출한 가문만을 대상으로 하면 거족적인 경향이 더욱 심하다. 이는 중종대 사관을 많이 배출하였던 가문의 경우 특정 거족 가문에 집중되었다는 사실을 보여주는 것이다.
[33] 제Ⅲ부 '실록의 편찬과정과 편찬관'에서 언급하였지만, 이러한 현상은 실록의 편찬에 유력한 정치 지배층이 상당수 참여하였던 것과 무관하지 않다. 즉 역사의 정리와 편찬에 당시 지배층의 관심이 상당히 컸음을 반영하는 것이다.

184 第Ⅰ部 史官 制度의 確立

앞에서 본 바와 같이 중종대 사관은 전기이래 성세를 이루었던 훈구계와 사림계가 비슷한 수치였다. 그러면 동일하게 명문 거족으로 구분되었던 가문 중 사관을 적게 배출한 경우는 어떤 이유일까. 이를 해결하기 위해 성현이 『慵齋叢話』에서 밝힌 거족 가문들의 사관(태조대부터 명종대까지) 배출 현황을 살펴보자.

표1-10) 『慵齋叢話』소수 鉅族 가문 사관 배출 현황표[34]

本貫	人員	本貫	人員	本貫	人員	本貫	人員	本貫	人員	本貫	人員
居昌 愼	0/0	交河 盧	0/0	淸州 慶	0/1	晉州 河	0/3	陽川 許	1/3	金海 金	6/2
仁川 李	0/0	新昌 孟	0/0	海州 崔	0/2	豊川 任	0/3	完山 李	1/4	坡平 尹	1/8
鎭川 宋	0/0	沃川 陸	0/0	德水 李	0/2	陽城 李	1/2	綾城 具	1/4	東萊 鄭	2/8
順天 朴	0/0	羅州 朴	0/0	靈山 辛	1/1	江陵 崔	1/2	宜寧 南	0/5	南陽 洪	2/8
水原 崔	0/0	瑞山 柳	0/0	竹山 安	1/1	漢陽 趙	1/2	平山 申	2/3	淸州 韓	1/9
竹山 朴	0/0	瑞山 韓	0/0	善山 金	2/0	原州 元	2/1	慶州 李	3/2	文化 柳	4/7
龍駒 李	0/0	李	0/0	星州 李	0/2	高靈 申	0/3	密陽 朴	1/4	順興 安	1/10
江華 奉	0/0	金海 李	0/0	羅州 羅	0/2	河東 鄭	0/3	靑松 沈	0/6	全義 李	2/9
河陽 許	0/0	江陵 咸	0/0	丹陽 禹	1/1	幸州 奇	0/4	濟州 高	2/4	安東 金	4/8
漆原 尹	0/0	光山 金	0/0	咸從 魚	2/0	長水 黃	1/3	昌寧 曹	0/6	廣州 李	2/11
靈光 丁	0/0	礪山 宋	0/1	仁川 蔡	0/2	尙州 金	2/2	昌寧 成	2/5	晉州 姜	3/12
白川 趙	0/0	信川 康	1/0	延日 鄭	0/3	延安 李	0/4	驪興 閔	0/8	安東 權	6/13
平壤 趙	0/0	利川 徐	0/1	慶州 金	3/0	計		76가문	276명(66/210)		

표에서 보는 바와 같이, 76개 거족 가문 중 사관의 배출이 전혀 없거나 19명을 배출한 가문 등 매우 다양하다. 이들 거족 가문에서 배출된

---

[34] 인원의 '○/●' 표시에서, '○'는 성종 이전, '●'는 성종부터 명종대까지 배출된 인원수를 표시한 것이다. 이의 구분은 사림이 처음 정계에 등장하였던 성종대를 기준으로 전후에 배출된 사관의 성향을 구분하여 살피기 위해서이다. 이 시기의 성격 구분이 쉽지 않지만, 조선 사회에서 사림의 등장이 차지하는 비중이 큰 만큼 성종 이전과 이후의 구분이 필요하다고 보았기 때문이다.

사관은 모두 276명으로 성종 이전까지 66명(24%), 성종부터 명종대까지 210명(76%)이 배출되었다. 그리고 전체 559명 중 49%가 거족 가문임을 알 수 있다. 이러한 통계는 앞에서 살펴 본 바와 같이 중종대 사관을 배출한 가문의 성격과 유사한 점을 보여주고 있다. 그런데 여기서 살피고자 하는 것은 사관을 전혀 배출하지 않았거나, 1명 정도로 매우 적게 배출한 가문의 구체적인 이유이다.

조선조 관료 사회 운영에 있어서 명문이 청요직을 독점하였음은 상당 부분 밝혀졌다[35]. 그런데 대표적인 淸職이었던 사관직에 1명도 배출하지 않은 명문이 있음은 주목된다. 이들 가문에서 사관을 전혀 배출하지 않은 것은 무슨 이유일까. 그 이유가 무엇이었는가를 밝히는 것은, 상대적으로 사관을 많이 배출한 가문의 특성을 이해하는 것과도 연관되기 때문에, 필요하다고 본다. 그리고 이는 조선 관료사회의 특성, 나아가 권력의 상관성도 살필 수 있는 근거라고 생각된다.

표에서 보듯이 1명의 사관도 배출하지 않은 가문이 23개, 1명 4개, 2명 10개 등, 2명 이하 배출한 가문이 모두 37개이다. 여기에 3명 배출한 가문(10개)까지 합친다면, 전체 76개 가문 중 47개 가문(66%)이 3명 이하를 배출하였다. 그리고 이들 가문에서 배출한 인원이 모두 54명(20%)이다. 이러한 통계는 일부 거족 가문에서는 사관의 배출에 전혀 무관심하였음과 상대적으로는 일부의 가문에서 독점하였음을 반증하는 것이다. 그런데 이들 가문 중에는 조선전기이래 발생하였던 정치적 사건이나 필화사건에 연루되었던 인사들이 많다는 사실이 발견된다. 그리고 그 사건에 연루되어 처형된 인사가 있는 경우에 사관의 배출이 전혀 없거나, 상당히 줄어든 사실을 확인할 수 있어 주목된다. 여기서는 건국 이후 발생하였던 정치적 사건 및 필화사건과 사관의 배출 관계를 살펴보고자 한다.

---

35) 李成茂, 『朝鮮初期 兩班研究』, 一潮閣, 1980.

조선왕조는 건국 이후 정치적 민감한 사건이 몇 차례 발생하였다. 이러한 사건은 정치 세력의 분화는 물론 정국을 반전시키는 요인이 되었다. 그런데 정국을 반전시켰던 요인 중 현실 정치의 正邪를 탄핵하였던 臺諫36), 인물과 시정사의 시비를 直書하였던 史官의 활동은 상당히 큰 영향력을 끼쳤다. 정국의 변동과 정치지배세력의 분화는 여러 가지 요인에 의해 나타날 수 있다. 여기서는 국가가 위란에 처했을 때, 공을 세운 사람들에게 논공행상에 따라 공신으로 책봉하였던 정치적 사건과 예종과 연산군, 명종 때 발생하였던 필화 사건을 중심으로 상기 가문들의 성향을 살펴보자.

먼저 건국 이후 명종 즉위까지 이루어졌던 녹공은 10번이었다37). 주지하듯이 공신책봉은 개국이나, 전란, 내란, 역모 등 국가적으로 위기의 상황에서 공을 세운 인사들을 포상하기 위한 제도이다. 개국 이후 태종의 즉위까지 3번, 세조의 집권부터 성종 즉위까지 5번 등 모두 8번, 중종과 명종 즉위시 각각 한번 등 10번의 공신 책봉이 있었다. 공신의 책봉이 빈번하였음은 그만큼 정국이 긴박하게 전개되었음과 집권세력의 변동은 물론 정국 주도권을 누가 잡았는가 하는 사실 등 정국이 급변하였음을 반영한다.

개국, 정사, 좌명공신 등 건국 초에 있었던 세 번의 녹공은 태조의 건국과 태종의 집권과정, 그리고 이 시기 집권층 내부의 갈등과 알력 등을 자세하게 살필 수 있다. 세조의 집권과 관련되어 발생한 계유정난과 정난공신의 책봉은 건국 이후 줄곧 집권 세력으로서 권력을 누렸던 집

---

36) 조선전기 대간의 성분과 사회적 배경이 명문의 성향이 강했음은 선학의 연구로 상당 부분 밝혀졌다.(鄭杜熙, 『朝鮮時代의 臺諫硏究』, 一潮閣, 1994.)
37) ㉮開國功臣(태조 元年 8月, 52명), ㉯定社공신(태조 7年 10月,29명), ㉰佐命공신(태종 元年 1月, 46명), ㉱靖難공신(단종 元年 10月, 43명), ㉲佐翼공신(세조 元年 9月, 46명), ㉳敵愾공신(세조 13年 9月, 45명), ㉴翊戴공신(예종 卽位年 10月, 39명), ㉵佐理공신(성종 2年 3月, 75명), ㉶靖國공신(중종 元年 9月, 117명), ㉷衛社공신(명종 卽位年 9月, 32명) 등이다.

권층 내부의 분화를 초래하였다. 성종의 즉위 이후 책봉된 좌리공신은 지배체제가 완성되었던 시기의 정치지배세력 분화 현상을 살피는데 도움이 된다[38]. 그리고 중종반정 후 책봉된 정국공신은 처음에 훈구세력이 공신세력으로 등장하였다가, 비공신계 훈구세력과 사림파 세력에 의해 점차 도태되고, 이후에 사림파 세력이 독자적 정치노선을 추구해 나가는 과정을 살피는데 중요한 단서를 제공한다[39]. 위사공신은 명종초 을사사화이후 훈척 계열의 집권과 그들에 의한 정국주도, 그리고 사림파의 대응과 세력 결집을 살 필 수 있다[40].

이와 같이 공신의 책봉 여부는 권력의 향배를 살피는데 상당한 도움이 된다. 그런데 공신에 책봉된 뒤, 권력과 부를 장악한 인사와 가문이 있는가 하면, 오히려 녹공된 인사들에게 피해를 입고 정권에서 배척된 경우도 있다. 이러한 가문과 사관의 배출여부를 연관시켜 상관 관계 여부를 추적해 보자.

먼저 태조 이후 명종대까지 10번의 녹공을 다음의 세 부류로 나누어 본다[41].

A ; 개국공신 등 초기 3공신에 녹공된 인사가 많은 경우.
B ; 정난공신부터 좌리공신까지 녹공된 인사가 많은 경우.

---

[38] 개국공신부터 성종대 좌리공신까지 각 공신의 성분과 사회적 배경은 鄭杜熙의 저서(『朝鮮初期 政治支配勢力研究』, 一潮閣, 1984.)에 자세하다.
[39] 靖國功臣의 성분과 동향은 李秉烋의 논고(「朝鮮 中宗朝 靖國功臣의 性分과 動向」, 『大邱史學』15·16, 1978.)에 자세하다.
[40] 위사공신 성분과 동향은 禹仁秀의 논고(「朝鮮明宗朝 衛社功臣의 性分과 動向」, 『大邱史學』33, 1987.)에 자세하다.
[41] 건국 이후 정치지배세력의 동향이 각 시기별로 다르기 때문에, 막연히 공신 책봉 여부를 가려 인원수를 살피기보다는, 세부적인 시기 구분을 도모하였다. A는 개국 초와 태종의 집권시 공을 세운 경우이고, B는 세조 집권부터 성종대까지, C는 중종과 명종대 득세한 경우이다. 공신으로 책봉된 모든 가문과 거족 가문 76개를 모두 분석해야 하지만 필자의 능력에 미치지 못할 뿐만 아니라, 너무 방대한 작업이므로, 일부만을 대상으로 하였다. 인원의 多寡는 3명 이상 차이나는 경우이다.

C ; 정국과 위사공신에 녹공된 인사가 많은 경우.

먼저 A의 경우에 해당되는 가문은 평양 조씨(0)⁴²⁾, 백천 조씨(0), 영산 신씨(1/1), 진주 하씨(0/3), 성주 이씨(0/2), 한양 조씨(1/2), 의령 남씨(0/5) 등이다. 이들 가문은 개국공신, 정사공신, 좌명공신 등 건국 초의 3공신에 녹공된 후 상당한 권력을 누렸다는 공통점을 확인할 수 있다.

이중 平壤 趙氏는 趙浚·趙狷·趙璞 등이 개국 및 정사·좌명공신에 책봉되었는데, 조준과 조견은 친형제이고, 조박은 이들의 從姪이다. 고려말 충선왕의 國舅이며, 당대 최고 권력가였던 趙仁規의 후손으로 명문 거족이었다. 漢陽 趙氏는 趙溫·趙仁沃·趙英武 등이 녹공되었는데, 조온과 조영무는 무인 출신이었던 특징이 보인다. 그리고 璞이 위사공신에 책봉되었으나, 안명세의 사옥시 유배형을 당하였다. 晋州 河氏는 河崙이 정사와 좌명공신에 책봉된 경우이다. 하륜은 공민왕대 급제한 신진세력이었지만, 인척이었던 李仁任이 우왕 14년 실각될 때⁴³⁾, 이숭인 등과 함께 유배되었을 뿐만 아니라, 이색·이숭인·정몽주 등 고려 왕조를 유지하고자 하였던 온건파 사대부들과 뜻을 같이 함으로써 여러 차례 탄핵을 받았던 인물이었다. 그가 정사공신에 책봉되는 등 태종의 즉위와 함께 세력을 키울 수 있었던 것은, 권근의 경우와 마찬가지로 태조 5년 表箋問題가 발생하였을 때부터였던 것으로 생각된다⁴⁴⁾. 宜寧 南氏의 경우는 南誾과 南在가 개국공신에 책봉되어, 태조대는 권력을 누렸으나, 태종에게 제거되고 세력이 위축된 경우이다. 세조 13년 9월 이시애의 난 평정시 공을 세운 남이가 적개공신에 책봉되었으나, 유자광의 모함으로 가문의 성세는 일어나지 못하였다.

이상의 A 유형의 가문은 건국 초 명문 거족의 조건을 두루 갖추고

---

42) 괄호 안의 숫자는 배출된 사관의 수인데, 성종 이전과 이후 배출된 인원을 표시하였다.
43) 『高麗史』 卷126, 列傳39, 李仁任傳.
44) 鄭杜熙, 『朝鮮初期 政治支配勢力硏究』, 一潮閣, 1984.

있으며, 개국공신을 비롯하여 건국 초의 3공신에 책봉된 예가 많다는 점45)과 사관의 배출이 상대적으로 적다는 사실을 발견할 수 있다. 이들 가문이 배출한 사관은 모두 15명에 불과하다. 의령 남씨가 5명(0/5)으로 가장 많고, 나머지 가문은 거의 없는 정도이다. 무슨 이유일까. 주지하듯이 건국 초의 상황은 정치·경제·사회적으로 안정이 이루어지지 못했다. 그리고 체제의 안정을 이루고자 하는 과정에서 언론권이 체계적으로 보장되기보다는, 오히려 제한하거나 규제된 면이 컸다고 본다. 이 시기 권력의 창출에 직접적으로 공헌한 점이 많은 가문에서 사관의 배출과 활동에 있어서 상대적으로 소홀한 것은 당연한 일이 아닌가 생각된다. 태조부터 명종대까지 활동하였던 사관 명단(부록 2)에서 보듯이, 왕조의 안정적 기반이 이루지기 이전까지는 사관의 활동이 상대적으로 위축되었음을 확인할 수 있다. 이 시기 공신으로 책봉된 가문에서 사관 배출이 적었던 것도 이러한 시대적 배경과 무관하지 않다고 본다.

B의 경우는 안동 권씨(6/13), 廣州 이씨(2/11), 전의 이씨(2/9), 청주 한씨(1/9), 문화 류씨(4/7), 남양 홍씨(2/8), 동래 정씨(2/8), 청송 심씨(0/6), 고령 신씨(0/3), 하동 정씨(0/3), 한산 이씨(0/4), 연안 이씨(0/4), 신천 강씨(1/0), 광산 김씨(0), 죽산 박씨(0), 교하 노씨(0), 거창 신씨(0) 등이다. 이중 한산 이씨를 제외하고는 모두 명문 거족이었다.

안동 권씨는 권근이 좌명공신에 책봉된 것을 제외하고는, 모두 세조의 집권과 관련되어 성세를 이룬 점이 발견된다. 정난공신에 權擥을 비롯하여 權蹲·權驅·權擎 등 4명이 책봉되었다. 이후 적개공신을 제외하고 정국공신(權鈞)까지 13민 녹공되었던 사실에서 세조의 집권과 관련하여 가문의 성세가 이루어졌다. 廣州 李氏는 좌익공신(克培·克堪), 익대공신(克增), 좌리공신(克培·克增·克墩), 정국공신(蒣·誠彦), 위사

---

45) 평양 조씨 7번, 백천 조씨 2번, 진주 하씨 2번, 영산 신씨 2번, 성주 이씨 3번, 의령 남씨 2번 등이다.

공신(潤慶) 등에 녹공되어, 세조의 즉위 이후 중종대까지 계속 권력을 누렸다. 全義 李氏 역시 廣州 이씨와 유사한 경우로 정난(禮長), 좌익(禮長), 적개(德良·恕長), 좌리(壽男), 정국(翰元·希雍)공신 등에 책봉되어 세조 즉위 이후 중종대까지 권력을 누렸다. 청송 심씨는 정사(淙), 익대(澮), 좌리(澮·瀚), 정국(順徑), 위사(連源) 등에 책봉되었다.

이 유형의 가문에서는 사관의 배출이 많고, 특히 성종 이후에 집중되었다는 점을 발견할 수 있다[46]. 사관을 전혀 배출하지 않았던 거창 신씨의 경우 承善·守勤 부자가 연산군과 중종의 외척으로 사림파를 직접 加害[47]하였기 때문이라고 본다. 이는 성종 이후 배출된 사관 중 사림계와 연관된 인사가 있었던 것과 무관하지 않다.

C의 경우는 평산 신씨(2/3), 인천 채씨(0/2)인데, 이들 가문은 모두 정국공신(申壽麟·蔡壽)에 1명씩 녹공되었으며, 앞의 경우와 달리 중종 이후 권력의 핵심에 들어섰다는 점이 확인된다. 그런데 두 가문에서 배출한 사관 수(평산 신씨 5명, 인천 채씨 1명)가 전혀 다른 점에서 특별한 의미를 부여하기 어렵다.

위 세 부류 어느 쪽에도 해당되지 않은 것으로 정난공신부터 정국공신까지 세조 이후 가문의 성세를 이룬 진주 강씨(3/12), 안동 김씨(4/8), 여흥 민씨(0/8), 파평 윤씨(1/8), 창령 성씨(2/5), 창령 조씨(0/6), 양천 허씨(1/3), 능성 구씨(1/4), 순천 박씨(0) 등이 있다.

진주 강씨는 좌익(孟卿), 익대(希孟), 좌리(希孟), 정국(渾·漬)등이다. 안동 김씨는 士衡이 개국과 정사공신에, 礩이 좌익 및 좌리공신에, 정국(壽童·壽卿) 등에 책봉되었다. 여흥 민씨는 개국(汝翼), 정사(無咎·無疾), 좌명(無咎·無疾), 정국(懷發·懷昌·孝曾), 위사(齊仁) 등에 책봉되었는데, 태종의 즉위시 공을 세워 권력을 누렸으나, 곧 제거되었던

---

46) A 형태의 가문에서 배출된 사관의 수는 전체적으로 매우 적지만, 성종 이후에 주로 배출되었다는 점에서 B의 경우와 비슷하다고 할 수 있다.
47) 李樹健,『嶺南士林派의 形成』, 嶺南大學校出版部, 1979.

점을 살필 수 있다. 이후 권력의 핵심에서 멀어졌으나, 중종과 명종 즉위시 공을 세워 다시 성세를 누렸다.

파평 윤씨는 개국(虎), 좌명(坤), 정난(士昀), 좌익(士路・巖・炯・士昀), 적개(弼商), 익대(繼謙), 좌리(士昕・繼謙・弼商), 정국(衡老・士貞・湯老・金孫・坦・汝弼), 위사(仁鏡・元衡・漑・敦仁・參)공신 등에 책봉되었다. 개국이후 여러 차례에 걸쳐 녹공된 명문이며, 특히 세조[48]의 즉위와 함께 급 성장한 전형적인 거족 가문이다.

창령 성씨의 경우 좌명(成石璘), 정난・좌익(成三問), 좌리(成奉祖), 정국(成希顔・希雍・瑛・夢井)공신 등에 책봉되었다. 성삼문이 정난과 좌익공신에 책봉되었으나, 단종 복위(死六臣) 사건에 연루되어 제거되면서, 세조 즉위 이후 가문의 성세가 위축되었다. 중종 반정에 성희안과 함께 4명(동생 希雍・아들 瑛 등)이 녹공되면서 다시 성세를 이룰 수 있었다.

이들 C형태의 가문은 능성 구씨와 순천 박씨를 제외하고 대부분 사관의 배출이 많았다. 이런 사실은 國婚이라든가, 공신책봉시 훈구계 가문이 독점하였다는 사실, 그리고 앞에서 살펴보았듯이 중종대 사관을 배출한 가문이 거족출신이라는 점과 연관되는 것이다.

이상의 공신 책봉이 정치적인 사건과 긴밀하게 연관되었던 것과는 달리 예종대의 민수사옥, 연산군대의 무오사화, 그리고 명종대의 安名世 史獄 등 필화사건은 사관의 활동이라든가, 배출여부와 직접적으로 연관되어 있다.

먼저 閔粹史獄이다. 예종 1년 4월 세조실록[49]의 편찬을 위하여 실록청이 열렸다. 실록청이 열리면 선왕대 사관을 역임하였던 사람들은 家藏하고 있는 사초를 기한 내에 납입해야 했다. 본래 사초를 작성하거나,

---

48) 세조의 비(貞熹王后)가 파평 윤씨였던 점과 연관된다.
49) 세조실록은 예종 1년 4월 시작하여 성종 2년 12월에 완성되었다.

실록청에 납입할 때는 작성자의 이름을 쓰는 것이 원칙이었다. 세조대 사관을 역임하였던 민수도 세조실록의 편찬을 위한 사초의 납입요구를 받고, 자신의 사초에 이름을 쓴 채 납입하였다. 그런데 대신들을 폄하한 기사가 많았고, 이로 인하여 대신들에게 핍박받을 것을 염려하게 되었다. 처음에는 실록청의 奉敎 李仁錫과 劍正 崔命孫에게 부탁하여 사초를 꺼내어 고치고자 하였다. 그러나 이들이 들어주지 않자, 博士 康致誠에게 요청하여 결국 사초를 고쳤다50). 이는 사초의 개수 및 개서와 연관 것으로 매우 중요한 문제였다. 사실이 알려지자, 예종은 사초를 개수한 죄를 물어 다음과 같이 관련자를 처벌하였다51).

① 참형 ; 강치성(신천)·원숙강(원주)
② 곤장과 유배 ; 민수(여흥)
③ 곤장과 본적지 군역편입 ; 이인석(전의)·최명손(강릉)

이 사건의 표면적인 가해자는 예종이었지만, 내면을 자세히 살펴보면 다른 점이 발견된다. 이 시기에는 군주든 사관이든 간에 막대한 권력을 장악하였던 훈구파를 의식하지 않을 수 없었다. 따라서 이 사건은 정국의 운영이 훈구 대신들에게 좌우되었던 시대적 분위기 때문에 발생한 사건이었다52).

둘째, 연산군 4년 발생한 무오사화이다. 이는 김일손이 스승 김종직의 '弔義帝文'53)과 이극돈의 비행을 사초로 작성하여 성종실록 편찬시 납입한 것이 문제되어 야기된 것이다54). 이 사건으로 피화된 이들의 형

---

50) 민수사옥의 자세한 내용과 본말은 『燃藜室記述』(卷6, 예종조 고사본말)과 예종실록(卷5, 元年 4月 甲子·丁丑·戊寅條)에 자세하다.
51) 괄호 안의 지명은 본관을 나타낸 것이다.
52) 권람으로 대표되는 세조대 훈신들, 즉 한명회나 신숙주, 정인지 등을 당시 사관들이 공개적으로 비판하기 두려워했던 사실과 연관된다. 한명회가 영의정에 복귀한(예종 원년 1월) 3개월 후에 사옥이 발생하였다는 점에서 짐작해 볼 수 있다.(鄭杜熙, 『朝鮮初期 政治支配勢力硏究』, 一潮閣, 1984.)
53) 주지하듯이 '弔義帝文'은 중국 秦나라 때 項羽가 楚나라의 義帝를 폐한 것을, 세조가 단종을 폐한 것과 연관시켜 비유한 것이다.

벌은 다음과 같다.
  ① 剖棺斬屍 ; 金宗直(선산).
  ② 陵遲處斬 ; 金馹孫(김해)·權五福(예천)·權景裕(안동).
  ③ 斬首 ; 李穆(전주)·許磐(양천)
  ④ 곤장 및 가산적몰, 관노 ; 姜謙(진주)
  ⑤ 곤장과 변방 부처 ; 表沿沫(신창)·洪瀚(남양)·鄭汝昌(하동)·茂豊副正摠·姜景敍(진주)·李守恭(廣州)·鄭希良(해주)·鄭承祖(경주)·任熙載(풍천)·李胄(고성)·李宗準(경주)·崔溥(耽津)·李㴭(경주)·金宏弼(서홍)·朴漢柱(밀양)·康伯珍(신천)·李繼孟(전의)·姜渾(진주)·成重淹(창령).
  ⑥ 곤장과 징역 ; 李宜茂
  ⑦ 파면 ; 魚世謙(함종)·李克墩(廣州)·柳珣(문화)·尹孝孫(남원)·金詮(연안)
  ⑧ 좌천 ; 洪貴達(缶溪)·趙益貞(풍양)·許琛(양천)·安琛(순흥)55)

  셋째, 명종 3년 2월 유관·류인숙·윤임 등을 옹호하고, 李芑를 폄하한 사실이 발각되어 야기된 안명세 사옥이다. 안명세는 인종의 장례식 이전에 尹任 등 3대신을 죽인 것은 국가적인 불행이라고 지적하였으며, 이기·鄭順朋 등이 무고한 선비들을 처형한 사실(을사사화)을 자세하게 기록한 시정기를 남겼다. 한편 이기 등은 명종 즉위 이후 자행하였던 자신들의 행위를 정당화하기 위하여 『武定寶鑑』의 편찬에 적극적이었고, 이를 한지원 등에게 맡겼다. 을사년 당시 안명세와 함께 사관직을 수행하였던 韓智源은 무정보감의 편찬을 위한 기사 수집 과정에서 우

---

54) '弔義帝文'이 문제가 되기는 하였지만, 직접적인 이유는 유자광의 김종직에 대한 舊怨과 실록청 당상관 이극돈이 자신의 비행을 사초로 작성하여 납입한 김일손에 대한 공격으로 발생한 것이다.
55) 어세겸 이하 사람들은 修史官으로서 문제의 사초를 보고도 고하지 않은 죄가 적용된 것이다.

연히 안명세가 작성한 시정기를 보게 되었다. 한지원은 안명세의 시정기를 이기·鄭順朋 등에게 밀고하였고, 이들은 처벌을 강행하였다. 이 안명세 사옥으로 피화된 인사는 다음과 같다.

① 처형 ; 안명세(순흥).
② 유배 ; 趙璞(한양)·孫弘績(밀양)·尹潔(남원)·柳堪(전주)·李元祿(덕수).
③ 삭탈관직 ; 이지함(한산)

이상 조선전기 발생하였던 대표적인 필화사건을 살펴보았다. 여기서 피해 입은 가문과 사관 배출 여부를 살펴보자.

먼저 민수사옥시 피해를 입은 여흥 민씨의 경우이다. 閔祥安이 성종 11년 사관을 역임한 이후 중종 15년에야 비로소 배출할 정도였으며, 원주 원씨 역시 叔康이 피해를 입은 이후 중종 28년 繼儉이 사관직을 역임한 이후, 조선후기 영조대 1명(景淳)이 나왔을 뿐, 더 이상 사관의 배출이 없다. 신천 강씨의 경우 致誠이 피해를 입은 이후 조선 말기까지 사관의 배출이 없었다.

무오사화의 경우 ⑦과 ⑧은 실록청의 당상관으로서 직접적인 피해자라기보다는 책임자로서 연좌되어 처벌된 경우이다. 따라서 실질적인 피해자는 ①부터 ⑥까지이다. 여기서는 선산 김씨와 김해 김씨의 경우를 살펴보자.

선산 김씨의 경우 태조대 從理와 세종대 之慶이 사관을 역임하였다. 그런데 김종직이 '조의제문'의 직접적인 작성자로 지목되고, 무오사화에 연루되어 죽은 이후 전혀 배출되지 않다가, 선조 16년에야 信元이 사관직을 역임하였을 뿐이다. 김해 김씨는 태종대 鑌, 세종대 係熙와 勇, 단종대 永堅, 세조대 克儉과 龜, 성종대 일손, 연산군 3년 寬 등 무오사화 이전까지는 다른 가문보다 비교적 많은 인원(8명)이 사관직을 역임하였다. 그러나 무오사화시 김일손이 피해를 입은 이후 전혀 배출되지 않다가, 숙종 8년에야 洪海가 사관에 제수되면서 다시 배출되기 시작하였다.

　안명세의 사옥시 피해 입은 순흥 안씨, 한양 조씨, 남원 윤씨의 경우를 살펴보자.

　먼저 한양 조씨와 남원 윤씨의 경우 중종 39년 璞과 중종 38년 潔이 사옥에 연루되어 유배형을 받은 이후, 더 이상의 사관 역임자가 나오지 않았다. 그런데 순흥 안씨는 세종 1년 修己부터 중종 39년 名世까지 8명이 사관직을 역임하는 등 많았다. 그리고 名世가 사옥에 연루되어 처형된 이후 명종 10년에 다시 宗道가 배출되는 등 앞의 두 사건에 연루된 가문들과는 다른 점이 보인다. 그러나 이는 순흥 안씨의 경우에만 해당되는 것으로 다른 가문과는 전혀 다르다.

　이와 같은 통계를 고려할 때, 조선전기 대표적인 필화사건은 단순히 정국을 반전시키는 정도가 아니고, 피해를 입은 가문에서는 더 이상 사관을 배출하지 않았음을 확인 할 수 있다. 이는 더 이상 필화사건에 가문의 인사를 희생시켜서는 안된다는 공론이 내부적으로 형성된 것으로 생각된다. 사관이 권력에 아부하여 곡필하지 않고 소임을 제대로 지킨다는 것은 매우 어려운 일이었으며, 개인적으로나 가문상으로도 중요한 의미를 부여할 수 있는 것이었음을 알 수 있다.

　이상 사관을 배출한 가문의 성향을 조선전기 발생한 정치적 사건과 필화 사건과 연관하여 살펴보았다. 다소 무리한 분석일 수 있지만, 이에 대한 사실을 밝힐 수 있는 자료가 많지 않다는 현실적인 상황에서, 어느 정도 시사점이 있다고 본다. 그리고 이제까지 그나시 주목되시 못했다는 점과 역사의 연구 방법상 연속되는 과정에서 변화와 발전을 찾는데 의미를 둘 수 있다는 점에서도 의미를 부여 할 수 것이다.

　사관의 활동은 언로의 확대와 연관되기도 하며, 군주와 대신들의 독주를 견제할 수 있는 수단이 되기도 하였다. 그러나 당시의 정치적 상황과 정국의 흐름에 따라 일부 좌우되는 경우도 있었다. 이러한 사실은 가문의 분위기와 영향력이 무시될 수 없음을 의미한다. 그리고 사관은 동일한 가문, 특정 혈통, 특히 선대에 史官을 역임한 경력이 있는 계보에서 집중적으로 배출된 예가 많다. 모든 경우에 해당되는 것은 아니지만, 史官을 역임했던 경험이 있는 계통에서 상당수의 史官이 배출되었던 사실을 발견할 수 있는 것이다56). 史官을 배출한 가문이나, 사관직을 역임한 경력이 있는 사람, 혹은 현재 사관직을 수행중인 사람들 사이에서 혼사가 이루어진 예도 상당 수 발견할 수 있다57). 이러한 현상은 성종 이후 등장한 사림이 정치세력의 새로운 조성을 위하여 덕을 중시하는 인사 원칙으로 천거제와 자천제를 추진하였던 것과 연관된다.

그러면 조선전기 활동하였던 史官의 성분을 어떻게 정의할 수 있을까58). 앞에서 보았듯이 명문 거족 출신도 상당히 많고, 개국과 내란 등 정국 변동시 공을 세워 녹공된 인사들도 상당수 있었으며, 이와 정반대인 경우도 있는 등 매우 다양하다. 따라서 이들의 성분을 한마디로 정의한다는 것은 무리일 수밖에 없다. 이에 대해 갑자사화 이후 훈구계 가문의 성향에서 사림계로 전향한 '轉向士林'이라는 견해59)가 있어 시사하는 바가 크다. 이는 성종 이후 사림이 활발하게 활동하였던 것과 연관된다.

그런데 성종 이후 정치 세력의 동향을 훈구파 對 사림파라는 도식으로 살피는 것은 다소 무리가 따른다. 더욱이 중종대 이후 전개되었던

---

56) 이는 '史官自薦制'와 연관된다.
57) 坡平 尹氏(6件), 安東 金氏(4件), 東萊 鄭氏(4件), 文化 柳氏(4건) 등이다. 이 시기 이루어진 전체 혼례에 비하면 적은 비중이지만, 이러한 사례만으로도 의미를 부여할 수 있다고 본다.
58) 사림이 등장하기전인 성종대까지는 큰 문제가 없다. 따라서 사림이 정계에 등장하고 정치 세력 내부의 갈등과 대립이 본격화되었던 성종 후반기 이후 명종대 활동하였던 사관의 성분을 구분하는 것이 중요한 문제라고 생각된다. 여기서는 중종대 사관을 대상으로 한다.
59) 車長燮, 「史官을 통해 본 朝鮮前期 士林派」, 『慶北史學』8, 1983.

정국을 보면, 사림이 처음 정계에 등장하였던 성종대의 정치적 상황과 다른 양상을 보이고 있으며, 시대적 분위기도 연산조 이후의 폐정을 복구하려는 움직임이 강하였던 점이 발견되고 있기 때문이다. 그리고 정치 세력은 반정 공신계와 비공신계, 훈구와 신진사류 등으로 구분되었으며, 정국 주도권도 왕과 공신, 공신과 비공신, 공신과 신진사류간의 갈등·대립으로 나타났던 것이다.

이와 같이 정국이 복잡하게 전개되었던 시기에 활동하였던 사관의 성격을 한마디로 정의한다는 것은 다소 무리가 아닐 수 없다. 더욱이 정국의 운영과정에서 관료 조직체계에 편제되었던 정치 세력의 성격을 구분한다는 것은 대단히 어려운 작업이기도 하다.

그러나 중종대 사관직에 제수되어 활동하였던 이들의 출신과 가문의 성향을 자세하게 살펴보면, 훈구계 거족 가문과 그렇지 않은 경우가 비슷한 비율로 활동하였음을 확인할 수 있다. 그런데 이들은 성종대 이후 정계에 등장하였던 사림의 성향이 강하면서, 상당히 개혁적이었던 특성을 살필 수 있다. 따라서 태조부터 활동한 모든 사관에게 적용시킬 수는 없지만, 중종대 활동한 사관의 경우만 국한하여 살펴본다면, 현실 정치에 성리학적 이념을 적용시키려는 자세가 성종대 활동하였던 사림보다 적극적이었으며, 勳·戚 계열에 대한 비판의 강도도 높았고, 현실 비판의식이 강하고 개혁적이었음을 확인할 수 있다. 즉 연산군대 무너졌던 전통적 명분의 회복과 因習·舊制의 혁파 등을 통한 도학정치의 실현을 추구하였던 경향과 일치하였던 것이다[60]. 전자의 실질적인 사례는 계유정난, 세조의 즉위, 중종반정과정에서 나타난 명분의 단점을 찾으려는 노력에서 찾을 수 있다[61]. 이 점은 과거의 정변을 역사적 사실로 받아들이면서도 절대 가치로서의 통시대적 의의를 지닌 절의와 명

---

60) 李秉烋, 『朝鮮前期畿湖士林派研究』, 一潮閣, 1984.
61) 소릉의 복위, 노산군과 연산군의 입후문제, 신씨의 복위 등을 거론하는 것에서 알 수 있다.

분을 반정이전의 상태로 환원시켜야 한다는 의도를 나타낸 것으로 정변에 대한 간접적 비판의 의미를 내포한 것이었다. 후자의 사례는 여악과 내수사 장리, 기신재 및 소격서의 혁파 등을 주장한 것에서 알 수 있다. 이는 군주가 도덕적으로 정화되어야 한다는 것과 비법제적인 殖利에 따른 민폐의 구조, 異敎的 祀典체제를 성리학적 체제로 대체하려는 의도이다62). 그런데 이의 이면에는 군주와 연결된 훈구세력의 기반을 약화시키려는 의도와 연관된다. 앞의 제2章에서 본바와 같이 外史와 女史의 설치 의도 역시 이러한 의도와 연관되는 조치의 하나라고 본다.

이상과 같은 점에서 볼 때, 이 시기 활동하였던 사관은 출신 성분은 비록 전기이래의 명문 거족이 많았지만, 추구했던 성향은 개혁적 사림의 요소가 많았던 인사63)들이었음을 알 수 있다. 이러한 정의는 명종대에도 유사하게 적용될 것으로 생각한다. 앞으로 사관 연구가 좀더 구체적으로 진행된다면, 이에 대한 실질적인 이해가 가능할 것으로 기대된다.

---

62) 이러한 점은 이들이 작성한 史論의 내용에서 구체적으로 살펴볼 수 있다.(본서 제Ⅲ部 3절 참조)
63) 중종대 史官으로 활동한 모든 사람에게 적용되는 것은 아니지만, '신진사류'라는 용어를 反正功臣 및 非功臣系를 포함하는 勳舊(元老)大臣들과 대립되는 세력이라고 정의한다. 즉 이들은 주로 중종초 등용되었다가, 10년 이후 趙光祖 등과 함께 국정의 개혁을 도모하다가 기묘사화시 제거된 사람들을 의미한다.

第Ⅱ部　現存 史草의 分析

第1章 專任史官의 史草

　실록의 편찬시 사초, 시정기, 승정원일기, 의정부 등록, 비변사등록, 일성록, 개인 문집 및 야사, 조보, 그리고 外史의 보고문서 등 다양한 자료가 이용된다. 이중 사초[1]가 실록의 편찬 자료로서 가장 중요하다는 것은 주지의 사실이다. 사초는 당대의 역사 사실을 기록하였다는 점에서 매우 중요한 의미를 지니고 있을 뿐만 아니라, 작성자의 당대사 의식과 당시 정국의 흐름을 살필 수 있는 기본 자료가 된다.

　사초의 성격은 '입시사초'와 '가장사초'로 분류된다. 입시사초는 한림 檢閱이 정사가 이루어지는 자리에 입시하여 작성한 것이고, 가장사초는 집에 돌아와 강박한 기억을 더듬어 작성한 뒤 가장하였던 것을 말한다.

　사초는 실록의 편찬과 성격을 이해하는 문제와 직결된다. 그러나 이제까지 실록의 편찬과 보관, 史庫 등과 관련된 논고는 어느 정도 진행되었으나, 사초에 대한 관심은 크게 기울여지지 않은 실정이다.

　현존하는 史草 중에는 전임사관이 작성한 것과 겸임사관이 작성한 것이 있다. 여기서는 중종대와 인조대 활동하였던 전임 및 겸임사관이 작성한 사초를 바탕으로, 사초 작성의 실 예와 실록과의 연관성 등을

---

1) 사초의 성격에 대해서는 第Ⅰ部 제3장 제2절 참조.

살펴보고자 한다. 이는 사관의 직무 중 사초의 작성과 실록 편찬시 역할 등을 이해할 수 있는 근거를 제공하기 때문이다.

지금까지 史官이 작성한 사초를 대상으로 한 연구로는 磨厓 권예가 작성한 사초를 검토한 논문이 거의 선구적이라고 할 수 있다. 그러나 여전히 사초에 대한 구체적인 성격이라든가, 의의 및 가치에 대한 정확한 이해가 미흡하다고 생각된다. 여기서는 몇 건의 현존 사초의 분석을 통하여 사관의 사초작성 활동에 대한 문제와 작성된 사초가 실록 편찬시 어떻게 이용되는 가하는 문제 등에 대해서 살펴보고자 한다.

第1節 中宗朝 權橃의 史草[2]

1. 作者의 生涯와 經歷

권벌은 1478년(성종 9년) 11월 초6일 安東府 道村里에서 아버지 士彬과 어머니 坡平 尹氏(塘의 딸) 사이에서 4아들 중 둘째로 태어났다. 중종 2년 봄 별시 문과에 15명중 2등으로 급제한 이후 명종 초 찬성까지 다양한 관직을 역임하였다.

급제한 첫 해인 중종 2년 12월 1일부터 이듬해 12월 26일까지 史官

---

2) 권벌이 작성한 일기는 모두 중종실록 편찬시 자료로 중요하게 이용되었기 때문에 '史草'라고 해도 무방하다. 그것은 일기의 기사와 실록의 기사에서 동일한 것이 많다든 가, 일기에 수록된 史論이 실록에 거의 그대로 기사화 된 것에서 알 수 있다. 더욱이 後學 李光庭이 書한 重編本의 序文에 보면, "…先生家有堂后日記手筆 蓋先生修史之際 采取時政之大槪 隨日以錄 間多後日論斷 以備鑑戒者 其事核 其詞嚴 實遵筆削之遺義 …"라고 堂后日記를 史草로 인식한 점에서, 나머지 日記도 史草라고 보는 것은 무리가 없다.

으로 활동하였으며3), 곧 이어 12월 26일부터 중종 5년 3월 30일까지 승정원의 주서에 제수로 활동하였다. 사관 역임시 翰苑日記를, 注書 역임시 堂后日記를 작성하였다. 그리고 동왕 13년 5월 15일부터 동년 11월 6일까지 承旨를 지냈는데, 이 시기에는 承宣日記4)를 작성하였다.

권벌이 작성한 일기는 경북 안동의 宗孫家에 원본 그대로 전해지고 있으며5), 1982년 문중에서 간행한 문집에는 일기의 내용이 탈초되어 실려 있다. 문집은 宗孫 霂과 濡가 가장일기를 바탕으로 연보와 부록을 합하여 1671(顯宗 12)년 초간된 뒤, 玄孫 斗經이 拾遺를 추가하고 부록을 교정하여 1705(숙종 31)년 중간되었다. 이 중간본을 6세손 萬이 일기와 朝天錄6)을 추가하여 定稿本을 냈으며, 다시 1752(英祖28)년 후손 빈과 후학 李光庭이 定稿本을 교정·재편하여 삼간본(重編本)을 간행하였다7). 삼간본 문집에 한원일기 등이 수록되어 있다.

먼저 권벌의 생애와 경력 및 학문관 등에 살펴보자8).

---

3) 중종 2년 12월 1일 正9品인 검열에 제수되었다가, 다음해 3년 11월에 한 단계 위인 正8品의 待敎를 역임하였다. 따라서 그는 1년여 기산 예문관의 전임관으로서 사관직을 수행하였다.
4) 권벌이 작성한 일기의 표지에는 翰苑日記와 堂后日記, 戊寅日記(承宣日記)라고 별도의 제목이 쓰여 있으며, 細註로 '在翰苑時 日記'와 '在堂后時 日記', 그리고 '承宣時'라고 부기되어 있다. 표제명은 後孫이 文集을 편찬하는 과정에 붙인 이름이라고 생각된다. 표지 제목의 글씨체와 본문의 글씨체가 다를 뿐만 아니라, 질이 다른 종이를 붙인 흔적을 분명히 확인할 수 있기 때문이다.
5) 慶北 奉化郡 奉化邑 酉谷里에 소재한 종손가에는 翰苑日記 2冊, 堂后日記 1冊, 承宣日記 2冊 等 5冊이 전한다. 일기는 모두 보물 제261호로 지정되었으며, 종가 酉谷의 '冲齋先生遺物館'에 보괸되어 있다. 한국정신문화연구원에서는 原本 日記를 마이크로 필름으로 찍어 보관하고 있다.(필름 No 1342-44).
6) 지중추부사 역임시(中宗 34年) 王室의 宗系가 잘못되었음을 고치기 위해 奏請使로 明에 다녀온 내용이 정리되어 있다.
7) 文集은 서울대 奎章閣 藏本(番號 奎5414)으로 '韓國文集叢刊 19'로 影印되었으며, 門中에서도 1982년 별도로 간행하였다.
8) 충재의 정치관에 대해서는 李秉烋의 論考(「16世紀 前半期의 政局과 冲齋 權橃의 對應」,『李基白先生古稀紀念 韓國史學論叢』<下>,1994.)가 거의 선구라고 보여진다. 그러나 이 논고는 충재의 정치적 활동에 중점을 둔 것으로, 日記에 대

安東府 道村里에서 태어나 10년간 살았던 권벌은 10세 때 작은아버지 士秀를 따라 奉化로 옮겼다9). 그리고 19세 때인 1496(燕山 2)년 진사시에 15명중 2등으로 합격하고, 30세 때인 1507(중종 2)년 별시 문과의 丙科 2등으로 급제하였다10). 그리고 22세 때 直長 和順 崔氏 世演의 딸과 혼인하였다11).

중종 2년 급제한 뒤 곧 權知承文院副正字에 入仕하였다12). 같은 해 12월 檢閱로 옮겼고, 다음해 11월 待敎로 승진한 후 12월 26일까지 역임하였다. 따라서 1년여 기간을 예문관의 전임관13)으로서 사관직을 역임하였다. 같은 해 12월 26일 승정원의 주서에 제수되어 동왕 5년 3월 30일까지 지냈으며, 같은 기간 연산군일기의 편찬 과정에 '기사관'으로 참여하였다14).

이렇게 볼 때, 그는 등과 후 바로 사관직을 수행하면서 실록청(일기청)의 기사관으로 실록편찬 사업에도 깊이 관여했음을 알 수 있다.

이후 사간원의 正言, 예조와 병조좌랑, 사헌부 持平, 이조와 호조정랑 등을 역임하였고, 37세 때인 중종 9년 9월에 '爲親求外'한다는 명분으로 外職을 구하여 永川郡守에 제수되어 나갔다. 그러나 외직 생활은 오

한 분석이 아니다.
9) 士秀는 敎授를 지낸 사람으로 자식이 없었던 관계로 권벌을 데리고 갔다.(冲齋文集의 年譜 參照.)
10) 당시 丙科 1등은 金安國이었다.
11) 圃隱先生의 外5世孫이며 贊成을 지낸 文惠公 善門의 曾孫女이다.
12) 임시직이었던 權知에 보임되기는 하였지만, 외교문서를 작성하는 承文院에 제수된 것으로 보아서는 외교 관계를 중시하였던 당시 관례상으로 학문이 뛰어났고 능력을 인정받았던 것으로 볼 수 있다.
13) 예문관의 전임관은 奉敎(정 7품) 2명, 待敎(정 7품) 2명, 檢閱(정 9품) 4명 등 모두 8명이다. 권벌이 검열직을 수행할 당시 전임관으로 같이 활동한 사람은 다음과 같다.
    奉敎 ; 李希曾·金瑛, 待敎 ; 尹仁鏡·鄭熊, 檢閱 ; 文瓘·金希壽·蘇世良.
14) 『연산군일기』의 편찬관 명단은 慶北 奉化郡 奉化邑 酉谷里 安東 權氏 宗家에 전해지고 있는 '日記洗草之圖'를 통해서 확인할 수 있다.

래가지 못하였고, 곧 이어 사헌부의 掌令을 거쳐 승정원의 승지에 제수되었다.

승정원의 좌승지 역임시인 41세(중종 13년 9월) 때, 권벌의 현실인식 태도와 사상, 학문을 살필 수 있는 일이 발생하였다. 왕이 思政殿에서 유생들의 강독 시험을 주관하면서, 입시하였던 재상 鄭光弼에게 『大學』을 강론하게 하고, '仁'에 대해서 논의하는 자리가 있었다. 이 때 권벌은 魯山君과 燕山君의 後嗣에 대해 다음과 같이 주장하였다.

> "…지금 좌우의 신하에게 '仁道'를 강론하게 하니 매우 아름다운 일 입니다. 그러나 말할 적에만 강론하고 시행하는 데에는 나타나지 않으면, 이는 仁政을 행한다는 소문뿐입니다. …魯山君은 後嗣가 없어서 祭祀가 끊어지게 되었으니 同宗人으로 後嗣를 삼아 제사를 주관하게 하는 것이 무슨 불가함이 있겠습니까?…"15)

이 기사는 권벌의 사상을 살필 수 있는 근거를 제공한다. 조선 유교 정치 사회에서 가장 중요시 한 것은 왕도정치의 구현이다. 이의 실천과 연관된 것 중 하나가 仁을 정치 현실에 구현하는 문제, 즉 仁政인 것이다. 단편적인 기사이기는 하지만, 권벌이 仁政을 주장한 것을 근거로 볼 때, 時流에 영합하지 않는 자세를 가지고 있음을 알 수 있다.

위 기사와 함께 문집의 연보를 보면, 文瑾·趙光祖·金正國 등 당대 대표적인 신진사류들과 함께 魯山君의 후사를 주장하기도 하였다16). 그러나 鄭光弼·申用漑·安瑭 등 三公 및 李繼孟 등 중신이 반대하고, 왕마저 先王때 행하지 않은 일17)이라고 하면서 반대하는 바람에 노산군

---

15) 『中宗實錄』卷34, 13年 9月 壬子.
16) "9月…上御思政殿 儒生講畢 先生進曰 今日 殿講論仁 仁莫大於繼絶世 因請 魯山·燕山立後 與右承旨金正國 同辭極論 爲三公及禮判李繼孟 所沮…"(文集 年譜)
17) 중종의 입장에서 볼 때, 노산군의 立後문제는 연산군의 입후문제와 연관될 수 있는 것으로 생각할 수 있다. 따라서 연산군의 입후문제는 자신의 즉위와 직접

의 立後問題는 실행되지 못하였다. 그러나 두 기사를 볼 때, 옳다고 생각하는 바에 대해서는 과감하게 주장하고, 권력에 아부하지 않는 태도가 강했음을 알 수 있다18).

이러한 그의 태도는 사림의 위상을 정립해 나가는 과정과 밀접한 관계가 있다19). 즉 정국의 변동에 큰 반향을 일으킬 수 있는 사안으로서, 당시 朝野를 막론하고 누구나 꺼렸던 민감한 사안이었음에도 불구하고, 성리학적 의리·명분의식에 맞는 것이라면 時流나 권력에 순응하지 않는 태도를 가졌던 것이다.

42세 때인 중종 14년 정국이 급박하게 전개되는 것을 감지한 권벌은, 현실적·학문적으로 친밀하게 지냈던 주위의 인사들에게20) 신중하게 처신할 것을 권하였다. 그러나 주위 인사들이 자신의 말을 듣지 않고 여전히 강경한 태도를 유지하자, 스스로 外職을 구하였고, 그리고는 三陟府使로 나갔다21). 삼척부사로 나가 있는 시기에 기묘사화가 발생하였

적으로 관계되는 일이었기 때문에, 찬성할 수 없었던 것으로 보인다. (李秉烋, 『朝鮮前期 畿湖士林派 硏究』, 一潮閣, 1984. P120-121)

18) 殯殿都監 提調時 왕의 '遺衣服'에 대한 논의가 있었을 때에도, 그의 곧은 태도를 살필 수 있다. "禮에 屍身에 입히고 棺에 넣는 것은 반드시 성실하게 해야 하는데, 柳에 붙인다는 예문은 듣지 못했다. 더구나 送終의 대사인 데이겠는가. 전적으로 예문의 節文만을 써야하는 것이요, 결코 이같이 그릇된 일을 하여 後世에 기록을 남겨서는 안 된다."고 하여, 자신의 의견을 관철시키기도 하였다. (『明宗實錄』 卷1, 卽位年 7月 庚辰)

19) 李秉烋, 「16世紀 前半期의 政局과 冲齋 權橃의 對應」, 『李基白先生古稀紀念韓國史學論叢<하>』, 1994.

20) 당시의 급박한 정국 변동에 대해서 권벌이 이야기할 상대로 생각한 것은 신진사류들이었다. 실제로 그는 趙光祖·申鐺·李耔 등과 친밀한 관계를 유지하면서, 한편으로는 개혁노선을 지지하고, 다른 한편으로는 개혁의 속도를 제어하면서 보수파와 온건파의 완충 역할을 하였다.

21) 『文集』 言行摭錄.
"…己卯淸流 皆推重焉 公見時事太激 深以爲憂 見諸公每以爲言 諸公不能從 公 卽 求三陟府使以去."
권벌이 외직을 구해서 나간 것에 대해, 李秉烋는 新進士類들로부터 改革論者로서 인정을 받지 못한 데 원인이 있다고 보았다.(전게 논고, PP.1099-1100)

고, 그는 지방에 나가 있는 관계로 직접적인 화를 면할 수 있었다. 그러나 곧 연루되어 파직되었고22), 15년간 향리에서 지내게 되었다. 56세(중종 28년) 때, 다시 불리어 용양위 부호군과 밀양부사를 거쳐, 한성좌윤·경상감사 겸병마수군절도사·동지중추부사·형조참판·오위도총부 부총관, 그리고 知中樞府事 兼五衛都摠府都摠官·漢城尹 兼知春秋館事·左參贊兼世子左賓客 등을 두루 역임하였다. 67세 때인 1544년 11월 중종이 승하하자 殯殿都監의 일을 맡기도 하였다.

仁宗 즉위 년 左參贊兼知經筵義禁府事를, 명종 즉위 년에 三公과 더불어 院相23)이 되어 기무를 결정하는 자리에 오르기도 하였다. 그 해 8월 21일 尹任 일당의 大尹을 제거하는 논의에 참여했던 관계로 공신에 책봉되었다. 그러나 같은 달 26일 피해자인 3사람(尹任·柳灌·柳仁淑)의 억울함을 주장하는 상소를 올려, 오히려 護逆했다는 죄목에 몰려 체직당하였다24). 따라서 8월 21일의 녹공은 9월에 삭훈되고, 10월에는 낙향하였다. 이듬해 대간이 상소문제를 재론하는 과정에서 추죄되어 奪告身되었고, 70세 때인 1547년(명종 2년)에는 良才驛 壁書事件25)에 연루되어 추죄되면서 朔州로 유배되었다. 다음해 3월 配所에서 사망하였고, 11월 고향인 酉谷山에 옮겨 안장되었다26).

---

22) 士禍가 발생하고 얼마간의 시일이 지난 뒤에 연루되어 파직되었다고 하는 사실은, 그의 성향이 趙光祖 등 己卯士林과 연결되었다고 하는 사실을 입증한 것이다.(『中宗實錄』卷38, 15年 1月 庚子.)
23) 院相은 重鎭들이 늘 承政院에 나가 國事를 의논하여 처리하는 것으로, 어린 왕을 보좌하기 위하여 설치·운영한 것으로 성종 초 실시한 사례가 있다. 그런데 당시 원상으로 활동한 인사들이 당대 최고 권력을 누린 인사들이라는 점에서 권벌의 정치적 역할과 영향력이 컸음을 확인할 수 있다.
24) 『燃藜室記述』卷10, 明宗朝 故事本末.
25) 明宗 2년 9월 副提學 鄭彦慤·宣傳官 李櫓가 良才驛 벽에 붙은 글을 왕에게 올리면서 야기된 사건으로 벽서의 내용은 다음과 같다. "여자 임금이 위에서 정권을 잡고 奸臣 李芑 등은 아래에서 권력을 농락하고 있으니, 나라가 망할 것을 서서 기다리는 격이다. 어찌 한심하지 않으리요.…" 이 벽서 사건으로 권벌 등 31명이 사형을 비롯하여 問招를 당하는 형을 받았다.

대윤 일당을 옹호하는 상소문제로 삭탈관직되고, 삭주로 유배당하여 배소에서 생을 마감하였던 권벌은 선조 즉위년 10月 三公의 啓로 관직이 회복될 수 있었고, 동년 12월 경상감사 朴啓賢의 계로 李彦迪과 함께 추증되었으며, 좌의정에 증직되어 을사사화시 입었던 화가 복구될 수 있었다27).

이제 그의 학문과 사상을 살펴보자.

권벌은 항상 글읽기를 좋아하였으며, 옛 성현의 가르침을 실천궁행하려는 자세를 가졌다. 다음의 기사는 이러한 자세를 살필 수 있다.

"…늘 글읽기를 좋아하여 혹 매우 간절한 聖賢의 말이나 행실이 쓰인 대목을 보면, 반드시 아들과 조카를 불러서 거듭 가르쳤다. 늙어서는 『自警編』과 『近思錄』을 좋아하여 언제나 소매 속에 넣고 다녔다. 일찍이 中宗이 후원에서 연회를 베풀었는 데, 모두 즐겁게 놀다가 돌아간 뒤에 내시가 조그만 책으로 된 『近思錄』을 주었다. 임금은 '권벌에게서 떨어진 것이니 돌려 주라.' 하였다."28)

기사의 내용은 그가 항상 德行의 수양에 힘썼음을 보여준다29). 그러나 시비를 가리는 일이나, 변란이 일어났을 때는 義氣가 얼굴에 나타나고 앞장서서 나서는 태도를 보였다. 魯山과 燕山의 후사를 논한 일이라든가, 명종 즉위시 공신으로 녹공된 후에도 院相 李彦迪이 반대에도30) 불구하고, 영화를 버리고 피해자 3인의 억울함을 호소한 일31) 등에서

---

26) 이상의 生涯와 經歷은 충재집에 실린 연보를 중심으로 살핀 것이다. 연보에는 연과 월만 기록되어 있어 敎旨만큼 정확한 것이 아니어 신빙성이 떨어진다. 그러나 실록에 등재된 사실과 크게 다르지 않기 때문에 대강의 실체를 파악하는 데는 무리가 없다.
27) 文集의 연보 및 『大同野乘』 卷3, 權橃傳 참조.
28) 『燃藜室記述』 卷10, 明宗朝 故事本末.
29) 許穆이 쓴 「讀權忠定公逸稿」의 "權忠定公厚德大節 儒林學士莫不尊慕之不已 愈久而不忘者也 …"란 기사에서도 확인할 수 있다.
30) 『明宗實錄』 卷1, 明宗 卽位年 8月 丙辰.

알 수 있다. 그리고 이 기사 뒤에 논의된 史官의 史論32)을 통해서도 알 수 있다. 따라서 권벌은 출사한 초기 사관직과 언론 삼사 등 淸職에 제수되어 일상적인 언론 활동 이외에, 무오사화 피화인의 신원, 노산군과 연산군의 입후 문제 啓請 등 신진사림들의 현실 인식과 대응 자세를 그대로 보여주었던 것이다.

한편 중종 3년 실록청의 기사관 역임시 "…史局의 사이에는 비록 한 글자를 늘리거나 줄이더라도 드러내어 죽이거늘"33)이라고, 왕에게 아뢴 기사나, 동왕 7년 司諫院에서 역사 사실의 삭제를 요구하자, "史筆은 임금의 거동을 기록하는 것이니 사간원이 고치려고 한 것은 잘못이다."34) 라고, 한 기사 등은 그의 역사인식을 살필 수 있는 근거가 된다. 즉 그는 어떠한 경우라도 역사 사실을 밝힐 수 있는 기사의 중요성을 명확하게 인지하였던 것이다. 이는 초임직으로 사관을 역임하였던 것이나, 실록 편찬관으로 활동하였던 경험에서 나온 인식태도라고 본다. 이러한 태도는 상당한 분량의 일기를 남긴 것과 무관하지 않다고 본다.

이상 권벌의 생애와 관력, 학문과 사상의 일면을 살펴보았다. 그러나 그의 다양한 경력 중에서 주목되는 것은 史官의 신분으로 실록 편찬시 기사관으로 참여한 것과 예문관의 檢閱과 待敎職 수행시, 그리고 승정원의 주서 역임시 '日記'를 작성한 것이라고 할 수 있다.

---

31) 『明宗實錄』 卷1, 明宗 卽位年 8月 丙辰日 兵曹判書時 啓
32) 『明宗實錄』 卷1, 明宗 卽位年 8月 丙辰日 史官의 史論.
"이 당시 柳灌과 柳仁淑을 유배하고 그들에게 난역의 죄명을 더하려하니 사람들은 그들의 억울함을 알면서도 감히 구제하지 못했는데, 권벌만은 이에 맞서 그들에게 다른 마음이 없었음이 명백하다는 것을 힘껏 進達하였나. 충성스러운 격정이 말에 나타나고 의기가 얼굴 색에 드러나 비록 간신들이 죽 늘어서서 으르렁거리며 눈을 흘기는 데도 전혀 개의치 않고 늠름한 기상이 추상같았으니 절의를 굳게 지키는 대장부라고 이를 만했다. 金安國이 늘 절의를 위해 죽을 사람이라고 인정하고, 일찍이 '권벌은 質朴하고 충직하니 바로 나이 어린 후사를 부탁할 만한 사람이다.' 라고 한 적이 있다."
33) 『中宗實錄』 卷6, 3年 7月 壬寅.
34) 『中宗實錄』 卷15, 7年 2月 己丑.

먼저 연산군일기 편찬시 기사관으로 활동하였던 사실을 살펴보자.

권벌이 등과한 것은 중종 2년 봄의 별시였고, 첫 제수된 직책은 權知承文院副正字였으며, 곧 이어 檢閱職을 수행했음은 앞에서 살펴 본 바와 같다. 이 시기에 연산군대의 역사 사실을 정리하기 위한 실록35)의 편찬이 시작되었고(중종 2년 6월), 2년만인 중종 4년 9월 완성되었다. 동 시기 예문관의 전임관으로 전임사관직을 수행하고 있었던 그는 실록청(일기청)의 기사관에 편성되었다36). 연산군일기 편찬시 권벌과 함께 기사관으로 활동한 16명37) 중 成世昌과 崔重演을 제외하고는 모두 등과 후 檢閱을 역임하였던 인사들로, 실록청의 기사관직에 편성되었다. 권벌도 등과한 해인 중종 2년 12월 檢閱에 제수되면서 기사관으로 참여하였다.

翰林職을 역임하지 않았던 成世昌은 예조판서 俔(1439·세종 21 - 1504·연산군 10년)의 아들이다. 그가 일기 편찬기간 동안 역임한 관직은 표에서 보는 바와 같이 홍문관과 사간원의 직책이었다. 이미 살펴보았듯이 홍문관과 사간원의 관원은 춘추관직을 겸임38)하였다. 따라서 그 역시 겸임사관으로서 기사관을 겸임한 것으로 보인다. 주지하듯이 세창의 아버지인 현39)은 성종대 사관을 역임하였던 사람이다. 더욱이 15세

---

35) 成希顔을 일기청 총재관으로, 申用漑·金詮을 都廳의 堂上, 金訥·成世純·成世明·曹繼商 등을 各房의 堂上으로 임명하였다. 燕山君이 잇단 폐정으로 폐위되었기 때문에, 실록이라고 하지 않고 일기라고 칭하였다.(『연산군일기』 解題, 李丙燾) 그러나 실록의 체제와 특징을 그대로 갖추고 있으므로 實錄이라고 하더라도 별 문제는 없다고 본다.
36) 문집의 연보에는 권벌이 기사관으로 참여한 것을 연산군일기가 완성되던 4년 9월이라고 쓰여 있는데 이는 오류이다. 문집은 실록이 완성되었던 때를 기준으로 편찬에 참여한 것으로 본 듯하다. 따라서 실록이 편찬이 시작되었던 중종 2년 6월에는 참여하지 못하였더라도 당시 예문관의 전임관에 제수되어 권벌과 함께 활동하였던 사람들이 모두 기사관으로 참여하였기 때문에, 檢閱에 제수되었던 12월 이후 記事官으로 참여했던 것으로 생각된다.
37) 부록 4)의 연산군일기 편찬관 명단 참조..
38) 겸임사관에 대해서는 본서 第Ⅰ部 제2장 제1절의 전임사관과 겸임사관 참조.

기 대표적인 관료 문인으로서, 당시의 시대 사조로는 용이하지 않았던 野史(『용재총화』)를 저술하였다. 아버지를 비롯한 家學과 겸임사관직 역임 등이 고려되어 실록의 편찬에 참여할 수 있었던 것으로 본다.

한편 김흠조와 이희증은 실록의 편찬 중 외직에 제수되었거나, 죽었던 바람에 끝까지 기사관으로 활동하지 못하였다[40]. 金瑛, 權橃, 柳灌, 金希壽 등은 사관직에서 천전된 뒤 겸임사관으로서 활동했다.

그런데 실록의 편찬이 시작되었던 중종 2년 6월 이후 4년 9월 사이 사관직에 있었던 10명 중 기사관으로 참여하지 않은 사람은 權希孟과 李守英이다[41]. 이들이 어떤 이유로 편찬관의 명단에서 빠졌는가는 기록의 미비로 확인하기 어렵다. 다만 편찬관 중에 죽은 사람(이희증)이나, 외직에 제수되어 나간 사람을 대신하여 활동하였지만, 명단에는 기록되지 못한 것이 아닌가 짐작될 뿐이다.

이상을 내용을 종합해 볼 때, 실록청 개국후 기사관에 편성되어 활동한 사람들은 권벌과 더불어 예문관의 전임관들이었음을 확인할 수 있다. 따라서 전임사관으로서 기사관직 겸임하였던 권벌은 연산군대의 역사 사실을 실록으로 편찬하였음은 물론, 중종 당대의 시행사도 별도로 작성하여 사초(일기)로 남겼던 것이다. 그가 작성한 일기의 내용이 중종실록[42])에 상당부분 기사화 되었고, 특정 사안에 대해 褒貶한 史論도 실

---

39) 成俔의 호는 慵齋・虛白堂・浮休子・青坡居士・西山老叟이다. 유아기를 坡山(현 파주)의 외가에서 보냈고, 관료기에는 藥田(藥峴)에서 보냈다. 經史 읽기, 시 짓기, 거문고 타기, 山水의 탐승을 평생의 낙으로 삼았던 태도 때문에, 성종과 연산소의 격번기에도 순탄한 생애와 관력을 보냈던 인물이다.
40) 李希曾은 중종 4년 1월 5일 사망하였고, 金欽祖는 중종 4년 8월 27일에 縣監에 제수되어 나갔다. 실제로 실록의 말미에 기록되어 있는 편찬관의 명단은 편찬 기간동안 관여하였던 모든 인사들을 수록한 것이다.
41) 權希孟은 『榜目』과 『實錄』에서 확인된다. 그러나 李守英은 실록에 記事官으로 기록되어있다.
42) 중종실록은 중종 승하 후, 인종이 즉위하면서 편찬되기 시작하였지만, 인종이 8개월만에 죽음으로써 일시 중단되었다. 명종 즉위년 을사사화가 발생하면서 다시 연기되었다가, 그 해 가을 비로소 시작되어 4년만에 완성되었다. 이렇게 볼

록의 기사와 거의 일치하고있는 점에서 알 수 있다.

2. 日記의 形態와 內容

1) 形態

일기는 모두 5冊이다. 翰苑日記와 承宣日記는 세로 29cm, 가로 19.5cm이고, 堂后日記는 세로 30cm, 가로 19.5cm로 배접되어 있다. 일기는 楮紙에 작성되었다. 2책으로 구성된 翰苑日記 중 제1책은 중종 3년 정월 5일부터 9월 20일까지의 기사가 表紙 포함 35장이며, 제2책은 3년 12월 기사와 4년 정월 1일부터 9월 14일까지의 기사가 79장에 작성되었는데, 모두 114장이다43).

堂后日記는 1冊 9장, 承宣日記는 제1책이 13年 5月 15日부터 7月 9日까지 23장, 제2책이 7月 10日부터 11月 6日까지 24장으로 모두 47장으로 구성되어 있다. 현재는 배접한 日記의 가운데에 한지를 끼우고 풀로 붙인 상태로 보관되어 있다. 쇠락된 표지부분을 제외하고는 본문의 기사가 양호한 상태여서 原文을 읽는데 크게 어렵지 않다44).

때, 중종실록의 편찬은 집권세력의 변동 등 정국과 밀접하게 연관되어 있음을 알 수 있다. 그런데 권벌은 을사사화에 연루되어 파직되었다가 배소에서 죽었기 때문에, 중종실록 편찬과는 연관성이 없다. 따라서 권벌이 작성하여 가장하였던 사초는 子孫이 납입하였을 것으로 생각된다.

43) 原本 日記와 文集에 수록된 日記가 약간 다르다. 原本에는 그가 注書로 활동하던 5年 2月 29日까지의 기사를 翰苑日記로 하고, 단지 5年 3月 1日부터 30日까지의 기사 9장만 堂后日記라고 한 것에 비해, 文集에는 승정원 注書로 임명되었던 3年 12月 26日이후의 기사를 모두 堂后日記라고 하여, 문집의 5卷과 6卷에 나누어 수록하고 있다.

44) 草書의 原本 日記가 後孫에 의해 脫草되어 文集에 수록되어 있다.

2) 內容

　　權橃이 일기를 작성한 시기는 1507(중종 2)년 12월 1일부터 다음해 12월 26일까지 檢閱과 待敎職 수행시, 1508(중종 3)년 12월 27일부터 다음해 8월 14일까지와 同年 10월 1일부터 1510(중종 5)년 3월 30일까지의 주서 역임시, 그리고 13년 5월 15일부터 동년 11월 6일까지의 承旨 수행시였음은 앞에서 본 바와 같다. 그가 작성한 일기는 모두 중종실록에 거의 그대로 기사화 되었는데, 이는 중종실록의 편찬자료로 중요하게 이용되었음을 알 수 있다.

　　먼저 翰苑日記의 기사와 동 시기 실록 기사의 同異點을 살펴보자.

　　日記에는 年·月·日과 그 날의 기상 상태까지 모두 기록되어 있는 것에 비해, 실록에는 기상 상태가 기록되어 있지 않다. 啓를 올릴 경우도, 日記는 올린 사람의 직책과 이름을 반드시 명기하고 있으며, 실록은 대부분 관청 이름으로 올리고 있다[45].

　　일기의 기사 대부분을 취했는데, 일부는 삭제된 채로, 일부는 전부가 그대로 기사화 된 것도 있다. 그리고 실록에 기사화 되는 과정에서 일기의 기본 의도가 훼손되거나, 논리가 비약된 것도 발견할 수 없다. 이것은 일기 기사가 중종실록의 편찬 자료로 중요하게 이용되었음을 반증하는 것이다. 더욱이 실록을 편찬할 때는 당시 역사를 규명할 수 있는 자료 모든 것이 실록청에 모여져 취사 선택되었던 사실에서 볼 때, 그의 일기 기사가 거의 상당 부분 실록에 기사화 되었다는 것은 주목되는 일이라고 본다. 실제로 중종 3年 연산군일기 편찬 중 記事官이었던 金希壽가 왕에게 아뢴 다음의 기사는 시사하는 바가 크다.

　　"무릇 實錄을 修撰할 때는 堂上과 郎官이 사관이 수찬한 사료를 모

---

[45] 『六典條例』春秋館條 시정기 편찬세목의 제6조 내용('臺諫의 言論은 거의 모두 記錄하되 啓辭를 올린 기관의 이름만 적고 올린 사람의 이름은 쓰지 않는다. 그러나 異議가 있을 경우에는 그대로 쓴다.')을 준수한 것이다.

아서 믿을 만한 것은 기록하고 그렇지 않은 것은 삭제하는 것이 관례입니다."46)

이 기사는 실록 편찬시 자료의 선별 작업, 즉 실록청에 모아진 史草 중 믿을만한 것은 취하고, 근거 없는 것에 대해서는 기사화 하지 않았음을 보여주고 있는 것이다. 그런데 권벌의 기사가 거의 상당 부분 실록에 기사화 되었음은 중종실록 편찬시 편찬관들이 중요하게 취급하였음을 반영하는 것이다.

干支가 틀린 것도 여러 곳에서 확인된다. 중종 3년 정월 9일의 '王이 감기 증상이 있어서 朝參·常參·經筵 등을 停止했다'는 기사인데, 실록에는 8일조에 기록되어 있으며47), 동년 4월 5일조의 기사는 실록의 8일조에 등재되어 있다. 이것도 왕의 동궁시절 스승이었던 인사의 죽음에 대한 기사48)로서, 앞의 기사와 마찬가지로 왕과 관계된 기사였음에도 소홀하게 취급되고 있다. 9월 8일의 경우 실록에는 기사 자체가 전혀 없는 것에 비해, 일기에는 戶曹判書와 參判이 연명한 '民'과 관련된 기사가 있다49). 유교 이념의 구현을 정치의 기본 목표로 정하였던 조선 사회에서 백성의 救恤과 관계된 내용인데도 불구하고, 실록에 등재되지 않은 것은 의문이다. 그런데 이런 현상은 일기의 기사가 신빙성이 결여되었기 때문이라고 생각된다50).

46) 『中宗實錄』 卷6, 3年 7月 壬寅.
 "…凡修實錄時 堂上郎官 聚諸史官所修之史 可以傳信者錄之 否者削之 例也…"
47) 君主의 신체에 이상이 있음을 기록한 내용인데, 王의 言行을 중심으로 편찬되는 실록으로서는 특기할 만하다.
48) "前郡守宋演孫死 上命致賻演孫 乃 潛邸時傅也"
49) "九月八日 癸卯 ○○停○○ 戶判李繼孟參判洪 等來啓曰 兩道民居 不恒耕一田 纔耕一二年 便棄而耕他 且此道前已收(收疑免)稅 亦足矣 今年用度不足 請收稅 傳曰 可."
50) 氣候의 상태와 參判의 이름, 朝參·經筵 등 무엇을 정지했는 지 등의 기록이 없을 뿐만 아니라, 兩道가 어느 곳인가를 알 수 없다. 그리고 기사 내용의 전후 문맥으로 보아서는 '免稅'라고 해야 하는데도, '收稅'로 기록되어 있다. 이와 같

이상의 내용을 근거로 권벌의 翰苑日記와 동 시기 실록 기사의 동이점을 정리하면 다음 표와 같다.

표2-1) 翰苑日記와 실록 기사의 同異點[51]

干 支	翰 苑 日 記	實 錄	備 考
正德 2년 12월 7일	掌令李思恭 正言金安老 來 啓曰	臺諫 啓曰	官廳이름으로
〃 25일	"…南平縣監(姓名 缺)"	"…宋麒孫"	이름 登載
3年 정월 9일	"上有咽喉證也"	8일조에 登載	날짜 錯誤
2월19일	"丁亥 晴 御經筵…"等	無	紀事削除(2月21일, 3月9일, 4月10일조 등)
4월 5일	"東宮時 스승 卒記"	無	
4월17일	"甲申 晴 御經筵…"等	19일조에 등재	날자 착오
8월 1일	"太白午時又見於巳地"	7월29일 등재	날자 착오
9월 8일	"戶曹判書李季男…"等	無	실록 8일조 無
공 통	氣象 기사 실록 無		

표에서 보듯이 일기와 실록의 기사는 여러 곳에서 동이점이 발견된다. 이러한 현상은 기사를 작성하는 과정에서 자료의 취사선택 때문에 발생한 것으로 보여진다. 한편 한원일기에는 史論의 형태로 작성된 것이 6편이 있다.

사론이란 군주부터 향촌의 유생까지 인물과 특정 시행 사에 대해서 도덕적 기준을 근거로 褒貶한 것으로, 작성자의 현실인식이라든지, 나아가 실록의 편사관까지 살필 수 있는 중요한 자료이다[52]. 즉 작성자의

이 기사의 내용이 명확하지 않기 때문에, 실록 편찬시 기사화 되지 못한 것으로 보여진다. 그리고 실록의 편찬이 양반관료 중심이었고 편찬목적도 조정의 시행사 위주였기 때문에 빠진 것으로 생각된다.
51) 干支는 日記의 간지를 기준으로 하였으며, 備考는 일기와 實錄의 기사 중에 상이한 기사를 整理한 것이다. 圖表에 정리된 내용 중에는 위에 敍述한 내용 외에 첨부된 것이 더 있다.
52) 이에 대해서는 第Ⅲ部 제4장 實錄의 史論條 참조.

현실 인식·역사적 안목이나 역사 해석의 기본자세까지 살필 수 있는 것이다.

권벌이 사관직을 역임하던 시기에 작성한 일기에 수록된 사론은 6편인데, 거의 실록에 기사화 되어 있다. 이는 그의 적극적인 현실 인식 태도와 비판적인 안목이 편찬관들에 의해 수용되었던 것으로 보인다.

앞에서 살펴본 일기의 일반기사와 마찬가지로 史論의 형태로 작성된 것도 실록에 기재된 史論과 약간의 차이점을 제외하고, 거의 그대로 기사화 되어 있다. 翰苑日記에 기록된 사론과 실록의 사론을 원문 그대로 비교해서 내용과 同異點을 살펴보자.

第1章 專任史官의 史草 217

표2-2) 翰苑日記와 實錄의 史論 比較

번호	내용
1	"是後 成胤得罪 遠竄三十年 自是 宦寺有罪 不少貸 終上之世 無宦官恣橫之弊" "史臣曰 是後 成胤得罪遠竄 自是 宦寺有罪 不小貸 終上之世 無宦官橫恣之弊 唯中年以後 女謁盛行 終爲盛德之累 豈不惜哉."
2	"安老 本京人 有奴在榮川 託稱有農莊 置其母於其地 甘受各邑之賂 累年不還 其後 其兄安世安鼎皆登第 三人一時歸寧 聲名恒赫 人畏其威 贈遺狼籍 雖雉鷄微物 不與麟里 皆腊而輸之 其不畏物議 無廉恥如也." "史臣曰 安老 本京人 有奴在榮川 託稱有農莊 移其母於其地 甘受各官之賄 累月不還 其後 兄安世安鼎皆登第 三人一時歸寧 聲名恒赫 人畏其威 贈遺狼籍 雖雉鷄微物 皆腊而輸之 不與麟里 人皆唾之 其不有物論 無廉恥類 如此."
3	"祥論事雖過中 悃愊武華 篤志學問 群鷄一鶴 獨立寡和 不爲時論所容 惜哉 時人之隘也." "史臣曰 祥雖論事過中然 悃愊無華 篤志學問 獨立寡和 不爲時論所容."
4	"燕山罪惡滔天得罪宗社 推戴主上 當以實上告天子 以正名位 顧以虛僞之辭 欺上國 且自欺 識者惜之." "史臣曰 燕山罪惡滔天得罪宗社 神人共憤 其推戴主上 不得不爾 當以實上 告天子 以請命爲 而顧以虛註之辭 欺上國且自欺 安在其正名乎 惜乎當時大臣 無見也."
5	"洵之文則美矣 然其稱薦希顔 才德則過情矣 希顔特小器 非公輔之才也 洵豈不知 彼見希顔功高寵厚 任重勢逼 知當入相 故爲此虛美之詞以悅之 古之薦人自代者 豈如是乎 洵當反政之日 以首相卒至軍中 蒼黃失措 鼠拱乞命 其無操守若此." "史臣曰 洵之文則美矣 然其稱薦希顔 才德則過情矣 希顔特小器 非公輔之才也 洵豈不知 彼見功高寵厚 任重勢逼 知當入相 故爲此虛美以媚之 古之薦人自代者 固如是乎 洵當反政之日 以首相猝至軍中 蒼黃失措 鼠拱乞命 魯無怍色 其無操守若此."
6	"觀繼宗所啓 其知爲將之道乎 然到任旣久 貪鄙益甚 營中之物 用驛馬輸家 又嚴刑以虐士卒 至庚午變作 神喪魄褫 坐視連城覆沒而 畏縮不救 使邊民肝腦塗地 言與行違 以謟上行私 後兵使黃衡 又以貪殘見罷 繼之者如此 甚矣 得人之難也." "史臣曰 觀繼宗所啓 其知爲將之道乎 然到任旣久 貪鄙益甚 營中之物 用郵傳公然 輸其家 又嚴刑虐士卒所不至 及其庚午變作 神喪魄褫 連城陷沒坐視而不救 使邊民肝腦塗地 言與行違 以謟上行私 後甚哉 兵使黃衡 又以貪殘見罷 甚矣 得人之難也."

*기사중 위는 翰苑日記, 아래는 實錄의 기사 내용이다.

1번은 중종 3년 정월 12일에 작성된 것으로 宦官의 폐단에 대해 문제점을 지적한 臺諫의 계가 있은 뒤 작성된 사론이다. 일기와 실록의 동이점을 보면, 실록에는 成胤의 유배기간 30년이란 수치가 빠져 있으며, 중종의 재위 중간(왕의 재위기간이 39년이므로 대략 왕 20년 정도)에 女謁(宮女)의 폐단이 있었다는 내용이 더 기록되어 있다. 일기의 史論에서 의문이 가는 것은 어떤 근거로 成胤의 유배기간 30년을 기록했는가 하는 점이다. 이 사론은 宦官이 일으키는 폐단의 심각성에 대해 경계하기 위한 목적에 따라, 권벌이 뒤에 별도로 작성한 것으로 생각된다. 그리고 실록에는 왕 재위 중간 이후에 나타났던 女謁의 폐단에 대해서도 언급되어 있는 것으로 보아, 실록 편찬시 권벌의 사론을 근거로 다시 작성했던 '후대사론'이다.

2번은 왕 3년 정월 20일에 작성되었다. 正言 金安老가 자기 어머니를 모시기 위하여 歸養을 청하고, 영천으로 돌아가고자 했던 사실에 대해 논평한 것으로 두 기사의 내용이 거의 비슷하다. 일기에는 안로의 어머니가 영천의 농장에 있다고 되어 있으나, 實錄에는 안로가 어머니를 영천에 옮겨놓았다고 하였으며, 일기에서는 각 邑에서 뇌물을 받았다고 한 것에 대해 실록에는 官吏들이라고 기록하는 등 일기의 기사보다 실록의 기사가 보다 체적이다. 김안로의 비리에 대해 권벌이 심하다고 貶論한 것을 볼 때, 당시 사림들의 훈구 대신에 대한 비판경향이나 현실인식과 일치하고 있음을 볼 수 있다[53].

3번 사론은 3년 정월 28일에 작성된 것인데, 朴祥[54]과 관련된 내용이

---

53) 第Ⅲ部 제4장의 史論 分析에서 보듯이, 사관들이 인물에 대해 포폄한 논의 중 가장 많이 비판된 인물이 金安老인 것과 연관성이 있다.
54) 朴祥은 忠州 朴氏로 光州의 鳳凰山 아래에서 태어났다. 그의 가문이 광주에 정착하게된 것은 아버지 때부터로 세조의 왕위찬탈이 있자 광주로 내려와 卜居한 것으로 추정되며, 절의파라고 보는데 무리가 없다. (鄭求福,「16-7세기 私撰史書에 관한 硏究」,『全北史學』1, 1977』) 한편 祥의 3형제중 형 禎은 요절했고, 동생

第1章 專任史官의 史草 219

다. 이에 대한 전후 상황을 살펴보면 다음과 같다.

朴祥이 獻納에 발탁된 것은 중종 2년 9월이다55). 그런데 이는 銓曹의 천거없이 왕의 特恩에 의한 것이었다. 이에 대해 대간들은 문제있는 발탁이므로 철회를 요청하였다. 이와 같이 대간의 탄핵이 있던 중 雜科의 覆試가 있었고, 박상은 試官으로 차출되었다. 그런데 박상은 탄핵중인 몸으로 試官으로 참여할 수 없다고 하면서 나가지 않았고, 이 문제로 인하여 逆命했다는 죄목이 붙어 하옥되고 말았다. 이후 9월 25일에 석방될 때까지 囚人이었던 祥은 스스로 被囚되었던 처지이므로 臺諫에 합당하지 않다고 재차 상언하였다. 박상의 사직 요청과 강경한 대간들의 간언까지 겹치자, 吏曹에서는 박상을 한산군수로 옮겨 제수하고자 하였다. 이러한 논의에 대한 논평으로 작성된 것이다. 사관의 논평이 있고, 박상은 군수로도 보임 되지 못하고, 결국 宗廟署令에 제수되었다가 소격서로 옮기게 되었다.

두 기사는 거의 비슷한 내용으로 작성되었다. 그러나 자세히 살펴보면 '群鷄一鶴'이라든가, '惜哉'와 같은 표현이 실록에는 빠져있음을 확인할 수 있다. 따라서 일기보다 실록에 수록된 사론이 더 완강한 표현으로 朴祥의 郡守職 제수의 부당함을 논하고 있다. 즉 권벌이 박상에 대해 긍정적으로 생각하고 있는 것에 비해서, 실록의 편찬관들은 부정적인 논지를 가졌던 것이다.

4번 사론은 3년 4월 15일 작성되었다. 上國(中國)의 使臣이 와서 大妃殿과 前王(燕山君)에게 예물을 진헌한 일이 있은 뒤 작성된 사론이다. 사신이 연산군에게까지 예물을 진헌하게 된 것은 조정의 대신들이 반정의 이유가 패륜이었음을 상국에 제대로 알리지 않았기 때문이라고 논평한 것이다. 일기보다 실록의 기사가 연산의 悖倫에 대해 '天人共

祐는 중종대 사관을 지냈다.
55) 『中宗實錄』 卷4, 2年 9月 癸丑.

憤'이라는 표현까지 하면서 더욱 강경한 논조를 보이고 있다. 이것은 사관 개인의 의견을 실록청에서 기사화 할 때, 편찬관들에 의해서 취사 선택되면서 완곡하게 표현된 것이기 때문이다.

5번 사론은 3년 12월 1일에 작성되었는데, 영의정 柳洵이 成希顔을 천거한 사실에 대해 논평한 것이다. 성희안의 才質이 公補之才에 적당하지 않은데도56), 그러한 사람을 천거한 洵이 잘못되었음을 논하고, 나아가 천거의 중요성에 대해서 논하고 있다. 더욱이 반정시 洵의 용렬한 태도에 대해서도 거론하는 등 柳洵을 적극적으로 비판하고 있다. 반정이 발생한지 3년밖에 안된 상황에서 1등 공신들에 대한 적극적인 폄하자세는 사론 작성자의 성향이 반정에 대해 긍정적이지 않음을 반영한다57). 즉 그는 반정의 당위성을 부여하기보다는 반정을 일으킨 공신들을 비판하고 있는 것이다. 그리고 일기와 실록의 기사내용이 전체적으로 거의 일치하고, 일기의 내용이 실록에 그대로 기사화 된 것으로 볼 때, 중종실록이 편찬되던 시기의 사조가 반정에 대해 비판적이었던 것으로 볼 수 있다.

6번 사론은 3년 12월 11일 작성되었다. 慶尙左兵使 柳繼宗과 후임자인 黃衡에 대해 폄하한 것으로 표현만 약간 다를 뿐, 전반적인 내용은 비슷하다.

이상의 내용을 종합해볼 때, 권벌이 작성한 史論은 實錄에 거의 비슷한 내용과 論旨로 기사화 되었음을 알 수 있다. 그러나 일부의 내용에 있어서는 약간의 가감이 있었으며, 표현에 있어서도 적극적인 표현이

---

56) 反正이후 이조판서 등 권력의 핵심에 있었던 成希顔에 대해 公補之才에 맞지않는다고 표현한 것은 주목된다. 堂后日記 중에 希顔에 대해서 부정적으로 쓰여진 기사가 고쳐진 상태로 실록에 기록된 것에 비해서, 翰苑日記의 기사는 원문 그대로 수록되어 있다. 이것은 한원시 작성된 기사는 가장사초로써의 의미를 가지고, 외부에 공개되지 않았던 것과 연관된다. 따라서 실록편찬시 원문 그대로의 자료가 실록청에 납부되면서 내용 그대로 수록되었던 것으로 본다.
57) 이는 앞의 사론과 반대되는 경향성을 띠고 있는 것이다.

완화되거나, 완곡한 표현이 강경하게 표현되기도 하였다. 그것은 사관 개인이 남긴 사실이나 인물에 대한 평가 자료가 실록청에 모여진 뒤 여러 명의 편찬관들에 의해 취사 선택되었기 때문에 나타난 결과라고 본다58).

다음 승정원의 주서 역임시 작성하였던 堂后日記59)를 실록의 기사와 비교해보자.

翰苑日記와 마찬가지로 堂后日記에서도 날짜의 착오를 여러 곳에서 확인할 수 있다. 중종 4년 정월 9일의 일기 기사가 실록에는 8일조에 있으며, 동월 16일의 人事 記事가 실록에는 18일조에 등재되어 있다. 그러나 이는 몇 일 정도의 차이이지만, 일어나지도 않은 사실을 기록한 것이 있어 주목되는 것이 있다. 중종 4년 정월 15일의 기사에는, "太白이 나타난 것은 다음 해 일어날 삼포왜란의 징조다."60)라고 기록되어 있다. 이는 중종 5년에 일어난 '삼포왜란'을 미리 언급한 것으로써 후대에 작성된 것이 분명하다. 이러한 기사는 그가 작성한 일기의 내용을 문집에 편집하는 과정에서 후손 또는 다른 사람이 더 첨부하였거나, 혹은 권벌 자신이 주서직에서 이임한 뒤 별도로 작성하는 과정에서 나타난 오류가 아닌 가 보여진다. 중종 29년 12월 주서 송세형이 진술한 다음의 기사는 이런 사실 짐작하게 한다.

---

58) 실제로 文集에는 史論의 형식을 갖춘 3년 12월 19일조 기사가, 實錄에는 史論의 형태가 아닌 보통의 기사로 처리되어 있다.
59) 堂后日記의 수록범위는 원본 일기와 문집이 약간 다르다. 원본 일기에는 5年 3月 1日부터 5月 30日까지의 기사만을 기록하고 있는 것에 비해, 문집에는 그가 주서로 임명됐던 3年 12月 26日이후부터 5年 3月 30日까지를 문집의 卷5와 卷6에 나누어서 수록하고 있다. 원본 일기 그대로 살펴보는 것이 옳겠지만, 그러나 승정원의 주서를 堂后라고 하였고, 주서시 작성한 것은 堂后日記가 분명하기 때문에, 문집에 수록된 체제를 근거로 살피고자 한다.
60) "太白見 明年 三浦倭反 殺將屠城 此其驗與." 이 기사는 실록에도 그대로 기사화 되어 있다.

"여느 때 草稿를 쓸 적에는 잊어버리지 않을 정도로 大略的인 것만을 써 두었다가 물러가서 자세히 기록하기로 되어 있었기 때문에, 뒤에 쓴 기사에 자세히 기록하였습니다."61)

 이 기사는 승정원 주서의 원고 작성 태도를 보여주는 기사이다. 즉 주서가 기사를 작성할 때는 입시한 자리에서 모두 받아 적는 것이 아니었다. 일단 대략적인 것만 적은 뒤, 나머지는 물러 나와 강박한 기억을 더듬어 적었던 것이다. 이는 입시사초와 가장사초를 작성하는 사례와 일치하는 것이다.
 보통 사관이 政事가 벌어지는 자리에 입시하여 기록할 때는 그 자리에서 논의되는 내용을 모두 받아 적을 수 없기 때문에 본인도 읽기 어려운 정도의 亂草로 작성하였다. 입시했을 때 작성한 사초는 춘추관에 제출해야 했으며, 퇴궐한 뒤 별도의 사초를 작성한 뒤 家藏하였다. 따라서 입시사초에는 인물이나 시행사에 대한 논평을 할 수 없었다.
 한편 주서는 자신이 작성하였던 일기를 얼마의 시간이 지난 뒤에 다시 正書하였던 관례 때문에, 기사의 내용이 달라지는 문제가 발생하기도 하였다. 중종 38년 4월 사간원에서 제의한 다음의 기사는 이런 사실을 보여준다.

"…형조좌랑 이추가 주서로 있던 때의 일기를 해를 넘기도록 정리하지 않았는데도 직무를 맡겨두고 있다는 것은 매우 그릇된 일입니다. 그 벼슬에서 파면시킴으로써 後世人에게 敎訓이 되게 하기 바랍니다.…"62)

 주서가 주로 작성하였던 것은 소속 관청인 승정원의 시행사이다. 통

---

61) 『中宗實錄』 卷78, 29年 12月 甲午.
62) 『中宗實錄』 卷100, 38年 4月 壬寅.

상 승정원일기는 주서나 가주서가 매월의 시행사를 일기형식으로 다음 달 안에 편찬하는 것이 원칙이었다63). 따라서 평상시 기록해 둔 것은 읽기 어려운 정도의 草書이며, 다음 달 안에 다시 작성할 때는 해서체로 정서하였다. 그런데 다음 달을 넘기는 등 시일이 오래 지나도록 정서하지 않았기 때문에, 기사를 빠뜨리거나 잘못 기재하는 경우가 많았던 것이다.

이상과 같이 작성 과정에서 야기되었던 문제점은 기사 내용의 正誤를 유발시켰던 것으로 보이며, 앞에서 보았던 바와 같이 기사상의 동이점이 발생하는 것으로 본다. 중종 38년 2월 5일의 일기 기사에 수찬 李希曾의 졸년 기사가 있는데, 이것이 실록의 정월 5일조에 기록되어 있는 것 역시 일기작성 과정에서 나타난 문제 때문이라고 본다. 중종 4년 3월 21일의 기사에 보면, 金世弼의 직책이 '通信使'(日記)와 '敬差官'(실록)으로 서로 다르게 기록되어 있다64). 이것은 당후일기의 잘못으로 보이는데, 김세필이 통신사로 파견된 적이 없기 때문이다. 이외에 관직명을 잘못 기록하고 있는 것65), 일기에서는 細註로 처리한 것을 실록에는 보통의 기사로 기록한 것66), 일기와 실록의 내용이 정 반대인 것67) 등이 있다. 이상의 내용을 도표로 정리하면 다음과 같다.

---

63) 經國大典 卷1, 吏典,
64) 『中宗實錄』 卷7, 4年 3月 癸丑.
   "… 金世弼爲對馬島通信使 以母老辭 聽."
65) 4年 1月 21日조 기사에 姜允禧의 관직이 日記에는 정6품 軍職인 司果로 기록된 것에 비해, 실록에는 정5품 군직인 司直으로 되어 있다.
66) 4年 2月 20日條.
67) 4年 4月 18일조,"李宗仁以斬倭功 又加一資 從朴元宗議 臺諫以不可 從之."란 일기의 기사가, 실록에서는 '從之'를 '不允'으로 하고 있다.

표2-3) 堂后日記와 實錄 기사의 同異點

간 지	堂后日記	實 錄	備 考
正德4년 정월 16일	"是日有政‧"등 기사	18일조 등재	
21일	"…司果姜允禧…"	"司直姜允禧"	관직 상이
2월 5일	"修撰李希曾 卒記"	正月 5일조	
6일	"都事 趙澈"	"郎官 趙澈"	관직 상이
7일	"史論 形式 기사	細註 처리	
8일	"戶曹請遣官按驗各處漁箭"	12일 등재	
3월 21일	"…金世弼爲對馬島通信使…"	"…敬差官…"	職責 相異
4월 1일	"…前典醫主簿…"	"典醫主簿"	前자 생략
18일	"…從之…"	"不允"	반대
12월 2일	"命給弘文館奴婢二十口…"	3일 등재	

한편 翰苑日記의 경우 사론의 형태로 작성된 것 중 1편을 제외한 나머지가 모두 실록에 史論으로 처리되었던 것에 비해, 堂后日記는 동일한 형식의 것인데도 일반 기사로 처리된 것이 대부분이다[68]. 堂后日記의 내용 중 6편의 기사가 실록에 史論의 형태로 기사화 되었는데, 이를 비교하여 정리하면 다음과 같다.

---

68) 중종 4年 正月 4日條, 同年 7月 20日條, 同年 同月 30日條, 同年 9月 4日條 등.

표2-4) 堂后日記와 實錄의 史論 比較

번호	내용
1	"仲暾 鷄川君孫昭之子 歷任梁山·金海 皆有治聲 至是 以治效聞 故加階 昭爲守令 治行第一 其子能繼之 爲有子矣 仲暾常曰 吾父廉介 余所不及 也 蘇起坡武人也 性廉潔 不治家産 遇敵忘身 初在北方 人稱之曰鐵內禁 鐵字方言 與蘇字聲相近 故借言之 以美其强果." "仲暾 鷄林君孫昭之子 歷任梁山·金海 皆有治聲 至是 以治效聞 其父昭 爲守令 以治行第一 爲世所稱子能繼 可謂無添矣 暾常曰吾父廉介 吾所 不及 起坡武人 性廉潔 不治家産 遇敵忘身 强勇無比 在北方 人稱之曰 鐵內禁."
2	"權鈞有守有識 局量不狹 在廢朝爲承旨 多有方便活人手段 反正後 人多 不識 以爲隨時俯仰 無操守人也 及後爲政丞 堅確不動 方知其賢." "史臣曰 鈞有局量 在廢朝爲承旨 多爲方便 治人手段 反政後 人或不識 以爲隨時俯仰 無操守人也 及後爲相 堅確不動 始知其賢."
3	"朴元宗質美 雖或有可稱 然不學無術 特以功居相位 觀於此言 其不稱相 職 可見 爲人輕信人言 性又果決 其於辛服義·李荇之識 將打盡士類 儻 非成希顔故緩之 則豈有今日之朝廷 然則置相 其可輕乎." "史臣曰 元宗 雖質美 然不學無術 故其發於言者如此 爲人輕信人言 性又 孚愎 當辛服義·李荇之識 幾陷士林 賴成希顔 其禍遂止."
4	"友曾 浮華人也 其爲僉使時 待倭奴甚嚴 至用刑杖 彼雖貌從 內實狼怒 庚午之變 以是籍口 友曾卒陷于賊中 兄弟具死 古人不賞邊功 有以也夫." "史臣曰 友曾 浮華人也 爲僉使時 待倭奴甚嚴 至用刑杖 彼雖貌從 內實 狼怒 庚午之變 卒陷于賊中 兄弟皆死 古人不賞邊功 有以也夫."
5	"永文之終稔禍心 覆宗絶祀 是朴元宗與成希顔成之也 二人不知其險譎 而每相稱薦 永文置散怨望 多由此 上亦不疑 任之將權 終抵不赦之罪 知人之難 不其然乎 永文初與强盜彌勒·當來交 欲以濟事 武烈又與永文 交 不智甚矣 幸武烈之早世也.(武烈: 朴元宗諡.)" "史臣曰 永文之終稔禍心 覆宗絶祀 是朴元宗·柳順汀等成之也 其人之陰 譎險惡 國人所知而 元宗等回護同功 敢排公議以惑 上聽其罪大矣 永文置 散怨望 皆由於此而 上亦不疑 任以將權 終抵不測之罪 知人之難 不其然 乎 永文初與彌勒·當來交 欲以濟事 元宗又與永文交 不智甚矣."
6	"按 前此右尹成允祖暴病卒 判尹李坫暴病 或者以爲廢寺崇之也 季男惑之 託言文書 在本府而移寓 士類譏之." "史臣曰 前此右尹成允祖暴病而卒 人以爲廢寺崇之也 季男惑之 託言文書 而還 士林譏之 孫澍·沈貞 所守之不篤 亦可知也."

* 각 번호의 기사중 위는 堂后日記, 아래는 實錄의 기사 내용이다.

1번은 중종 4년 2월 7일에 작성된 것이다. 尙州牧使 孫仲暾과 穩城府

使 蘇起坡 두 사람이 직무에 충실하여 백성이 혜택을 받고, 그리고 정치적으로도 뛰어난 능력을 발휘한 것에 대한 보상으로 한 계급을 올려준 사실을 논평한 내용이다. 그런데 두 기사에는 약간의 차이점이 있다. 먼저 仲暾의 아버지를 일기에는 鷄川君, 實錄에는 鷄林君으로, 蘇起坡의 관직을 온성부사와 부령부사 등 다르게 기록되어 있다. 鐵內禁이 무엇을 의미하는 가에 대해 일기에서는 자세하게 설명이 되어있는 것에 비해, 실록에서는 전혀 설명이 없다. 그러나 전체적인 내용은 거의 비슷하다. 이 기사는 지방관의 활동에 대해 중앙에서 직접 확인한 것이 아니고, 지방에서 올라온 보고 기사69)를 근거로 작성한 것이라고 볼 수 있다.

2번 사론은 4년 5월 11일에 작성되었다. 이 사론의 경우 실록에는 동년 6월 1일조에 기사화 되어 日記와 20일정도 차이를 보이고 있으며, 아래 3번의 사론 뒤에 실려있어 순서가 바뀌어 있다.

대간의 탄핵을 받았던 贊成 權鈞이 계속 그 직책에 머물러 있는 것은 불가하다는 논의에, 왕이 체직하라고 명한 傳敎 뒤 작성된 사론이다. 본래 權鈞은 연산조에서 承旨를 지낸 경력이 있어 당시 사류들에게는 상당히 비판받았던 인물이었다. 그런데 일기와 실록에는 권균의 체직이 대간의 탄핵 때문이었지만, 본래 사람은 어질다고 기술함으로써 긍정적인 입장을 취하고 있다. 이는 권균과 권벌의 친소 관계에 따른 것과 연관되며, 이를 실록 편찬관들이 그대로 취했기 때문이라고 본다. 한편 '及後爲政丞'(日記)과 '及後爲相'(實錄)과 같이, 權鈞이 뒤에 宰相이 된 것에 대해서 언급하고 있어 후대에 작성된 사론임을 알 수 있다.

3번 사론은 4년 6월 1일에 작성되었다. 대간의 탄핵 활동이 재상을 위협하고 제재하는 데까지 미쳐서는 안 된다는 朴元宗의 논의를 폄하

---

69) 外史가 설치되기 전의 상황이기 때문에, 外史가 보고문서를 작성했다고 보기 어렵다. 그러나 중종 10년 6월 외사가 설치되기 이전에도 각 지방의 시행사를 작성하여 보고하는 별도의 기구가 있었을 것으로 짐작된다.

한 것으로, 일기보다 실록의 내용이 훨씬 간결하다. 한편 辛服義와 李苗의 참언으로 士林이 입을 뻔했던 禍를 成希顔에 의해 그쳤다고 하면서 성희안을 칭송하고 있다. 이와 같이 성희안을 칭송한 논지는 한원일기에서 반정의 명분 없음과 반정공신을 폄하했던 논조와 반대라는 점에서 주목된다. 이 역시 권균을 칭송했던 것과 마찬가지로 권벌의 개인적인 친소 관계 때문이 아닌가 생각된다. 더욱이 중종실록 편찬시 참여하였던 편찬관들이 성희안 관련 기사를 호의적으로 기술하였던 태도 때문이라고 보여진다.

4번 사론은 4년 12월 10일 작성되었다. 釜山僉使 李友曾이 왜인의 문제를 잘 처리한 공으로 조정으로부터 상을 받은 것에 대한 논평이다. 기사의 내용은 友曾이 왜인을 처리하는 태도가 지나쳤다고 폄하하고 있다. 일기와 실록의 내용이 비슷하며, 모두 후대에 작성된 것으로 보인다. 그것은 4년조의 기사인데, 다음해에 일어난 3포왜란에 대해 기록하고 있으며, 또한 왜란 중에 友曾 형제가 죽었다는 것까지 기록하고 있는 것에서 짐작된다.

5번 사론은 5년 정월 9일에 작성되었다. 대간이 朴永文의 흉악함을 논박하자 영사 朴元宗이 永文을 구하기 위해 힘쓴 것과 대간의 청이 받아들여지지 않으면 물러나야 한다고 말한 내용을 폄하한 것이다. 永文과 元宗을 동시에 비판하면서, 한편으로 반정공신에 대한 비판을 겸하고 있다. 일기의 기사 중 朴元宗과 成希顔이 종묘를 엎고 제사를 끊으려했다고 기록되어 있는데, 실록에는 朴元宗과 柳順汀이라고 하여, 일기의 成希顔이 柳順汀으로 바뀌어져 있다. 이는 실록 편찬시 시초의 내용이 개서된 것으로 생각된다. 즉 당시 총재관이었던 성희안 대신에 류순정으로 고쳐 기록한 것이 아닌가 생각된다. 앞의 3번 사론과 마찬가지로 편찬관들이 성희안에 대한 비판을 자제했던 자세와 연관된다.

6번 사론은 동년 동월 12일에 작성되었다. 丁卯年(왕 2년)에 한성부를 圓覺寺로 옮긴 뒤, 여러 가지 폐단이 발생하고[70], 한성우윤 成允祖가 갑자기 죽은 일에 대해 판윤 李繼男 등이 본부로 다시 옮기자고 한 논의가 현혹된 생각에 빠진 결과라고 비판한 것이다. 일기에는 기록되지 않은 좌·우윤의 이름이 실록에는 기록되어 있다. 그런데 이 사론은 다른 것과는 달리 문장 앞에 '按'을 쓰고 있어 주목된다.

조선 전기 대부분의 사서에서 찬자의 의견을 제시할 때, 일반적으로 '史臣曰' 또는 '史臣 贊曰'·'臣等按' 등을 쓰고 있는 것으로 볼 때[71], 이 史論은 명확하게 자신의 의견임을 제시하고 있다.

이상의 내용을 살펴볼 때, 堂后日記의 史論은 翰苑日記에 비해 실록에 기사화 되는 과정 중 가감되는 사례가 많았음을 알 수 있다. 官職이 잘못 기재되거나, 날짜가 20여일 차이나는 경우가 있는 것에서 알 수 있다. 그리고 3번과 5번의 사론에서는 일기의 기사와는 달리 실록에 成希顔이 긍정적으로 기록되어 있어, 사초의 개작이 있었던 것이 아닌가 생각된다.

다음 承旨때 작성하였던 戊寅日記를 살펴보자.

이 자료는 앞의 두 자료가 '翰苑日記'와 '堂后日記'라고 제목을 붙인 것에 비해 '承宣時日記 -戊寅-'이라고 하였다. 표제명이 다를 뿐만 아니라, '戊寅'이라는 간지를 덧붙이고 있다. 이것은 正德 13년(중종 13년) 戊寅年 5月 15日 동부승지부터, 同年 11月 6日 도승지 역임시까지 승정원에서 지낸 시기를 간지로 표시한 것이다.

戊寅日記는 앞의 두 일기에 비해 실록에 기사화 된 내용이 훨씬 적으며, 그 중에도 간지의 착오가 몇 군데서 확인된다.

먼저 간지가 상이한 것을 보면, 13년 5월 17일조의 충청도에서 발생

---

70) 帳簿와 戶籍 및 각 년 결송문서 등이 본부에 있어서, 상고하려면 따로 郎官을 본부에 보내야 하고, 노비가 堂上官 및 郎官들의 음식을 날라야 하는 일이었다. (실록의 註解).
71) 李元淳,「朝鮮 前期 史書의 歷史認識」,『韓國史論』6, 國史編纂委員會, 1981.

한 지진 기사가 실록에는 16일조에, 동월 20일의 인사 기사는 18일조에, 21일의 대간의 서경 내용이 20일조에, 6월 3일의 천거과목 조건 및 사간원 계의 내용이 4일조에 등재되어 있다. 7월 4일의 양양부사 秦澹과 宜川郡守 申永徹을 체직하라는 대간의 간언을 일기에서는 '從諫', 실록에는 '不允'이라고 정반대 내용으로 기사화된 것도 있다. 이상의 내용 등을 중심으로 무인일기와 실록 기사의 동이점을 정리하면 다음 표와 같다.

표2-5) 戊寅日記와 實錄 기사의 同異點

간 지	戊寅日記	實 錄	備 考
正德13년 5월 17일	"…酉時 忠淸監司…"	16일 등재	
20일	"人事 기사"	18일 등재	
21일	"巳時引見主簿安遇…"	20일 등재	
6월 3일	"薦擧科目 및 司諫院 啓文"	無	
11일	"憲府 請吏曹考功司"	"…傳敎…"	臺諫의 請이 傳敎로
7월 4일	"命遞之 從諫也…"	"…不允…"	反對
6일	"大司諫 朴守儒"	"…朴守紋…"	이름 상이
10월 8일	"憲府啓別坐黃純點"	細註	기사 처리 상이
공통	權橃의 私的기사수록	無	

무인일기에서도 일부 朝廷의 시행사를 살필 수 있지만, 대부분은 개인적인 내용위주라는 점이 주목된다. 右承旨로 제수된 7월 26일부터 8월 26일까지 省親하기 위하여 고향으로 내려가는 동안의 지방 방문 기사를 자세하게 기록하거나, 本人과 관련된 개인적인 일을 정리하고 세주의 형식으로 다시 자세히 기록하고 있다. 따라서 한원일기나 당후일기처럼 정국의 동향을 살필 수 있는 공적 일기의 성격보다는 개인 일기로서의 성격이 강하다[72].

한편 일기에는 경연·조강 등 왕과 관계된 주요 정사에 여섯 승지들이 교대로 참여했음을 기록하고 있다. 그런데 입시하였을 때, 여섯 승지 중 본인이 아닌 경우에는 참석한 사람의 직책을 '都公'·'左'·'同副' 등으로 쓰고 있으며, 자신이 참여했을 경우에는 '檄' 또는 '臣' 등으로 기록하고 있다. 이는 일기 작성의 사례를 살필 수 있는 좋은 근거 자료가 된다.

한편 戊寅日記에는 史論의 형식으로 작성된 것이 1편도 없다. 이는 앞에서 본바와 같이 무인일기의 작성을 공적인 것보다는 사적인 내용 위주로 하다 보니 특정인이나, 특정 시행사에 대한 시비포폄이 어려웠기 때문이라고 생각된다.

3. 日記의 性格

이상 중종대 춘추관의 전임사관과 승정원의 주서, 승지 등을 역임하였던 權橃의 '翰苑日記'와 '堂后日記', 그리고 '承宣日記'의 내용과 실록의 반영 여부를 살펴보았다. 이는 사초의 성격을 이해하는 문제일 뿐만 아니라, 사관과 실록 편찬, 실록 편찬시 자료의 이용 여부 등을 분석하는 작업과 연관된다. 본문의 내용을 중심으로 일기의 성격과 의의를 살펴보자.

먼저 권벌은 중종 2년에 출사하여 명종 3연까지 40여년의 관료기간 중, 10여년의 파직기간을 빼고, 30여년 동안 관료생활을 하였다. 관료생활 동안 두 차례의 士禍(己卯와 乙巳)에 직·간접적으로 연루되었던 점에서, 정국 변동의 핵심에 있었던 사람이라고 할 수 있다. 조선중기 정국의 변동과정에 핵심적인 위치에 있었음은, 그가 작성한 문서 역시 정국의 변동을 이해하는 중요한 근거가 되었다고 볼 수 있다. 그리고 그

---

72) 某 人士와 만났다던가, 누구의 집에서 투숙했다던가, 또는 아들이 아팠다던가 하는 기사까지 자세하게 기록하고 있다.

가 역사 사실을 작성한 시기가 훈구와 사림의 갈등이 증폭되었던 성종과 연산조 이후였던 점에서, 새로운 정치 상황이 전개될 수 있었던 요인도 많았다고 볼 수 있다. 따라서 반정의 기운이 고조되었던 중종 초기 사관직과 주서직을 역임하면서 작성하였던 일기는 당시 정국의 분위기를 이해하는데 중요한 근거를 제공한다고 볼 수 있다.

권벌은 경북 안동의 보수적인 영남출신 사림이었지만, 조광조를 위시한 기호출신 신진 사류들과도 일정한 교류를 유지하면서 어느 정도 개혁적 성향을 지녔다. 따라서 그의 정치적·학문적 성향은 현실 정치에 매우 민감하였으며, 다른 한편으로는 의리·명분의 고수에 철저하기도 하였다. 이러한 그의 자세는 일기의 기사내용이나 중요 관직을 두루 역임하면서 보여주었던 현실 인식태도에서 살필 수 있다.

정국의 격변기에 핵심적으로 활동하였던 인사가 작성하였던 일기인만큼 의미하는바가 크다고 본다. 여기에서는 실록의 편찬과 관련된 사항을 중심으로 살펴보고자 한다.

먼저 권벌의 堂后日記와 戊寅日記는 승정원의 주서[73]와 승지 역임시 작성된 것으로서, '承政院日記'[74]의 편찬 자료로 이용되었을 것이며, 중종대 승정원일기의 성격 일단을 이해하는데 도움을 준다는데 의미를 찾을 수 있다. 현존하는 승정원일기는 1623년(인조1) 3월부터 1910년(순종4)까지 모두 3045책이다. 그런데 권벌이 작성한 당후일기와 무인일기는 승정원의 주서와 승지때 작성된 것으로, 승정원일기의 실체를 이해

---

73) 주서(堂后官)는 정7품직(2명)으로 승정원의 실무를 담당하였다. 반드시 문신으로 임명하였고, 이들이 작성한 것을 '당후일기'라고 하였다. 문집에 수록되기도 하였는데, 실록 편찬시 이용되었으므로 史草라고 보는데 무리가 없다.
74) 承政院日記의 찬자는 '承史'라고 하여 승지와 주서가 담당하였다. 승지 6명은 왕명출납 및 6房으로 분방하여 6조의 公事를 분담하였고, 의정부·사헌부·사간원·홍문관 등 국가의 공적인 일을 출납하였다. 주서는 승정원을 통과한 모든 공사와 문서를 기록하는 것이 임무였다. 매일의 사실을 일기식으로 한 달에 한 권씩 작성하였다. (『奎章閣韓國本圖書解題』 史部1, 1981.)

할 수 있는 근거를 제공한다고 볼 수 있는 것이다.

그런데 승정원의 주서나 승지들이 작성한 기록물을 관청 밖으로 가지고 나올 수 없는 것이 원칙이기 때문에, 이를 전적으로 승정원일기라고 하기는 어려운 점이 있다. 즉 작성된 일기가 승정원일기를 작성하는데 자료로 쓰이기는 하였지만, 승정원일기라고 보기는 어려운 것이다. 따라서 이 자료들이 승정원일기를 작성하는데 쓰였던 자료로서 승정원일기의 副本的 성격과 의미를 지녔다고 볼 수 있다.

둘째, 전형적인 家藏史草이다. 일기에 사론의 형식으로 작성된 것이 6편 있고, 그것이 그대로 실록에 기사화 되었다는 점이다. 入侍史草의 경우는 정사 내용을 받아 적는 것만도 바쁘기 때문에, 史論을 작성한다는 것이 불가능하다. 따라서 권벌의 일기에 사론이 수록되어있다는 것은 집에 돌아와 별도로 작성하여 가장하였던 가장사초인 것이다.

한편 실록의 편찬시 이용되었던 자료들은 실록이 완성되면 洗草되는 것이 원칙이었다. 그런데 중종실록의 편찬에 이용되었던 본 자료들이 어떻게 전해졌을까 하는 점은 기록의 미비로 정확하게 알 수 없다[75]. 다만 우여곡절 끝에 후손들 수중에 들어가, 현재까지 전해지게 된 것이 아닌가 짐작될 뿐이다.

셋째, 본 자료들은 중종실록의 편찬시 중요한 편찬 자료로 이용되었다. 먼저 사관 재직시 작성한 翰苑日記에는 年·月·日과 그 날의 기상상태까지 모두 기록되어 있으며, 내용은 거의 비슷하게 실록에 기사화되었다. 그러나 일기와 실록의 기사 중 상이한 부분도 상당 수 발견되고 있다. 기사의 내용이 상이한 것은 그가 빠뜨리고 잘못 기록하였거나, 또는 실록청에 납입되었던 엄청난 분량의 사료들을 취사선택하는 과정에서 나타난 문제라고 생각된다. 즉 실록청에 모여지는 자료는 사관의

---

[75] 이런 현상은 다음에 살펴 볼 權橃나 鄭泰齊가 적성한 사초, 겸임사관이 작성한 일기 자료들도 마찬가지이다.

사초뿐만 아니라, 각사 등록류, 시정기, 승정원일기, 개인일기, 야사, 조보 등 매우 다양하고 광범하다. 그런데 이들 자료들은 거의 같은 시기에 견문한 바를 근거로 작성된 것이다. 따라서 발생한 사건이나 사실을 기록하는데 대부분은 동일하게 기록하겠지만, 혹은 전혀 다르게 기록할 개연성도 있는 것이다. 이러한 문제 때문에 일기와 실록의 기사가 다르게 정리된 것이 아닌가 생각된다.

史論의 경우도 일부는 가감되었거나 표현의 강약 정도가 다르게 되어있다. 이것 역시 史官 개인이 남긴 특정 사실이나 인물에 대한 포폄기사가 후에 실록청이 개국되고 영관사 이하 편찬관들이 편찬하는 과정에서 일부의 기사를 선택했기 때문에 야기된 현상이라고 생각된다.

이상과 같은 성격을 찾을 수 있지만, 무엇보다 권벌이 작성한 세 종류의 일기는 史官의 日記(史草)작성 실 예, 일기와 실록의 관계, 실록 편찬시 이용되는가의 여부, 그리고 승정원일기의 성격 일단을 이해하는데 중요한 단서를 제공한다는데 의미와 의의를 부여할 수 있다.

第2節 中宗朝 權橃의 史草

1. 作者의 生涯와 經歷[76]

권예(본관 ; 安東, 호 ; 磨厓, 字 ; 曳山)는 연산군 1년(1495) 아버지 哲經과 어머니 昌原 黃氏(允卿의 딸) 사이에서 慶北 榮豊郡 順興面 甁山里 외가에서 태어났다[77]. 22세 때인 중종 11년(1516) 봄 생원시와 식

---

[76] 작자 권예의 생애와 경력에 대해서는 鄭求福의 논고 (「中宗朝 磨厓 權橃의 史草」, 『季刊書誌學報』8, 1992)에 소개되어 있다. 여기서는 위 논문에서 소략하게 취급된 부분을 중점적으로 보충하여 살피고자 한다.
[77] 家系圖는 다음과 같다.

년 문과(33명중 28등)에 연 이어 급제하였고, 그 해 5월 권지승문원부정
자에 선보되었다. 중종 13년(1518) 10월 예문관의 전임관인 검열에 제수
되었고, 2개월 뒤인 중종 14년(1519) 정월 奉敎로 승진하였다[78]. 검열에
서 봉교직을 수행하던 시기(중종 13년 10月 - 14년 11月)에 사초를 작성
하였다[79].

중종 14년 11월 15일 밤, 남곤·심정 등 훈구대신들이 趙光祖를 비롯
한 신진사류를 제거하기 위해 己卯士禍를 일으켰을 때, 권예는 입직사
관이었다. 사화를 일으킨 주동자들은 자신들의 비행이 있는 그대로 기
록될 것을 우려하여, 사화 후 곧 바로 입직사관을 체직시켰다. 그리고
는 밤 5鼓가 되어서야 蔡世英·李公仁 등 다른 史官들과 함께 복귀할
수 있었다[80]. 이러한 점은 사화의 주동자들조차 사관의 기사 행위를 두

居約 － 自謙 - 哲經 - 輗 - 安世

78) 이는 문집의 연보를 근거로 한 것이다. 실록에는 중종 14년 정월 注書라고 기록
되어 있다.(『中宗實錄』 卷35, 14年 1月 甲子.)
79) 문집에는 權輗가 사초를 세 차례 작성하였다고 기록되어 있다. 먼저 중종 13년
10월 檢閱時 부제학 趙光祖·우승지 金正國·수찬 尹溝·한림 蔡世英·주서 沈
連源 등과 경연에 입시하였을 때, 두 번째는 동 14년 4월 奉敎時 영의정 鄭光弼
·좌의정 申用漑·우의정 安瑭·우찬성 李長坤·호조판서 高荊山·공조참판
尹世豪·대사헌 金淨·부제학 趙光祖·예조참판 權橃·직제학 金絿·응교 李
淸·부수찬 沈連源 등과 입시하였을 때이다. 그리고 세 번째는 동 10월에 우의
정 安瑭·우찬성 李長坤·이조판서 申鏛·예조판서 尹殷甫·호조판서 高荊山
·병조판서 方幼寧·형조판서 金淨·대사헌 趙光祖·부제학 金絿·응교 奇遵
등과 입시했을 때라고 하였다.
80) 『中宗實錄』 卷37, 14年 11月 乙巳.
권예 등이 체직된 것은 趙光祖의 무리였다는 이유보다는, 사화가 발생하던 당
일 홍문관(응교 奇遵, 부수찬 沈達源)과 승정원(승지 尹自任·孔瑞麟, 주서 安
珽, 한림 李構)에서 立直 중이었기 때문이다. 그런데 권예 등 사관의 체직은 당
시 사건의 전모를 기록으로 남기지 못하는 문제가 발생되고 말았다. 실제로 권
예 등이 체직된 날 밤 2고부터 5고까지 입직사관들이 모두 체직되었기 때문에,
당시의 사실은 봉상시직장 심사순을 가주서로 삼고, 예조정랑겸기사관 이귀령
등에게 임시로 기록하도록 하였다. 이 문제는 사관의 기사 활동과 관련하여 중
요한 의미를 지니고 있으며, 시사하는 바도 크다.

려워했던 사실을 반영하는 것이다.

이듬해인 중종 15년(1520) 정월 성균관의 전적 겸승문원교검으로 옮겼다. 그리고는 다음과 같이 다양한 관직을 역임하였다. 동왕 16년 司書, 이듬해 5월 홍문관 부수찬, 6월 수찬, 21년 지평, 22년 장령, 홍문관 교리, 23년 사간, 24년 부교리·직제학·동부승지, 25년 병조참지, 26년 대사간, 28년 홍문관 부제학·공조참판, 29년 병조참판·대사헌, 30년 호조참판, 31년 공조참판 등을 역임하다가 동년 5월 경상도 관찰사로 내려갔다. 그러나 5개월 만인 10월에 다시 형조판서로 제수되어 돌아왔다. 32년 우참찬·이조판서·호조판서 등을 지냈다.

이상과 같이, 권예는 청직과 요직을 두루 역임하는 동안 자신의 역량을 충분히 발휘할 수 있는 기회가 있었다.

44세 때인 중종 33년(1538) 5월, 어머니 昌原 黃氏가 돌아가자 고향으로 가서 시묘하였다. 3년 상을 마치고도 官職에 나오지 않고, 고향에서 제자를 가르치며 학문에 전념하다가 명종 4년(1549) 4월[81] 55세를 일기로 돌아갔다.

권예는 훈구 세력이 정국을 주도하였던 상황에서도 沈貞 등 기묘사화를 일으킨 훈구 대신들을 강력하게 비판하였으며, 士林의 명분과 정신을 유지하려고 노력하였던 인물이었다. 士禍의 발생 이틀 후, 임금이 조현합閤에서 承旨들을 면대하고 있을 때, 사관 권예는 다음과 같이 자신의 의견을 말하였다.

"謀議를 시작한 사람을 알고자 하는데 누구인지 모르니 답답하여 견딜 수 없습니다. 匹夫의 처사가 光明正大하지 않아도 옳지 않은 것인데, 더구나 임금이겠습니까! 이는 安危存亡이 관계된 일이니, 이런 일을 행하자면 대신이 대낮에 都堂에 모여서 해야합니다. 밤에 하는 것은 합당하지 않으며, 神武門도 거사하는 곳이 아닙니다. 신이 그날

---

81) 『明宗實錄』 卷9, 4年 4月 申亥.

밤에 春秋館에 直宿하다가 그것을 보고 처음에는 무슨 큰 일이 있어서 이토록 비밀한 가하여 놀랍고 두려워서 어찌할 바를 몰랐습니다. …反正 때의 일도 明正하지 않았다 하니, 그 일은 바를 지라도 그 방법은 바르지 않습니다. 우리 나라의 일이 번번이 이러합니다.…"82)

이 기사는 권예의 현실 인식태도를 잘 보여주고 있다. 먼저 사화의 명분 부족을 지적하였다. 그리고 사화발생의 근본 이유에 대해 의문을 제기하였을 뿐만 아니라, 방법상의 문제점도 논하였다. 더욱이 14년 전에 도모하였던 反正조차 문제가 있었다고 주장하였다.

이러한 점은, 권예의 태도가 道理와 명분을 지키려고 하였음을 보여주는 것이며, 이에 어긋나는 경우라면 용납하지 않았던 인사였음을 반영한다. 이러한 자세는 조선 유교 사회에서 유교 정치 이념을 현실 정국의 운영에 구현하고자 하는 적극적인 태도와 직결된다. 왕 26년 11월 당시로서는 대단히 민감한 사안이었던 趙光祖의 추복을 거론했던 것도 이러한 태도에서 연유한 것이다. 그리고 천재지변을 天譴83)으로 인식하여 경계를 삼아야 한다고 주장한 점, 군주의 근신수행을 강조하였던 것 등도 유교정치 이념의 구현에 상당히 큰 관심을 가졌음을 보여준 실 예라고 할 수 있다. 그가 천의를 따르는 정치를 추구하였음은 중종 14년 소대시 논의나84), 24년 조강시 다음과 같은 上啓에서 짐작해볼 수 있다.

---

82) 『中宗實錄』 卷37, 14年 11月 丁未.
   권예, 승지 金謹思, 사건 당일 尹自任 대신 승지에 제수되어 궐내로 들어갔던 成運도 사화의 부당성을 비판하였다. 이에 대한 자세한 내용은 鄭杜熙의 논고 (「己卯士禍와 趙光祖」, 『歷史學報』146, 1995) 참조.
83) 天譴의 징후로 天災는 日蝕, 月蝕, 홍수, 가뭄 등이고, 地變은 지진으로 대표된다. 이러한 천재와 지변이 발생하면, 왕은 이의 극복을 위한 노력으로, 음식을 줄이거나, 언로의 개방을 도모하고, 형옥을 열어 죄수를 방면하기도 하였다.
84) 『中宗實錄』 卷36, 14年 8月 庚寅.

"근래 재변이 매우 많습니다. 일식이 常道가 있기는 하지만 옛 사람의 말에 '태양은 모든 陽의 宗主입니다.' 하였고, 春秋에도 '일식의 변은 妻妾이 그 지아비를 제어하고 소인이 군자를 능멸하고 夷狄이 중국을 침략하는 변이 있을 뒤에 이러한 감응이 있다.' 했습니다. 지금 일식의 변이 무슨 일의 소치일 줄 모르겠으나, 10월은 純陰의 달이고, 태양은 모든 양의 종주이기 때문에 10월 초하루의 일식은 옛 사람들이 더욱 꺼려했습니다. 이는 재이 중에서도 더욱 놀라운 것입니다. 이 뿐만 아니라, 이 달 들어서부터 계속 음산한 안개가 사방에 꽉 끼고 연일 장마가 지는데, 이는 모두 음기가 성하고 양기가 쇠미한 징조입니다. 지금 또 서쪽에 변방에 경보가 있으니, 이적의 침노하는 우환이 없다고도 할 수 없습니다. 더욱 반성하고 두려워해야 할 때입니다."[85]

이 기사는 천견이 있을 때, 군주가 직접 **恐懼修身**하여야 한다는 점을 강조하고 있는 내용이다. 즉 유학자들이 우주현상의 배후에 하늘의 오묘한 조화(천견)가 존재하는 것으로 인식했던 태도를 그대로 준수하고 있는 것이다.

이와 같이 권예는 천재와 지변을 유교사상의 천견으로 인식하고, 이러한 현상이 있을 때는 근신할 것을 말하고 있다. 즉 하늘의 **譴告**는 까닭없이 발생하는 것이 아니며, 재변은 반드시 응보가 따른다고 생각하였다. 따라서 재이를 보통으로 여기고 매사에 조심하지 않고 정사를 개정하지 않으며, 겉치레만 쫓는다면 하늘의 경고가 계속될 것이라고 인식하였다. 권예의 이러한 태도와 자세는 정통 유학자로서의 면모를 보여주는 근거라고 할 수 있다.

국가 경제의 어려움에 대한 심각한 고민과 이의 해결에도 노력하였다. 중종 17년 10월 주강시, 명나라에 가는 사신들이 뇌물을 가지고 가는 폐단을 지적하고, 절대로 뇌물을 가지고 가지 말게 할 것을 요구하

---

[85] 『中宗實錄』 卷66, 24年 10月 丁卯.

고 있다86). 이러한 태도는 외방 사신으로 나간 자들이 수령에게 물건을 요구하는 폐단과 이들이 돌아올 때, 외방 妓女를 데리고 오는 것을 비판하는 것과 연관되는 것이다87). 그리고 강원도 御使로 나갔을 때, 君과 翁主의 집을 짓기 위하여 材木을 무리하게 부과하여 백성의 민폐가 크다는 점과 이의 시정을 요구하는88) 등을 주장하였다. 백성에게 폐를 끼치는 것은 유교 정치의 근본이 무너지는 것으로 인식하고, 이를 어기는 자들의 엄정한 규찰을 요구하였다. 이는 그가 민생의 안정에 상당히 관심을 가지고 있음을 보여주는 사례이다.

중종 28년 홍문관 부제학 역임시 국가 기강을 바로 세우기 위하여 천견을 인식할 것, 賞罰을 분명히 할 것, 女謁을 금할 것, 분수에 넘치는 관직의 제수를 삼갈 것, 염치와 예절을 유지할 것, 선비의 志節을 숭상할 것, 몸소 검소함을 행할 것 등의 내용으로 상소89)한 것을 보면, 그의 현실 인식 태도가 이상에서 언급한 바와 일치하고 있음을 반영하는 근거인 것이다.

그가 조정에서 상당히 필요시 되었던 인물이었음은 여러 기사에서 확인할 수 있지만, 중종 31년 호조참판시 歸養狀을 올리자, 중종의 다음과 같은 전교는 그 실 예를 잘 보여준다. '이와 같이 쓸만한 사람은 전에는 혹 그 道의 감사로 보내기도 하고 이웃 고을의 수령으로 보내기도 하였는데, 지금은 우선 말미를 주라. 호조는 긴요한 곳이니, 그를 체직시킬 때 그 도의 감사나 가까운 이웃 수령 중에 자리가 비기를 기다렸다가 차임하여 보내라.'90)고, 할 정도로 신임하였다.

몸가짐이 청렴결백하여 사사로이 찾아오는 사람이 없었고, 평소의 성

---

86) 『中宗實錄』 卷46, 17年 10月 癸巳.
87) 『中宗實錄』 卷57, 21年 11月 申巳.
88) 『中宗實錄』 卷66, 24年 11月 壬子.
89) 『中宗實錄』 卷75, 28年 6月 己丑.
90) 『中宗實錄』 卷81, 31年 1月 癸酉.

격은 강직하였으며, 언행이 신중하였다는 史官의 論評[91] 등을 종합해서 살펴보면, 권예는 성격이 강직하였고, 현실 인식 태도 역시 유교 이념을 현실 정치에 구현하려는 자세가 철저하였음을 알 수 있다.

2. 史草의 形態와 內容

1) 形態

史草는 가로 21Cm 세로 29Cm의 크기이며, 楮紙에 기록되었다. 현재는 史草의 원본이 배접된 상태로 보존되어 있으며, 모두 51장이다. 史草의 뒷부분에는 7대손 權譿이 쓴 後書(46-2면부터 50-1면까지[92])와 1811년 사헌부 지평 李周禎이 쓴 '書權判書磨厓先生 己卯史草後'(50-2면부터 51-2면), 그리고 1812년 예조참판 金硡이 쓴 '謹書 史草後'(52-1면부터 52-2면) 등이 7장으로 구성되어 있다[93]. 이와 같이 '후서' 등 부록에 해당되는 기사가 많아, 권예가 작성한 실제 사초의 총 면(쪽) 수는 44장이다. 여기서 44장에 기록된 사초의 내용과 의미, 실록의 기사 내용과 동이점을 비교해 보자.

---

91) ① 中宗 28年 7月 왕의 특지로 工曹參判에 올랐을 때의 史論.
"권예는 몸가짐이 청렴결백하여 사사로이 찾아오는 사람이 없었다."
② 중종 32年 12月 癸亥. 戶曹判書時 臺諫의 탄핵을 받았을 때의 史論.
"권예는 비록 잘못한 실수가 없다고 할 수 는 없으나, 性品이 본래 淸廉하고 곧아 따라 붙기를 좋아하지 않았고,…"
③ 明宗 4年 4月 己酉. 卒時의 史論.
"자질이 총명하였다. 단지 학력이 없어 향하는 바를 삼가지 않아 金安老에 따라 붙었다. 安東에 10여 년간 칩거히어 家産을 다스리지 않아 초가집이 쓸쓸하고 왕래하는 사신을 한번도 만나주지 않았고, 한번도 관청에 발을 들여놓지 않았다."
92) '46-2面' 등의 숫자는 46쪽의 좌측면을 가리킨다. 史草를 배접하여 책의 형태로 만들었기 때문에, 권예가 작성한 기사 44장은 실제로 88쪽(면)이 되는 것이다. 따라서 여기에서 사초의 면을 지정할 때, 왼쪽 면인 경우는 '-1'번, 오른쪽 면인 경우는 '-2'로 구분하였다.
93) 『磨厓先生文集』에 실려있으며, 李周禎과 金硡은 磨厓의 後學이다.

2) 內容

史草의 14면에 기록된 간지 외에는 언제 작성되었는가를 확인할 수 있는 근거 기사가 전혀 없기 때문에, 사초의 작성 시기는 알기 어렵다. 따라서 사초의 내용을 살피는 것도 중요하지만, 이보다 선행되어야 할 것은 섞여 있는 사초의 순서를 바로 잡는 것이다. 44장에 기록된 사초의 大略的인 내용과 순서를 살펴보면 다음 표와 같다.

표2-6) 磨厓 史草의 內容[94]

分類	史草의 面	內容	備考
A	1-1~13-2	功臣削勳 論議	
B	14-1	表題:日記判書先祖記事官時 册	楷書體
	14-2	迎 勅書○○己卯四月初七日 庚午 拜	草書體
	15-1~16-2	十二 缺	
	17-1~27-2	勅書內容 論議	
C	25-1~25-2	賓廳會議 參席者 名單	B부분 글씨체 相異
D	28-1	表紙(?)	글씨 거꾸로
E	28-2~29-1	未詳	
F	29-1~32-1	功臣削勳 論議	
	30-1	定難功臣 削勳	
G	32-2~36-1	地方(京畿·忠淸·全羅)民生 問題	高莉山이 호조판서에서
	34-1	"高(荊山)曰 臣前任戶曹時"	대사헌에 임명된 것은 14
	36-1	戶曹議啓 手決	년 11월 16일
H	36-2~38-1	未詳	
I	38-2~43-2	民生問題	金淨이 大司憲임을 의미
	43-2	大司 淨金	(14년3월15일 제수)
J	44-1~44-2	功臣削勳論議	大臣의 削勳論議참여는 14년 11월 이후

---

94) 표의 내용 중 定難功臣은 중종 2년에 녹공된 인사들이다. 중종 반정의 靖國 原從功臣으로서 全山君에 책봉된 李顆는 官爵이 높지 않음에 불만을 품고 있었다. 그는 중종 2년 왕이 宣陵에 친제하러 가는 틈을 노려 李續·尹龜壽·金岑 등과 모의하여 甄城君 惇을 추대하고자 하였다. 그러나 이들의 모의는 곧 진압되었으며, 논공행상이 이루어졌는데, 定難功臣은 이때 책봉된 것이다.

표에서 보는 바와 같이 사초는 매우 복잡하고, 시간도 일정하지 않다. 먼저 사초의 순서를 바로 잡아 보자.

순서 상 38-2면부터 43-2면까지 'I' 부분의 민생논의가 사초의 제일 앞으로 가야 한다. 그것은 43-2면에 기록된 金淨의 官職이 '大司○'로 된 것을 근거 때문이다[95]. 마지막 글자가 보이지는 않지만 '大司○'에 해당되는 것은 大司憲·大司成·大司諫 중 하나일 것이다. 이중 김정이 수행한 것은 중종 14년 3월 15일에 除授된 大司憲이므로 순서상 제일 앞에 놓여야 한다.

다음 'C' 부분의 빈청회의 참석자 명단이 기록된 17-1면을 앞으로 보낸다. 즉 奏請使가 명으로부터 받아온 勅書를 토의하는 내용과 연결시키는 것이다. 그리고 29-1면부터 32-1면까지의 'F' 부분과 44-1면에서 44-2면의 'J' 부분을 'A' 부분의 功臣改正論議에 연결시키고, 32-2면부터 36-1면의 'G' 부분 民生論議를 제일 뒤로 보내서 순서를 잡는다[96]. 이렇게 정리하면 내용의 확인이 불가능하거나, 아무 기록 없이 비어 있는 면을 제외하고는 사초의 전체적인 순서를 잡을 수 있다. 이상의 내용을 종합해서 史草의 순서를 잡으면 다음과 같다.

(38-2~43-2) 'I' →(14-1~14-2); 表題 'B' →(25-1~25-2) 'C' →(17-1~27-2) 'B' →(1-1~13-2) 'A' →(29-1~32-1) 'F' →(44-1~44-2) 'J' →(32-2~36-1) 'G'

이와 같이 순서를 바로 잡은 사초의 기사 중 명확하게 확인되는 것을 중심으로 구체적인 내용을 살펴보자.

---

95) 그가 大司憲에서 刑曹判書로 옮긴 것은 중종 14년 5월 16일이다. 그리고 이날 大司憲에 제수된 사람은 부제학이었던 趙光祖이다.
96) 'G' 부분을 제일 뒤로 보내는 이유는 34-1면에 "高曰 臣前任戶曹時"라는 기사를 근거 때문이다. 그것은 高荊山이 戶曹 判書에서 大司憲으로 轉職된 것이 중종 14년 11월 16일의 일이므로, 史草의 순서상 제일 늦다.

먼저 史草에서 간지를 확인할 수 있는 것은 14면의 왼쪽에 '迎勅書 ㅇㅇ 己卯四月初七日 庚午拜', 즉 '중종 14년(1519) 4월'이라고 기록되어 있는 것뿐이다. 따라서 권예의 사초는 중종 14년 4월을 전후한 시기에 작성된 것임을 짐작해 볼 수 있다.

그리고 14면의 우측에는 '日記 判書先祖 記事官時 冊'이라는 기사가 있다. 글씨의 필체로 보거나, 초서의 본문에 비해, 해서로 쓰여져 있는 것을 볼 때, 후손 權讐이 별도로 첨부시킨 것이라고 생각된다. 더욱이 권예 본인이 17년 지난 뒤에 역임하였던 吏曹나 刑曹, 戶曹判書의 관직97)을 표제로 쓸 수는 없기 때문이다.

14면의 表題名 기사를 근거로 사초의 기사 내용을 살펴보면, 15면부터의 기사는 태조의 被誣98)와 관련된 것이다. 태조 관련 기사가 잘못되었으므로 이를 변정하고자 奏請使를 파견한 것과 그들이 받아온 勅書의 내용을 중심으로, 중종 14년 4월 7일 이후 왕과 신하가 논의한 내용을 기록한 것이다. 사초의 기사와 동일한 내용으로 실록에 수록되어 있는 태조의 피무에 관한 문제, 즉 이 문제를 해결하고자 명나라에 奏請使를 파견했던 것과 조정에서 논의된 일정 및 구체적인 내용에 대해 실록의 기사를 중심으로 살펴보자.

중종실록에 奏請에 관한 논의가 처음 기록된 것은 왕 13년 5월이다.

---

97) 권예가 형조판서에 제수된 것은 중종 31년(『中宗實錄』 卷82, 31年 10月 丁未.), 이조판서(『中宗實錄』 卷85, 32年 7月 己丑.)와 호조판서에 제수된 것은 32년 (『中宗實錄』 卷86, 32年 11月 丁丑.)이다. 따라서 중종 14년에 작성된 사초의 表題에 '판서'라는 직책을 쓸 수 없는 것이다.

98) 『大明會典』에 조선 태조를 李仁任의 아들이라 하고, 또한 恭愍王・祐王・昌王・恭讓王 등 四王을 시해하였다고 잘못 기록되어 있는 문제와 관련된 것이다. 이 문제는 매우 심각한 문제가 아닐 수 없었던 것으로, 건국직후부터 이의 시정이 요구되었다. 그러나 태조대만 하더라도 명과의 관계가 원만하지 못하였기 때문에, 시정이 이루어지지 못하였다. 태종의 즉위 이후 관계가 개선되면서 여러 차례에 걸쳐 辨誣使를 파견하였고, 이의 개정을 요구하였으나, 성사되지 못하다가 200여년 지난 선조대에야 비로소 시정될 수 있었다.

중종은 宰臣과 육조 당상, 弘文館·臺諫 등에 명하여 『大明會典』에 수록된 태조의 피무에 관한 기사를 살펴보고, 이의 변정 여부에 대해 논의하도록 하였다. 왕의 전교가 있은 뒤 의정부·육조·홍문관·대간 등은 자신들의 의견을 왕에게 건의하였다. 중종은 각 부서의 계 중 영의정 鄭光弼 등 의정부 대신들의 다음과 같은 건의를 수용하였다.

> "先祖의 被誣를 보고서 시급히 씻어버리고자 하지 않을 수 없으니, 그 顚末을 개진하여 명 조정에 申達해야 합니다. 허락하여 개정해 주는지의 여부를 꼭 기약할 수 없지만, 중국인들에게 잘못 전해진 사실을 소상하게 알리는 계기가 될 것이니 무익한 일이 아닙니다."99)

중종이 이러한 의정부의 건의를 받아들임으로써, 奏請에 대한 문제가 비로소 논의되기 시작하였고, 주청사의 편성이 가능하였다. 그런데 奏請使로 임명된 崔淑生이 늙고 병들었기 때문에 막중한 임무를 수행할 수 없다고 사양하는 일이 발생하였다. 영의정 정광필을 비롯한 재상들이 최숙생의 교체가 옳다고 건의하자, 왕은 대제학이던 南袞으로 교체하였다100). 24일에는 奏請副使로 임명된 李耔의 건의를 받아들여 '奏請'과 연관된 고사를 홍문관으로 하여금 史籍에서 널리 상고하도록 하였다101). 다음 달 삼정승을 비롯한 조정의 주요인사들이 모여 주청문서에 筆削할 부분을 의논하였다102). 그리고 주청문서의 장황한 곳은 깎고

---

99) 『中宗實錄』 卷33, 13年 5月 乙巳.
100) 『中宗實錄』 卷33, 13年 5月 申亥.
101) 『中宗實錄』 卷33, 13年 5月 壬戌.
102) 조정의 관료 대부분이 참여하였는데, 명단은 다음과 같다.
영의정 鄭光弼·좌의정 申用漑·우의정 安瑭·南陽君 洪景舟·중추부사 金銓·예조판서 南袞·호조판서 高荊山·형조판서 李惟淸·花川君 沈貞·우참찬 崔淑生·예조판서 孫澍·병조참판 方有寧·호조참판 李自堅·대사헌 李耔·이조참판 金淨·이조참의 金安老·병조참지 趙邦彦·호조참의 金碔·홍문관부제학 趙光祖·형조참의 尹殷弼·대사간 孔瑞麟·직제학 鄭忠樑·집의 柳仁淑·사간 申光漢·장령 鄭士龍·閔壽千·부응교 閔壽元·교리 尹自任·헌납 柳庸

부족한 곳은 보충하는 필삭의 임무는 金銓·南袞·沈貞·崔淑生·李耔·金安老·金淨 등이 주관하였다.

한편 正使와 副使로 임명된 南袞과 李耔는 반복하여 상세하게 주청문을 교정하였으며103), 이들의 건의에 따라 奏請文과 先系의 사실을 대신과 함께 논의하였다104). 다음 달 7月 왕은 奏請使 南袞과 李耔, 聖節使 方有寧, 質正官 崔世珍, 書狀官 韓忠과 盧克昌 등을 인견하는 자리를 마련하였고, 특별히 정사와 부사인 남곤과 이자에게 다음과 같이 임무의 완수를 요구하였다.

> "지금 奏請하는 일은 나라의 큰 일이니, 경 등은 힘써서 허락을 받아 가지고 돌아 오라."105)

중종은 주청사 일원에게 이러한 당부를 하면서, 進爵의 기회를 허락할 정도로 배려하였다. 이러한 태도는 주청사의 임무가 매우 중요하고 반드시 완수되어야 하는 것으로 인식하였음을 보여주는 사례이다. 奏請使가 성절사와 함께 북경으로 갔다가 성절사가 먼저 귀국하였을 때, 주청사가 돌아올 것을 대비하여 미리 謝恩使를 편성하도록 전교하였던 사실에서도 주청사에 거는 기대가 매우 컸음을 볼 수 있다106).

이듬해 3월 奏請使는 귀국 길에 그간의 전후 사정과 수행한 임무에 대해서 먼저 조정에 보고하였다. 그런데 주청사가 미리 보고한 칙서의 내용 중 '四王事'가 빠졌음이 알려지게 되었다. 이에 조정에서는 주청사를 다시 보내야 할 것인 가를 심각하게 논의하였다107).

謹·지평 金湜, 任權·부교리 奇遵, 張玉·정언 李希閔·정자 李認 등.
103) 『中宗實錄』 卷33, 13年 6月 甲申.
104) 『中宗實錄』 卷33, 13年 6月 丁酉.
105) 『中宗實錄』 卷34, 13年 7月 申亥.
106) 『中宗實錄』 卷35, 13年 12月 甲午.
107) 『中宗實錄』 卷35, 14年 3月 乙卯.

4월 7일 庚午 주청사가 돌아오자, 왕은 직접 慕華館에 행행해서 칙서를 봉영한 뒤 환궁하였다. 이후 조정에서는 칙서의 내용에 대해 본격적으로 논의하기 시작하였다. 이날 주청사가 받아온 칙서의 내용에 대한 논의가, 실록에는 중종 14년 4월 7일부터 11일까지의 기사에 상세히 기록되어 있다. 그리고 權輗의 史草에는 17-1면부터 27-2면까지에 자세하게 기록되어 있다.

권예의 사초에는 중종과 奏請使 일행(南袞·李耔)과 논의한 내용을 그대로 口語體형식으로 작성한 것에 비해, 실록에는 文語體로 기록되어 있다. 그리고 사초에는 왕과 주청사의 토의내용이 주로 기록되어 있고, 대신 및 대간들과의 토의내용이 빠져있는 것에 비해, 실록에는 주청문의 내용 등이 자세하게 수록되어 있다108).

한편 주청사의 임무 중 宗系를 바로잡는 일은 제대로 수행하였으나, 四王事에 대해서는 바로잡지 못하였으므로 다시 주청사를 보내야 할 것인가, 보내지 말아야할 것인가, 하는 문제가 다시 제기되었다. 이에 중종은 정부 각 대신들에게 명하여 이 문제를 논의하도록 명하였는데, 조정은 찬·반 두 파로 갈리어 왕성하게 논의되었다.

먼저 주청사를 다시 보내는 것에 대해서 반대하는 사람들은 다음과 같이 주장하였다.

"다시 奏請하는 것이 온편하지 않다는 뜻은 신등이 전에도 이미 상의하여 議啓하였습니다. 이제 南袞 등의 말을 들어보고 또 禮府의 覆本 및 勅書의 내용을 다시 참고하여 보니, 주청한 바 두 가지 일에 대하여 대개는 다 준허를 받은 것이며, 칙서에 두 가지 일을 긱긱 거론하지 않은 것이 비록 미진한 것 같기는 하나, 이 때문에 모두 준허받

---

108) 이는 권예가 입시하여 작성하는 과정에서 야기된 결과라고 본다. 입시한 경우 논의 내용을 그대로 받아 적어야 하는 어려움이 있기 때문에, 일부 빠뜨리는 기사도 있을 수 있으며, 거론자의 이름이나 관직도 쓰지 못하는 수가 있다. 입시사초의 경우 이러한 현상이 일반적이라고 본다.

은 것이 아니라고 하여 다시 주청하는 일을 거행하는 것은 불가할 것 같습니다. 과연 朝廷(中國)이 한 가지 일을 준허하지 않았다면, 마땅히 칙서에 준허하지 않는다는 뜻을 명백하게 말하였을 것인데, 칙서에는 그런 말이 없으며, 또 예부의 복본에도 '그리하라'는 聖旨를 받았다고 하였으니 다 준허받지 않았다고 할 수 없습니다. 이런데도 오히려 미진하다고 여겨 다시 주청한다면 사리에도 어긋날 뿐만 아니라, 조정에서도 어떻게 생각할는지 모르는 일입니다. 신등은 다시 주청해서는 안 된다고 생각합니다."109)

기사의 내용은 의정부와 육조 등 권력의 핵심 부서에 있었던 인사들이 중심이 되었으며, 남곤 등 주청사의 입장을 적극 두둔하고 있다. 그리고 상국(明)의 입장에서 볼 때, 다시 주청사를 보내는 것은 결례일 수 있다고 말하면서 외교적인 문제까지 염려하고 있다. 따라서 군주가 매우 중하게 여기고 있는 문제였음에도 불구하고, 이들 권력층들은 상국과의 관계를 우선시하였던 것으로 보인다.

이에 대해 주청사를 다시 보내야 한다고 주장한 사람들은 다음과 같이 주장하였다.

"宗系를 辨正하는 일 및 惡名을 씻는 등의 일을 당초에 갖추어 주장하였는데, 이제 勅書를 살펴보니 오로지 종계에 대한 일만 가리킨 것 같으며, 악명을 씻는 일에 대해서는 매우 불분명합니다. 예부에서 비록 '주청한 바를 다 들어준다 하였으나', 이는 반드시 임시방편으로 한 말일 것이므로 진실로 믿을 수 없습니다. 신등의 뜻에는 다시 주청해야 한다고 생각합니다."110)

---
109) 『中宗實錄』 卷35, 14年 4月 庚午.
  이 논의에 찬성한 사람들은 다음과 같다.
  鄭光弼・申用漑・安㻠・李季孟・李長坤・高荊山・金安國・金克愊・權橃・金당・崔漢洪・朴英・金漫・崔山斗・梁彭孫・李認 등으로 대부분 의정부와 육조 소속의 원로 대신들이다.
110) 『中宗實錄』 卷35, 14年 4月 庚午.

정광필을 비롯한 의정부와 육조 소속의 원로 대신들의 의견과는 달리 적극적으로 잘못된 '四王事'를 바로잡아야 한다고 하고, 이를 위해서는 奏請使를 다시 보내야 한다는 주장이었다. 이들은 상국과의 관계도 중요하지만, 건국의 명분이 잘못되었으므로 문제의 해결을 우선시하였던 것이다.

원로와 신진 세력간 논의가 일치하지 않자, 왕은 다음날 결정하기로 하고 다시 논의하도록 명하였다. 다음날 중종은 思政殿에서 삼정승(鄭光弼·申用漑·安瑭)과 예조판서(李季孟), 우찬성(李長坤), 호조판서(高荊山), 우참찬(金安國), 이조판서(申鏛), 대사헌(金淨), 부제학(趙光祖), 대사간(尹殷弼) 등을 引見하고 논의하였다. 이때에도 대간과 홍문관 소속의 신진인사들은 다시 주청사를 보내야 한다고 주장하였고, 정부와 육조소속의 원로대신들은 전날과 같은 의견을 주장하여 결론이 내려지지 않았다.

양 세력간 주청사 재 파견의 논쟁은 영의정 정광필이 제시한 다음과 같은 절충안으로 일단락 되었다.

> "謝恩表의 서두에 먼저 勅書의 사연을 쓰고 나서 사은표를 짓는 것이 어떠하겠습니까? 이렇게 하는 것은 古例가 있습니다."[111]

정광필의 절충안을 부제학 조광조을 비롯하여 대간과 홍문관 소속의 인사들이 동조하면서 조정내 의견이 모아졌다. 그리고 전 찬성 崔淑生이 사은표를 짓고, 공조판서 金克愊이 京師로 가지고 들어가 사은하는

이 논의에 동조한 사람은 다음과 같다.
尹世豪·方有寧·尹殷輔·李沆·金淨·尹殷弼·朴守紋·朴世熹·鄭應麟·兪 炯·趙光祖·金絿·李淸·閔壽元·權雲·沈達源 등 대부분 대간과 홍문관 소속의 신진 인사들이다.
111) 『中宗實錄』卷35, 14年 8月 辛未.

248　第Ⅱ部　現存 史草의 分析

것으로 매듭지었다.
　이와 같이 주청사 문제는 중종 13년 5월부터 논의되기 시작하여 14년 8월, 즉 15개월만에 비로소 결론이 났다. 이후 주청사에 대한 대간의 탄핵도 있었고, 奏請使로 다녀온 사람들의 사직 요청이 있기도 하였다112). 그러나 이들은 이후 별 무리없이 승진하여 당상관까지 역임하였다. 중종 14년 11월 15일 기묘사화가 발생하기 직전 南袞은 禮曹判書, 이자는 11월 12일 우참찬, 韓忠은 10월 16일 동부승지와 이후 충청수군절도사 등에 각각 제수되어 조정의 핵심 요직을 두루 역임하였던 것을 보면, 주청사와 연관된 문제는 일단락 되었다고 본다113).
　이상과 같은 주청사 문제는 당시 明과의 외교관계를 보는 인식태도와 연관된다. 즉 중종과 신진사류들은 능동적이고 실리적인 입장에서 명과의 외교를 유지하고자 하였던 것으로 보인다. 즉 명과의 관계를 원만하게 유지하는 사대 명분도 중요한 문제였지만, 그 이상으로 주청 문제의 해결을 선결해야 하는 것으로 인식하고 있었다. 그러나 당시에는 영의정 정광필 등 대신들의 의견이 받아들여지고 주청사를 다시 파견하는 문제가 보류되었던 것을 보면, 이 시기 외교는 성리학적 명분이라는 원론적인 입장을 유지하려는 사조가 더 컸던 것으로 생각된다.
　史草의 1면부터 13-2면까지는 '反正功臣削勳'과 관련된 기사를 기록하였다. 그리고 순서 상으로는 앞에서 살펴본 奏請使 문제가 논의된 27-2면의 뒤에 있어야 한다. 주청 논의가 있었던 것은 중종 13년 5월 7일부터 14년 4월 7일까지이고, 위훈삭제 논의는 14년 10월 24일부터 11월 14일까지 논의되었으므로, 순서상 1면에서 13-2면까지의 내용이 27-2면의 뒤로 가야하는 것이다114).

---

112)『中宗實錄』卷35, 14年 4月 庚辰.
113) 奏請使 문제가 중종 34년 다시 제기되기는 하였다. 이때는 權橃이 奏請使로 다녀 왔다.(冲齋集 年譜 참조).
114) 鄭求福은 전게 논문에서 이를 뒷받침하는 근거로 趙光祖의 관직을 제시하였

第1章 專任史官의 史草　249

　史草의 1-1면부터 13-2면에 기록되어 있는 공신개정논의에 대해 실록의 기사를 중심으로 살펴보자.
　공신삭훈논의가 처음 제기된 것은 중종 14년 10월 조강시, 대사헌 趙光祖가 다음과 같이 건의한 것에서 비롯되었다.

　　"조정의 일에 闕失이 많으므로 災變도 많은 것입니다.…모름지기 利의 근원이 시작되는 데를 생각하여 미리 도모해서 그 뒤를 善하게 해야 하는데, 臺諫이 직분을 다하려고 하더라도 上께서 믿어주시지 않으면 역시 행할 수 없습니다. 크게 간사한 자가 있어서 흉악한 마음을 감추어두고 있으면 또한 염려스러운데, 신은 오래 臺諫에 있으면서 조금도 功效가 없었습니다.…근자에 온갖 官員의 職事가 지극히 해이합니다.…"115)

　이 기사를 근거로 공신삭훈 논의의 단서를 찾을 수는 없다. 단순히 당시 관료들의 職司가 해이해졌고, 이것이 조정의 큰 문제임을 지적하는 정도의 언급이기 때문이다. 그런데 이 기사가 공신의 위훈 삭제와 연관된 논의였음은 다음과 같은 史官의 논평에서 알 수 있다.

　　"(史臣曰)光祖의 뜻은 靖國功臣을 개정하는 일을 발의하려는 것이

다. 趙光祖의 관직이 1면에는 大司憲으로, 25면에는 副提學으로 기록되어 있는 것에 주목하고, 己卯士禍 직전 그의 관직이 大司憲이었기 때문에 순서가 바뀌었다고 하였다.
趙光祖의 직책을 실록 중심으로 정리하면 다음과 같다.
　○ 13년 11월 21일 - 14년 3월 4일 ; 大司憲
　○ 14년 3월 5일 - 14년 3월 14일 ; 遞職(金友曾사건시 제대로 糾正하지 못
　　　　　　　　　　　　　　　했다고 大司諫 朴豪와 함께 체됨.)
　○ 14년 3월 15일 - 14년 5월 15일 ; 副提學
　○ 14년 5월 16일 - 14년 11월 14일 ; 大司憲
이와 같이 사초의 내용과 조광조의 관직으로 보더라도, 사초의 순서가 잘못되었음은 명확하다.
115) 『中宗實錄』卷37, 14年 10月 甲申.

므로 말이 매우 조심스럽고 간절하였다.…"116)

조광조의 건의에서는 정확하게 드러나지 않았지만, 당시 조정 관료들의 입장에서는 분명히 공신을 개정하자는 논의였다고 본 것이다. 따라서 당시의 역사 사실을 직서하였던 사관들이 보더라도 공신 개정과 연관된 논의였던 것으로 판단하고 논평한 것이다. 이렇게 대부분의 인사들이 보편적으로 인식하고 있었던 것처럼 공신개정논의는 조광조를 위시한 주변 인사들에 의해 본격적으로 논의되기 시작하였다.

다음 날 불시 경연에서 趙光祖는 대사간 李成童과 함께 合司하여 전날의 건의 내용보다 강경한 논조로 공신개정을 건의하였다.

"靖國功臣은 세월이 오래 지나기는 했으나 이 공신에 참여한 사람 중에는 廢主의 寵臣이 많은데, 그 죄를 논하자면 워낙 용서되지 않는 것입니다. 폐주의 총신이라도 反正 때에 공이 있었다면 기록되어야 하겠으나, 이들은 또 그다지 공도 없음에리까! 대저 공신을 중히 여기면 공을 탐내고 利를 탐내어 임금을 죽이고 나라를 빼앗는 일이 다 여기서 말미암았으니, 임금이 나라를 잘 다스려지게 하려면 먼저 利의 근원을 막아야 합니다.…지금 상하가 잘 다스려지기를 바라는 때에 利를 앞세워 이 일을 개정하지 않는다면 국가를 유지할 수 없을까 걱정스럽습니다. 아래는 2등·3등 중에서 더욱 개정할만한 자이므로 書啓합니다. 4등은 50여인데 다 功이 없이 함부로 기록된 자입니다. 李㙉 등은 이미 勳籍에서 削去하였으니 이들도 삭거하기가 무엇이 어렵겠습니까?…"117)

대사헌 趙光祖와 대사간 李成童 등 대간의 합사로 건의된 이 내용은, 공신 책봉이 잘못 되었다는 근본적인 문제에서 국가 경제 운영의 어려

---

116) 『中宗實錄』 卷37, 14年 10月 甲申.
117) 『中宗實錄』 卷37, 14年 10月 乙酉.

움까지 거론하는 등 전 보다 강경한 기조를 유지하였다. 양사의 수장들에 의해 제기된 논의는 사헌부와 사간원 소속 관원과 승정원 관료들의 동조까지 얻었다118). 그리고 이들은 후에 공신 개정을 직접 건의하기도 하였다.

그런데 공신의 삭훈 논의는 반정의 명분과 직결된 문제일 뿐만 아니라, 중종의 입장에서는 즉위과정의 정통성 여부와 관련된 민감한 사안이었다.

> "功의 有無는 모르겠으나 작은 공이라도 이미 공을 정하고서 뒤에 개정하는 것은 매우 옳지 않다. 利의 근원을 막아야 한다고 논한 일은 번번이 경연에서 아뢰었는데, 그 뜻은 매우 착하나 利의 근원은 차차 막아가야 한다. 어찌하여 갑자기 이것으로 利의 근원을 막을 수 있겠는가?"119)

이 기사에서 있듯이, 양사의 공신 개정요구를 중종은 완곡하지만 강경한 표현으로 반대하였다. 중종의 입장에서 볼 때, 반정 공신의 개정과 삭훈 논의는 자신의 즉위가 부정될 수 있는 것까지 연관되기 때문에, 반대할 수밖에 없었던 것으로 생각된다. 비록 연산군이 폐정으로 물러나기는 하였지만, 자신을 옹립하였던 인사들의 공훈을 삭제한다는 것은 자신의 즉위까지 부정되는 사태가 야기될 수 있는 소지가 있었기 때문이다. 이와 같은 복합적인 이유로 인하여, 중종은 계속되는 신료들의 위훈삭제 논의에 물러서지 않고 반대하였다.

같은 해 10月 26日과 27日에도 대간과 홍문관의 관원들을 중심으로 공신 개정의 소를 올렸다. 계속된 상소를 왕이 거부하자, 결국 대간의

---

118) 동조한 인사로는, 정언 金釴·李阜, 헌납 宋好智, 집의 朴守紋, 장령 金麟孫, 지평 趙廣佐, 승지 朴薰 등이다.
119) 『中宗實錄』 卷37, 14年 10月 乙酉.

사직으로 이어졌고, 10월 29일 왕과 趙光祖, 李成童 사이의 담판은 밤 3 고까지 계속되었다. 11월이 되면서 의정부와 육조의 대신들까지 합세하여 功臣의 개정을 요구하게 되었는데, 영의정 鄭光弼·우의정 安瑭·좌찬성 李長坤·좌참찬 李惟淸·우참찬 李耔 등이 4등 공신으로 녹공된 자 중 物論이 시끄러운 자만을 골라서 개정할 것을 요구하였다[120]. 결국 11월 4일 정국공신 제4등으로 책봉된 礪原府院君 宋軼과 坡城君 尹金孫이, 7日에는 永昌君 權鈞과 燕城君 金俊孫 등이 공신의 개정을 요구하는 疏를 올림과 함께 스스로 削勳을 요구하기에 이르렀다[121].

이러한 논쟁과정에서 왕은 의정부·육조·한성부·홍문관·대간의 우두머리들을 인견하고 공의가 시끄러운 자만 골라서 개정하겠다고 하였다. 그리고 2·3등 중 抄啓된 자와 4등 모두를 單子로 써서 친계하겠다고 명하고, 다음날 본격적으로 삭훈 대상자를 논의하도록 하였다[122]. 그런데 이러한 조치가 현실적으로 시행되지는 못하였다. 이에 대간에서는 다시 적극적인 개정을 요구하였고, 중종은 이들의 요구에 긍정적인 답변과 태도를 미루었다.

대간의 계속된 요구를 왕이 거부하자, 논의가 다시 격해지게 되었고, 대사헌 趙光祖와 대사간 李成童은 다음과 같이 격렬한 논조로 왕의 태도를 비판하였다.

> "(趙光祖 曰) 大臣이 모두 옳지 않게 여기는데 上이 뜻을 고집하시니 아마도 상의 뜻이 치우치게 매인 곳이 계신 듯합니다."[123]

---

120) 『中宗實錄』 卷37, 14年 11月 壬辰.
　　이 논의 후 호조판서 高莉山을 비롯한 육조의 판서와 참지·참의 등도 공신 개정을 요구하였다.
121) 『中宗實錄』 卷37, 14年 11月 甲午와 丁酉.
122) 『中宗實錄』 卷37, 14年 11月 戊戌.
123) 『中宗實錄』 卷37, 14年 11月 庚子.

"(李成童 曰) 聖慮에 조금이라도 치우치게 매인 私意가 계시다면 크게 두려운 일입니다."[124]

 조광조와 이성동은 자신들의 요구가 받아들여지지 않자, 왕에게 극언을 할 정도였다. 이들의 요구와 논의가 격해졌음에도 불구하고, 왕은 여전히 공신의 개정은 불가하다는 태도를 고집하였다. 그러나 대간과 홍문관 소속의 신진사류 외에 정광필 등 대신들조차 공신을 개정해야 한다고 하자, 결국 정국 2등공신이었던 한성우윤 崔漢洪, 靑城君 沈順經 등과 鄭光弼·安瑭·李惟淸·李長坤·李耔에게 공신개정 논의를 하도록 하였다. 그리고 공신개정에 대한 傳旨를 내림으로써[125] 趙光祖 등의 신진사류들이 주장한 삭훈 건의가 받아들여지게 되었다.
 이날의 공신개정으로 조광조 등 신진세력은 반정공신으로 녹훈된 뒤 훈구화된 세력들을 제압할 수 되었고, 그리고 자신들이 생각하는 이상정치(至治主義)를 전개할 수 있는 기반을 조성했던 것이다.
 그러나 신진세력의 주장으로 일부 공훈이 삭제되고 개정되었다고 하여, 반정공신을 비롯한 훈구세력의 완전한 제압이 이루어졌다고 볼 수 없다. 중종은 신진세력의 집요한 요구로 공신의 개정을 허락하였으면서도, 공신들에게 내려준 雜物·家舍·家價에 대해서는 거두어들이지 못하게 하였다[126]. 즉 외양적인 면에서 공훈은 삭제시킨 것처럼 하였지만, 실상 그들이 누리는 경제적인 여건은 보장해 준 것이다. 조광조가 처음 공신의 삭훈을 제기한 의도는 잘못된 녹공을 바로 잡고 명분을 세우려는 목적도 있었지만, 한편으로는 이들에게 부여된 상당한 정도의 경제력을 박탈함으로써 어려운 국가 경제 여건을 세우고자 한 의도도 있기

---

124) 『中宗實錄』 卷37, 14年 11月 庚子.
125) 이때 아무런 功없이 헛되이 기록된 사람이라고 판별되어 개정된 사람은 雲水君 孝誠·柳純 등 76명이다.
126) 『中宗實錄』 卷37, 14年 11月 癸卯.

때문이다. 중종에 의해 삭훈된 인사들의 경제 여건이 보장된 것은 그들의 제기 여지가 가능했던 것으로 짐작된다.

이와 같이 중종이 신진세력의 급속한 개혁을 불편하게 생각하고, 삭훈된 공신들의 경제 여건을 보장하였던 것처럼, 다른 의도를 보이기 시작한 것은 공신 개정이 있은 뒤부터이다. 신진세력과 일부 대신들의 요구에 의해 공신을 개정하기는 하였지만, 중종의 입장에서는 반정 자체와 자신의 즉위가 부정되는 느낌을 가지게 되었던 것으로 보인다. 따라서 중종은 조광조를 위시한 신진사림의 세력화와 자신에 대한 압박을 견제하거나, 한편 제거하고자 마음먹기 시작한 것으로 보인다.

중종이 이러한 태도를 보인 것은 기묘사화가 발생되기 전날인 11月 14日 조강시 언급한 다음의 말을 통해서 확인할 수 있다.

> "祖宗의 법은 가벼이 變更해서는 안돼는 것이니 당시에 백 배나 편리해야만 고칠 수 있다. 王安石이 周나라의 제도라는 평계로 祖宗의 舊法을 변경하여 백성에게 해를 끼쳤으니 혹 경장할 일이 있더라도 그 이해를 깊이 헤아려야 하며, 가벼이 해서는 안 된다."127)

이 기사는 이미 중종이 조광조 등 신진사류들이 전개하는 정국을 긍정적으로 보고 있지 않음을 반영하고 있는 것이며, 스스로 6개월 전에 보여주었던 인식태도를 뒤집는 것이었다.

> "王安石의 법이 아무리 좋은 법이라 하더라도 폐단이 있게 되면 경장해야 다스릴 수 있을 것이다.…백성에게 폐단이 있는 것은 없앨 수 있다.…"128)

---

127) 『中宗實錄』 卷37, 14年 11月 甲辰.
128) 『中宗實錄』 卷36, 14年 5月 戊戌.

위 두 기사를 보면, 중종의 인식태도가 변하기 시작한 것은 14년부터 인 것을 알 수 있다. 그리고 사화 후에 승지 金謹思가 조광조의 죄가 무거우므로 감해줄 것을 요구하자, '조광조 등은 마음은 공변되나, 급박 하게 求治하므로 物情을 거스른 것이다. 이미 죄를 주었으므로 다시 고 칠 수 없다.'129)라고 하는 등 강경한 태도를 보였다.

왕의 이와 같은 태도변화는 신진사류의 세력화를 반대한 정국공신세 력(훈구세력) 등 보수세력들에게 반격할 수 있는 기회를 제공한 것으로 보인다. 이러한 중종의 태도변화와 정국의 급변은 결국 기묘사화의 야 기로 이어졌다고 생각된다.

이상 공신개정 논의의 기사는 史草의 1-1면에서 13-2면까지와 실록에 상세하게 수록되어 있다130).

그런데 여기서 주목되는 것은 이상의 공신개정 논의가 기묘사화의 직접적인 발생 원인이었는 가하는 점이다131).

먼저 중종 14년 10월 24일 조광조가 처음 발의하여 11월 11일 왕의 공신개정 傳旨가 내려질 때까지의 과정에서 趙光祖의 의견에 동조한 사람들을 도표로 정리하면 다음과 같다.

---

129) 『中宗實錄』 卷37, 14年 11月 丁未.
130) 실록이 權輗의 사초를 근거로 기사화 되었는가는 정확하게 알 수 없다. 다만 중종 14년의 공신 개정논의는 당시 정국의 흐름에 가장 큰 영향을 끼쳤던 사 안이었다. 따라서 권예 외에 모든 사관들과 각 관청에서는 이 사건을 별도로 작성하여 보관하였을 것이며, 실록청에 그대로 납입되었을 것이다. 중종실록의 편찬시 많은 사료들이 취사선택되는 과정에서, 이와 같이 정치적으로 엄청난 반향을 일으킬 수 있는 사안은 납입된 자료들을 바탕으로 구체적이고 체계적 으로 기록하였을 것이다. 이는 실록이 정치의 교훈뿐만 아니라, 후세에 영원히 권계되는 사실을 중심으로 편찬되었기 때문이다.
131) 공신개정 문제와 함께 일부는 賢良科의 실시를 통한 신진사류의 등장을 기묘 사화의 발생 원인이라고 보고 있다.

표2-7) 趙光祖의 功臣改正에 同調한 人物

日 時		同調者 및 別途要求者	備 考
10월	25일	정언金鈇·李阜, 헌납宋好智, 사간兪汝霖, 집의朴守紋, 장령金麟孫, 지평趙廣佐, 승지朴薰	박수문,박훈,송호지는 3월14일 金友曾옥사시 조광조와 遞職.
	26일	臺諫	
	27일	臺諫·弘文館·承政院	대간 사직
	29일	부제학 金絿, 承政院	대간 사직
	30일	弘文館	
11월	1일	弘文館, 대사성金湜, 대사헌趙光祖, 대사간李成童, 승지柳仁淑	대간 사직
	2일	영의정, 좌의정, 좌찬성, 우참찬	의정부 大臣 참여
	3일	六曹郎官, 부제학金絿	
	4일	礪原府院君(宋軼), 坡城君(尹金孫)	靖國4等功臣, 대간 사직
	6일	政府, 六曹, 弘文館	
	7일	永昌君(權鈞), 燕城君(金駿孫)	靖國4等功臣
	8일	政府, 六曹, 漢城府, 弘文館, 臺諫의 長	公議가 시끄러운 자 개정
	9일	削勳 대상자 논의	
	11일	공신과 대신의 논의	功臣改定 傳旨 下達

　　표에서 보듯이 趙光祖의 공신개정 논의에 적극적으로 동조했거나, 별도로 공신개정의 주장을 건의한 사람들은 대부분 대간과 홍문관 소속의 인사들이었다. 趙光祖가 대사헌이었기 때문에 사헌부 소속관원들이 동조한 것은 일견 당연한 일이라고 보여진다. 그리고 홍문관의 관료들이 동조한 것은 조광조가 14년 3월 15일부터 14년 5월 14일까지 홍문관의 최고 실무직이었던 부제학을 지냈기 때문이라고 생각된다[132]. 그러나 이보다도 당시 사헌부와 홍문관의 관리들이 대부분 신진이었다는 사실이다. 공신 개정 논의가 받아들여지는 듯 하자, 11월 2일부터는 정부와 육조의 대신들까지 동조하게 되었다. 신진세력과 일부 대신들이 동조하자 결국 왕도 이들의 요구를 수렴하게 되었던 것이다.

---

[132] 당시 홍문관 소속의 인사로는 李耔, 申光漢, 朴世熹, 尹自任, 金絿, 韓忠 등 조광조와 연관있는 신진사류들이다.

이와 같이 중종 14년의 공신 개정 논의와 실행은 군주와 신진, 신진과 원로대신, 군주와 원로대신 등 다양한 세력의 이합 집산을 유발시켰다. 여기에서 공신 개정 논의를 근거로 적극 동조하였던 인사와 일부 동조하였던 인사들 중 기묘사화시 피해자와 가해자를 살펴보자.

11월 51일 밤 2鼓 기묘사화가 발생하였을 때, 거사의 주동자라고 할 수 있는 사람들은 병조판서 李長坤, 판중추 金銓, 호조판서 高荊山, 花川君 沈貞, 병조참지 成雲 등이다. 이들 중 병조참지 成雲은 입직 승지 대신, 대내로 들어가 전교를 받아 가지고 나올 정도로 당시 상황은 규율과 원칙이 무시되었다. 성운이 받아 가지고 나온 전교의 내용은, 승정원에 직숙하던 승지 尹自任과 孔瑞麟, 주서 安珽, 한림 李構, 홍문관에 직숙하던 응교 奇遵, 부수찬 沈達源 등을 옥에 가두고, 우참찬 李耔, 형조판서 金淨, 대사헌 趙光祖, 부제학 金絿, 대사성 金湜, 도승지 柳仁淑, 좌부승지 朴世熹, 우부승지 洪彦弼, 동부승지 朴薰 등을 의금부에 가두라는 것이었다.

한편 사화당일 투옥되고 체직되었던 立直 史官을 비롯한 승지 및 주서들은 밤 5鼓가 되어서야 풀려났고, 복직될 수 있었다. 이들은 봉교 蔡世英, 대교 權輗·李公仁 등이었다. 이렇게 보면 승정원과 홍문관 등에 당직하고 있었던 인사들이 옥에 갇힌 밤 2고부터 蔡世英 등 사관들이 복직되었던 5고까지는 당시의 사실을 제대로 기록할 수 없었다[133]. 이에 기화의 주동자들은 사관들이 모두 체직되어 기록할 수 없는 상황이 되자, 奉常寺直長 沈思順을 가주서로 삼고, 예조좌랑겸기사관이었던 李龜齡을 불러 대신 기록하도록 하였다. 따라서 사관이 체직되고 부재하였던 이 시기의 기록이 정확했다거나, 공정했다고 보기 어려우며, 오히려 기화자들의 입장을 대변하였을 것이라는 짐작이 가능하다.

성운이 받아 나온 전교에서 보듯이 피해자의 대부분은 공신개정 논

---

[133] 『中宗實錄』 卷37, 14年 11月 乙巳의 細註紀事 參照.

의에 적극 가담한 인사들이었다134). 그런데 공신개정 논의과정에서 조광조의 의견에 동조한 인사 중 가해자로 참여한 인사도 상당 수 있다. 高荊山·李長坤·成雲 등으로, 이들은 11월 2일 당시만 해도 조광조의 입장을 적극적으로 지지하였다. 이렇게 보면, 정국공신에 책봉되었던 인사 중 공신 삭훈 논의에 실질적으로 피해를 입은 뒤 사화의 주동자로 나선 사람은 洪景舟와 沈貞 뿐이다. 한편 奏請使 문제에 있어서 南袞의 입장을 적극 비판한135) 인사들 역시 대간과 홍문관에 소속된 신진사류들이었음은 앞에서 살펴본 바와 같다.

이와 같이 본다면 기묘사화의 직접적인 발생원인은 위훈삭제와 賢良科 실시 등 趙光祖의 과격한 급진적인 개혁정치 때문이라고 할 수 있다. 그런데 조광조를 비롯한 신진세력의 지나친 개혁 정책이 문제가 되기는 하였지만, 그와 함께 왕의 의지도 크게 작용되었다고 본다. 사초의 1-1면부터 17-2면까지의 공신개정 논의와 주청사 문제에 대한 기사, 그리고 실록의 기사를 살펴보았듯이136), 조정 인사들끼리 어느 때는 동지로, 어느 때는 적으로 나누어져 있었다. 따라서 관료들끼리 대립·갈등, 분열되었던 이유로 사화가 발생할 수도 있지만137), 그 외에 왕의 의

---

134) 사화시 피화된 26명의 처벌 내용은 다음과 같다.
 ◦ 賜　　死 ; 趙光祖,
 ◦ 遠方付處 ; 柳庸根·鄭䃞·崔山斗·鄭浣.
 ◦ 罷　　職 ; 安瑭·柳雲·金安國
 ◦ 節島安置 ; 金淨·金湜·金絿.
 ◦ 告身追奪　 ; 李耔·崔淑生·李希閔·李若氷·李延慶·趙廣佐·尹光齡·宋好禮·宋好智·梁彭孫·李忠楗
 ◦ 極邊安置 ; 尹自任·奇遵·朴世熹·朴薰.
135) 南袞과 李耔의 奏請使 임무수행이 잘못됐다고 비판한 경우.
136) 權輗가 功臣改定 論議가 있었던 經筵자리에 記事官으로 참여했다고 하는 사실은, 史草 5-1면의 내용에서 확인할 수 있다.
137) 기묘사화의 원인에 대해서 정두희는 道理나 節義는 하나도 없이 연산군대는 거기에 따르고, 중종대에는 또 새로운 분위기에 따르는 것이 이롭다고 생각하였던 사람들이 결코 올바른 정치를 할 수 없다고 비판한 조광조가 공신개정논의까지 주장했을 때, 그에 대한 반정공신세력들의 일대 반격으로 야기되었고

지도 큰 원인이 되었던 사실을 확인할 수도 있다[138]). 그것은 중종의 변치 않는 정치관중의 하나가 '祖宗朝의 成憲遵守'와 '有力한 정치세력의 등장 방지'[139])에 있다는 것과 사화 발생시 일부 권신과 결탁하여 왕이 조광조를 붕당 죄로 몰아 다스리고자 했다고 말한 鄭光弼의 다음과 같은 언급에서 알 수 있다.

"(왕께서는 趙光祖를 붕당 죄로 다스릴 것을)조정에서 청하였다고 하셨으나 이는 사실과 다른 것 같습니다. 제가 도착했을 때는 이미 먼저 와 있던 사람들이 말하기를, '상께서 조광조 등의 죄를 청하라고 시키셨으니 이것은 모두 왕의 뜻입니다'라고 하였습니다. 그런데 왕께서는 조정에서 먼저 청하였다고 말하시니 저는 의미를 알 수 없습니다.…"[140])

이 기사는 사화를 일으키자고 주장하였던 사람이 누구인가를 보여주는 중요한 내용이다. 중종은 조정에서 먼저 조광조 등을 제거하자고 청하였기 때문에, 거사한 것이라고 하였고, 정광필은 중종의 의도에 의해 야기되었음을 주장하고 있는 것이다. 이와 같이 볼 때, 기묘사화의 기화는 중종의 의도가 크게 작용한 것으로 볼 수 있다.

보았다.(「趙光祖의 道德國家의 理想」, 『韓國史市民講座』10, 1992.) 이외에 己卯士禍의 발생에 대한 논고는 Edward Wagner의 論文(「政治史的 立場에서 본 李朝士禍의 性格」, 『歷史學報』85, 1980.)과 鄭杜熙의 論文(「己卯士禍와 趙光祖」, 『歷史學報』146, 1995.) 등이 있다.

138) 이러한 논리에 근접한 인식으로는 金燉의 주장(「中宗朝 己卯士禍 被禍人의 疏通問題와 政治勢力의 對應」, 『國史館論叢』34, 1992)이 있다. 그는 기묘사화의 발생을 사화와 반정을 거치면서 왕권·宰相權·言權의 상호 견제와 균형이 모색되고 결국 言權의 정치운영 주도권 장악에 따른 왕권과 재상권의 대대적인 반격, 즉 臺閣의 정치운영 주도에 의해 비대해진 言權을 왕권과 재상권의 결탁으로 제압하려는 정치상황이라고 정의하고 있다.

139) 李棕浩·金光哲, 「朝鮮王朝 中宗代의 王權과 政治勢力의 動向」, 『馬山大 論文集』4, 1982.

140) 『中宗實錄』卷37, 14年 11月 丙午.

앞의 공신개정 논의과정에서도 살펴보았지만, 중종은 자신의 권위에 도전하거나, 정치세력화 하였던 신진세력들을 부정적으로 보거나, 한편으로 두려움까지 느꼈던 것으로 생각된다. 이에 왕은 조광조 등 신진세력에게 직접적으로 피해를 입었거나, 간접적으로도 탄핵 당한 경험이 있는 인사141)들에게 거사를 사주한 것으로 생각된다.

권예의 史草는 이상과 같이 정국이 미묘하게 전개되는 시기의 사실을 이해하는데 중요한 단서를 제공한다. 사화가 일어난 당일 춘추관에서 직숙하고 있다가, 사화의 전모를 목격할 수 있었던 권예는, 현안을 직접 평가할 수는 없었지만, 사실의 직서라는 본연의 임무에 충실하였을 것으로 생각한다. 그리고 사초의 전반적인 논지는 조광조의 입장을 두둔하였으며, 신진세력를 구제하려는 자세를 견지하고 있었다. 그리고 起禍 자체가 명분 없음을 논하는 등 피화자인 기묘사림과 입장을 같이 하였다.

한편 사초를 작성했던 중종 14년때 권예의 관직이 文集의 연보와 實錄의 기사가 서로 다르다. 즉 문집의 연보에는 예문관의 전임관인 '奉敎'라고 기록되어 있는 것에 비해, 實錄에는 승정원의 실무관인 注書142)와 待敎 등으로 기록되어 있다143).

史草는 통상 전임사관이었던 예문관의 전임관(檢閱·待敎·奉敎)과 승정원의 주서뿐만 아니라, 춘추관에 소속된 모든 관료(겸임사관)들이 작성하였다. 따라서 권예의 직책이 승정원의 주서 또는 예문관의 대교, 혹은 봉교라고 하더라도 모두 사관이라고 하였기 때문에 별 문제가 없다. 그러나 史草의 表題名이 '奉敎時 史草'라고 되어 있고, 後孫이나 後學이 작성한 '後書'에도 奉敎時 작성한 사초라고 여러 차례 강조하고

---

141) 홍경주와 심정은 공신개정논의의 직접적 피해자이며, 남곤은 주청사 문제가 야기되었을 때에 조광조 등에게 탄핵을 받았다.
142) 『中宗實錄』卷37, 14年 正月 甲子.
143) 『中宗實錄』卷37, 14年 11月 乙巳.

있으므로, 奉敎 역임시 작성한 사초라고 보아야 할 것이다144). 한편 입시하여 작성한 사초가 종손가에 전해질 수 있었던 요인이 무엇인가하는 문제도 큰 의문이다.

3. 史草의 性格과 意義

먼저 입시하였을 때 작성한 전형적인 입시사초로써, 앞 절 권별의 가장사초와는 다른 의미와 성격을 지니고 있다. 政廳이나 經筵 등의 자리에 입시하였을 때 작성된 사초는 읽기 어려운 亂草로 작성되는 것이 특징이다. 통상 현존하는 사초를 보면, 대부분 초서로 쓰여있는 것이 사실이지만, 입시사초만큼 난해하지는 않다. 그리고 입시사초의 경우는 입시한 모든 사람의 논의를 받아 적어야 하기 때문에, 관직과 이름을 모두 쓸 수 없다. 따라서 여기에는 관직의 일부만, 이름도 갖추어 쓰지 못하는 예가 많이 보인다. 이런 점에서 볼 때, 권예의 사초는 입시하였을 때 작성한 사초라고 보는데 무리가 없다. 그런데 입시사초는 퇴청시 반드시 춘추관에 내는 것이 원칙이었다. 이런 점에서 권예 사초가 어떻게 관청 밖으로 빠져 나올 수 있었으며, 현재까지 전해지게 되었는가는 의문다. 그러나 당시의 복잡한 정국과 혼란스런 현실적 상황에서 예외적으로 야기된 일이라고 짐작된다.

이런 점에 따라 중종실록 편찬시에도 실록청에 납입되지 않고 가장되었던 것으로 보인다. 중종실록은 명종 원년(1546) 5월에 시작하여 4년 5개월 만인 명종 5년(1550) 10월에 완성되었다. 권예는 중종 실록의 편찬이 왕성하게 진행되던 명종 4년 4월에 죽었다. 명종 원년 중종실록의

---

144) 문집은 後孫에 의해 윤색되거나 잘못 기록될 수 있고, 실록이 문집보다는 신빙성과 객관성을 부여할 수 있다. 그리고 입시하여 사초를 작성하는 임무는 주로 檢閱이 수행하였던 점에서 볼 때, 奉敎時 入侍하여 작성한 것이라기 보다는, 입시하여 政事의 내용을 작성할 수 있었던 주서나 대교시에 작성한 것이라고 볼 수도 있다.

편찬을 위하여 사초의 납입이 진행될 때, 전임사관을 역임하였던 권예 역시 사초의 납입을 요구받았을 것이다. 그러나 권예는 자신이 작성한 사초를 작성 당시 그대로 집에 가장하고, 실록청에는 납입하지 않은 것으로 보인다. 아니면 실록청에 납입하였지만, 다시 돌려 받아 가장145) 하다가, 후손에 전해지게 된 것으로 짐작할 수 있다.

둘째, 史草에는 14면에 기록된 날자 외에는 간지를 살필 수 있는 기록이 전혀 없다. 본래 史草를 작성하는데는 날자 및 기상 등을 기록하는 것이 원칙인데, 그러한 기록이 전혀 없다는 것은 단 하루의 기사로 볼 수 있는 근거가 되기도 한다. 그러나 본문에서 史草의 순서를 잡아 보았듯이 14면이 사초의 첫 부분이 아니기 때문에, 14면에 기록된 날자는 의미가 없는 것이다. 더욱이 글씨의 크기와 형태, 붓의 종류146)가 다른 점에서, 하루동안의 사실을 기록했다고 할 수 없다. 따라서 날자를 쓰지 않고 입시한 얼마 동안의 사실을 기록한 낱장의 것을 後孫들이 다시 모아 편집하는 과정에서 순서가 바뀐 것으로 보인다. 그런데 14면의 아래 중간 우측의 위치에 본문의 글씨체와 다르게 기록된 '十二'라는 숫자는 상당히 주목된다147).

셋째, 사관들이 입사하였을 때 작성하는 사초의 실 예를 살피는데 중요한 근거를 제공한다.

기사의 작성시 참석자들의 관직과 성명을 모두 기록하지 않고, 姓만

---

145) 조선시대 실록의 관례상 두 사례는 모두 불가능한 일이다.
146) 25면의 賓廳會議 參席者 명단에는 1면의 명단과는 달리 이름 옆에 붓으로 표시하고 있다. 그리고 36면 이후부터는 앞에 쓰여진 글씨체보다 더 큰 붓으로 쓴 것이 분명하다.
147) 이와 비슷한 것으로 權橃의 日記에는 '十一'이라는 숫자가 表紙에 써 있다. 권벌이 승선일기를 작성한 때와 권예가 史草를 작성한 시기를 연결시켜 살펴보면 다음과 같이 연결된다. 권벌의 承宣日記가 중종 13年 5月부터 13年 11月까지, 권예의 史草가 13年 10月부터 14年 11月까지로 서로 연결된다. 두 자료가 실록청에 납입되었다고 가정한다면, 시기적으로 연결되는 두 자료를, 편찬관들이 살펴보기 용이하게 하려고 매긴 번호가 아닌가 추정된다.

쓰든지, 아니면 이름만 쓰기도 하고, 어떤 경우에는 이름의 끝 자만 쓴 경우도 있다. 관직을 쓰는 경우에는 줄여서 쓰는 경우가 많고, 전혀 쓰지 않는 경우나[148], 틀리게 쓴 것도 많다[149]. 그 외에 잘못 쓴 기사는 먹(붓)으로 지웠으며, 기록할 때에 줄을 맞추거나 칸을 맞추어 쓴 경우는 거의 없다. 이와 같은 예는 거의 모든 사초에서 공통적으로 확인된다[150].

넷째, 중종 13년부터 14년 기묘사화 발생 전까지의 정국흐름과 지배층의 현실인식 태도를 살피는데 중요한 자료적 가치가 있다. 즉 상당히 주목되었던 奏請使와 功臣削勳에 대한 문제를 다루고 있다는 점에서 중종 중반기의 정국상황, 특히 기묘사화의 기화자와 성격을 규명하는데 중요한 자료이다. 그리고 奏請使 문제가 제기되었을 때는, 明과의 외교문제를 보는 관료들의 태도도 살필 수 있다. 당시 적극적인 자주 외교를 주장했던 세력은 대간과 홍문관 소속의 신진사류들이었고, 의정부·육조 소속의 권신들은 사대 외교를 주장했다. 南袞과 李耔가 正使와 副使로서 수행한 奏請使 임무가 잘못됐다고 거론하고 다시 奏請使를 보내야 한다고 주장하거나, 명나라의 태도를 비판적으로 보았던 인사들이 주로 신진 사류들이었던 것에서 알 수 있다.

다섯째, 사초에는 작성자의 인물과 시행사에 대한 논평, 즉 현실에 대한 인식태도를 확인할 수 있는 史論이 작성되지 않았다. 다만 입시하였을 때 군신간에 논의된 대화 내용만 기록되어 있을 뿐이다. 이 사초가 집에 돌아와 강박한 기억을 더듬어 다시 작성한 것이라면, 자신의 도덕적 기준에 따른 시비포폄이 있었을 것이기 때문이다. 그런데 이런 논평이 전혀 없다는 것은 가장사초가 아니고 입시사초라는 증거이다.

---

148) 43-2면의 金淨 官職名은 '大司'로만 쓰여있다.
149) '尙寶司'를 '尙寶寺'로 쓴 경우이다.
150) 권벌의 일기도 거의 비슷하다. 이외에 시기는 조금 멀지만 頤齋 黃胤錫 (1729-1791)이 작성한 日記에서도 동일한 모습을 볼 수 있다.

이상에서 보듯이, 권예의 사초는 원문 그대로 전해지는 입시사초로서, 史官들의 사초 작성 활동과 사초의 작성 용례를 이해할 수 있는 중요한 자료인 것이다.

第3節 仁祖代 鄭泰齊의 史草

1. 정태제의 생애와 경력

정태제가 작성한 사초는 1987년 3월 13일부터 14일에 京畿道 驪州郡 上東面 長安里 官谷 陵村(능마리) 山 79번지 東萊鄭氏 思菴公派 先塋의 遷墓작업시 묘에서 출토되었다151). 발견 당시 시신 뿐 아니라, 사초를 비롯한 부장품도 전혀 상하지 않은 상태였고, 심지어 의복까지 원형 그대로였다. 죽어서 무덤에 부장하였던 점으로 볼 때, 본 사초는 집에 돌아와 작성하였던 전형적인 '가장사초'이다.

본 사초은 사관의 사초 작성 활동과 실록청에 납입되지 않은 이유를 밝히는데 도움이 된다. 그리고 정태제의 관직 수행과 관련하여 당시 정국의 동향도 살필 수 있을 것으로 기대된다.

먼저 작성자의 생애와 경력을 살펴보자.

정태제(1612 · 광해군 4 - 1669 · 현종 10)는 本貫이 東萊이고, 號는 菊堂이다. 아버지는 이조 좌랑 良祐이며, 어머니는 남양 홍씨이다. 1612년(광해군 4) 6월 鎭川에서 2아들 중 장남으로 태어났다152). 그리고 인조 5년 15세때 우의정을 지냈고 소현세자의 장인인 姜碩期의 딸153)과 결

---

151) 무덤에서는 사초를 비롯하여 많은 유품이 출토되었다. 유품 중 의복은 현재 단국대학교 박물관에서 전시 중이며, 서적은 후손 정방연씨가 소장하고 있다. 출토된 서적 중 '史草 上 · 下'는 1995년 11월 國史編纂委員에서 탈초하여 『朝鮮時代史草 I』로 발간하였다.
152) 가계도는 다음과 같다.(『萬姓大同譜』 東萊鄭氏條)

혼하였다.

　인조 11년(1633) 사마시, 인조 13년(1635) 알성 문과 병과로 급제한 뒤 權知承文院副正字에 제수되었다. 임시직인 승문원부정자 역임시 병자호란이 발생하였는데, 이때 그는 세자를 陪從하여 강화도로 피난을 다녀왔다.

　호란이 끝난 뒤 동왕 15년 12월 전임사관직인 검열에 제수되었고, 政廳에 입시하여 사초를 작성하였다. 16년 5월 待敎[154], 8월 奉敎로 승진하여 8개월 여 전임사관직을 역임하였다. 이시기 왕명으로 태백산에 봉안된 世宗·成宗·宣祖의 三朝 실록을 고출하였다[155].

　인조 16년 9월 사헌부 감찰, 10월 지평, 11월에 書狀官 同正朝使로 청에 갔다가 이듬해 정월에 돌아왔다. 17년 7월 사헌부 지평시 입시하여 密陽府使 李士祥, 臨陂縣令 朴巖의 죄를 극론하였다. 8월에도 과거의 폐단과 함께 慈山郡守 李俊, 德源郡守 李益, 安峽縣監 俞懋등 국정과 관련된 문제점을 비롯하여 외관들의 행실에 대해서 적극 탄핵하기도 하였다.

　18년 司直, 直講, 이조 좌랑, 19년 이조 좌랑겸교리, 지평겸교리 등을 역임하였다. 20년 4월 일시 파직되었다가 6월에 복직되면서, 다시 이조 정랑겸지제교를 지냈다[156]. 21년 7월 부응교 겸지제교 시강관 춘추관

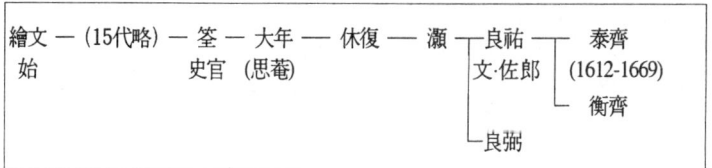

---

153) 姜碩期는 高靈 申氏 湜의 딸과 혼인하여 5남(文星·文明·文斗·文璧·文井) 3녀를 두었다. 세 딸의 사위는 鄭泰齊·소현세자·進士 李弘相으로 정태제와 소현세자는 동서 사이가 된다.
154) 『鄭泰齊 史草 下』, 仁祖 16年 5月 甲申條와 『菊堂雜稿』의 年譜(『東萊鄭氏文集』 第3, 文集刊行委員會, 1995.)
155) 文集의 年譜.

편수관을 지냈고, 23년 9월 밀양부사로 나갈 때까지 병조참의, 좌승지 등 조정의 요직을 두루 역임하였다.

이상의 다양한 관력과 함께 동왕 23년(1645) 1월 정조사로 청에 갔을 때는 順治帝에게 간청하여 인질로 잡혀 있던 왕자의 귀환을 간청하여 허락을 받아 올 정도로 정치적으로 민감하고 중요한 사안을 처리하기도 하였다157).

정태제가 화려한 관력과 정치적으로 민감한 사안을 처리할 수 있었던 것은 본인의 학문과 장인 강석기의 음덕도 있었겠지만 무엇보다 소현세자와 동서사이였던 점이 크게 작용되었다고 볼 수 있다158). 그런데 인조 23년 세자가 귀국하고 심양에서의 생활이 집권관료들 사이에 문제시되고 인조의 불신이 가중되면서 그의 관직 생활에도 변화가 나타났다.

소현세자는 인질로 심양에 체류하는 9년 동안 조선과 청 사이에 貢物量 조정 등 양국간의 문제를 조정하는 역할을 수행하면서 어느 정도 권한을 행사하였다. 그리고 그는 현실적으로 청의 존재를 인정하면서 청의 왕족 및 장군들과 친교를 맺으면서 양국의 관계를 정상화시키는 데 많은 노력을 기울였다. 따라서 심양에서 생활하는 동안 청의 정치·경제·문화적인 현실을 인정하면서 친청적인 입장을 견지하게 되었던

---

156) 『仁祖實錄』 卷43, 20년 9월 癸巳.
   이때 鄭泰齊와 함께 知製教로 선발된 인사는 다음과 같다.
   鄭知和·申冕·李秌·姜栢年·金始蕃·南爔·李以存·趙珩·鄭昌冑·柳道三·洪處亮·趙全素·林塼·沈熙世 등.
157) 『仁祖實錄』 卷46, 23년 1월 庚戌.
   인조 22년 11월 1일 순치제가 북경에서 天子의 즉위식을 거행하고 明의 재기 위험이 없음을 확신하고 12월에 소현세자의 환국을 허락함으로써 이듬해 2월 귀국할 수 있었다. 정조사로 간 정태제 일행은 세자와 함께 봉림대군의 귀국도 간청하였는데, 소현세자가 사망한 다음 달(5월 乙未)에 돌아왔다.
158) 현종 즉위년 해배되어 동래 부사로 복귀시 실록에 논평된 기사를 통해서 확인된다.(『顯宗實錄』 卷1, 卽位年 11월 戊午.)

것이다.

　인조 23년 2월 세자가 청나라 사신과 함께 귀국하였을 때[159], 부왕 인조와 집권 서인 관료들은 심양에서의 생활과 정치적 태도를 문제삼아 비판하기 시작하였다. 즉 세자가 귀국했음에도 인조의 냉대는 매우 심하였고[160], 집권관료들도 표면적으로는 비판하지 않았지만 세자의 친청적인 자세에 대해서는 비판적인 입장이었다[161]. 특히 인조가 항복 조건을 이행하지 않거나 두 마음을 품을 경우 왕위를 박탈하고 세자에게 양위할 수 있다는 호란 당시 체결된 조약 내용[162]에 따라, 인조는 세자의 심양생활과 귀국 후 행동거지를 면밀히 주시하였고, 마침내는 의심하는 데까지 이르게 되었다. 더욱이 인조 22년(1644) 봄부터 궁중에 유포되기 시작한 潛圖易位의 음모설[163]로 세자에 대한 인조의 불신은 극에 달하였다.

　부왕의 냉대와 집권 관료들의 비판적인 태도로 세자는 귀국한지 두 달만에 병석에 누웠고, 4일만에 죽고 말았다.

　세자의 죽음은 후계와 관련하여 世孫과 世弟 중 누구에게 할 것인가와 관련하여 미묘한 갈등이 야기되었다. 그러나 世孫에게 책봉시키기보다는 봉림대군을 세자로 책봉하고자[164] 하였던 인조의 의지가 강경하

---

159) 『仁祖實錄』 卷46, 23年 2月 辛未.
160) 사헌부에서 세자의 귀국에 맞춰 축하를 올리면서 알현하고자 하였을 때 인조는 간략한 의식으로 하라고 하면서 허락하지 않았다.(『仁祖實錄』 卷46, 23년 2월 癸酉)
161) 세자에 대해 비판적이었다는 근거는 卒年時 다음의 기사에서 살필 수 있다. "세자의 자질은 영명하나 도량이 넓지 못하였다. … 심양에 오래 머무는 동안 청나라 사람들이 하자는 대로하였다. 사냥과 기마시 가까이 지내는 사람들은 모두 무인과 마부들뿐이며 학문의 강론을 전폐하고 오직 재물과 잇속을 취하는 것만 일삼았다. …"(『仁祖實錄』 卷46, 23년 4월 戊寅.)
162) 『仁祖實錄』 卷34, 15년 正月 戊辰.
163) 瀋館에서 청을 움직여 인조를 하야시키고 소현세자에게 양위하며 인조를 심양으로 入朝케 한다는 공작설.(李迎春, 『朝鮮後期 王位繼承의 正統性論 硏究』, 韓國精神文化硏究院 博士學位論文, 1994 참조)

였다. 이에 따라 조정의 중신들은 찬반양론으로 나뉘었다. 즉 종법적 질서의 체계화와 관련하여 세자책봉건은 정국의 흐름에 미묘한 파장을 초래하였던 것이다164). 그러나 인조의 강력한 주장166)에 따라 조정의 일부 대신들과 사림계 인사들이 명분을 들어 반대했음에도 세자의 졸곡 제사 3일만에 세자 책봉을 위한 모임이 열렸고167), 결국 봉림대군을 세자로 하였으며, 9월 책봉의식이 거행되었다168).

그런데 인조는 봉림대군의 세자 책봉으로 끝낸 것이 아니고 며느리 강빈과 세손들도 탄압하였다169). 이러한 인조의 태도로 볼 때, 소현세

---

164) 봉림대군이 돌아왔을 때의 기사를 보면, 대군이 훌륭하다는 소문에 인조가 이미 세자로 생각하고 있음을 시사하고 있다.(『仁祖實錄』 卷46, 23年 5月 乙未)
165) 소현세자의 죽음과 세자책봉과정에 야기된 정국 상황에 대해서는 김용덕과 (「昭顯世子 硏究」, 『朝鮮後期思想史硏究』, 을유문화사, 1977) 李迎春의 논고 (『朝鮮後期 王位繼承의 正統性論爭 硏究』, 韓國精神文化硏究院 博士學位論文, 1994)에 자세하다.
166) 인조는 어린 세손보다는 장성한 봉림대군이 적당하다는 논리를 태종때의 양녕대군과 세조때의 예종과 성종의 예를 들어 관철시켰다.
167) 『仁祖實錄』 卷46, 23年 閏6月 壬午.
　　세자 책봉 논의시 참석한 사람은 영의정(金瑬), 좌의정(洪瑞鳳), 영중추부사(沈悅), 洛興府院君(金自點), 판중추부사(李敬輿), 우찬성(李德泂), 공조판서(구인후), 한성판윤(許徽), 공조판서(李時白), 이조판서(이경석), 예조판서(이식), 좌참찬(김수현), 호조판서(정태화), 우참찬(김육), 부제학(이목), 대사간(여이징) 등 16명이다. 인조의 봉림대군 책봉 의지에 찬성자(적극적 ; 김자점, 소극적 ; 김류, 구인후)는 공신 계열 인사들이었다. 좌의정 홍서봉도 처음에는 원칙론을 들어 반대하였지만 인조가 화를 내자 곧 찬성하였다. 봉림대군의 책봉에 나머지 사람들이 원칙론과 보편적 가치론에 근거를 두고 반대하였으나 결국 무위로 끝나고 말았다. 봉림대군을 세자로 책봉하고 8월에 단행된 시강원 인사에 세자사(김류), 우빈객(이식), 좌부빈객(김시국), 우부빈객(김세렴)등이 제수되었고, 적극 찬성자인 김자점은 이듬해 2월 좌의정에 제수되었는데 이 인사는 어느 면에서 세자 책봉과 관련된 논공 행상의 성격이 짙어 보인다.
168) 『仁祖實錄』 卷46, 23年 9月 乙亥.
169) 이 문제를 통하여 인조가 세자와 그 가족에 대해 어느 정도 불신하였는가를 살펴볼 수 있다. 더욱이 본인이 반정으로 즉위하였던 만큼 또 다른 반정의 명분을 제거하기 위하여 문제의 발단을 철저하게 제거하고자 하였던 의도로 보여진다. 이런 점은 정국운영과정에서 항상 불안해했던 인조의 성격과 연관된다.

자에 대한 불신감이 매우 깊었음을 알 수 있다.

　결국 인조는 세자책봉의식 직전인 8월에 강빈의 형제(문성, 문명, 문두, 문벽)들을 각각 제주, 진도, 흡곡, 평해로 귀양보냈다[170]. 양사에서 이들의 귀양은 명분이 없음을 제의하였으나[171], 인조는 일체 묵살함으로써 세자의 가족과 연관된 사람들을 제거하였다.

　같은 해 9월 강빈의 처소 궁녀들을 궁중의 생활과 관련하여 사사시키면서[172], 인조는 며느리 강빈을 압박하기 시작하였다. 이듬해 결국 옥사를 일으켜 강빈을 폐출하여 賜死시키고[173], 그리고 세손들은 제주로 유배시켰으며, 3년 전 죽은 사돈 姜碩期의 관직도 삭탈하였다.

　소현세자와 동서간이었던 정태제 역시 이러한 정국의 소용돌이에서 연관되지 않을 수 없었다. 처남들이 귀양간 인조 23년 9월 당시 사간이었던 그는 스스로 외직을 청하여 密陽 府使로 나갔다[174].

　그리고 강빈옥사시 다시 연루되어 밀양에서 끌려와 국문을 받게 되었다[175]. 모반에 참여한 사실이 없음이 확인되었으나 구금 후, 결국 龜城으로 유배되었으며, 이후 13여 년간 정계에 나오지 못하였다[176].

　일부 서인계 인사들의 해명[177]에 따라 효종 재위 동안 역모와 贓吏

---

170) 『仁祖實錄』 卷46, 23년 8月 乙巳.
171) 『仁祖實錄』 卷46, 23년 8月 丙午와 丁未.
172) 『仁祖實錄』 卷46, 23년 9月 戊午.
173) 『仁祖實錄』 卷47, 24년 3月 壬戌.
174) 『仁祖實錄』 卷46, 23년 9月 辛亥.
　　 "정태제는 강석기의 사위이다. 문성 등이 귀양가자 조정에 있는 것을 불안해 하면서 극력 지방으로 나가겠다고 요구하였다."
175) 『仁祖實錄』 卷46, 23년 4月 庚辰.
　　 이날 옥사에 사형 46명, 장형받다 죽은 이가 12명, 전라도에서 처형된 자가 11명, 공청도에서 처형된 자가 22명이었다.
176) 이런 점은 인조의 소현세자에 대한 미움과 집권 당파의 정국운영과정과 무관하지 않다. 그것은 혐의가 없었음에도 역모에 연루되어 끌려온 정태제를 풀어주기 보다 귀양보내라고 지시한 것에서 세자와 연관된 인사들에 대해서 철저하게 탄압하려 했음을 알 수 있다.
177) 『孝宗實錄』 卷6, 2년 6月 辛亥.

罪 중 장리죄의 모함은 풀렸으나 정계의 복귀는 이루어지지 못하였다. 그러나 현종 즉위년 송시열의 극력 천거로 동래 부사에 제수될 수 있었다[178]. 그러나 가족을 동반할 수 없는 未挈家守令職[179]이었음에도 妻 강씨가 동래 옆 밀양으로 이주해 오고, 정태제 역시 비밀리에 왕래하다가 부제학 兪棨, 정언 鄭樸 등에게 탄핵 당하여[180], 15개월만에 다시 경북 寧海府에 充軍당하였다[181]. 그리고 동년 9월에는 동래 부사 재임 중에 서울의 상인과 약속하여 公貿木을 代納케한 뒤, 그 값을 쌀로 환산하여 과다하게 징수했던 일이 발각되어 영해에서 拿推당하기도 하였다[182].

寧海로 유배되었던 그는 현종 2년(1661)에야 해배되었으며, 동왕 5년 탄생지 鎭川으로 돌아왔고, 동왕 10년(1669) 정월 12일 58세의 일기로 죽었다[183].

정태제가 살았던 시기는 국내외적으로 매우 급변하였다. 중원에서는

---

① 大提學 趙錫胤의 상소.
"…광망한 죄가 있다고 할 수 있으나 그 마음은 결코 별다른 속셈이 없고, 不測한 죄를 졌다고 할 수 있으나 사실인즉 조금도 증거가 없다.…"
② 副司果 閔鼎重의 啓.
"…정태제의 유배 죄는 증거가 없고 무리들 중에 혼자만 무거운 벌을 받고 있으며 전후 사실로 볼 때, 물을 만한 죄가 없으니 국법상 용서할 만 하다."
178) 『顯宗實錄』 卷1, 즉위년 11월 戊午.
동래부사직이 사대교린의 관문으로 대외교섭상 역할이 중대한 지역으로 문관으로 임용하고 특별한 고려대상이었던 것으로 보아(具玩會, 「先生案을 통해 본 朝鮮後期의 守令」, 『慶北史學』4, 1982.) 정태제가 해배되면서 이곳에 임용된 것은 상당한 배려가 있었던 것으로 볼 수 있다. 한편 그의 叔父(良弼)도 이 자리를 인조 13년 11월부터 16년 4월까지 2년 5개월간 역임하였었다.
179) 『經國大典』 卷1, 吏典 外官職條.
180) 『顯宗實錄』 卷4, 2년 3월 甲子 및 己巳.
이날의 문제로 정태제는 체직당하고, 甲戌日 이원종으로 교체되었으며 당시 밀양 군수로 재직했었던 장령 宋時喆도 탄핵받고 체직당하였다.
181) 『顯宗實錄』 卷4, 2년 6월 丁亥.
182) 『顯宗實錄』 卷4, 2年 9월 丁酉.
183) 文集의 年譜.

여진족의 淸이 강성해지면서 조선에 대한 압력을 가중시켰고, 국내적으로는 반정이후 정국의 안정 기조가 유지되기보다는 공신계 서인 관료들과 비공신 사류사이의 갈등이 증폭되었다.

더욱이 김장생의 문인으로 비공신계 사류와 연결된 강석기의 사위였고, 세자와 동서사이로 정국의 핵심에 있었다. 따라서 그는 현실과 명분사이에서 양면성을 유지할 수밖에 없었다. 실록의 기사를 중심으로 그의 사상과 현실 인식을 살펴보자[184].

먼저 그는 적극적인 명분론자였다[185]. 호란 당시 斥和를 주장하던 예조판서 金尙憲과 이조참판 鄭蘊에 대해서 옹호하면서 그들의 입장을 적극적으로 두둔하고 主和를 내세웠던 崔明吉, 金瑬 등에 대해서 철저하게 폄하하였다[186]. 그리고 호란 당시 神主를 운반하는데 문제를 일으켰던 尹昉도 적극적으로 비판하였다. 당시 조정이 공신 계열 인사[187]가 주도하였던 상황이었고, 최명길 등의 주화론이 대세를 이루었음에도, 이러한 자세를 보인 것은 철저한 명분론자였음을 반증한다.

---

184) 鄭泰齊의 저술로는 선조조에서 인조조까지를 대상으로 시국에 대한 評과 인물의 일화, 시화, 신변잡기 등 내용과 체재, 그리고 제목도 없이 서술한 『菊堂排語』 1책과, 한문 소설 『天君衍義』가 있다. 그러나 이들 저술을 통해서 그의 사상과 현실 인식을 살피기 어렵기 때문에, 실록의 기사를 중심으로 살펴본다.
185) 동서 소현세자가 청에 체류하는 동안 청에 대해서 이해하고 친청적이었던 입장을 유지했던 것과는 달리 정태제는 친명반청의 명분을 유지하였다. 이러한 그의 자세 때문에 뒤에 소현세자가 죽고 민회빈이 역모에 연루되었을 때도 유배 정도로 마무리된 것이 아닌가 생각된다.
186) 斥和論議는 성리학적 명분론과 관련하여 조선조 정치와 사상에 지대한 영향을 끼쳤다. 특히 중립 외교가 명분에 어긋난다고 반정으로 집권하고 정묘년, 병자년의 호란을 겪었던 인조조의 정국에서 主和와 斥和의 논의는 정국의 전개 과정에서 매우 중요한 의미를 가진다. 특히 병자호란시 야기된 척화 논의는 명분뿐만 아니라 정치적인 요소도 크게 작용한 것으로 공신 계열에 대한 비공신 사류의 도전이라고 본다. 당시 정태제가 주전파에 적극 동조한 것으로 보아 비공신사류계와 밀착했다고 생각된다.
187) 영의정 金瑬가 사임하기는 했지만, 후임자가 없어 계속 임무를 수행하고 있었으며, 좌의정 洪瑞鳳, 우의정 이홍주, 이조판서 최명길, 호조판서 김신국, 병조판서 이성구 등이다.

인조 16년 10월에도 대사헌 이행원과 함께 김상헌, 정온의 척화를 비판하는 인사들을 탄핵하는 계를 올렸다188). 그는 천지가 번복하는 때를 당해서 마음에 맹서하고, 뜻을 바꾸지 않는 자는 오직 金尙憲과 鄭蘊뿐이라고 하였다189). 이날의 계로 체직당하였지만, 그가 명분을 강조하였던 사실을 이해하는데 중요한 단서를 제공한다190).

사회 기강의 확립 문제에도 상당히 관심을 가지고 있었고, 문제의 적극적인 해결책을 모색하였다.

인조 18년 苧衫의 사용을 금지하는 법을 지키지 않은 영상 홍서봉을 비판하는 계를 올렸다. 당시 법이 지켜지지 않고 문란한 것은 巨室들이 법을 지키지 않는데서 말미암는다고 하고, 올바른 법의 준수만이 기강을 바로 세울 수 있다고 하였다191). 영상 홍서봉이 반정공신의 한 사람으로 당시 정국의 흐름을 주도하고 있었던 인물이었으나, 잘못한 경우 자신의 의지를 꺾거나 권력에 영합하지 않았다.

나아가 동왕 22년 應敎 역임시에는 왕과 대신들의 낭비를 지적하고, 모범을 보여야만 기강이 설 것이라고 상소하였다192). 왕은 근신하고 아끼는 정성이 매우 가상하여 살펴 시행하겠다고 답하고 비변사에 내려 참고하도록 하였다. 비변사에서도 보는 사람으로 하여금 감탄케 하는 글이라고 하고, 오히려 자신들이 연루되었기 때문에 두렵고 부끄러워 변명할 여지가 없다고 하면서 啓의 윤허를 청한 일도 있다.

이외 사초의 초기 기사에 金瑬, 金慶徵 父子 등을 비롯하여 공신들에 대한 비판 기사가 상당 부분 기록되어 있다. 이러한 내용을 종합해 볼 때, 그의 현실인식태도는 공신 집단과 어느 정도 거리를 두고 비공신

---

188) 『仁祖實錄』 卷37, 16年 10월 戊午.
189) 정태제의 이런 자세는 정묘호란시 강력하게 척화를 주장하다가 楊根郡守로 쫓겨났던 장인 姜碩期의 인식과 연관성이 있다.(『仁祖實錄』 卷15, 5년 3월 庚辰)
190) 史草의 곳곳에는 이런 내용의 기사가 상당히 작성되어 있다.
191) 『仁祖實錄』 卷40, 18년 6월 辛亥.
192) 『仁祖實錄』 卷45, 22년 3월 甲辰.

사류들193)과 가까웠던 것으로 보여진다. 즉 집권 서인 관료들보다 명분을 중시했던 비공신계열 서인 사림과 가까웠던 것이다194).

3. 사초의 형태와 내용

1) 사초의 형태

史草는 上·下 2冊의 필사본이다. 四周雙邊으로 각 면은 10칸으로 경계선을 긋고 1칸에 25자에서 31자까지 기록하였으며, 주요 기사에 대해서는 小字雙行의 細註로 보충하였다.

기사 작성시 干支와 날씨 등을 먼저 쓰고 왕의 행선, 常參과 經筵의 실시 여부195) 등을 자세하게 기록하였다. 그리고 같은 날 여러 사실을 기록하는 중 내용이 다른 사실을 기록할 때는 붓 뚜껑과 같은 것으로 '○'표시를 하였다196). 자신의 의견을 작성한 史論은 줄을 바꾸어 한 칸

---

193) 인조조 정국과 사상계의 동향은 다음과 같은 논고들이 참고된다.
　　吳洙昌,「仁祖代 政治勢力의 動向」,『韓國史論』13, 1985.
　　李基淳,「仁祖反正 功臣勢力의 性格」,『白山學報』38, 1991.
　　禹仁秀,「朝鮮 仁祖代 政局의 動向과 山林의 役割」,『大邱史學』41, 1991.
　　韓國歷史研究會,「17세기 전반 조선 사상계의 동향과 그 성격」,『역사와 현실』, 1992.
194) 원종추숭문제, 호란시 척화 논의, 세자 책봉건 등 인조조 명분과 관련되어 나타난 사건은 여러 차례 있었다. 정태제의 등과가 인조 13년이므로 인조 2년의 원종추숭건은 관련이 없고, 세자 책봉건 역시 연루되어 유배당하였기 때문에 그의 명분론을 이해하기는 어렵다. 따라서 명분론과 관련하여 그의 인식을 살필 수 있는 것은 척화 논의이다. 더욱이 장인 강석기가 서인 산림 김장생의 문인이었던 점에서도 명분론자로서의 언권성을 찾을 수 있다.
195) 史草의 기사 작성 예.
　　"大明崇禎十年 丁丑今 上十五年十二月二十六日庚申晴 淸虜崇德二年自今年正月出城之後用 其僞號只於祭享祝文用中朝年號 上在昌慶宮○王世子在瀋陽 ○停常參經筵…"
196) 史草 上 仁祖 15年 12月 26日條의 예.
　　"大明崇禎十年 丁丑今 上十五年十二月二十六日庚申晴 上在昌慶宮'○'王世子在瀋陽 '○'停常參經筵…"

낮춰 기록하여 본문 기사와 구분하였다. 규격은 28.5cm × 19.5cm이고, 종이의 질은 楮紙이다.

본문은 半 초서체이고, 上·下 2책 각각의 표지에는 해서체로 '史草 上'·'史草 下'라는 표제명이 있다. 제목은 鄭泰齊 본인이 가장하고 있던 사초를 책으로 만든 뒤, 표지에 별도로 부친 것이다. 글씨체가 다르고, 발견 당시 배접되어 책의 형태로 나온 것에서 짐작된다.

上·下 2권의 사초 중 上卷에는 1637년(인조 15) 12月 26日부터 1638년(인조 16) 3월 30일까지의 내용이 217쪽의 분량에 기록되어 있으며, 下卷에는 1638년(인조 16) 4월 1일부터 동년 5월 22일까지의 내용이 235쪽의 분량에 기록되어 있다. 그런데 이 기간 중 인조 16년 2월 12일부터 3월 10일까지 22일간의 기사는 누락되어 있다197).

鄭泰齊는 등과 후 검열에 제수되어 한번 검열로 입시하여 정사 내용을 직접 기록하였다. 사초의 작성시 그가 검열직을 수행하고 있었음은 인조 13년 등과부터 사초를 작성한 16년 사이 그가 역임한 관직198)을 통해서 알 수 있다.

仁祖 13년 9월	; 알성 문과 병과 급제
14년 정월 12일	; 權知承文院副正字
15년 閏4월 26일	; 行承文院副正字
8월 8일	; 承文院正字
12월 25일	; 藝文館 檢閱
16년 5월 22일	; 待敎
6월 13일	; 記事官
8월 25일	; 奉敎
9월 13일	; 典籍

---

197) 이 기간 사초를 작성할 수 없었던 것은 아버지(良祐)의 병으로 고향에 내려갔기 때문이었다.(문집의 연보)
198) 실록과 사초, 문집의 연보를 근거로 하였다.

위 관력199)을 보면, 그가 검열에서 대교로 승진한 것은 하권 사초의 마지막 날인 인조 16년 5월 갑신일이고, 본 사초의 내용이 인조 15년 12월 25일부터 16년 5월 21일까지인 것으로 보아 검열시 작성했던 것으로 보인다.

검열직 이후 다른 사초의 작성여부는 기록의 미비로 알 수 없다. 다만 규장각에 소장되어 있는 '仁祖戊寅年史草'200)의 6월 13일 기사에 정태제가 기사관으로 입시했다고 기록되어 있어201), 待敎兼記事官으로 이를 작성했는지 여부 정도가 짐작될 뿐이다. 그러나 '인조무인년사초'는 8월 1일의 기사부터 鄭泰齊가 빠지고 신면(1607 - 1652)과 허적(1610 - 1680)이 기사관으로 입시했다고 기록되어 있어 이들이 작성한 것으로 생각된다202).

2) 사초의 내용

앞에서 본바와 같이 정태제는 인조 15년 12월 26일 庚申부터 이듬해 5월 22일 甲申까지 5개월여 사실을 정리하였다. 대략적인 내용은 時事와 인물, 사건에 대한 것 등이고 특정 사안에 대해서는 史論203)으로 작

---

199) 역임한 관직 중 실록에서 확인할 수 있는 최초의 것은 인조 16년 10월 甲寅에 持平에 제수된 것으로, 급제 초기 사관직의 수행 여부에 대해서는 확인되지 않는다. 그런데 사초와 문집의 연보가 전해짐으로써 초기의 관직을 확인할 수 있다.
200) 古 4254 - 36, 규격 18.2cm X 13.2cm(大小不同)으로 총 37책.
201) 仁祖戊寅年史草의 입시사관 명단은 다음과 같다.
　①戊寅年 6月 13日 ; 假注書(李梓), 事變(申晷), 記事官(鄭泰齊, 許積)
　②戊寅年 7月 23日 - 28日 ; 작성자 無
　③戊寅年 8月 1日 ; 假注書(李㮨), 記事官(許積, 申晷)
202) 이 문제에 대해서는 신면과 허적의 생애와 경력, 그들의 문집이나 기록물을 집중적으로 분석해 보면 확인할 수 있을 것으로 생각된다. 그런데 정태제는 자신이 작성한 사초에서 본인의 성명을 기입할 경우 성만 쓰고, 이름은 뺀 채로 기록하였다. '仁祖戊寅年史草'의 경우 6월 13일의 기사관 명단에 정태제의 성명이 모두 기록된 것으로 보아 기사의 작성은 하지 않은 것으로 보인다.
203) 자신의 의견을 피력하기 위해서 작성한 사론은 크게 두 종류로 구분된다. 보

성하였다.

사초에 수록된 시기의 내용과 동일한 시기 인조 실록 기사와는 유사한 내용이 많다. 본 사초가 춘추관에 납입되지 않고 가장되었음에도 실록에 유사하게 수록된 것은 입시사초가 춘추관에 납입되어 **京外大小衙門**의 보고문서와 함께 시정기로 작성되었다가 인조실록 편찬시 이용되었기 때문이다. 그리고 같이 입시한 다른 사관의 기사가 실록청에 납입되었거나, 겸춘추의 기사에 유사한 내용이 있기 때문이다.

본 사초에 기록된 내용은 실록보다 상당히 자세하다. 동일 시기 동일 기사의 내용이 실록에 간단하게 기록된 것에 비해 사초에는 전후 상황과 일부는 포폄의 논평까지 상세하게 기록되어 있다. 그것은 인조 실록의 편찬을 위해서 실록청이 구성되고 당시 사관을 지낸 사람들의 사초와 그 외의 소장 자료가 실록청에 납입되었을 때 취사선택되고, 초초·중초·정초로 작성되는 과정에서 기사의 내용이 필삭되었던 것에 비해서, 그의 사초는 원문 그대로이기 때문이다.

사초와 실록 기사 사이에 同異点이 여러 곳에서 확인되는데 이를 정리하면 다음과 같다.

먼저 干支가 다르게 기록되었거나, 서술된 내용이 정반대로 된 것이 있다[204]. 지명을 틀리게 기록했거나[205], 숫자[206]나 관직[207], 나라 이

통의 시정사에 대해서 상권의 경우 '愚案'·'謹按'으로, 하권의 경우 '史臣曰'·'史官曰'로 작성한 것과 人事나 특정 인물에 대해서 '細註'로 처리한 것이다. 細註는 상권과 하권이 小字雙行으로 동일하게 처리하고 있으나, 史論은 상권과 하권이 다른 형식을 취하고 있다. 세주의 경우 사론과 큰 차이 없이 시정을 평가하거나 인물의 襃貶을 가한 것이 있는가 하면 단순한 사실의 부연 설명에 그친 것도 있다.

204) 사초의 1월 己巳條에 兵曹判書로 제수된 李時白에 대해서 사초에는 細註로 폄하하고 있는 것에 비해서 실록에는 칭송하고 있다.
205) 16년 1월 丁丑.
206) 16년 1월 辛巳.
207) 16년 2월 丙申.

름208)을 다르게 기록한 것도 있다. 사초에서 정확하게 표현한 것을 실록에서 광범하게 기록한 경우209) 혹은 그 반대의 경우도 있다210). 작성자의 의견(史評)을 피력한 '謹按'의 형태를 본문으로 처리하거나211), 細註의 형태를 본문으로 처리한 것도 상당 수 있다212). 반대로 '謹按'을 사론의 형식으로 작성했거나213), 보통의 기사를 사론화 하여 작성한 것도 있다214).

이와 같이 사초와 실록의 기사가 서로 다른 것은 여러 가지 원인이 있을 수 있다. 먼저 동일한 장소에 入侍한 두 사람이 서로 다르게 기사를 작성했을 경우이다. 그리고 원 사료인 사초와 2차 사료인 실록의 특성과 연관성이 있다. 실록청에 납입되어 실록의 편찬자료로 이용되는 자료는 매우 방대하며, 실록의 편찬을 위하여 구성된 편찬관이 수십명 이상인 상황에서 모든 사실과 간지가 일치할 수만은 없었다. 그리고 사론의 경우도 당대 활동한 사관이 작성한 것을 이용하는 경우도 있지만(당대사론), 편찬관으로 구성된 사람도 작성할 수 있으므로(후대사론), 사론이 본문으로 구성되거나 아니면 반대의 경우가 발생하는 것이다.

한편 정태제는 장인 강석기나 본인의 성명을 쓸 경우에 성만 쓰는 태도를 유지하였다215). 그리고 사초에 특별한 표식을 하거나216) 기록하지 않고 옆줄('────')을 그어 표시한 것도 있다217). 이것은 기사를 작성하다가 기억이 나지 않거나 혹은 쓰기 어려운 내용이어서 뺀 것으로

---

208) 16년 4월 庚戌.
209) 16년 2월 壬寅.
210) 16년 3일 乙亥외 4월 乙未.
211) 16년 1월 丙戌.
212) 16년 1월 戊子.
213) 16년 3월 戊寅.
214) 16년 3월 庚辰.
215) 16년 5월 甲子 등.
216) 16년 5월 甲子.
217) 16년 3월 乙酉 등.

생각된다.

사초에는 자신의 의견을 담은 사론이 상권에 39편(謹按), 하권에 17편(史臣曰) 등 모두 56편이 작성되었다. 그리고 사초와 동시기인 인조 15년 12월부터 16년 5월까지의 실록에는 3편[218]의 사론이 수록되어 있다. 3편의 사론 내용은 명분유지와 관련된 것[219], 인물 포폄에 관한 것[220], 그리고 국방의 중요성에 대해서 지역보다는 인재의 배치가 중요하다고 피력한 내용[221] 등이다. 동 시기 실록에 수록된 사론보다 훨씬 많은 사론을 작성했다는 것은 그의 현실인식이 매우 적극적이었음을 반증한다.

56편의 사론중 동시기의 실록에 사론의 형식을 갖춰 유사한 내용으로 기사화 된 것은 姜瑞, 南以恭, 崔明吉을 비판한 것 4편이고[222] 내용의 일부만 수록된 것은 淸에 대한 굴욕 외교에 대한 것 1편[223], 본문으로 처리된 것은 인사의 중요성에 대한 것과 濟州牧使로 제수된 沈器遠을 비판 한 것 2편[224] 등이다.

56편의 사론은 대부분 도덕적 평가를 내려 후대에 교훈을 주기 위한 포폄적인 성격을 띠고 있는데 내용별로 분류하면 다음 표와 같다.

---

218) 동 시기 3편의 사론은 卷36, 16년 1월 乙丑, 乙亥, 丙戌 등이다. 본 사초가 실록청에 납입되지 않았는데 사론의 내용이 어떻게 실록에 기사화 되었는가 하는 점은 의문이다. 그것은 입시 사초가 이미 춘추관에 제출되었고, 사론의 형식이 아니더라도 사초에 이상의 내용을 자세하게 기록했기 때문이다. 그리고 실록청에 납입된 다른 사람들의 가장 사초와 문집에서도 이런 내용을 다루었을 것이기 때문이라고 생각된다.
219) 『仁祖實錄』 卷36, 16년 1월 乙丑.
220) 上同, 乙亥.
221) 上同, 丙戌.
222) 16년 1월 乙亥, 3월 乙亥 및 丙寅(甲戌日에 기록), 5월 甲子.
223) 16년 1월 乙丑.
224) 16년 1월 丙戌, 4월 戊戌.

표2-8) 史論의 내용(정태제 사초)[225]

구분	人物		名分	기			타				계
	王	臣僚		信賞必罰	紀綱	臺諫	人事	經筵	爲民論	風俗	
褒 / 貶	0/14	3/28	3	2	2	0/4	2	1	3	2	64

　표에서 보는 바와 같이, 사론은 인물을 비롯하여 국정 전반을 논평하고 있다.
　먼저 인물을 논평한 것이 모두 45건(70%)으로 가장 많다. 이는 인물의 시비 득실에 대한 관심이 컸음을 반영한다. 왕에 대한 사론 중 褒論은 없고, 貶論만 14편 작성되었는데, 인조에 대해 상당히 부정적이었음을 알 수 있다.
　내용은 言路를 막거나[226], 求言하지 않은 점[227], 신상필벌을 세우지 못한 점[228], 金瑬등 공신과 尹昉 등 대신을 비호한 점[229] 및 명분에 어긋나는 왕의 자세를 비판하는 내용 위주의 사론을 작성하였다. 따라서 그는 사론을 통하여 정치의 기본 노선을 유지하려는 자세와 명분론자로서의 태도를 견지하고 있다.
　그런데 사론의 작성은 후대에도 가능한 것이므로 인조에 대해 貶下하는 자세로 일관한 것을 보면, 사론의 작성시 세자의 죽음이나 그에 따라 본인의 관력 부침이 있었던 것과 연관성이 있는 것으로 보여져 상당수의 사론은 후대에 작성된 것으로 짐작된다.
　臣僚들에 대한 평가에서도 褒論(趙錫胤·金尙容·李英達)보다는 貶論이 훨씬 많다. 폄하된 인사 중에는 천거를 잘못한 영상 李弘胄나 우상

---
225) 1편의 사론으로 여러 건의 사실을 포폄하였기 때문에, 작성된 사론의 편수와 내용별 분류의 수치가 다르다.
226) 16년 1월 己卯日.
227) 16년 4월 甲辰日.
228) 16년 1월 壬午日.
229) 16년 壬辰 및 癸巳日.

崔明吉, 司書 金宗一, 예조판서 韓汝溭 등 다양한 계층의 인사들을 비판하였다. 특히 호란 당시 주화를 주장했던 崔明吉은 주화건으로 5편, 人事 및 史官관련 건으로 각 1편 등 모두 7편으로 비판하였다. 이 과정에서 정태제는 자신의 명분중시 입장을 분명히 피력하고 있다. 즉 호란 당시 척화를 주장했던 인사들에 대해서는 적극적인 자세로 옹호하고 있을 뿐만 아니라 그 자세가 곧 국가를 유지하는 것이었음을 강조하고 있다230).

이상 인물에 대한 사론 외에 '명분'에 대한 것은 청에 대한 굴욕적 사실을 부각시켜 경각심을 일깨우고 있는 내용으로 작성되었다. '신상필벌'·'조정의 기강'·'인사 문제'·'풍속' 등은 조정안에 내재된 각종의 문제점을 비판한 것이다. 臺諫에 대한 경우 문제가 있는 사안에 대해 왕에게 적극적으로 간언을 하지 않은 것을 비판하였고, '經筵'은 실시되어야 하는 당위성을 강조함과 더불어 경연시 토론이 이루어지지 않음을 논평하였다231). '위민론'은 조정에서 이익을 취하고 민생을 돌보지 않는 것이나 船格에 어린아이를 동원하는 것을 비판하였다.

사론의 내용은 전반적으로 명분과 관련된 내용위주로 작성되었으며, 적극적으로 명분의 유지와 고취를 강조하고 있다. 기타의 사론도 명분의 강조와 함께 당시 조정 내에 내재된 문제점의 극복, 기강을 세우는 내용들이다. 이렇게 볼 때 그는 명분을 지키는 것과 함께 유교적 질서체계의 확립에 관심이 컸음을 알 수 있다.

이상 謹按이나 史臣曰과 같은 형태를 취한 사론 외에 특정한 사안(人事와 사건 등)에 대해서 128곳에 小字雙行의 細註로 처리하였다.

보통 실록에서 '兩司啓'로 작성된 경우 사초에는 '大司憲 ○○○ 大

---

230) 사초에 年號를 쓸 때도 반드시 명의 연호 崇禎을 쓰고 淸 연호 崇德은 細註로 처리하거나 혹은 僞號라고 밝히고 있으며, 淸王에 대해서도 '淸主'라고 쓰고 있다.
231) 인조 15년 12월부터 16년 5월까지 모두 13번 열렸다.

司諫 ○○○' 등으로 啓를 올린 인사가 누구였는지를 명확히 밝히거나[232], 혹은 人事時에 특정인에 대해 適否를 논하였는데[233], 특히 관직 제수 후 잘못한 人事를 비판하는 내용이 주를 이루고 있다[234].

앞에서 본바와 같이 사초에는 인조 15년 12월부터 16년 5월까지의 방대한 사실이 수록되었다. 입시하여 견문한 바를 바탕으로 하여 자신의 논평까지 상세하게 첨부하였다. 겸춘추들이 작성한 기사가 대략적인 내용으로 작성하였던 것에 비해 전임사관이 입시한 뒤 별도로 작성한 가장 사초는 매우 상세하게 모든 사실을 수록하고 있는 특징을 발견할 수 있다.

4. 사초의 성격

사초는 실록의 편찬시 가장 중요하게 이용되는 기본적인 자료일 뿐만 아니라, 군주조차 볼 수 없을 정도로 철저하게 비밀이 유지되었다. '사초는 임금의 잘잘못과 재상들의 현부, 시정의 선악을 기록하는 것입니다.…'라고 한 세종 14년 춘추관의 啓[235]와, '사초는 선악을 갖추어 권계를 후세에 전하는 것인데…'[236], '사초는 임금이라도 쓰라거나 고치라고 할 수 없는 것이다.…'[237] 등과 같이 실록의 곳곳에는 사초의 중요성이 언급되어 있다. 따라서 사초는 사관이 임무를 마치고 遷轉할 때 1부는 춘추관에 내고 다른 1부는 반드시 가지고 다녀야 했던[238] 사관의

---

232) 史草 上, 15년 12월 丁丑 等.
233) 史草 上, 16년 12월 辛酉 等.
234) 이와 같이 정태제는 본인이 작성한 사초에 많은 인사들에 대해서 비판하였다. 따라서 사초의 사론이 드러날 경우에 대해서 상당히 경계하였을 것이며 실록청에 납입하는 문제가 거론되었을 때 꺼려했을 것이란 짐작이 가능하다.
235) 『世宗實錄』卷56, 14년 5월 甲戌.
236) 『成宗實錄』卷273, 24년 1월 戊子, 奉敎 柳崇祖의 啓.
237) 『中宗實錄』卷92, 34년 10월 己丑.
238) 『宣祖實錄』卷137, 34年 5月 庚戌.

分身과 같은 것이다.

본 사초는 동래 정씨 선영의 천묘시 발견된 것으로 鄭泰齊가 예문관 검열시 작성한 것이다. 인조 실록의 편찬 명이 내려졌던 효종 1년 4월 당시 유배중이었기 때문에, 본 사초는 실록청에 납입되지 않고, 그대로 가장되다가 죽으면서 무덤에 부장되었다.

작성자인 정태제는 우상을 지낸 강석기의 맏사위로 소현세자와 동서이다. 따라서 그는 沙溪 김장생의 문인이었던 장인의 명분론과 동서인 소현세자의 현실론 사이에서 양면적인 자세를 견지하였다. 그러나 그의 학문과 사상은 서인계의 명분론을 유지하였다. 장인 강석기가 호서사림 김장생의 문인이었고, 유배당시 서인계 인사들의 도움으로 일부 오해가 풀린 점, 그리고 서인의 영수라 할 수 있는 송시열의 극력 천거로 현종 즉위 년 해배되고 동래부사에 제수된 사실 등에서 알 수 있다. 그러나 서인이라고 하더라도 집권하고 있던 공신계보다는, 재야의 산림계와 더 가까웠다고 보여진다.

그가 명분론적 입장을 견지하였음은 56편의 사론내용에서 알 수 있다. 대부분 포폄론적인 것으로, 왕에 대해서는 褒論없이 폄론만 14편 작성하여 인조에 대한 입장이 상당히 비판적이었다. 신료들에 대해서도 명분을 유지한 인물은 칭송하고, 그렇지 않은 경우는 폄하한 것에서 명분 유지의 기본 자세를 지키고 있음을 알 수 있다.

이상의 내용을 바탕으로 사초의 성격을 살펴보자.

먼저 전형적인 가장사초이다. 入侍하였을 때 작성한 것이라고 보기 어려울 정도로 정연하게 정리되어 있고, 본인의 의견에 대해서 '謹按' 또는 '史臣曰'의 형태로 본문 기사와 구별하여 기록하고 있다. 입시하여 작성된 사초는 읽기 어려운 정도의 飛草[239]로 작성되므로, 본 사초처럼

---

[239] 『宣祖實錄』 卷97, 31년 2월 丁巳.
　　선조 31년 명 使臣이 왔을 때, 왕과 사신이 나누는 대화의 내용을 입시하여 記事하고 있는 한림과 주서의 사초를 明 사신이 보자 선조가 '우리 나라의 사

어느 정도 읽을 수 있는 정도의 半 초서체로 작성된 것은 별도로 작성 되었던 가장사초의 형식에서 볼 수 있기 때문이다. 그가 입시했을 때 작성한 飛草의 사초는 인조 16년 9월 典籍으로 옮기면서 춘추관에 납입 되어 시정기로 작성되었을 것이다. 따라서 본 사초는 집에 돌아와 입시했을 논의된 사실을 강박한 기억을 더듬어 다시 작성하여 家藏한 것이다. 사초에 史臣曰이나 謹按, 細註의 형식을 빌어 특정 사안에 대해 평가한 것이 많다든지 무덤에서 발굴당시 책으로 묶어져 나온 점, 그리고 같은 날 내용이 다른 기사는 붓 뚜껑으로 표식을 하고 기록한 것 등에서 알 수 있다.

둘째, 실록의 편찬시 사초를 비롯한 많은 자료가 실록청에 납입되었지만, 본 사초는 인조실록의 편찬시 납입되지 않았다.

인조 실록은 總裁官(李敬輿·金堉) 등 70명을 편찬관으로 구성하여, 그가 유배 중이었던 효종 1년 4월부터 4년 7월까지 3년여 기간에 걸쳐 편찬되었다. 실록청이 열리면 사관직을 역임한 사람들과 사초를 가장하고 있는 겸춘추 등의 인사들에게는 사초의 납입이 요구되었다. 그리고 사초의 납입이 요구된 인사들은 반드시 기일 내에 실록청에 내야 하는 것이 법이었다.

그러나 역모 사건에 연루되어 유배 중이었던 정태제에게는 사초의 납입 요구가 없었을 것이다. 설령 사초의 납입 요구가 있었다고 하더라도 유배 중이었고, 더욱이 사초에 상당수의 사론을 작성하여 당시 대소 신료들을 포폄하였기 때문에, 필화 사건에 대한 염려도 생각했을 것이다. 이러한 섬에 따라 그는 사신의 사초를 납입하지 않고 가장하고 있다가, 죽으면서 무덤까지 가지고 갔던 것으로 보인다.

셋째, 역사 자료적 성격이 매우 크다.

초는 거칠고 간략하기가 이와 같소'라고 말한 것에서 입시 사초가 어느 정도 비초인가를 짐작해 볼 수 있다.

사초에는 병자호란을 경험한 당시의 정국 상황이 매우 자세하게 정리되어 있다. 인조 15년 후반부터 16년 초반까지, 특히 호란시의 척화 논의에 대한 이해에 상당한 도움을 준다. 따라서 인조조 중반 호란이 발생하였을 때, 척화 논의와 호란 전후의 정국 흐름을 살필 수 있는 자료로서의 성격뿐만 아니라, 이 시기 인조실록의 내용을 보완하는 자료로서 큰 의미를 가진다.

사관이 사초를 작성한다는 것은 당대의 역사적 사실을 기록한다는 사실 외에, 실록 편찬시 이용되어 후세에 영원히 전해진다는 의미를 지닌다. 따라서 본 사초가 인조실록 편찬시 이용되지 못했다는 아쉬움이 있지만, 입시하였을 때 견문한 바를 집에 돌아와 가장사초로 작성하여 전함으로써 병자호란을 전후한 시기의 정치사를 보완하는데 큰 도움을 주는 점에서 의미를 찾을 수 있는 것이다.

필화 사건과 같이 생명의 위협이 상존하고 있음에도 사관들은 사초의 작성을 역사적 소명의식의 하나로 생각했다. 따라서 정국을 주도하는 인물이거나 하물며 군주라고 하더라도, 사관의 사론에서 포폄되지 않을 수 없었다. 정태제는 군주뿐만 아니라, 집권 공신계 인사들까지도 명분에 어긋나는 경우 예외 없이 비판함으로써 사관의 기본자세를 굳게 지킨 인물이었다. 본 사초는 정태제의 그런 자세를 입증하는데 중요한 근거를 제공하고 있다.

이상의 내용을 종합해 보면, 본 사초는 정태제가 전임사관시 입시하여 작성한 사초는 춘추관에 냈고 별도로 작성하여 가장하였던 사초이다. 비록 인조 실록의 편찬시에 납입되지 않았으나, 내용은 인조실록을 보완하는데 큰 도움이 될 정도로 자료적 성격도 크다. 그리고 사초의 내용을 근거로 소략하게 전해지고 있는 문집의 내용만으로는 확인할 수 없는 그의 사상과 현실인식을 밝히는데 상당히 중요한 근거를 제공한다는데 의미를 찾을 수 있다.

第2章 兼任史官의 史草

第1節 中宗代 盧守愼의 春秋館日記

　실록의 편찬시 전임 사관이 작성한 史草(入侍史草 및 家藏史草) 외에 承政院日記, 各司 謄錄類, 承傳單抄冊, 觀象監의 年度別 曆年記, 士大夫의 家藏日記, 朝報, 行朝日記, 文集의 碑銘·疏·箚와 각 衙門의 고증할 만한 문서1) 등이 이용된다. 이중 사대부의 '가장일기'는 성격상 두 가지로 분류할 수 있다. 먼저 기록을 남기려는 경향이 강했던 시대사조에 따라 사대부들이 작성하였던 개인일기와 다른 하나는 노수신과 같이 겸임사관으로서 소속 관청의 시행사를 작성한 것이다.

　실록의 편찬시 가장 중요하게 이용되는 것이 사초였음은 이론의 여지가 없다. 그런데 전임사관에 대한 연구는 어느 정도 진행되었으나, 겸임사관이 소속 관청의 시행사를 작성하여 보고한 일기(사조)의 연구는 상당히 부족한 실정이다.

　여기에서는 盧守愼이 중종대 겸임사관직을 역임하면서 작성하였던 '春秋館日記'2)를 살펴보고자 한다. 이 작업은 광범하게 현존하고 있는

---
1) 『光海君日記』 卷21, 1년 10월 癸丑.

일기와 실록의 연관성을 살필 수 있으며, 관찬의 실록에서 확인할 수 없는 역사 사실을 밝히는데 도움이 된다. 그리고 겸임사관의 사초 작성의 실 예와 이들의 당대사 의식도 살필 수 있을 것으로 기대된다.

1. 盧守愼의 生涯와 學問

노수신(1515·중종10 - 1590·선조 23, 본관 ; 光州, 號 ; 蘇齋)은 鄭士龍·黃廷彧과 함께 館閣 3걸, 鄭琢·柳成龍과 함께 嶺南의 3대가라고 불렸던 당대 大文豪이자, 정치가, 사상가였다3). 조선 개국원종 공신으로 태종대 우의정을 지낸 嵩의 후손이다. 5대조인 德基가 尹璠의 딸과 혼인하여 世祖와 동서간이었으며, 祖母의 고조가 益安大君 李芳毅였다. 따라서 蘇齋의 집안은 국혼을 통하여 명문 거족이 되었던 가문이다. 아버지는 활인서별제(活人署別提)를 지낸 홍(鴻)이고, 어머니는 대사헌을 지낸 星州 李氏4) 自華의 딸이다. 친가와 처가가 모두 명문거족이었던 노수신은 중종 10년(1515) 서울 南部 樂善坊에서 태어났다5). 서울에서 태어났으나, 선조 대대로 경상도 尙州의 化寧에서 생활하였으며6), 본인

---

2) 韓國精神文化研究院의 국학진흥사업인 고문서의 수집과정 중 광주 노씨 宗孫家에서 발견한 것이다. 본고는 동 연구원에서 수집한 자료를 근거로 하였는데, 정구복교수의 敎示와 자료 제공의 도움을 받았다. 이에 감사드린다.
3) 『蘇齋 盧守愼研究』, 研究叢書 第3輯, 慶北大學校 退溪學研究所, 1990.
4) 성주 이씨는 고려말 등장한 명문 거족으로 李兆年형제, 李承慶, 李崇仁, 李仁復, 李仁任, 李稷 등을 배출하였다.
5) 그의 가계도를 간단하게 정리하면 다음과 같다.

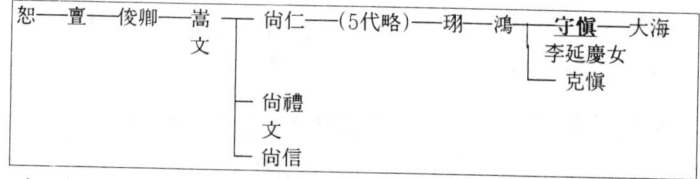

6) 6대조인 尙仁이 禮曹判書로 화령 출신인 高遠의 딸과 혼인하면서 화령에 거주하기 시작하였다.

스스로도 화령을 고향으로 인식하고 있었다[7].

그가 살았던 중종대는 연산군대의 폐정으로 무너졌던 유교정치 이념을 복구하기 위한 노력이 적극적으로 전개되고 있었다.

정치·사회적으로 전 시기의 폐정을 극복하고, 명분론의 추구와 因習·舊制를 혁파하여 도학정치의 구현을 도모하였던 시기에 살았던 蘇齋는 친가와 처가[8]의 가학을 바탕으로, 어려서부터[9] 학문에 뛰어난 소질을 나타냈다. 17세 때인 1531년 홍문관의 교리로 조선전기이래 대표적인 명문 거족이었던 廣州 李氏 延慶(號 ; 灘叟)[10]의 딸과 결혼하였다. 장인의 문하생이 되어 小學 등 심성을 수양하는 학문을 배워 실천 궁행하는 학자로서의 자질을 키웠다.

그의 학문에 대한 열정과 태도는 매우 높았다. 20세 때인 중종 29년(1534) 생원·진사 양시에 합격하여 성균관에 들어간 뒤, 닭이 울면 冠帶를 갖추고 독서하다가 밤이 되어서야 잠을 청하여, 같이 생활하던 동료들이 그의 흐트러진 모습을 볼 수 없었으며, 경외할 정도였다는 사

---

7) 『蘇齋先生文集』, 附錄 年譜.
8) 처가 廣州 李氏의 가계도는 다음과 같다.(형조참의를 지낸 之直부터 정리한다.)

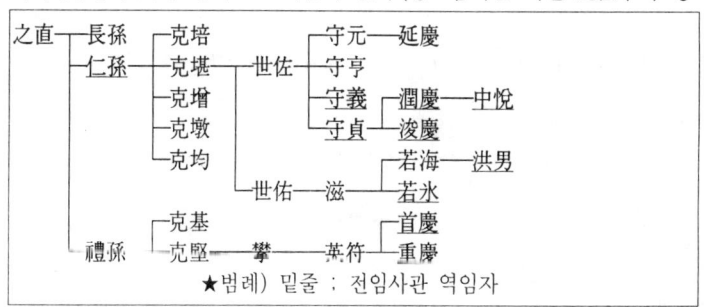

★범례) 밑줄 : 전임사관 역임자

9) 어려서 보인 학문적인 자질은 『蘇齋 盧守愼硏究』(慶北大學校 退溪學硏究所, 1990.) 참조.
10) 장인 이연경은 판중추부사 李世佐의 손자, 奉事 李守元의 아들이다. 陰補로 형조좌랑까지 올랐고, 중종 14년 현량과에 급제하여 지평, 교리 등을 역임하였다. 그는 寒暄堂 金宏弼과 靜庵 趙光祖의 양문에서 수학한 정통 성리학자였다.(文暻鉉, 『蘇齋盧守愼硏究』(政治篇), 慶北大學校退溪學硏究所, 1990.)

실11)에서 짐작할 수 있다.

그의 관료생활은 29세때인 중종 38년 식년 문과에 장원 급제하여 성균관 典籍에 제수되면서 시작되었다. 등과 후 초기의 仕宦期와 사화에 연루되어 유배되었던 流配期, 그리고 선조 즉위 후 다시 등용되어 활동하였던 再仕宦期 등 세 부분으로 나누어 볼 수 있다.

먼저 등과 후 초기의 사환기를 살펴보자. 그가 식년 문과에 장원 급제한 것은 중종 38년(1543)으로12), 급제 후 홍문관 典籍・副修撰 등을 역임하였다. 이듬해 4월 侍講院의 右司書에 제수되어 세자(仁宗)의 교육을 담당하였다13). 9월 다시 부수찬에 제수되었고, 湖堂에 선발되어 賜暇讀書하였다14). 그리고 중종의 승하하였을 때는 대제학 成世昌, 좌참찬 권벌 등과 행장을 짓는 등 뛰어난 문장력을 발휘하였다15).

초기의 사환기에서 주목되는 것은 '사가독서'이다. 대제학 成世昌에 의해 선발된 사가독서자는 노수신을 비롯하여 羅世纘, 李滉, 鄭惟吉, 李洪男, 柳希春, 閔箕, 金澍, 閔起文, 朴承任, 金麟厚, 李潛, 尹希聖, 李元祿, 尹春年, 尹潔 등 15명이었다. 이들은 이후 문형, 정승에 제수되는 등 혁혁한 관로를 역임하였던 뛰어난 인재들이었으며, 노수신과는 돈독한 관계를 유지하였다16). 그중 이황, 유희춘, 김인후와는 평생 師友하는 사이였다17). 따라서 이 시기 사가독서는 노수신의 일생에 정치적으로나 학

---

11) 27세 때는 당대 名儒 李彦迪을 찾아가 제자의 예를 다하고 가르침을 받았으며, 성균관에 들어가서는 慕齋 金安國으로부터 수학하였다.(『蘇齋先生文集』, 年譜.)
12) 『中宗實錄』 卷101, 38年 9月 壬子.
13) 좌보덕(鄭源), 우보덕(丁應斗), 좌필선(李滉), 우필선(鄭希登), 좌문학(金澍), 우문학(朴公亮), 좌사서(金鸞祥) 등 시강원에 제수된 인사들은 모두 당대 석학들이었다.(『中宗實錄』 卷109, 39年 4月 辛未.)
14) 『蘇齋先生文集』, 行狀.
15) 『中宗實錄』 卷109, 39年 11月 壬子.
16) 선조 17년 재상 천거시, 노수신은 鄭惟吉・柳塤・朴大立 등을 천거하여 정유길이 우의정에 낙점케 하였다.
17) 선조의 潛邸시 師傅였던 韓胤明은 강론 때마다 노수신이 억울하게 섬으로 귀양갔음을 거론하였는데,(『燃藜室記述』 卷18, 宣祖朝故事本末 宣祖朝 相臣條.) 그는

문적으로 큰 영향을 끼쳤던 것으로 보인다.

중종 39년 4월 시강원의 사서로 인종의 교육을 담당하였던 그는 인종이 즉위하자 정언으로 천전18)되었고, 곧 윤원형과 李芑를 논핵하여 파직시키는 등 大尹의 일원으로 활동하였다. 그러나 인종이 8개월만에 승하하고 명종이 즉위하면서 대윤 주도의 정국은 반전되었고, 그 역시 정국의 소용돌이에 빠졌다.

명종 즉위년(을사) 9월 소윤의 尹元衡과 李芑 등은 대윤 일당을 제거하고, 정국을 주도할 목적으로 사화를 일으켰다. 이때 노수신도 파직되었다. 그러나 조부상을 당했다는 이유로 1년 6개월 후인 명종 2년(1547) 3월 順天으로 유배되었으며, 초기의 사환기에서 유배기를 맞게되었다.

명종 2년 9월 소윤은 다시 대윤을 제거하기 위한 정치적 사건을 일으켰다. 그것은 문정왕후와 李芑를 비방하는 벽서19)가 경기도 과천의 良才驛에 붙은 것을 문제삼아, 이를 고의적으로 정치 쟁점화 한 것이었다. 이 사건으로 여러 명의 인사20)가 추죄되었고, 노수신은 유희춘 등과 함께 순천에서 珍島로 이배되었고, 19년간 돌아오지 못하였다.

노수신을 비롯하여 양재역 벽서 사건에 연루된 인사들에 대한 감형과 해배 논의가 되기 시작한 것은 명종 20년 11월이다21). 영평부원군 尹漑와 영의정 李浚慶, 좌의정 沈通源 등이 回啓하여, 진도에서 충북

퇴계의 문인이었다. 그리고 이황과 유희춘 등이 돌아갔을 때, 挽詞를 지어 깊이 애도하였다.
18) 『仁宗實錄』 卷1, 1年 1月 乙巳.
19) "女主가 위에서 정권을 잡고 간신 李芑 등이 아래에서 성권을 농간하고 있으니 나라가 장차 망할 것을 서서 기다릴 수 있게 되었다. 어찌 한심하지 않은가. 仲秋月 그믐달."(『明宗實錄』 卷6, 2年 9月 丙寅.)
20) 賜死 ; 宋麟壽·李若氷. 極邊安置 ; 李彦迪·鄭磁. 絶島安置 ; 노수신·丁熿·柳希春·金鸞祥. 遠方付處 ; 權應挺·權應昌·鄭惟沈·李天啓·權勿·李湛·林亨秀·韓澍·安景祐. 付處 ; 權撥·宋希奎·白仁傑·李彦忱·閔起文·黃博·李震·李洪男·金振宗·尹剛元·趙璞·安世亨·尹忠元·安玲.
21) 『明宗實錄』 卷31, 20年 11月 辛亥.

괴산으로 이배될 수 있었다. 명종이 승하하고 선조가 즉위하면서 **東皐 李浚慶**22)은 이들의 해배를 다시 요청하였고, 결국 해배와 함께 직첩을 돌려 받으면서23) 재사환기를 맞게 되었다.

그는 20여 년의 유배기간동안 조용하게 지내면서 **操守**를 더욱 굳게 하였고, 현실사회의 문제점과 정치현안에 대해서 깊이 고민하였다. 그리고 학문에 정진하여 왕성한 저술의 기회로 삼았다. 유배지에서 **退溪 李滉, 河書 金麟厚, 一齋 李恒, 玉溪 盧禛, 高峰 奇大升** 등 석학들과 서신으로 학문을 토론한 것이나, 『**夙興夜寐箴**』24)의 註를 저술한 점25), 관직에 복귀한 뒤 향약의 시행을 주장한 사실26)에서 짐작할 수 있다.

28세 때 시작된 관직 생활이 2년만에 끝나고, 30세때인 명종 즉위년 을사사화에 연루되어 20여 년간 유배되었던 그는 청춘의 시기를 **孤島**에서 암울하게 보냈다. 52세의 중년이 되어서야 해배되어 **官界**로 돌아왔던 그는, 선조 년간 청요직을 두루 지내는 등 비로소 정치적 역량을 발휘할 수 있었다27). 해배되어 돌아온 선조 즉위년(1567) **校理**에 제수되었고28), 이듬해 2월 직제학29), 3월 겸예문관응교, 6월 부제학, 7월 **大司諫**에 올랐다. 그리고 4년 2월 대사헌, **副提學**(6월)·**吏曹判書**(7월)·**大**

---

22) 이준경과 형 **李潤慶**은 李延慶의 **堂弟**(4寸)로 노수신에게는 **妻堂叔**이 된다. 노수신이 선조 즉위년 이준경의 청으로 해배되어 돌아올 수 있었던 것은 사림의 천거를 요구했던 선조의 의도와 함께 이러한 인척관계와도 연관성이 있다.
23) 『宣祖實錄』 卷1, 卽位年 10月 癸巳.
24) 宋나라 陳茂卿이 지은 것으로 선비가 공부하고 수양하는 절차를 논한 글.
25) 『夙興夜寐箴』의 뜻이 매우 정명하여 사림들이 서로 **傳誦**하였고, 이로써 그의 이름이 더욱 전파되었다.(『燃藜室記述』 卷18, 宣祖朝故事本末 相臣條.)
26) 『宣祖實錄』 卷7, 6年 8月 甲子.
27) 해배되어 돌아 올 수 있었던 것은 장인의 사촌 浚慶의 **啓辭**로 이루어 졌다. 명종 말년 영의정이었던 浚慶은 선조의 즉위를 도왔으며, 선조 역시 준경과 白仁傑 등 **賢臣**들의 보필을 받았다. 이들은 노수신을 비롯하여 **李滉, 李珥, 奇大升, 金宇顒** 등 기묘사화이후 은거하고 있던 왕도정치 이론가, 즉 사림들을 천거하였다.
28) 『宣祖實錄』 卷1, 卽位年 10月 戊戌.
29) 『宣祖實錄』 卷2, 1年 2月 甲午.

提學 등을 역임하였다.

다양한 관력과 함께 학문 역시 당대를 대표하였는데, 다음의 기사는 이를 반영한다.

> ① '物議가 학행이 최고라고 하니 마땅히 먼저 불차 탁용해야 될 것이다.'[30]
> ② '학문·문장·덕행·명망이 이황 다음이다.'[31]
> ③ '이 시대 詞章의 대표적 인물은 노수신·金貴榮·尹鉉·李後白·奇大升·朴承任이다.'[32]
> ④ '타고난 자품이 쇄락하고 학문에 연원이 있었다. 효우스럽고 충실하여 出入에 비평하는 말이 없었다. 깨끗이 고절을 수행하여 나랏일을 집안 일같이 하였다. 그의 長壽와 重望을 우리 나라에서 찾아보아도 어찌 흔히 있을 수 있겠는가. 그 덕은 상대를 진정시키기에 족하여 喬嶽의 중후함과 비길 정도였고, 그 문장은 나라를 빛내기에 족하였으나, 詰屈한 면이 있었다. 항상 측근에 있으면서 君德을 보필하여 온지 오래이니, 그가 왕실의 股肱이 되고 治道에 도움을 준 것은 실로 오늘날의 司馬相公이라고 할만하다.'[33]

당대 학문을 대표하였던 근기사림[34] 노수신을 선조는 매우 각별하게 대접하였다. 모친의 병을 이유로 사직하고 고향에 내려가고자 하였을 때, '그대가 나의 곁에 하루도 없어서는 안되오.'라고 토로한 것이나, 선조 12년 다시 사직 상소를 올렸을 때, '卿은 山川의 間氣요 星斗의 文章이다. 학문은 伊·洛의 맥을 전하였고, 道는 儒林의 宗이 되었다.···하늘이 卿을 나에게 준 것이었다.···경이 나를 족히 같이 일할 수 없다하여

---

30) 『宣祖實錄』 卷2, 1年 2月 甲午.
31) 『宣祖實錄』 卷5, 4年 1月 戊子.
32) 『宣祖實錄』 卷6, 5年 10月 甲寅.
33) 『宣祖實錄』 卷19, 18年 4月 丁巳.
34) 16세기 후반 조선 유학의 전성기에 영남에는 李滉과 曺植, 호남에 金麟厚·奇大升·柳希春, 近畿에 盧守愼·成渾·李珥 등의 학자가 배출되었다.

그러는 것인가. 혹 허물이 있거든 명백히 가르쳐 주오. 마음으로 조용히 가르침을 받으리니....'35) 등의 기사를 근거로 확인할 수 있다36).

선조 7년(1573) 2월 우의정, 12년(1579) 11월 좌의정, 21년(1582) 4월 영의정에 올랐다. 동년 12월 영의정을 사임하여 領中樞府事에 제수되었다. 그러나 이듬해 己丑獄事가 일어나자, 정여립을 추천하였던 것이 문제되어 파면당하였다37). 그리고 이듬해 3월 12일 부인 이씨가, 4월 7일에는 노수신이 각각 돌아갔는데, 당시 그의 나이는 76세였다38). 아들 大海는 7월 선영이 있는 化寧縣 遠川里에 장사지냈다.

이상과 같이 노수신은 등과 이후 홍문관에서 활동하다가 명종 즉위년 소윤파의 공격으로 파직된 뒤, 20여 년간의 유배생활을 하였고, 선조 즉위이후 사림정치의 전개와 함께 재 사환기를 맞아 화려한 관력을 보냈다. 이는 그가 사림의 학문과 사상을 대변했을 뿐만 아니라, 유교정치이념의 구현에 적합하였음을 반증한다.

노수신은 학문뿐만 아니라, 문장과 서예에도 능했다. 학문의 영역은 매우 광범하여, 성리학 일변도의 당대 사조와는 달리, 陽明學과 불교39)에도 관심을 가지고 있어 성리학자들로부터 공격받을 정도였다. 그러나 그의 성리학이 당대 정통이었음은 스승이 정통 성리학자(이연경)였고, 이연경에게 사사한 인사들 중 정통에서 벗어난 인사가 없다는 점이나, 시강원에서 세자의 교육시 정통 성리학을 강의했다는 사실40)에서 알

---

35) 『燃藜室記述』 卷18, 宣祖朝故事本末 相臣條.
36) 이외에 선조 16년 시골에 내려가 禰祭와 祔祭를 지낼 수 있도록 청하였을 때, 역말을 이용할 수 있도록 하였고, 쌀과 콩을 30석 하사하였으며, 阿多介 1坐 하사, 內醫에게 약 주고 호송케 했으며, 道에서 호송과 祭物을 주관하도록 하였던 사실도 있다.(『宣祖實錄』 卷17, 16年 8月 壬申.)
37) 『宣祖實錄』 卷24, 23年 3月 己未.
38) 尙州의 道南書院과 鳳山書院, 忠州의 八峰書院, 槐山의 花巖書院, 珍島의 鳳巖祠 등에 祭享되었다.
39) 불교에 관심이 깊었음은 休靜, 善修 등 승려들과 교제하였던 사실에서 살필 수 있다.

第2章 兼任史官의 史草 293

수 있다.

　노수신의 뛰어난 학문과 경륜은 군주를 비롯하여 사림으로부터 중망을 받았음은 앞에서 본바와 같다. 그런데 그의 정치 의식과 시국관이 어떠했는가는 살피기 쉽지 않다. 다만 다음의 몇 가지 사례를 근거로 그의 정치관, 혹은 현실 인식 태도를 살필 수 있는 정도이다.

　먼저 선조 1년 10월 청주목사에서 충청도관찰사로 移配되었을 때, 올린 '請先立志疏'41)이다.

　'請先立志疏'의 내용은 군주가 지켜야 할 도리와 至治를 이룰 수 있는 방안이다. 천하를 다스리고자 한다면, 임금이 뜻을 먼저 세워야 한다고 하면서, 군주의 뜻이 세워지지 않은 상태에서 다스림(治)을 언급하는 것은 다만 말뿐이라고 하였다42). 즉 그는 정치를 하는데 있어서 무엇보다도 군주의 의지가 세워지는 것이 중요하다고 하였으며, 이는 곧 천하의 도를 다스릴 수 있고, 正學(성리학)을 강경하더라도 밝아질 수 있으며, 眞儒를 補養하여 나오게 할 수 있는 것이라고 보았던 것이다. 그리고 뜻이 있는 군주는 '帝王聖賢之道'를 돈독하게 믿는 것이라고 하였다.

　이러한 내용을 근거로 볼 때, 躬行하지 않으면 '學'이 아니라고 하는 등 실천적인 자세를 보이기도 하였지만, 현실 정치에 있어서는 행동보다는 정치이론가로서의 측면이 더 컸다.

　한편 선조 2년(1569) 인군이 경계해야 할 것으로 올린 '箴規語' 6條43)

---

40) 『蘇齋集』 卷10, 行狀.
41) 이 상소를 선조는 格言으로 인식하였을 뿐만 아니라, 실천궁행해야 할 덕목이라고 하면서, 校書館으로 하여금 刊行케 하였다.(文集의 行狀)
42) 『蘇齋集』 卷8, 請先立志疏.
　"伏以治天下之道 在乎君志先立 君志不先立 雖欲言治 皆苟而已矣…"
43) 『蘇齋集』 卷10, 行狀.
　"務討訓解而不務求義理 務察政事而不務立治道 貿攬權柄而不務合於人心 務循前例而不務斷以古義 務悅諂諛而不務愛正直 務善才藝而不務重器識."

에서도 그의 정치관을 살필 수 있다. 그 내용은 義理를 구할 것, 治道를 세울 것, 民心에 합할 것, 古義의 단행에 힘쓸 것, 정직한 사람을 사랑할 것, 氣局과 학식이 있는 자를 중용할 것 등이다. 이 내용도 유교 이념을 현실정치에 구현하고자 하였던 왕도정치였다. 의리 추구, 古義의 단행 등은 治道 즉 유교적 이상정치를 추구하려는 태도와 연관되는 것이기 때문이다. 그리고 民의 안정을 추구하려는 민본정치의 구현에도 노력하였는데, 民心을 따를 것을 건의한 것이나, 선조 10년 전염병이 돌았을 때, 김우옹과 함께 군주의 宵衣寒食과 구제책을 건의44)하였던 것에서 알 수 있다.

이상과 같은 태도는 기존의 정치의식이나 형태에서 크게 벗어나거나, 파격적이며 혁명적인 것이 아니다. 따라서 그가 추구한 것은 기존의 틀과 형식을 유지하려는 수성기의 안정희구 정치였다.

한편 동서분당이 야기되던 선조 8년 우의정이었던 노수신은, 부제학 李珥와 함께 분당의 조정과 수습에 노력하였다. 노수신은 이이의 조정책을 왕에게 건의하였고, 왕은 이를 받아들여 분당을 일으킨 장본인 金孝元과 沈義謙을 외직으로 보내어 문제의 해결을 시도하였다. 이에 김효원을 회령부사(뒤에 경원부사, 삼척부사)로, 심의겸을 개성유수로 보냈다, 그런데 문제는 여기서 더 커지고 말았다. 동인 입장에서는 노수신이 서인 심의겸을 우대했다고 보았으며, 서인은 둘 모두 외방으로 보낸 데 대해 노수신을 동인으로 간주하였던 것이다45). 결국 노수신과 이

---

44) 『宣祖實錄』 卷11, 10年 5月 庚寅.
45) 노수신이 동인으로 분류되는 것은 장인(이연경)의 사촌이었던 준경이 동인으로써 이이와 대립되었던 점에서 살필 수 있다. 선조 5년 7월 돌아갔던 이준경은 죽기 전 '조정에 붕당의 징조가 있으니 그 私를 깨뜨려야 한다' 등 遺箚 4조목을 냈다. 유차의 내용이 몇 년 후에 확인되기는 하였지만, 당시 척신으로서 이미 일정한 세력을 구축하고 있었던 심의겸은 그 내용을 비난하였다. 그리고 붕당 조정책을 제의하였던 李珥 등 서인계의 비난이 심하였는데, 이에 대한 준경의 태도 역시 강경한 입장을 취하였다. 이러한 사실은 이준경이 동인계로 분류되는 요인이며, 노수신에게도 영향을 주는 계기가 된 갓이라고 할 수 있다.(姜

이는 동서 양쪽으로부터 비난을 받게 되었으며, 분당 수습 노력은 실패로 끝났다.

이러한 사실은 그가 엄정한 자세를 견지하면서, 붕당을 조정하거나 정국을 주도했다고 볼 수 없음을 의미한다. 즉 정치적 소신을 가지고 현실 정치에 적극적으로 대처했다기보다는 관망하는 자세가 컸다. 동인계이면서도 중립적인 태도를 견지하려고 노력하였으나, 오히려 우유부단한 태도와 일부 서인 인사에 대한 태도46) 때문에, 동인의 당여로 몰렸다. 결국 선조 17년 정여립을 천거47)했던 것이 문제가 되면서, 선조 22년의 기축옥사에 연루되어 파직당하였다.

이와 같이 동서로 분당되어 급박하게 전개되기 시작하였던 현실정치의 와중에서, 조정의 원로로 적극 개입하여 문제의 해결을 시도하려는 자세보다는, 중립적 태도를 견지함으로써 오히려 동서 양측으로부터 공격을 받는 등 미온적인 태도를 지녔다. 이러한 자세는 그를 적극적인 현실론자로 보기 어렵게 하는 것이며, 앞에서 보았던 정치의식과도 일치하는 것이다. 다음의 기사는 그의 이러한 현실적인 자세와 태도를 살피는데 도움이 된다.

① "李珥가 입시할 때마다 많은 말을 아뢰었다. 공(守愼)이 사람에게 말하기를, '이이가 經筵에서 임금이 듣기 싫어하는 것을 많이 말하는데 일이 생길 것이 두려워 내가 말리고자 하나 서로 모르는 사이기 때문에 못하고 있다.'라고 하였다. 이이가 이를 듣고 웃으며, '내가 물러가면 말

周鎭,『李朝 黨爭史 硏究』, 서울대출판부, 1971. 참조)
46) 선조 14년 왕이 成渾에게 특별 녹봉을 주고자 하였을 때, 노수신은 禮를 이유로 들어 부정적인 태도를 보이고 있다. 이는 서인계에 대한 불편한 심기나 어느 면에서는 견제하려는 태도에서 기인한 것이라고 본다.(『宣祖實錄』 卷15, 14年 1月 辛巳.)
47) 선조 17년 왕은 삼공에게 인재를 천거하도록 하였다. 이때 노수신은 정여립을 비롯하여 李潑, 金宇顒, 韓準, 白惟讓, 尹先覺, 金弘敏, 金晬 등을 추천하였다. (『宣祖實錄』卷18, 17年 11月 癸酉.)

할 사람이 없을 것이니 蘇齋는 걱정할 것 없다. 이미 스스로 말하지 못하고 남의 말까지 막는다면, 평소에 글을 읽는 사람이 무엇을 보았기에 이같이 하는가'하였다. 韓脩가 말하기를, '소재는 글만 능할 뿐 아니라, 또 技藝도 있는데 정승의 재주는 지극히 졸열하니 이상한 일이다.'하니, 이이가 말하기를, '相才를 기예로 볼 수는 없다. 고인은 험한 지경을 밟을수록 氣節이 더욱 돈독하였는데 소재는 그렇지 않다. 20년을 謫所에서 고생한 나머지 기절이 다 녹아버렸다."48)

② "蘇齋가 건의하여 시행한 것이 없으므로 사람들이 부족하게 여기지마는, 다만 오늘날에 있어서는 비록 뛰어난 인재로 하여금 정승자리에 있게 하더라도 어찌할 도리가 있겠는가. 工匠에 비유한다면 소재는 손끝을 맞잡고 空食하는 사람이다. 비록 이익은 없으나 또한 해도 없다."49)

①은 노수신의 立朝時 태도가 매우 조심스럽고 정중하였음은 물론, 입시하였을 때, 다른 사람이 임금에게 적극적이고, 때로는 과격하게 時政事를 건의하는 것까지 염려했던 자세를 보여준다. 이에 대해 이이는 학문하는 사람으로서 올바른 태도가 아니라고 지적하였으며, 韓脩는 재상으로서 갖출 자세가 아니라고 비판할 정도였다. 이는 실록에서도 出入時 비평하는 말이 없었다50)고 한 기사와 일치한다.

②는 선조 23년 노수신이 정승직에서 체직될 당시 이산해가 이이에게 정승직의 체직이 時事와 연관된 것이었는 가를 물었을 때, 이이가 대답한 기사이다. 이 기사 역시 그의 정국 운영 태도가 미온적이었음을 보여주는 사례의 하나이다51).

이상과 같은 사실로 볼 때, 노수신은 정치의식이나 현실 정치에 임하

---

48) 『燃藜室記述』 卷18, 宣祖朝故事本末.
49) 『燃藜室記述』 卷18, 宣祖朝故事本末 宣祖朝 相臣條.
50) 『宣祖實錄』 卷19, 18年 4月 丁巳.
51) 이외에 박순과 함께 오랫동안 정승직에 있었음에도 볼만한 건의와 업적이 없다고 지적한 기사(『燃藜室記述』 卷18, 宣祖朝故事本末 相臣條 朴淳.)에서도 살필 수 있다.

는 자세가 적극적이지 못했음을 알 수 있다. 즉 현실 정치에 적극적으로 참여하여 문제의 해결을 시도하였던 현실적인 정치가라기보다, 온건하고 신중한 입장을 견지하였던 정치학자, 왕도정치이론을 주장하는 정치이론가였다고 본다.

3. 日記의 內容

 실록 편찬시 기본적인 편찬자료인 史草는 입시 및 가장사초 외에, 겸임사관들이 소속 관청의 시행사를 일기 형식으로 작성한 것도 동일하게 인식하였다.
 조선시대에는 인재의 적극적인 활용과 경비 절감 등을 목적으로 경외 대소아문의 관원 운영시 광범한 겸직제를 실시하였다. 그중 '掌記時政' 즉 역사 편찬을 담당하였던 춘추관에는 한 명의 전임관 없이 60여 명의 겸관으로만 운영하였다. 전임관 없이 겸관으로만 운영한 것은 각 관청의 시행사를 모두 기록하여 후세에 전하여 감계를 삼으려는 목적과 연관된다. 즉 광범한 역사사실을 수집하기 위한 목적에 따라 겸춘추들에게 소속 관청의 시행사를 작성하여 보고하도록 한 것이다. 따라서 조선시대 겸임사관들은 소속 관청의 시행사를 일기 형식으로 작성하여 중앙에서는 매일, 지방[52]에서는 1개월 단위로 작성하여 춘추관에 보고하였다. 노수신도 중종 38년 급제 후 홍문관과 시강원의 본직 외에 춘추관의 기사관을 겸임한 겸임사관으로서, 소속 관청의 시행사를 작성하여 보고하였다.
 겸임사관으로서 소속 관청의 시행사를 작성하여 춘추관에 보고한 일기(兼春秋日記)는 노수신의 일기 외에 상당한 분량이 현존한다[53]. 이는

---

52) 지방에서 시행사를 작성하여 보고하는 사람들은 外史라고 하는데, 이들은 문신 수령과 도사 중에서 선임하였다.
53) 이들 중 일부를 국사편찬위원회에서 『朝鮮時代史草』 I과 II로 간행하였다.

당시 춘추관의 겸임제가 체계적으로 운영되었음과 겸임사관들이 제대로 임무를 수행했음을 반증한다.

노수신이 작성한 일기는 '춘추관일기' 1책, '정청일기' 2책 등 모두 3책이다. 이중 '춘추관일기'에는 중종 38년 11월 22일부터 39년 11월 15일 중종이 昇遐할 때까지의 사실이 수록되어 있고, '政廳日記'에는 선조 3년 2월 2일부터 14년 9월 30일까지와 동왕 21년 1월부터 22년 3월까지의 사실이 수록되어 있다.

'춘추관일기'를 작성하였던 시기에는 성균관 전적, 홍문관 부수찬, 시강원 우사서 등을 역임하였고, '정청일기(1)' 작성시에는 대사간, 대사헌, 동지중추부사, 호조참판, 부제학을, '정청일기(2)' 작성시에는 영의정54) 등을 역임하고 있었다. '춘추관일기'는 춘추관의 당하관 역임시 작성한 것이고, '정청일기'는 당상관 역임시이다. 따라서 전자의 경우는 반드시 작성하여 보고해야 하는 것이었고, 후자는 의무감보다는 본인의 관심에 따라 별도로 작성한 것으로 생각된다. 이중 '춘추관일기'는 전형적인 겸춘추일기의 형태를 갖춘 것으로써, 사관과 실록 편찬, 실록 편찬시 이용되었던 자료의 실 예 등을 분석하는데 중요한 근거를 제공한다.

노수신은 식년 문과에 장원 급제하였다. 따라서 처음에 제수된 직책이 6품이었기 때문에, 7품 이하였던 봉교·대교·검열 등 전임사관직을 역임할 수 없었다. 그러나 성균관과 홍문관, 시강원의 본직 수행시 사관직을 겸임하였으므로, 겸임사관들이 매일이나, 1개월 단위로 시행사를 작성하여 보고하는 규정에 따라, 그도 소속 관청의 시행사를 작성하여 보고했다. 여기서 '춘추관일기'를 살펴보자.

'春秋館日記'는 弘文館과 侍講院 등의 시행사를 일기체로 작성한 필사본이다. 해서체로 쓰여져 읽기가 어렵지 않으며, 전임사관이 경연과

---

54) 선조 21년 5월 特配되었으나 곧 사임하였다.

정청 등에 입시하였을 때, 작성한 亂草의 史草와는 다소 다르게 정리되어 있다55). 분량은 많지 않아 표지를 제외하고 모두 23면에 불과하다. 13개월 동안 매일 매일의 사실이 아니고, 일부 날의 기사만 작성되었다56). 기사 중에는 간지와 날씨, 기상이변, 人事와 관련된 사항 및 인물의 시비득실 등이 작성되어 있다. 기사의 작성시 잘못 쓴 것은 별도의 표식을 하고 고쳐 쓰거나57), 아예 지운 것58)도 있어 '가장사초'의 작성 실 예를 보여주고 있다.

전체적으로 기록한 내용이 소략한데도 불구하고, 인물에 대한 논의가 많다는 점59)은 주목된다. 이는 급제 후 초기의 관료생활 때만 하더라도 현실 정치와 정국 주도 인물에 대한 관심이 컸었음을 반영하는 것이다. 그런데 20여 년의 유배생활에서 복직된 이후에 작성된 '정청일기'에는 정치관련 기사보다 신변잡기의 내용이 주를 이루고 있다. 이런 점에서 노수신의 현실 정치에 대한 관심과 정국 주도의 인물에 대한 인식태도가 후기에 상당히 신중해졌음과 다른 한편 이를 의도적으로 배제한 것으로 보인다60).

---

55) 입시사초는 군신간에 논의하는 내용을 직접 받아 적어야 하기 때문에 인물의 시비득실을 적을 수 없으며, 읽기 어려운 '亂草' 혹은 '飛草'로 작성되었다. 그러나 가장사초는 특정 사안과 인물의 시비득실을 기록하였고, 읽을 수 있을 정도의 해서체로 쓰여지는 것이 특징이다. 時政記의 경우도 인물의 비시득실 등은 기록되어 있지 않다. 노수신의 '춘추관일기'가 해서체로 기록되어 있고, 인물의 시비득실 등이 많이 기록된 것에서, 가장사초의 형식을 갖추었다고 할 수 있다.
56) 이는 番을 나누어 입시하였던 진임시관과 마찬가지로, 홍문관의 관원들도 順番을 정하여 기사를 작성하였음을 의미한다.
57) 3면(癸卯 12月 19日條)의 기사 중 '故'를 '或'으로 고쳐 씀.
58) 1면(癸卯 11月 26日)의 기사 중 '浮'와 2면(癸卯 12月 初7日)의 기사 중 '平'을 먹으로 동그라미 치는 등 지운 흔적이 분명하다.
59) 일기에 논의된 인물은 申潛・柳灌・李浚慶・林亨秀・權橃・宋世珩・羅世纘・朴光佑・鄭仲護・李純亨・南宮淑・成世昌・申光漢・鄭順朋・朴守良・朴泳・李希輔・李儀・尹思翼 등 모두 19명으로, 幼學부터 영상까지이다. 대부분 사림과 인사들이며, 을사사화에 연루되었던 인사들이라는 점이 특징이다.

'春秋館日記'는 중종의 승하 이후 실록청에 납입되어 중종실록의 편찬시 이용되었다[61].

보통 실록은 초초·중초·정초 등 3단계를 거쳐 필사된 뒤 校書館에서 인쇄되어 춘추관 등 4곳의 史庫에 봉안되었다. 이중 초초는 각 房에서 작성되고, 중초는 房과 도청의 낭청에 의해서, 정초는 도청의 당상과 총재관이 문장과 체제를 통일하고 마무리하였는데, 보통 정초본을 실록이라고 하였다. 따라서 정초본이 완성되기 전 단계인 중초본까지는 편찬관들이 편찬 자료에 표식[62]하였던 것으로 보인다. 노수신의 '춘추관일기'에서 확인되는 먹물의 옆줄 표식 역시 실록청의 편찬관들이 표시한 것으로 보이며, 이는 중종실록 편찬시 본 일기에 대한 검토가 있었음을 반증하는 것이다.

중종실록은 처음에 인종 1년(1545) 2월 대간의 건의에 따라 실록청을 설치하고 당상과 낭청을 선발하여 착수하였지만, 인종이 재위 8개월만에 승하함에 따라 일시 중단되었다. 다음 달 다시 시작하려 하였지만, 을사사화로 중단되었고, 명종 1년 가을 비로소 인종실록과 함께 착수되었다[63]. 그러나 鄭順朋·沈連源에서 李芑 등으로 총재관이 교체되는 등 우여곡절이 많았다. 시작된 지 4년 만인 명종 5년(1550) 10월 편찬이 완료되어 洗草와 함께 奉安되었다. 이와 같이 중종실록은 실록청의 설치와 편찬관의 구성에서부터 여러 가지 문제점을 안고 있었다. 그리고 대윤과 소윤의 대립과 갈등, 양재역 벽서 사건 등 정치적 사건이 계속되

---

60) 그의 정치관이 현실에 적극적으로 참여하기보다는 이론적이었던 것과 연관된다.
61) 그의 일기가 중종 실록 편찬시 이용되었다고 하는 사실은, '춘추관일기'의 기사 중 먹물로 표식한 흔적이나, 실록의 기사와 일부 동일한 내용을 확인할 수 있는 것에서 알 수 있다.
62) 현전하는 光海君日記의 중초본에서 확인할 수 있다.
63) 편찬관은 총재관 없이 監春秋館事 3인, 知春秋館事 12인, 同知春秋館事 25인, 編修官 45인, 記注官 17인, 記事官 37인 등 모두 139인이었다.

는 혼란의 와중에 추진되었던 만큼 정치권의 영향과 긴밀하게 연관될 수밖에 없었다64).

　보통 실록의 편찬을 위해서 춘추관내에 실록청이 설치되면 전 왕대 전임사관을 역임하였던 사람과, 사초를 가장하고 있거나, 겸임사관으로서 '가장일기' 등 역사 사실을 밝힐 수 있는 자료를 소지하고 있는 사람들은 정해진 기한 내에 납입해야 했다. 노수신 역시 겸춘추시 작성한 일기의 납입을 요구받았을 것이다. 그런데 처음 실록청이 열렸을 때는 문제가 없었으나, 인종이 돌아가고 명종이 즉위한 뒤로는 문제가 되었다. 그는 명종이 즉위하고 소윤이 집권한 이후 순천과 진도에 유배된 상태였다. 따라서 명종 초의 중종실록 편찬기간에는 서울에 있지 못했으며, 편찬과 관련된 일을 도모할 수 없는 상황이었다. 따라서 일기는 본인이 아닌 다른 사람에 의해 납입된 것으로 보여진다.

　한편 실록 편찬관들은 권력의 변동에 관계없이 제출한 자료 중에서 필요한 기사는 취사선택한 것으로 보인다. 현전하는 중종실록의 同年·同月·同日 기사와 노수신의 '춘추관일기'의 기사 내용을 살펴보면, 일부의 내용이 동일한 점과 일부는 유사한 내용으로 수록되어 있는 것에서 알 수 있다. 다시 말하면 중종실록 편찬을 위하여 실록청에 모아진 각종의 자료들을 편찬관들이 살펴보고, 실록의 初草 혹은 中草의 작성 시 노수신의 일기 중 필요한 기사 내용 옆에 표식한 것에서 알 수 있다.

　실록이 완성되면 실록청에 납입되었던 자료들은 모두 洗草되어 비밀

---

64) 노수신의 입장에서는 자신의 일기가 실록청에 납입되는 것은 필화사건을 일으킬 염려가 있기 때문에, 원하지 않았을 것으로 짐작된다. 기사 내용 중에 인물에 대한 포폄기사가 많았던 것과 본인이 을사사화에 연루되었고, 소윤 주도의 정국에서 유배되었기 때문이다. 그런데 중종실록의 편찬관을 살펴보면, 사림계열의 인사가 상당수 있다. 이는 그의 기사내용이 문제되지 않을 수 있었던 배경으로 생각된다. 중종실록 편찬관에 대한 구체적인 분석이 이루어진다면 이의 해석이 가능할 것으로 본다.

을 보장하였다. 따라서 사초는 후대에 전해지지 않는 것이 원칙이었다. 그런데 이 자료가 실록청에 납입되어 실록 편찬에 이용된 후, 세초되지 않았던 점과 宗孫家에 소장되어 현재까지 전해질 수 있었던 것은 의문이지만 기록의 미비로 확인할 수 없다.

4. 일기의 성격

노수신이 중종 38년부터 39년까지 겸임사관 역임시 작성한 '춘추관일기'는 다음과 같은 의미와 성격을 부여할 수 있다.

먼저 중종실록편찬시 이용되었고, 관찬의 실록에서 확인할 수 없는 사실을 보완하거나, 새로운 사실을 밝힐 수 있다는데 그 의미와 가치가 있다. 노수신의 일기는 실록을 편찬하기 위해서 실록청에 납입된 상당한 분량의 자료 중의 하나이다. 그런데 그가 작성한 기사내용 중 일부만 실록에 기사화 되었다. 그러나 실록에 수록되지 않은 기사 내용이 단편적이기는 하지만, 당시 역사 사실을 확인하는데 중요한 근거를 제공하고 있다는 점에서, 일기의 존재 그 자체로서 의미와 가치를 부여할 수 있다.

둘째, 일기의 본문에는 먹으로 옆줄을 그은 표식이나, 고쳐 쓴 글씨 등을 명확하게 확인할 수 있다. 이는 실록 편찬관들이 실록청에 모여진 각종 자료의 기사를 취사선택하는 과정에서 수록할 필요성이 있는 기사에 대해서 표식한 것이다. 이는 중초본 형태로 전해지고 있는 光海君日記에 기사화 할 필요성이 있는 자료에 별도의 표식을 한 것과 동일한 형태이다. 이를 근거로 실록 편찬시 자료정리의 방법을 살필 수 있는 의미가 있다.

셋째, 일기는 時政記의 작성 용례에 따라 간지와 날씨, 경연 실시 여부, 시정의 중요 사항 등이 기록되어 있다. 따라서 조선시대 사초와 시정기 작성의 전형적인 모습을 살필 수 있다.

넷째, 실록의 편찬시 사관의 史草를 비롯하여 광범한 자료들이 이용되었고, 전임사관의 사초(入侍 및 家藏)만큼이나 중요하게 취급되던 것이 겸춘추가 작성한 '家藏日記'였음은 이론의 여지가 없다. 노수신이 작성한 일기가 겸임사관 역임시 작성하였다는 점과 실록의 편찬시 이용되었던 사실에서 겸춘추일기와 실록의 상관 관계, 겸춘추의 실질적인 활동과 관련된 사실을 밝히는데 단서를 찾을 수 있다.

다섯째, 일기는 겸임사관이 체계적으로 운영되었음과 실록 편찬시 광범한 기사가 수집되었음을 이해하는데 도움이 된다. 이런 사실은 조선시대 관찬 실록의 편찬이 고려왕조보다 구체화되었고, 당대사의 체계화에 기여하였다는 사학사적 의미와 당대 역사사실을 적극적으로 기록하여 후세에 전하겠다는 지배층의 의식이 높았음을 보여주기도 한다.

여섯째, 일기는 겸임사관 역임시 작성한 춘추관일기임이 분명하다. 그러나 기사의 내용에는 인물의 포폄 관련기사가 기록되어 있는 점에서, 가장사초의 형식을 갖추고 있다. 따라서 겸임사관의 보고기사(겸춘추일기)에도 인물을 포폄한 기사가 작성되었다는 사실을 보여주고 있다.

第2節 仁祖代 '兼春秋日記'

조선시대 사관들이 작성하여 가장하고 있다가 현재까지 전해지는 것으로 전임사관의 입시사초나 가장사초, 그리고 겸임사관들이 소속 관청의 시행사를 작성하여 춘추관에 보고한 형태 등 다양하다. 일반적으로 실록의 편찬이 완성되면 이용되었던 모든 자료들은 洗草되는 것이 원칙이었다. 그러나 일부의 일기 자료(실록의 편찬 자료)들이 전해지는 것은 상당히 주목된다. 따라서 이들 자료에 대한 분석은 곧 겸임사관의 일기(사초) 작성 실 예를 파악하는 좋은 근거가 된다. 여기서는 인조대 겸임사관들이 작성하여 춘추관에 보고한 것으로, 세초되지 않고 현존하는 자료를 살펴보고자 한다[65].

仁祖代 겸임사관들이 작성한 兼春秋日記[66]는 대단히 많은 분량이 전해진다. 형태와 분량, 서체 등이 매우 다양하며 시기가 중복되는 것도 상당하다. 일기는 겸임사관의 운영 사실과 이들의 일기작성 실 예를 밝히는데 도움이 된다. 그리고 당시 역사상을 밝히는데 있어 실록을 보완할 수 있는 중요한 자료이다. 인조대 겸임사관들이 작성한 것으로 현존하는 것을 정리하면 다음 표와 같다.

표2-9) 仁祖代 兼春秋日記 分類表[67]

作成主體	件數	作成主體	件數
弘文館	38	承文院	4
議政府	11	六曹	34
司憲府	12	外史	31
司諫院	13	其他	1
侍講院	10	未詳	60
宗簿寺	3	計	217

표에서 보는 바와 같이, 인조 7년부터 14년까지 84개월 분으로, 홍문

---

65) 일기의 세부적인 내용을 분석해야 하는 것이 바람직하지만, 워낙 방대한 분량이고, 초서로 작성되었기 때문에, 구체적인 분석은 별고로 다루어 보고자 한다.
66) 奎章閣 古文書, No26472, 인조 7년~14년, 17冊.
67) 일기 작성자의 관직은 다음을 기준으로 파악하였다. 첫째, 日記의 表題名. 둘째, 일기 말미에 기록된 작성자의 관직명. 셋째, 실록의 기사를 바탕으로 작성 날자에 가까운 시기의 관직을 근거로 하였다. 未詳은 이러한 세 가지 기준을 충족시키지 못하는 경우에 한하였다. 전체 일람표는 부록 3)에 첨부하였다.

관의 겸춘추들이 작성한 38건을 비롯하여, 작성자를 확인할 수 없는 60여건까지 모두 217건의 일기가 현존한다.

일기 중 일부는 한 사람이 두 기관 이상의 관청 시행사를 작성하여 보고한 것도 있다. 이는 소속한 관청의 본직을 수행하면서, 춘추관직을 겸임하였던 사실을 보여주는 실 예이다.

일기는 卷의 구분은 물론 干支와 작성자의 구분에서도 일관성을 발견할 수 없다. 이는 관직이 수시로 교체되었던 조선시대 관료 제도 운영상의 특징과 연관되는 것이다. 따라서 소속 관청의 시행사를 작성해서 춘추관에 보고해야하는 의무가 있었던 일부 겸임사관 중에는, 일기를 작성하지 않는 등 임무를 소홀히 한 사람이 있는가하면, 겸임사관직에서 천전되어 시행사의 작성 의무가 없었던 인사 중에서 별도로 일기를 작성하여 가장한 인사가 있는 것이다.

『經國大典』에 규정된 명문에는 승정원(승지)을 비롯하여 춘추관의 겸임기관으로 편성된 모든 관청들은 시행사를 작성하여 보고해야 하는 의무가 있었다. 그런데 중앙 집권적 양반 관료 정치를 추구하였던 조선 사회에서, 중앙 정치의 운영과정에서 가장 중요한 부서의 하나였던 승정원의 일기가 제외되어 있다는 것은 주목된다.

승정원의 承旨가 춘추관의 수찬관을 겸임하기 시작한 것은 태종 1년이고[68], 注書가 겸임사관의 임무를 수행하기 시작한 것은 세조 2년이다[69]. 이렇게 본다면, 세조 2년 이후 주서는 분명히 춘추관에 편성된 겸관이었으며, 겸임사관의 임무를 수행했다.

그러나 注書가 분명히 겸임사관이 있음에도 불구하고, 당시의 사조는 통상 '여덟 翰林'과 함께 專任史官으로 인식하였으며, 이들이 작성한 일기(당후일기) 역시 '史草'라고 보았다. 이러한 당시의 인식 태도에 따라,

---

68) 『太宗實錄』 卷1, 1年 3月 壬午.
69) 『世祖實錄』 卷8, 3年 7月 丁丑.

표에서 보는 바와 같이, 주서가 작성한 일기를 '겸춘추일기'의 범주에 포함시키지 않았던 것으로 생각된다. 그리고 승정원의 실무관인 주서가 작성한 기록(堂後日記)이 춘추관에 보고되지 않았던 것은, 왕명 출납과 관련된 내용이 별도의 문서인『承政院日記』로 작성되었기 때문이다.

한편 일기의 작성자중에는 겸임사관인 인사와 그렇지 않은 사람도 있는데[70], 모두 경외의 현직 관료들이었다는 특징을 확인할 수 있다.

표에서 보는 바와 같이 겸춘추일기의 작성자와 춘추관의 겸임사관은 거의 일치한다. 그런데 사간원의 경우『經國大典』에는 당하관 1명이 겸임하는 것으로 되어 있으나, 실제로는 사간·헌납·정언 등이 모두 겸임하였다. 이는 법전의 규정과 현실적인 관료제 운용 사이에 차이가 있음을 보여주는 것이다.

일기의 분량은 홍문관과 6조에서 보고한 것이 가장 많고, 의정부의 기사가 적다. 임진왜란 이후 의정부의 기능이 비변사로 이관되면서 기능이 약화되었고, 승정원과 마찬가지로 별도로 시행사를 일기(謄錄)형식으로 작성하였기 때문이다. 홍문관의 기사가 많은 것은 소속 관원 모두가 춘추직을 겸임하고 있는 것과 연관되며, 6조는 중앙 행정의 가장 핵심적이고 실질적인 부서로써 행정의 모든 내용을 총괄하였기 때문이다. 외사 역시 중종 10년 설치된 이래 활발하게 운영되었음은 이들의 보고 기사가 많은 것에서 알 수 있다.

이상의 '겸춘추일기' 외에, '春秋館日記'[71] 5건이 더 있다. 이는 仁祖 8年(1630)부터 동왕 14年(1636)까지의 5冊 筆寫本으로 表紙의 제목명과 내용의 제목이 통일된 것은 아니지만, 내용 및 卷末에 기재된 직책을

---

70) 인조대 '兼春秋日記'를 작성한 사람중 대부분이 光海君日記의 중초본과 정초본의 등록관으로 활동하였으며, 仁祖實錄의 편찬에는 6명이 참여하였다. 대부분이 등록관으로, 혹은 일부가 편찬관으로 참여했다는 사실은 겸임사관들이 실록 편찬시 활발하게 활동하였음을 보여준다.
71) 奎章閣 古文書 No 12932.

통해서 춘추관의 겸임관들이 草錄한 일기임을 알 수 있다. 즉 각 道나 관청에서 작성한 일기를 춘추관에서 모아 일관되게 다시 작성한 것이 아니고, 춘추관에 보고하기 위하여 겸춘추가 작성한 草稿이다. 따라서 작성자와 책별 내용 및 기술방식이 모두 다른 형태로 전해지고 있다. 그 내용을 간단하게 살펴보자.

첫 번째의 것은 表題名이 '崇禎 3年 平安道兼春秋月記'라고 기재되어 있다. 인조 8년(1630)의 기사로, 정월 19일(己亥)·2월 11일(辛酉)·3월 19일(己亥)·4월 23 日(壬申)·5월 13일(辛卯) 등 平安道 관련기사, 즉 날씨와 啓文內容 등이 기록되어 있다. 작성자는 '平安道 成川都護府使 兼春秋館編修官 柳某'라고 기록되어 있다.

5개월의 계문 중 실록에 기사화 된 것은 3월 달의 내용뿐이다. 내용은 義州府尹이었던 李時英이 明 劉興治가 胡人을 攻擊하려고 했을 때, 이를 胡人(淸) 仲男에게 미리 알려주었고, 그 보복으로 劉興治의 침입을 받아 義州地方이 큰 피해를 입었다는 내용이다. 이 기사는 실록의 동월 20일자에 변방에서의 군사적 문제점에 대해서 특별히 단속해 줄 것을 왕에게 요구하는 내용으로 기사화 되어 있다.

두 번째는 '崇禎庚午 5月日記'라고 表題되어 있다. 앞의 것과 달리 吏曹와 관련된 사실에 대해 5월 달 1개월 분량의 기사가 날마다 기록되어 있다. 年·月·日과 날씨 및 간단한 시행사가 기록되어 있으며, 작성자는 吏曹佐郞兼記事官 尹棨라고 기록되어 있다. 5월 1日부터 29日까지의 일기 중에 14일과 15일분은 빠졌으며, 나머지의 내용에서도 1日·17日·19日·29日의 人事 내용과 3日의 기사가 기사화 되었을 뿐이다. 그리고 人事의 내용도 1·2명만 기록되어 있는 정도이다[72]. 3일의 기사는 宣祖의 陵 移轉문제에 대한 기사로 실록에는 4일조에 기사화 되었

---

72) 통상 실록에는 하위직의 인사 내용이 기록되지 않기 때문에 별 문제가 없지만, 일기에는 堂上官의 인사도 빠져 있다.

고, 19일의 平安道 관련 기사는 1책의 평안도 관련기사 내용과 일치하고 있다. 1달 중 2일간의 내용이 빠진 27일의 吏曹 관련 기사이지만, 실제로 실록에 기사화 된 것은 단 5일간의 내용뿐이며, 그것도 매우 간략하게 기록되어 있다.

세 번째는 '春秋館日記'라고 表題되었다. 崇禎 6年(1633)의 2月·7月·8月·9月·10月·11月 중 하루 기사를 記注官 李之華가 작성하였다.

네 번째는 表題名이 없다. 崇禎 8年(1635) 12月 16日부터 다음해 5월까지, 매일의 일기와 人事祭·元孫誕生事·賞賜 등이 기록되어 있다. 작성자는 公淸道都事 兼春秋館 記注官인 奇某라고 하였다. 그런데 작성자가 公淸道의 都事인데, 본문의 내용 중에는 慶尙道·平安道 등 公淸道 이외의 지방에 대한 기사 및 중앙 조정에서 이루어진 인사 내용과 각종 행사 등이 기록되어 있어 주목된다. 이는 公淸道 都事가 보낸 기사와 다른 지방이나 중앙의 관청에서 보고한 기사를 春秋館에서 모아 일기로 편찬하면서, 작성자를 공청도 도사라고 한 것으로 보인다.

다섯 번째는 '春秋館日記'로 표제 되어 있다. 숭정 9년(1636) 4월 15일부터 5월 15일까지 1달간의 일기로, 禮曹佐郞兼記事官이었던 兪某가 日氣만 기록하였다.

이상의 일기는 위 표에 정리된 것과 별도로 전해지고 있다. 어떤 이유로 이들 자료만 전해지는 것인가는 확인할 수 없지만, 인조대 작성된 것으로 당시의 지방사 및 관찬의 실록을 보완하는데 도움이 된다.

이들 겸임사관이 작성한 일기의 성격과 의미를 살펴보자.

먼저 시정기의 작성과 실록 편찬시 자료로 이용되었다는데 의미가 있다. 그러나 인물의 포폄과 政事의 시비득실 등을 구체적으로 논평하지 않은 점에서는 한계가 있다. 이는 기사를 작성하여 춘추관에 보고하였을 때, 다른 관료(춘추관의 당상관 등)들이 볼 수 있었던 현실적인 우려 때문이다. 춘추관에 보고된 경외 대소아문의 시행사는 당상관들의 감독아래 시정기로 편찬되었다. 따라서 기사를 작성하여 보고하는 겸임사관의 입장에서는 자신들이 작성한 일기의 내용이 누설될 것에 대한 우려를 항상 하였을 것이고, 필화 사건에 대한 우려도 생각했을 것으로 본다. 이러한 현실적인 제약은 결국 이들에게 인물이나 시정사에 대한 시비득실을 논평하지 못하게 하였던 이유가 되었다.

이상과 같은 이유 때문에, 일기의 내용을 근거로 작성자의 서술 태도와 서술 의식을 살피는 것은 어렵다. 즉 당대의 역사를 어떻게 보고 있으며, 현실 정치의 문제점에 대한 대안이 무엇인 가를 찾기 어려운 것이다. 그러나 조선 전기 대부분의 관찬 사서와 마찬가지로 유교 사관, 즉 역사를 因果論的으로 이해하고 구체적인 대안을 제시하기보다는 포폄론적 도덕사관의 입장을 견지하고 있다. 따라서 '겸춘추일기'의 존재만으로도 겸임사관들의 당대 역사에 대한 의식을 밝힐 수 있는 단서를 얻을 수 있다는 점에서 의미를 부여할 수 있다. 앞으로 겸임사관이 작성한 일기의 구체적인 내용 분석이 이루어진다면 조선시대 사학사의 체계적인 이해는 물론, 당대 지식인들의 역사 의식을 규명하는 것까지 가능하다고 본다.

둘째, 인조대 겸춘추의 일기가 현존한다는 사실은 조선조 당대 역사 사실의 정리를 위한 제도적 장치가 마련되었고, 체계적으로 운영되었음을 보여주는 것이다. 다만 일관적인 성격을 살피기 어려운 정도의 분량이 전해지는 점에서, 실체를 분명하게 밝히는데 어려움이 있다. 그러나 제도적인 면에서 본다면, 일기의 존재는 곧 겸임사관이 실질적으로 운영되었다는 사실을 입증하는 근거가 된다.

셋째, 겸임사관들이 작성한 일기는 초고의 형태로 춘추관에 납입되어, 실록 편찬시 初草의 작성을 위한 자료로 이용되었다. 그러나 앞에서 보았듯이, 이들이 작성한 기사에는 기상 상태 등 매우 간결한 내용

위주로 작성되고, 소명감을 가지고 구체적으로 작성한 것이 아니기 때문에, 정치사 위주로 편찬되는 실록에는 그다지 수록되지 못하였다. 더욱이 겸춘추일기 외에, 방대한 자료들이 실록청에 납입되어 자료로 이용되었기 때문에, 이들이 작성한 기사는 구체적으로 기사화 되지 못한 한계가 있는 것이다.

이들의 기사가 실록에 수록되지 못한 또 하나의 이유는, 실록의 편찬과정에서 많은 자료들이 취사선택되었던 사실과 연관된다. 실록청에 납입된 상당한 분량의 자료들은 편찬관들에 의해 편년순으로 정리되는 과정에서 일부의 기사는 빠지거나, 윤색되었다. 혹은 특정의 기사 뒤에, 편찬관들이 별도의 사론을 작성하여73) 삽입하는 경우도 있다. 이러한 것은 편찬관들의 수사태도에 기인하는 것이기도 하지만, 무엇보다 정국의 주도권을 장악한 지배세력의 의도에 따라 좌우될 수 있는 것이다. 즉 실록은 집권 지배층의 정국 운영이 잘 되었음을 강조하기 위해서 편찬되었던 것이기 때문에, 자신들의 취향에 맞는 기사는 선택되어 수록되고, 그렇지 않으면 버려졌음은 당연하다. 이러한 여러 가지 여건에 따라서 겸임사관이 작성한 기사의 내용은 실록에 수록되는 것이 적었다고 할 수 있다.

이상에서 살펴 본바와 같이, 겸임사관이 작성한 일기는 그 자체로써 의미를 부여할 수 있는가 하면, 다른 한편으로는 한계점도 찾을 수 있다. 비록 본문 기사가 지나치게 간략하고, 역사적 인과 관계를 살필 수 있는 내용이 부족하지만, 관찬의 실록에서는 볼 수 없는 사실이 일부 기록되어 있어, 실록을 보완할 수 있다. 따라서 조선시대 역사상을 이해하는데 있어서, 실록만으로는 이해되지 않는 새로운 사실을 보완할 수 있는 근거를 제공한다는 점에서 연구의 필요성과 의미를 부여할 수 있다.

---

73) 기사의 작성 당시 쓰인 사론을 '當代史論'이라고 하는 것에 비해서, 이는 통상 '後代史論'이라고 한다.

第Ⅲ部　實錄의 編纂과 保管

第1章 實錄의 編纂과 保管

역사학은 그 시대의 사상을 반영한다. 따라서 史學思想은 역사학에 사용된 방법론과 歷史敍述에 반영된 역사철학 내지는 역사관까지 포함한다. 그리고 역사의식이란 당대의 문제의식이라는 일반적인 개념으로 사용되며, 지성사적인 思潮를 의미한다. 여기에는 정치·사회계급·외교·종교·학술·예술·윤리·철학 등의 문제의식이 포괄되어 있다. 좁은 의미로는 과거 역사에 대한 의식을 뜻하지만, 넓은 의미로는 당대의 문제를 역사적 과제로 인식하는 현재적 의식을 말한다.

이와 같이 정의할 때, 실록에는 당대 역사에 대한 史官과 지배층의 역사의식이 반영되어 있다고 할 수 있다. 실록에 쓰여진 상당한 분량의 기사 내용은 단순히 조선시대의 역사를 규명하는 정도가 아니고, 후세에 전해져 교훈이 되었다. 자신들의 기사 여부에 따라 포폄이 가려지기 때문에, 실록의 편찬을 주관하였던 편찬관들은 당대사에 대한 식섭적인 평가보다는 후세에 판단을 맡기려는 直書主義 자세를 유지하였다. 직접적인 평가를 자제하고 후세인의 판단에 맡기려는 직서주의가 반영되었지만, 실록이 당대 역사 사실을 구체적으로 이해하는데 가장 기본적인 사료라는 데는 이론의 여지가 없다. 따라서 실록에는 군주의 언행과 정사, 백관의 시비득실 등이 자세하게 기록되어 있으며, 당대 역사의 실상을 살피는데 중요한 단서를 제공한다.

조선을 건국한 사대부들은 고려왕조 멸망과 조선왕조 건국의 당위성을 강조하면서 전대사와 건국사의 편찬에 적극적이었다. 그리고 자신들이 건국한 새 왕조의 정치가 잘 전개되고 있음을 강조하기 위하여 당대사인 실록의 편찬에도 열심이었다. 따라서 전왕이 승하하면 후계한 왕의 첫 번째 사업이 실록의 편찬이었음은 주지의 사실이다. 즉 실록은 徹君心하고 顯君德하여 후세의 龜鑑을 보이는 것[1]이 목적이었다.

조선왕조 최초의 실록 편찬은 태종 8年(1408) 영춘추관사 河崙에게 태조실록의 편찬을 명한 것에서 비롯되었다. 그러나 당대의 역사를 당대인이 편찬할 수 있는 것인가 하는 문제가 대두되면서, 하륜과 史官 宋褒 사이에 격렬한 가부 논의가 야기되었다. 하륜은 태조대의 사실이 사관들에 의해 전부 기록되지 않았고, 더욱이 舊例에 따라 三代 후에 편찬하게 되면 사실이 湮滅될 수 있으므로, 원로 대신이 살아있을 때 史官이 모르는 일까지 기록하여야 한다고 하면서 당대 편찬을 주장하였다. 이에 사관 宋褒는 사간원 및 예조판서 李齊 등과 함께 '目前의 禍를 보고 누가 직필할 수 있겠느냐.'[2] 라는 우려를 제시하면서, 당대인이 당대사를 편찬하는 것은 불가능하며, 또한 직필이라 하더라도 후세인들이 직필로 믿지 않을 것이라는 이유를 들어 반대하였다.

그러나 태종은 하륜 등의 의견을 따랐고, 태종 13년 15권의 태조실록이 완성되면서 당대사인 실록은 후계한 왕이 곧 바로 편찬하는 모범이 세워지게 되었다. 그러나 당대사를 편찬하는 史官들은 자신이 직접 목격한 시대를 객관적인 가치 기준에 따라 단적으로 평가하기보다는, 가능하면 후세의 판단에 맡기려는 직서주의 태도를 가졌다[3]. 즉 실록의

---

1) 『太宗實錄』 卷24, 12年 12月 丁巳.
2) 『太宗實錄』 卷18, 9年 9月 丁丑.
3) 이러한 사실은 史論을 分析해보면 분명하다. 즉 사관들은 특정 사실 및 인물에

편찬과정에서 나타난 사관의 태도는 만세의 공론을 직서하고, 역사적 평가는 후세에 맡기고자 하였다. 따라서 도덕적 목적과 가치기준을 가지고 직서 정신과 기록 자체의 신성성과 존엄성만 믿었다4). 이는 공자의 '述而不作', 즉 중국 전통의 유가적 역사 서술태도를 견지하려는 태도와 연관된다. 이와 같은 史官의 자세는 당대인이 당대사를 어떻게 보고 있는가 하는 역사적 평가, 즉 역사의식을 살필 수 없는 한계로 작용하였다. 그러나 다른 한편으로는 객관성에 근거하여 당대사를 편찬하였다는 의미를 부여할 수 있다. 이러한 점에서 오히려 실록의 객관성을 인정받는 근거가 되었다.

조선시대 실록의 편찬원칙을 살필 수 있는 자료는 몇 가지 있다.

먼저 연산군 4년『성종실록』편찬시 실록청 당상 魚世謙·李克墩·柳洵·洪貴達·尹孝孫·許琛·安琛 등이 올린 다음과 같은 箚咨이다.

> "…대저 실록을 수찬하는 예는 承政院日記·時政記·經筵日記와 諸司의 謄錄으로, 무릇 상고할 만한 문서라면 모두 주워 모아서 연대를 나누고 房을 나누어 각기 斤正하여 편집하게 하고, 여러 신하의 사초는 연·월·일에 따라 전문을 바로 써서 그 사이에 부입하므로 片言隻字라도 가감이 있을 수 없사오며, 편성하여 도청에 올리면 도청은 각 방의 堂上官을 소집하여 함께 거취를 의논해서 비록 적은 일이라도 적실하면 그대로 두고 아니면 삭제하옵는데,…"5)

이 기사는 실록이 분년 분방의 원칙에 의거하여, 총재관아래 도청을 두었고, 도청 아래에는 다시 수 개의 방을 두어 편찬되었음을 보여준다.

대한 직접적인 평가보다는 도덕적인 판단만 하고, 후세인들이 평가하도록 하였다. 일부 직접 평가를 한 것도 있지만 대부분은 후대의 감계를 기하였다.
4) 車勇杰,「朝鮮王朝實錄의 編纂態度와 史官의 歷史認識」,『韓國史論』6, 國史編纂委員會, 1981.
5)『燕山君日記』卷30, 4年 7月 乙卯.

먼저 각 방의 낭청들이 승정원일기, 시정기, 경연일기, 각 관청의 등록 등 공적 일기류를 편년으로 나누어 편집한 뒤, 여기에 사관의 史草를 연대순으로 附入하였다. 즉 실록은 시정기 등의 관찬 공문서에 시정사와 인물을 시비 포폄한 사관의 가장사초가 첨부되어 편년체로 편찬된 것이다.

실록청의 조직과 작업 분담, 활동 등의 사실을 살필 수 있는 자료로, 명종 을사년 파직되었다가 선조 초년 복직된 柳希春(1513・중종 8년 - 1577・선조 10년)6)의 眉巖日記草7)가 있다. 명종실록 편찬시 편수관으로 참여하였던 유희춘은 자신의 일기에 실록의 편찬 始末을 다음과 같이 자세히 기록하였다.

    선조 2年 7月 12日; 명종실록청 설립논의
        8月 12日; 총재관으로 右相 홍지, 도청 당상으로 오겸・이황・이척, 도청 낭청, 각방 당상과 낭청 임명.
        8月 14일; 실록청사목 마련. 실록청을 昌德宮에 設局하되 당상은 홍문관에, 낭청은 의정부 直房・內侍府에 任坐, 각방 낭청은 家史를 催促하여 京中은 9月 15日까지 제출하고 開局日은 9月 11일로 함.
        8月 18日; 실록청 도청 회합.
        8月 19日; 실록청에서 家史納入者의 이름을 내면에 쓰지 말고, 外標에 쓰게 하고 發馬行移를 啓請함. 이때 납부된 가장사초에는 원본 卷末 여백에 史草納上狀

---

6) 本貫은 善山이고 字는 仁中, 號는 眉巖으로 海南出身이다. 中宗 33年 別試 등과 후 史官을 역임하였고, 이후 부제학까지 지냈다. 乙巳士禍에 연루되었다가 선조 초년 해배된 뒤, 명종실록 편찬시 편수관으로 참여하였다.
7) 寶物 260號로 柳希春이 작성한 11책의 日記이다. 책의 크기가 모두 다르나, 대략 39.5cm×13.5cm이다. 선조 즉위년(1567) 10月 1日부터 선조 10년(1577) 5月 13日까지의 약 10년간의 사실을 친필로 쓴 일기인데, 선조실록의 편찬시 이용되었다.

을 첨부. 사초납상장은 23.5 × 10cm의 종이 위에 정방형 8 cm의 [春秋館印]의 朱印을 날인하였고 "某年某月某日/某人史草納上狀/實錄廳(押)"을 기록.

8月 20日; 8도에 사초의 催促 行移 발송.

9月 23日; 9月 25日 始事하되 24일부터 도청 낭청이 먼저 집무.

9月 24日; 午時에 시정기·일기·房上日記 등 40여함을 가져와서 당상이 집무하는 홍문관에 紅袱를 싸서 두었는데, 이로서 玉堂房이 사고가 됨. 자료를 검열하여 納庫시킴.

9月 25日; 총재관과 제 당상이 실록편찬절목을 의논.

10月 6日; 史草櫃를 살펴 각방에 분담된 가장사초를 간출함.

이 기사는 명종실록의 편찬 과정을 구체적으로 보여준다. 여기에는 분년 분방의 편찬원칙, 경외의 가장사초 납입, 가장사초 납입자의 성명 기입, 실록 편찬시 史庫는 당상이 있는 곳, 각 방의 가장사초 내용 정리 등을 확인할 수 있다. 여기서 주목되는 것은 가장사초의 납입자 이름을 작성하여 제출한다는 점이다. 가장사초란 사관 등이 별도로 작성하여 집에 소장하고 있다가, 실록청 개국 후 정해진 기한 내에 제출하는 것을 의미한다8). 그런데 가장사초에는 시행사와 인물의 시비득실이 기록되어 있는바 필화사건을 우려한 작성자들로서는 제출을 꺼려하거나, 성명을 기입하지 않으려고 하였다. 그런데 사초의 납입시 제출자의 성명을 겉 표지에 써서 내라는 것은 사초의 비밀 보장과 관련하여 중요한 의미를 가진다9).

---

8) 사초의 성격에 대해서는 본서 第Ⅰ部 제3장 제2절 참조.
9) 사초를 직접 작성한 인사(사관 등)들이 낼 수도 있지만, 대부분은 자손이 내는

이 기사에서 사관의 활동과 관계된 것을 살펴보면, 8월 14일의 '家史'(가장사초)를 제촉하는 일과 8월 20일 8도에 사초를 재촉하는 공문서(行移)를 발송하는 일, 그리고 9월 24일 홍문관에서 자료를 검열한 뒤 납고하는 일 등이었다.

효종 초에 편찬된 인조실록의 찬수범례에서도 이러한 사실을 살필 수 있다.

『인조실록』 찬수 범례10)

1. 사관의 시정기, 주서의 일기, 내외 겸춘추 所記 외에 備局 狀啓軸, 禁府 推案 등 중요 참고문서는 取來하여 備錄한다.
1. 詔勅 및 본조의 관련 教書는 고출하여 쓴다.
1. 名臣의 사망은 쓰는데 빠진 것이나 소략한 것은 公議에 의하거나 文集, 碑誌를 取考하여 상세히 補書한다.
1. 每日은 다만 甲子만 쓴다.
1. 災異는 관상감 抄錄을 다시 검토하여 하나하나 添書한다. (外方의 風雨, 地震 등의 재이는 반드시 당시 문서를 검토하여 備書한다.)
1. 除拜, 閑, 冗, 散, 外職은 다시 兩銓文書를 검토하여 詳錄한다.
1. 臺諫의 啓를 收錄할 때는 初啓는 요긴한 내용을 盡書하고 連啓는 連啓라고 쓰는 데 혹 긴요한 내용을 添入한 것은 초서 한다.
1. 대간의 啓는 憲府, 諫院이라고 쓰되 來啓人은 쓰지 않는다. 큰 시비가 있는 경우에는 發論立人을 쓰지 않을 수 없다.
1. 중요한 章疏는 자세히 수록하는데 문중의 閑漫文字는 감축시켜도 무방하다. 循例辭職疏箚는 盡書할 필요가 없으나 거취에 시비가 있거나 시정에 관한 것은 쓰지 않는다.
1. 各 年의 登科人은 某 等 몇 명이라고 쓴다.
1. 無益 煩冗文字는 參酌, 刪去하여 간단명료하게 한다.
1. 朝家 吉凶의 諸禮 중 憲章에 관계되고 후세에 垂示할 만한 것은 문장이 비록 煩雜하더라도 備載한다.

것이기 때문에, 납입자의 이름이 필요했던 것으로 보인다.
10) 인조실록의 편찬과정은 본서 제Ⅲ부 제2장 제2절 참조.

第1章 實錄의 編纂과 保管

1. 京外黜陟, 공사시비는 반드시 그 大段을 草綠한다.

이 기사는 실록 편찬시의 자료가 어떤 것이었는가와 기사 작성시 어떤 원칙에 따랐는가 하는 점을 구체적으로 적기하고 있어 실록의 편찬과 관련된 사실을 이해하는데 많은 도움이 된다.

실록 편찬관은 전왕이 승하한 뒤 후계한 왕이 실록 편찬의 명을 내리면, 곧바로 편성된다. 춘추관의 겸관으로 영사인 영의정과 감사인 좌·우의정 중 1사람을 총재관에 임명하여 총 감독을 맡기고, 大提學과 글 잘하는 문신을 뽑아서 당상(知館事·同知館事·修撰官)으로 삼는다. 그리고 당하관인 郞廳(編修官·記注官·記事官)을 임명한 뒤, 都廳과 1房·2房·3房 등으로 나누어 분년 편찬하였다11). 태종실록까지는 책임자가 4인으로서 3방과 도청으로 나누어 편찬하였고, 세종실록은 6방으로 나누어 각방마다 대략 6 - 7년간의 사실을 나누어 담당하였다12). 이와 같이 조선전기의 실록에서 분년 분방의 예를 볼 수 있지만, 본격적인 분년 분방 편찬의 예는 명종실록에서 살필 수 있다.

명종실록의 편찬관은 다음과 같다. 총재관 1인, 도청 당상 3인, 각방 당상 6인, 도청 낭청 4인, 각방 낭청 12인으로 하여, 각방은 당상 2인과 낭청 4인의 6인을 한 개조로 구성하였다.

보통 실록의 편찬시 최초의 실무적인 작업은 각방의 낭청이 하고, 각방 당상은 낭청을 지휘 감독하였다. 도청의 낭청은 방에서 작성한 初草를 자세하게 검토한 뒤, 이를 바탕으로 중초를 작성하였다. 도청 당상은 낭청을 지휘 감독하였고, 총지휘와 최종 감수를 담당하였던 총재관과 중초본의 체제와 문장을 통일하였다. 명종실록의 예를 근거로 실록 편찬 과정을 정리하면 다음 표와 같다.

---

11) 申奭鎬,「編纂事業」,『韓國史論』3, 國史編纂委員會, 1981.
12)『文宗實錄』卷13, 2年 5月 癸巳.
"金宗瑞啓今撰世宗實錄 …以世宗三十年之事未易編摩 分爲六房 皆欲速改…"

표3-1) 명종실록의 편찬 실 예

職　　制		人員	任　　　　　務
總　裁　官		1	중초 검토, 문장과 체제의 통일, 正草(실록) 완성.
都　廳	堂上	3	낭청의 지휘 감독, 중초 검토
	郎廳	4	초초의 검토 및 中草 작성
房	堂上	6	낭청의 지휘 감독, 초초 검토
	郎廳	12	初草의 작성

　　실록 편찬의 명이 내려지면 전 왕대에 봉교·대교·검열 및 주서 등 사관직을 역임하였던 사람(前任史官)[13]들은 재임시 작성하여 가장하고 있던 사초(가장사초)를 정해진 기일 내에 실록청에 납입해야 했다. 이들 전왕대 사관을 역임한 인사들이 내는 家藏史草를 비롯하여 시정기·승정원일기·각사 등록·개인문집·야사·조보 등 각종의 자료들이 실록청에 모여지면, 각방의 낭청이 중심이 되어 처음으로 전왕대의 사실이 연대순으로 정리하여 초초를 만들었다. 방에서 작성한 初草를 도청에 넘기면, 도청에서는 이를 검토하여 잘못된 것은 정정하고 빠진 것을 추가하며, 불필요한 것은 삭제하여 2차 원고인 中草를 작성하였다. 도청의 낭청이 정리한 중초를 도청의 당상들과 총재관이 검토한 뒤, 문장과 체제를 통일하고 필삭을 가하여 正草를 작성한다. 정초가 작성되면 실록의 편찬이 완성되는 것이다. 초초·중초·정초의 세 단계를 거쳐 실록편찬이 끝나면 곧 인쇄하여 사고에 奉安하고, 사초와 시정기 등의 편

---

13) 이들 중 일부는 실록 편찬시 편찬관으로 편성되어 활동한 사람들도 있지만, 대부분은 6품 이상으로 승진되어 있었다.

찬 자료 및 초초와 중초는 세초되었다.

실록은 후계한 왕이 전왕대의 사실에 대해서, 번쇄한 것은 줄여서 간략하게 기술하고, 지나치게 간략한 것은 늘려서 기술하는 원칙[14]하에 편년체로 편찬하였다. 이때 사관들은 실록청의 기사관으로 편성되었으며, 가장사초의 수납 및 초초의 작성 임무를 수행했다.

한편 실록은 사초와 마찬가지로 아무나 볼 수 없도록 비장되었다. 따라서 실록이 편찬되면 곧바로 춘추관을 비롯하여 외방 사고에 봉안되고 관리되었다. 그런데 봉안임무를 수행한 사람 역시 사관들이었다. 즉 실록의 관리는 편찬이 끝나고 印出되면서 시작되었는데, **管理**는 정기적인 포쇄 및 點檢, 移安[15], 取來, 考出[16]과 실록각의 개수와 수호하는 일[17] 등을 말한다. 실록의 포쇄와 **奉安**, 奉審[18]과 같은 일은 대개 춘추관 당상이 맡아 시행하였으며, **外史庫**의 경우는 사관을 보냈다[19]. 즉 춘추관(京史庫)에 봉안할 때는 실록청의 총재관, 당상, 도청, 낭청 등 실록 편찬시에 편성된 모든 인원과 춘추관의 당상 등이 완전한 의식에 따라 행하였으며, **奉審**은 수찬관이 행한다. 그리고 **外史庫**의 봉안과 고출에는 춘추관 당상과 기사관이 하였으며, 매 3년 포쇄시[20]에는 대개 기

---

14) 『明宗實錄』 卷8, 3年 5月 壬寅.
15) 새로 史庫를 建立했을 때 옮겨서 奉安하는 경우와, 亂을 피해 다니다가 史庫에 다시 奉安할 때와 火災나 重修를 위해 다른 곳에 옮겨놓았다가 史庫에 다시 옮겨놓는 경우를 말한다.
16) 取來와 考出은 조정에서 大事가 있을 때, 전례를 참고하여 儀式을 거행하기 위해서 史庫에 봉안되어 있는 실록이나 書籍에서 필요한 기사를 수집해 오도록 파견하는 것을 말한다.
17) 실록이 편찬된 이후 봉안과 관리 등 실록과 관련한 내용은 『史庫址調査報告書』, (國史編纂委員會, 1986.)에 상세하다. 그리고 부록의 實錄 曝曬形止案 등을 살펴보면 자세하게 알 수 있다.
18) 王命을 받들어 史庫를 보살피는 일을 말하는 것으로 짐작된다.
19) 『經國大典』 卷3, 禮典.
"先王實錄 每三年 春秋館堂上官 開審曝曬 外則遣史官"
20) 辰·戌·丑·未年에 하도록 하였다.(『世宗實錄』 卷114, 28年 10月 壬寅.)

사관이 파견되었다. 그리고 考出時에는 춘추관 당상 1명과 한림 1명이 파견되었으나, 경우에 따라서는 한림 1사람만 가는 경우도 있었다21). 그리고 外史庫의 포쇄시에도 겸임사관이 수행한 것이 아니고 반드시 전임사관이 내려가도록 하는 엄격한 원칙을 유지하였다22). 더욱이 史庫에 비가 새는 곳이 있어서 보수할 필요성이 있는 경우에도 반드시 당해 수령이 관찰사에게 보고하고, 관찰사는 중앙에 보고하여 사관이 와야 고칠 수 있도록 하였다. 史閣의 개폐 역시 오직 사관만이 할 수 있도록 함으로써23), 실록의 편찬 및 보안 등 업무는 사관만이 담당하였음을 확인할 수 있다. 이러한 이유는 史庫에 奉安되어 있는 실록 및 각종 사서의 내용이 공개되지 않도록 하는 비밀보장의 원칙 때문이었다.

이상 실록과 관련된 활동 중 가장 중요한 것은 봉안과 포쇄 등이라고 할 수 있다. 이에 대해 구체적으로 살펴보자.

실록이 편찬되면 춘추관과 외방 사고(忠州・全州・星州)에 奉安하게 되는데, 이때 사관들이 직접 수송하였다24). 봉안된 실록은 3년마다 포쇄되었는데, 사관이 직접 내려가서 수행하였다. 중종 14년 왕이 외방의 兼春秋로 하여금 포쇄하는 것이 어떠한 가 하자25), 춘추관에서 史局의 일이 가벼워 질 것이 우려된다고26) 반대한 것을 보면, 사관만 수행할 수 있었던 일이었다. 동왕 23년 7월 승정원에서 제의한 다음과 같은 계는 이러한 사실을 잘 반영한다.

---

21) 『翰苑故事』, 考出條.
22) 『中宗實錄』卷29, 12年 8月 壬戌.
   그리고 현존하는 임란전의 실록포쇄형지안으로 萬曆 16年 戊子 9月 初1日과 萬曆 19年 辛卯 8月 28日의 全州史庫 形止案이 있는데, 이 자료에 쓰여진 형지안의 立案者를 보면 모두 '檢閱 兼春秋館記事官'이라고 쓰여 있다.
23) 예외적으로 外方春秋(外史)가 開閉하는 경우도 있었다.
24) 『中宗實錄』卷9, 4年 9月 庚寅.
25) 『中宗實錄』卷36, 14年 7月 甲辰.
26) 『中宗實錄』卷36, 14年 7月 丁未.

"史庫는 先代王들의 歷史가 奉安되어있는 아주 중대한 곳이어서 함부로 여닫을 수 없습니다.…대체로 地方官으로서 兼春秋의 일을 보는 것은 원래 先王代에 만든 제도가 아닙니다. 한때 지방의 궁벽한 시골의 사실을 두루 알기 어려운 것으로 염려하여 임시방편으로 설치해서 참고할 수 있게 하자는 것이었고 그것이 史書와 관계된 것은 아닙니다. 중대한 나라의 역사를 어떻게 지방관리를 시켜 함부로 취급할 수 있겠습니까? 사관들 중에 혹시 나이 젊은 사람이라 하더라도 이미 그 일을 전적으로 맡아 보고있는 이상 떠나 보내는 것이 典例로 되어 있습니다. 더구나 책을 내 말리고 바람을 쏘이자면 소용되는 물자를 차려놓은 것도 많은데 지방관을 시켜 집행시키다가는 아마도 엄격하고 똑똑히 살피지 못해서 기일을 지연시킬 수도 있을 것입니다. 또 어쩌다가 부득이 조사할 문제가 생기면 사관이 아니고는 될 수 없습니다. 전례대로 사관을 보내는 것이 적합하겠습니다."27)

이 기사는 포쇄가 사관의 고유 임무였음을 강조하고 있다. 심지어 史庫에 비가 새서 급박한 문제가 발생하여 수령이 일시 사고를 여닫은 일이 있었을 때도, 다시 사관을 내려보내 봉심하게 하였던 사실28)은 실록과 관련된 일을 어느 정도 중시 여겼는가를 살필 수 있다29).

실록의 봉안과 포쇄, 史庫의 관리에 대해서는 국가적인 관심과 배려가 매우 컸다. 이는 실록과 史官의 관계가 매우 긴밀하였음을 보여주는 근거이며, 실록의 편찬과 봉안, 포쇄 등의 일은 반드시 사관만이 할 수 있고, 사관이 주관하는 것이 옳다는 신뢰감의 반영이다. 그러나 무엇보다도 더욱 중요한 이유는 실록에 수록된 기사의 내용은 공개되어서는 안되고, 기사 내용의 비밀을 보장하기 위한 자세가 컸기 때문이있다.

이와 같이 볼 때, 실록의 편찬과 봉안, 관리 등의 임무는 사관과 매우

---

27) 『中宗實錄』 卷62, 23年 7月 甲申.
28) 『中宗實錄』 卷29, 12年 8月 壬戌.
29) 봉안, 포쇄, 이안, 고출, 봉심 등 실록과 관련된 고문서 形止案 108건이 현재 전하고 있다.(修正版奎章閣圖書韓國本綜合目錄 上・下 1981.)

긴밀하게 연관되었으며, 조정에서도 큰 관심을 보였던 기밀사였다. 이는 당대사에 대한 집권층의 관심이 높았던 점, 역사 기록을 중히 여겼던 역사의식의 고조 등과 연관된다. 그리고 태조 이후 역대 실록이 빠짐없이 편찬되었던 사실과 이에 대한 철저한 보관과 관리가 이어 졌던 점에서 당대사를 중히 여겼던 태도와 자세를 살필 수 있다.

第2章 實錄 編纂의 實 例

국가에서 주도하여 과거의 사실을 정리하여 역사서로 편찬하는 방법은 두 가지 있다. 하나는 전 왕조가 멸망한 뒤, 다음 왕조에서 전왕조의 역사 사실을 정리하는 방법이고, 다른 하나는 전왕이 죽었을 때 후계한 왕이 전왕대의 사실을 정리·간행하는 방법이다. 전자는 고려 중기에 편찬된 『삼국사기』와 조선 전기 편찬된 『高麗史』와 『高麗史節要』 등에서 살필 수 있고, 후자는 고려왕조와 조선왕조에서 편찬한 실록[1]을 통하여 확인할 수 있다.

태종 1년 예문관과 분리된 춘추관은 '掌記時政', 즉 군주를 비롯하여 대소 신료들의 시비 득실을 빠뜨리지 않고 기록하는 임무를 수행하였다. 실록의 편찬[2] 역시 춘추관에서 주관하였던 중요한 임무의 하나였다. 조선왕조실록은 승하한 왕의 정치적 언행과 시행사를 중심으로 政治·經濟·社會·文化·藝術·法律·外交·敎育·宗敎·軍事·産業 등 제 분야를 총 망라하여 편년체로 편찬된 것으로 조선시대를 이해하는 1

---

[1] 본래 '實錄'이라는 것은 어떤 특정한 역사서를 지칭하는 것이 아니라, 일반적으로 사실을 사실 그대로 착실하고 충실하게 기록한 것을 의미한다.(高炳翊, 「東亞諸國의 實錄」, 『朝鮮王朝實錄과 古典國譯事業』基調演說, 民族文化推進會, 1994.)
[2] 實錄은 새로 건국된 왕조의 정치가 잘 전개되고 있음을 강조하기 위한 목적의식에 따라 편찬되었다. 따라서 당시 지배층의 역사의식과 밀접하게 관련되어 있다.

차 사료이다. 실록의 중요성은 일찍부터 인지되어 편찬 및 보관·의의, 가치 등에 대한 연구가 상당히 진행되었다. 그런데 실록 편찬을 주관하면서 편찬의 책임과 실무를 담당하였던 편찬관에 대한 구체적인 분석은 여전히 미진한 실정이다. 따라서 이에 대한 분석이 요구되고 있는 것이다.

실록의 편찬을 위해 임시 기구로 만들어진 실록청에는 여러 명의 편찬관이 편성되었다. 즉 총재관, 지관사, 동지관사, 수찬관 등 당상관을 비롯하여 편수관, 기주관, 기사관 등 당하관으로 구성되었다. 이들은 당대의 사실을 정리하여 실록으로 편찬, 후대에 감계를 주는 일을 하기 때문에 매우 신중하게 선발되었다.

따라서 이들의 성격을 분석하는 것은 실록의 편찬 문제를 이해하는 것은 물론, 삼정승 중 한 사람이 총재관을 담당하였던 점에서 정치권력의 동향을 살피는 문제와도 밀접하다.

이와 같이 볼 때, 실록 편찬관의 성분을 이해하는 것은 담당자들의 역사의식, 편찬관의 정치적 성향, 실록의 객관성 여부 및 지배 관료층의 당대사 의식을 살필 수 있는 근거를 제공하고 있다.

여기서는 중종 초(16세기 초)와 효종 초(17세기 중) 편찬된 燕山君日記와 仁祖實錄의 구체적인 편찬과정과 편찬관의 성격을 살펴보고자 한다. 이런 작업은 당대 지배관료층이 실록의 편찬에 기울인 관심과 기사관으로 참여하였던 사관의 구체적인 활동, 그리고 정치 권력의 향방에 따른 실록의 성격, 구체적인 편찬 과정 등을 분석할 수 있을 것이다.

第1節 燕山君日記의 編纂過程과 編纂官

1. 編纂過程

연산군일기3)(이하 日記)는 1506년 9월 반정으로 폐위되고 3개월만에 배소에서 죽은 뒤 편찬되기 시작하였다.

일기는 연산이 嗣位한 성종 25년(1494) 12월 25일부터 反正으로 폐위된 연산군 12년(1506) 9월 2일까지 약 12년간의 사실이 63卷 46冊으로 정리되었다. 체제는 1行당 27字, 面당 16行이고, 제1권의 초두에는 각 항 1자씩을 낮춘 7항의 글로 연산군에 대해 집중적으로 총설하고 있다. 그 외는 항을 바꾸지 않고 날이 바뀌거나 기사가 바뀔 때만 앞에 '○'이라는 표식을 하였다4). 본문 외에 세주와 史論의 형태는 많지 않다. 이중 특정 시행사나 인물에 대해 논평한 史論은 해당 본문 기사의 끝에 연이어 기록하는 형식을 취하여, 이전에 편찬된 태조에서 성종까지의 편찬 형식을 따르고 있다.

편찬은 反正 3개월 만인 1506년 11월 8일, 연산군이 배소에서 죽은 뒤, 정승들의 건의로 '局'5)이 설치되고, 대제학 金勘을 監春秋館事로 임명하면서 비로소 시작되었다6). 그런데 동년 12월 홍문관 교리 李荇·

---

3) 朝鮮王朝實錄 중 '日記'라고 불리는 것은 魯山君·燕山君·光海君 등 폐위되어 물러난 임금의 것이다. 그러나 이 역시 체제와 형식이 다른 왕의 실록과 동일하다. 따라서 실록이라고 불러도 무방할 것이나, 원 제복을 부르는 것이 원칙이므로 그냥 '연산군일기'라고 하겠다.
4) 李丙燾, 『燕山君日記』 解題.
5) 여기서 '局'의 설치란 '實錄廳'을 설치한 것으로 보아도 무리가 없을 것이다. 실록의 편찬과정에서 '實錄廳'이란 명칭이 처음 보이기 시작한 것은 예종대 『世祖實錄』을 편찬하면서 부터이다.(裵賢淑, 『朝鮮實錄의 書誌的 硏究』, 中央大博士學位論文, 1989.)
6) 『中宗實錄』 卷1, 元年 11月 辛卯.

부교리 金安國, 성균관 직강 洪彦忠, 도총부도사 申鏛, 이조좌랑 柳雲, 성균관 전적 金安老, 예문관 검열 金瑛·李希曾 등 9명에게 賜暇讀書를 명하였는데7), 이들 중 金安老8)를 제외한 나머지 인사들이 모두 편찬관으로 활동한 것은 주목된다.

한편 중종 2년 윤1월 朴耕·金公著·李長吉 등이 柳子光·朴元宗 등 왕의 측근들을 제거하고 鄭眉壽를 영의정, 金勘을 병조판서에 추대하려고 하였던 사건이 발생하였다. 이 사건에 감춘추관사 金勘이 연루되면서9), 편찬이 일시 중단되었다.

김감이 역모 사건에 연루되어 편찬이 일시 중단되었지만, 기사관 尹仁鏡이 대제학 申用漑에게 감수시키자고 건의10)하고, 이를 왕이 받아들였다. 동년 4월 의정부의 啓로 金勘이 제외되고, 나머지 실록청의 당상관이 다시 임명되었다. 따라서 이 시기는 '家藏史草'의 수납 등 자료의 수집이 진행된 것으로 보인다. 당시 의정부에서 건의한 내용은 편찬 취지라든가, 편찬관을 살필 수 있는 근거가 되기 때문에, 다소 길지만 인용해보도록 하자.

> "政府가 아뢰기를 '史記는 萬代에 전하는 것이니 그 修撰이 쉬운 일이 아니요. 또 修撰하는 사람은 지극히 公平하고 바른 사람으로 하여야 합니다. 지금 廢主의 일기를 수찬해야 하겠는데, 폐조에서 외람

---

7) 『中宗實錄』 卷1, 元年 12月 丁未.
  賜暇讀書는 왕 2년 4월까지 계속되었으며, 2년 6월 편찬이 본격화되면서 이들은 편찬관으로 편성되어 활동하였다.
8) 金安老는 왕 9年 9月까지 정언 蘇世讓, 좌랑 申光漢 등과 계속 賜暇讀書하였다. (『中宗實錄』 卷20, 9年 9月 .)
9) 『中宗實錄』 卷2, 2年 閏1月 己巳.
  이 사건으로 주모자인 朴耕·金公著는 재산이 몰수되고 처자는 종이 되었으며, 李長吉은 제주로 安置, 金勘은 삭훈된 뒤 금산에 付處, 鄭眉壽도 삭훈된 뒤 珍島로 付處되었다. 그리고 밀고자 沈貞·南袞·金克成·文瑞龜 등은 포상과 함께 한 계급 승진되었다.
10) 『中宗實錄』 卷2, 2年 2月 辛卯.

되게 은총을 받은 자라면 사실을 褒貶是非함에 있어서 반드시 中外의 사람들이 그 뒷일을 말하지나 않을까 의심할 것이요, 中外의 사람들 역시 의심하고 두려워하여 直筆하지 않을 것입니다. 이렇게 된다면 是非善惡의 議論이 반드시 바르게되지 못할 것입니다. 청하옵건대 前朝에 혐의가 없는 이를 택하여 천망해서 아뢰게 하소서."11)

 의정부에서는 실록이 후세에 전해져 권계된다는 점과 편찬이 매우 어렵다는 사실, 편찬관은 公平無私하여 物論이 없어야 한다는 점등을 건의하였다. 이 건의 후에 총재관, 도청 당상과 4인의 각 방 당상 등 책임관을 임명하였는데12), 4개방13)으로 나누어 편찬하였음을 알 수 있다.
 이렇게 볼 때, 일기의 편찬은 중종 원년 11월 16일 실록청의 설치와 김감을 감춘추관사로 임명하면서 시작되었으나, 중종 2년 윤1월 김감이 朴耕의 大臣 暗殺謀議事件에 연루되어 귀양가면서, 일시 중단되었다. 감관사가 바뀌었지만, 실무 작업은 계속되었다.
 그런데 당상관 및 실무자가 다시 편성되었음에도 불구하고, 실록의 편찬이 순조로웠던 것만은 아니었다. 2년 6월 일기청 堂上 및 郎官들이 史草의 수납이 지연되어 편찬 작업이 어렵다고 토로한 점14)과 총재관 성희안의 啓15)에서 짐작할 수 있다.
 전자이 일기청 당상 및 낭관이 올린 기사는 史草의 납입과 관련하여

---

11) 『中宗實錄』 卷2, 2年 4月 甲申.
12) 成希顔을 總裁官으로 삼고, 申用漑・金銓을 都廳堂上, 金訢・成世純・成世明・曹繼商을 각방당상, 色承旨는 安瑭으로 하였다.
13) 실록의 分年編撰의 방식에 있어, 고려시대가 년속된 몇 년씩을 분담하여 편찬한 것에 비해, 조선왕조는 격년으로 편찬하였다. 일기의 경우 4개방에서 각각 3년씩(제1방 ; 1・5・9년)을 분담・편찬하였다.
14) 『中宗實錄』 卷3, 2年 6月 己丑.
 "…家藏史草 納廳日期 京中則五月晦日 而今過限不納故 未得始事."
15) 『中宗實錄』 卷3, 2年 7月 丙辰.
 "…日記修撰大事也 皆以廢朝之事爲戒謨 欲不參紛紜 改遞甚不可也 況修撰可當者 不易多得 自今後其欲不與者 請勿聽焉."

당시 사관을 지냈던 사람들의 거취를 살필 수 있는 근거를 제공한다. 통상 실록의 편찬이 시작되면 사초의 수집이 이루어졌다. 당시 사초를 납입하지 않는 일이 야기된 것은 무오사화시 사초를 누설한 자에 대한 엄정한 처벌이 없었기 때문에, 필화 사건을 우려하는 사람들이 많다는 것이다. 따라서 연산군 재위시 사관직을 역임한 인사 중 중종조 이후까지 계속 관료생활을 하였던 사람들을 추적해보면, 어떤 이유로 사초를 납입하지 않았는가 하는 사실을 밝힐 수 있다. 일기의 편찬이 진행되었던 중종 2년 4월 이후 중종실록의 기사에서 확인된 연산군대 사관은 다음과 같이 15명이다. 이들이 역임한 관직을 살펴보자.

㈠金瑠 : 司諫, ㈡尹龜壽 : 兵曹正郎(李顆의 亂時 귀양16)), ㈢李思恭 : 持平, ㈣金礥 ; 正言, ㈤權鈞 : 京畿監司, 刑曹判書, ㈥李耘 : 吏曹佐郎, ㈦金錫弼 : 全羅道都事(不正行爲로 遞職됨17)) ㈧韓效元 : 修撰, ㈨姜澂; 刑曹參判, ㈩金寬 : 敎理, ㈪徐厚 ; 副敎理, ㈫文瑾 ; 金山郡守, ㈬李垍 : 晉州牧使, ㈭鄭希良 ; 死亡18), ㈮朴誾 ; 死亡19)

이들 15명 중 2명은 연산군 10년(1504)에 죽었으며, 윤귀수와 김석필은 각각 이과의 난과 부정행위 등으로 귀양가거나 체직된 상태였다. 따라서 이들은 사관을 지내기는 하였지만, 일기 편찬시 史草를 납입할 수 없었던 사람들이다. 문근과 이우는 금산과 진주 등 지방관직을 수행하고 있어 5월 그믐까지의 납일기일을 지키기 어려웠다.

이미 죽었거나 지방 수령직을 역임하고 있던 사람들을 제외하고, 나

---

16) 『中宗實錄』 卷3, 2年 8月 庚子.
17) 『中宗實錄』 卷3, 2年 11月 辛丑.
18) 戊午年에 의주로 귀양갔다가 甲子年에 死亡하였다.(『燃藜室記述』 卷6, 燕山朝 故事本末.)
19) 甲子年에 東萊로 귀양갔다가 死亡하였다.(『燃藜室記述』 卷6, 燕山朝 故事本末.)

머지 현직을 지내고 있던 9명과 실록 편찬관으로 참여하고 있던 7명 등 16명이 어떤 이유로 史草를 납입하지 않았는가는 기록의 미비로 알 수 없다. 그러나 중종 2년 6월 일기청의 啓 이후 사초가 납입되지 않아 일기 편찬이 불가능했다는 기사가 없는 것으로 보아, 사초의 납입과 무리없이 편찬이 진행되었던 것으로 짐작된다.

후자의 기사 역시 연산군 4년 戊午士禍의 일로 인하여 일기 수찬에 참여하지 않으려는 사람이 많았고, 능력있는 사람을 구하기 어려움을 총재관이 토로한 기사이다. 史草의 내용으로 발생한 무오사화에 대한 엄정한 처벌과 사관의 기사 작성에 따른 비밀보장이 마련되지 못하였던 시대 분위기를 그대로 반영하고 있다.

한편 편찬관 일부가 使行[20] 한 일이 있고, 편찬이 완성되기 전인 4년 6월 일기청 낭관 중 일부가 장악원에서 음주한 일로 사헌부에서 탄핵하여 파직시킨 일이 발생하였다[21]. 이는 수찬이 원만하게 진행되지 못했음을 의미한다. 일기청에서는 校讎가 어려우므로 겸춘추에게 仍帶시킬 것을 요구하였다[22]. 이와 같이 일기의 수찬 과정은 다소 원만하게 진행되지 못했음을 확인할 수 있다.

그러나 시작한지 2년 3개월 만인 중종 4년 9월 편찬은 무사히 끝나게 되었고, 같은 달 14일 총재관 成希顔의 箋文과 함께 찬진되었다. 그리고 전례에 따라 史草 등 편찬 자료는 遮日巖에서 洗草되었고, 편찬관들에게 酒樂을 하사하였다[23].

---

20) 처음에 대제학 신용개로 奏請使(고명사은사)로 삼았다가(『中宗實錄』卷3, 2年 7月 癸亥), 품계가 맞지 않아 성희안으로 바꾸었다.(『中宗實錄』卷4, 2年 9月 壬子) 사행 중에 일기를 편찬할 수 없었음은 분명하다.
21) 『中宗實錄』卷8, 4年 6月 戊辰.
22) 『中宗實錄』卷8, 4年 6月 辛未.
23) 『中宗實錄』卷9, 4年 9月 辛丑..

2. 日記廳의 構成과 任務

 태조에서 성종까지의 실록에는 편찬관 명단이 각 실록의 마지막 권에 수록되어 있는 것에 비해, 일기에는 없다. 다만 일기청의 記事官이었던 權橃의 慶北 奉化郡 奉化邑 乃城面 酉谷里 宗孫家에 '日記洗草之圖'가 전해지고 있어 편찬관의 전모를 살필 수 있는 정도이다.

 편찬관은 총재관 이하 기사관까지 모두 67명인데24), 監館事 1명, 知館事 6명, 同知館事 8명, 修撰官 5명, 編修官 24명, 記注官 7명, 記事官 16명 등이다.

 총재관25)으로 영관사 없이 감관사를 최고 책임자로 구성한 점은, 조선전기 실록 편찬시 대부분 삼정승 중 한 명을 총재관으로 삼았던 관례나 『經國大典』의 규정과 다르다. 이는 당시 정국의 변동과 긴밀한 관련성을 가진다. 주지하듯이 중종은 연산군을 반정으로 몰아내고 반정으로 즉위하였기 때문에, 집권 초기만 하더라도 공신세력의 위세에 눌렸다. 이런 상황에 연산군대의 역사 사실을 편찬한다는 것은 여러 가지 상황의 변화가 야기될 수 있었다. 즉 전 왕대이래 권력을 향유하였던 세력과 공신세력, 그리고 비공신 세력과의 갈등과 대립이 야기될 수 있었다. 이러한 정국은 역사편찬에도 영향을 끼쳤던 것이다. 따라서 반정공신의 핵심이었던 성희안이 총재관에 임명된 것은 중종초 정구 주도권의 장악과 긴밀하게 연관된 현상이었다.

 여기서 실록청 편찬관들의 본직이 무엇이었는가를 살펴보자. 이는 본직과 겸직의 규정, 즉 『經國大典』의 규정대로 겸관을 운영하였는가 하는 사실을 살필 수 있기 때문이다.

---

24) 명단은 부록에 자세하게 정리되어 있다.
25) 실록편찬관 중 총재관이란 領館事와 監館事를 말한다. 조선전기에 편찬된 실록 중 領館事와 監館事를 편찬관으로 모두 편성된 것은 世祖・睿宗・成宗實錄 등이 있다.

먼저 總裁官은 다른 실록들이 정1품의 재상 중에서 선임하였던 것에 비해, 일기 편찬시 이조판서(정2품) 成希顔에게 맡겼다. 성희안(세조 7년·1461 - 중종 8년·1513, 本貫 ; 昌寧, 號 ; 仁齋)은 돈녕부판관 瓚과 宗室인 德泉君 厚의 딸 사이에서 태어났다. 성종 16년 별시 문과에 급제한 후 사관직과 홍문관 正字, 副修撰 등을 역임하였다. 그의 학문은 호학 군주 성종이 자문을 구할 정도였다. 연산군이 즉위한 후에도 요직을 두루 지내다가, 연산 10년(1504) 楊花渡 遊興時 연산군의 방탕을 풍자적이고 훈계적인 시를 지은 것이 문제되어 武官의 末端인 副司勇으로 좌천되었다[26].

좌천 후 재기를 노리던 성희안은 연산 12년(1506) 9월 知中樞府事 朴元宗과 吏曹判書 柳順汀 등과 反正을 일으켜 중종을 즉위시켰다. 이 사건으로 정국1등 공신에 녹공되고, 昌山君에 봉해졌다. 그리고 중종 2년 4월 실록청의 감관사 김감이 역모에 연루되어 파직되었을 때, 자신의 품계보다 상위인 총재관에 선발되었다. 당시 領議政(柳洵)과 左議政(朴元宗)이 있었음에도 불구하고, 성희안을 총재관으로 삼은 것은 기록이 미비로 정확하게 알 수 없다. 다만 중종 8년 8월 그가 죽었을 때, 논평된 다음과 같은 기사를 근거로 총재관으로 선정된 이유의 일단을 살필 수 있다.

"(史臣曰) ; 希顔이 젊었을 때 豪俠하여 奇節이 많았고 벼슬에 올라서는 慷慨하여 뜻이 구차하지 않았으며 성품 또한 소탈하여 圭角을 보이지 않았고 어진 이를 좋아하고 착한 일을 즐겨함이 타고난 天性이었다.…正字로 있을 때 어버이의 상을 당하여 服制를 마치자, 成宗이 즉시 불렀다.…너의 얼굴을 오래보지 못하니 늘 생각해마지 않았다.…연산군 때는 대의를 주창하여 친히 나라를 붙들어, 온 나라 臣民이 다 惟新되었으니 이른바 社稷臣이다.…그가 죽자 士林이 모두 통

---

26) 『燃藜室記述』 卷9, 中宗朝 故事本末.

석하였다."27)

　卒記時 논평이지만, 그의 성품과 학문, 현실 인식 태도를 살필 수 있다. 총재관으로 임명될 수 있었던 것은 반정공신 삼대장(朴元宗·成希顔·柳順汀)의 한 사람으로서 당시 정국을 주도하였던 인물이라는 점28)과 성종이 자문을 구할 정도로 학문이 깊었던 점, 전임사관을 역임하여 역사적인 안목과 해박한 지식을 갖추고 있었던 점 등이 고려되었던 것으로 본다.

　지관사로 편성된 여섯 명 중 정2품계에 해당되는 사람은 成世明(知敦寧府事)과 申用漑(大提學) 2사람뿐이고, 나머지 4인은 從2품계이다. 이들 중 成世明도 연산조에서 몇 차례 처벌받았던 사람이었고, 신용개는 왕의 비위에 거슬려 靈光에 귀양갔던 사람으로 총재관 成希顔과 함께 모두 연산군을 좋지 않게 보았던 공통점이 있다.

　同知館事에 편성된 8명 중 종2품계를 가진 사람이 6명, 정3품계가 2명으로 다른 직책에 비해 규정에 가깝다. 종2품계의 6인 중 金對과 孫澍는 각각 平安監司와 忠淸監司 수행시 편찬관으로 선발되어 실질적으로 임무를 수행했다고 보기 어렵다. 따라서 이들이 직책을 수행할 수 있었던 것은 京職에 제수된 후에 가능했을 것이다. 그런데 일기청의 당상관이 외직인 것은 史局을 중히 여기던 祖宗朝의 例에 어긋난다고 개정을 요구하는 訴29)가 있었지만, 받아들이지 않았다. 이는 수령도 편찬관이 될 수 있었음을 의미한다.

　修撰官은 정3품 당상관이 맡도록 규정되어 있다. 편성된 5인 중 3인이 大司諫 역임시 편성되었기 때문에, 직급에 해당된다. 나머지 2인은

---

27) 『中宗實錄』 卷18, 8年 7月 癸巳.
28) 이는 자신들의 행위를 미화할 수 있는 것과 연관된다. 즉 일기 편찬과정에서 3대장 중 한 사람이 총재관이 되는 것은 반정의 명분을 세우는데 매우 필요한 조치였다.
29) 『中宗實錄』 卷4, 2年 12月 癸酉.

정4품 응교(慶世昌)와 종3품인 전한(崔淑生)시 수행하였다. 編修官은 정3품의 당하관부터 종4품까지의 품계를 가진 사람들로 편성되는데, 24인 중 12인이 상당하고 나머지는 守職이다. 記注官은 正·從5품직으로 구성되는데, 7인중 3인만 해당되고 나머지는 守職이다.

記事官은 주로 史官이 담당하였다. 실제로 기사관 16인 중 사관이 아닌 사람은 2명(成世昌, 崔重演)뿐인 것에서 확인된다.

이상의 내용을 종합해보면, 記事官을 제외한 나머지 편찬관들이 규정에 맞게 편성된 것이 아니었다. 일기의 편찬과정과 편찬관을 자세하게 수록한 '實錄廳題名記'[30]가 전해진다면 정확하게 알 수 있겠지만, 연산군일기의 경우는 '日記洗草之圖'와 실록의 기사를 근거로 살펴야 하는 한계가 있다.

3. 編纂官의 社會的 背景

편찬관의 성분과 사회적 배경은 실록의 성격이나, 정치 세력의 동향을 이해하는 것과 밀접하다. 이들의 사회적 배경을 이해하는데 있어서 등과 여부와 성적, 관력, 가계 등을 근거로 살펴보자.

감관사부터 기사관까지 편찬관 67명 모두 문과에 급제하였다. 등과 시기는 성종대 22명, 연산군대 30명, 중종대 15명 등으로 성종 6년(1475) 알성시(成世明)이후 중종 2년(1507) 식년시(潘碩枰)까지 분포되어 있다. 당상관 20명 중 동지관사 曹繼商[31]과 權弘[32], 수찬관 韓世桓[33] 등 3인이 연산군대 급제한 것을 제외하고는 모두 성종대 급제한 사람

---

[30] 實錄의 纂修·刊印 작업을 마치고 작업일정과 작업에 참여한 인원, 그리고 편찬작업에 누가 참여했는 가를 후세에 보여주기 위해서 작성한 것이다.
[31] 연산군 원년 별시에 급제했고, 반정 1등공신으로 책봉된 뒤 이조참판을 역임시 편찬관으로 편성되었다.
[32] 연산군 3년 별시에 급제, 중종 2년 동부승지를 역임시 편성되었다.
[33] 연산군 원년 별시에 급제, 대사간 역임시 편성되었다.

들이다. 이렇게 볼 때, 편찬관들은 성종 6년 이후, 중종 초까지의 시기
에 급제하였으며, 당대 역사가 전개되는 현장을 견문할 수 있거나, 직
접 그 사실을 정리하였던 관료들이었음을 알 수 있다. 여기서 이들의
등과 성적을 살펴보자.

표3-2) 燕山君日記 編纂官 及第時 成績[34]

分類	人員	比率
상	27	40
중	17	26
하	23	34
計	67	100

표에서 보듯이 편찬관들의 성적은 上·中·下 고른 비율이다. 그러나
부록에서 보는 바와 같이 이들이 역임한 최종 관직은 전체 67명 중 60
명이 정3품 이상의 당상관을 역임하였다. 국정의 입안과 집행을 맡은
최고급 관료집단이라고 할 수 있는 당상관까지 올라갔던 점에서 실록
편찬관들은 당시 권력의 핵심이 있었던 엘리트 관료 집단이라고 본다.
더욱이 중종조 文衡[35]으로 임명되었던 7명[36] 중 김안로와 소세양[37]을

---

34) 편찬관들의 등과 종류가 식년시와 별시 등으로 구분되고, 선발된 인원이 다르
기 때문에, 급제한 총 인원을 3등분하여 上·中·下로 분류하였다.
35) 원래 文衡은 대제학의 별칭이지만, 대제학을 지낸 모든 사람이 文衡의 호칭을
듣는 것은 아니었다. 조선 초기에는 예문관의 대제학과 성균관 대사성을 겸임
한 자를 일컬었으며, 弘文館이 법제화된 뒤에는 예문관·홍문관의 대제학과 지
성균관사를 겸임한 자라야만 들을 수 있는 정도였다.(朴天圭,「文衡攷」,『史學
志』6, 1972.)
36) 중종조 文衡의 칭호를 받은 사람은 申用漑·南袞·李荇·金安老·成世昌·蘇世
讓·金安國 등 7명이다.
37) 蘇世讓은 중종 4年 別試에 급제하였기 때문에, 시기적으로 일기의 편찬에 참여
할 수 없었다. 따라서 김안로를 제외한 문형 모두가 편찬에 참여한 것으로 볼
수 있으며, 이는 문학적 능력 등 학문을 사관의 자격 요건 중 하나로 인식하였
던 시대 사조를 반영하는 것이다.

제외한 모두가 편찬관으로 활동한 것을 보면, 학문은 물론 문학적 능력도 뛰어났음을 알 수 있다38).

여기서 편찬관 중 전임사관을 역임한 인사들을 살펴보자. 연산군대 史官을 역임한 사람은 모두 38명이다39). 이중 7명이 일기 편찬시 同知館事(南袞), 修撰官(韓世桓), 編修官(尹世豪·金克愊·李荇·申鏛·安處誠)으로 참여하였다. 실록 편찬관의 편성 과정에서 전임사관직을 역임한 경험자가 배려되었음은 일기청의 기사관을 전임사관으로 편성한 것에서 알 수 있다. 사관의 학문과 철저한 기록정신 등이 편찬관으로서의 자질로 인정받았던 것으로 생각된다.

이외에 연산조에서 사관을 지낸 사람들 중 성종실록의 편찬40)에 참여한 인사가 17명이41) 있으며, 이들 17명 중 14명42)이 그대로 일기의 편찬에 참여하였다. 이는 실록의 편찬시 전임사관 경력43)과 실록 편찬관으로 활동한 경험이 있는 사람들이 고려되었음을 알 수 있다.

편찬관들을 배출한 가문은 모두 49개이다. 이중에 훈구계 거족가문44)

---

38) 중종 원년 11월 16일 監春秋館事로 임명되었다가 옥사에 연루되어 파직되었던 金勘도 燕山朝에서 文衡을 역임하였다.
39) 부록의 역대 사관 명단 중 연산군대 활동하였던 인원은 다음과 같다.
權五紀·韓世桓·鄭希良·李思恭·金䃢·李荇·李幼寧·金煋·朴誾·成希哲·柳仁貴·金寬·河繼曾·李堣·李賢輔·徐厚·韓效元·尹龜壽·李耔·李守貞·李守義·許碬·尹世豪·兪汝霖·鄭紹宗·姜澂·高世昌·曹致虞·南袞·申公濟·文瑾·權鈞·金楊震·金克愊·申鏛·金錫弼·安處誠·金佋.
40) 성종이 승하고 4개월 후인 연산군 원년(1495) 4월 9일 시작하여 연산군 5년(1499) 3월에 완성되었다.
41) 記注官 1명(權鈞)과 記事官 16명(曹致虞·李幼寧·南袞·韓世桓·鄭希良·權五紀·成希哲·李行·姜澂·高世昌·申公濟·金寬·李思恭·文瑾·河繼曾·徐厚) 등 17명.
42) 編修官 6명, 記注官 2명, 記事官 6명 등.
43) 전체 67명중 사관을 지낸 경험이 있는 사람이 35명(성종대 2명, 연산군대 18명, 중종대 15명)으로 52%이다.
44) 成俔의 『용재총화』(卷10)에는 75개의 鉅族 家門을 기록하고 있다. 성현이 활동했던 15세기 후반기까지의 인식이기는 하지만, 일기 편찬관의 가계를 파악하는 데는 무리가 없을 것으로 본다.

출신으로 확인되는 것이 29개 가문(44명)으로 전체의 66%이다. 여기서는 출신가문의 성향과 함께 가문내의 결함사항을 살피고자 한다. 가문 전부를 살펴야 하지만, 중복되는 경우가 있어 두 개 가문을 표본으로 살피고자 한다45). 먼저 편찬관 중 3명 이상이 참여한 가문을 보면 다음 표와 같이 5개(18명)이다.

표3-3) 3명 이상 참여한 가문

本貫	姓	人員	本貫	姓	人員
昌寧	成	5	安東	權	3
坡平	尹	4	文化	柳	3
延安	金	3	計		18명

이들 중 가장 많은 5명이 참여한 昌寧 成氏를 살펴보자.

고려말 신흥세력의 하나로 성장한 이 가문은 조선조 들어와서 성석린에 의해 기반이 닦여진 것으로 보여진다46). 이 가문에서 배출된 功臣과 相臣, 그리고 文衡을 살펴보면 다음과 같다.

① 石璘 ; 領議政(定宗朝), 定社 3등공신
② 奉祖 ; 右議政(成宗朝), 佐理 3등공신
③ 俊 ; 領議政(燕山朝)
④ 希顔 ; 領議政(中宗朝), 靖國 1등공신
⑤ 夢井 ; 　　　　　　　靖國 4등공신
⑥ 慄 ; 　　　　　　　靖國 4등공신
⑦ 胤 ; 　　　　　　　定難 3등공신
⑧ 俔 ; 文衡(燕山朝)

---

45) 전체를 대상으로 하지 않았기 때문에, 일반적인 성격을 찾기 어렵지만, 그러나 대체적인 성향의 일단을 살필 수 있을 것으로 본다. 나머지 가문의 성향은 제Ⅰ부 제4장 '사관의 성분과 사회적 배경'조 참조 바람.
46) 李泰鎭, 「15세기 후반의 '鉅族'과 明族意識」, 『韓國史論』3, 1979.

⑨ 世昌 ; 文衡(中宗朝)

이상과 같이 가문의 성세는 성종과 중종의 즉위 과정에서 크게 현달되었다⁴⁷⁾.

가문내 인사 중 편찬관으로 참여한 사람은 5명이다. 희안이 총재관, 이조판서를 지낸 任의 아들 世明이 지관사, 현령을 지낸 忠達의 아들 世純이 동지관사, 갑자사화에 연루된 爔의 3남 聃命의 아들 雲이 기주관, 예조판서를 지낸 俔의 아들 世昌이 기사관으로 활동하였다. 동일 가문에서 5사람이 동일한 실록의 편찬관으로 참여했다는 사실과 희안을 제외하고는 모두 4촌간이었던 점은 주목된다.

두 번째, 延安 金氏의 경우를 살펴보자.

이 가문의 인사 중에서 개국과 정사 공신에 책봉된 인사들이 많은 것으로 보아 조선 건국부터 가문의 성세가 이루어 졌음을 알 수 있다. 특히 중종조에서 3명의 영상이 배출된 것은 보기 드문 경우로, 이 시기에 가문이 크게 현달되었다. 가문에서 배출된 공신과 상신, 문형은 다음과 같다.

① 詮 ; 領議政(中宗朝)
② 謹思 ; 領議政(中宗朝)
③ 安老 ; 領議政(中宗朝), 文衡(中宗朝)
④ 勘 ;   文衡(燕山朝)
⑤ 輅 ; 開國 3등공신, 定社 2등공신
⑥ 孝誠 ; 靖難 2등공신

편찬에 참여한 3명은 성종 세자시절 스승을 지낸 우신의 아들 詮(지관사), 무과 후 동지중추를 지낸 舜臣의 아들 對(동지관사), 府使를 지낸 勉의 아들 謹思(수찬관)이다. 詮과 對은 4촌간이고, 이들과 謹思는 5촌간의 근친이다. 이 가문은 昌寧 成氏와 달리 훈구계 거족가문은 아니었

---

47) 중종조까지 상신이 4명, 녹공된 사람이 6명, 문형 2명이 배출되었다.

으나, 가문 내에서 역모와 같은 문제를 일으키는 등 결함을 가진 사람이 없다.

비록 두 가문의 사례만 살펴 보았지만, 이들은 당시 정국 변동을 주도하였던 인사들이었고, 학문까지 겸비하였던 지배 엘리트 계층이었다. 더욱이 실록이 전왕대의 역사 사실을 정리한다는 의미 외에, 현재의 정치가 잘 전개되고 있음을 강조하기 위해 편찬되었다는 점과 역사적・정치적 평가가 상세하게 기록되어 있다는 점에서 군주를 비롯하여 대소 신료들은 모두 큰 관심을 가지고 있었다. 기사 내용에 의거하여 후세에 영원히 전해져 교훈의 대상이 되는 것이었던 만큼 편찬관으로 참여한다는 것은 의미 있는 일이었다.

앞에서 살펴보았듯이 창령 성씨 가문에서 5명, 연안 김씨 가문에서 3명 등 유력 가문에서 여러 명의 편찬관이 참여한 것은 실록의 편찬시 가문의 정치적 영향력이 반영되었던 것으로 볼 수 있다.

4. 編纂官의 性格

실록에는 선왕 재위 기간의 역사 사실이 그대로 망라되어 있으므로 당대의 역사를 이해하는데는 무엇보다도 중요한 1차 사료이다. 따라서 전왕대의 역사를 정리 편찬하는 편찬관은 단순히 역사를 정리하는 사람이라는 의미보다는, 후세에 영원히 감계를 주는 사람이라는 점이 더 크다. 즉 이들의 편찬 태도와 서술에 따라 시행사는 물론 인물의 시비가 가려지기 때문이다. 이러한 의미가 부여되므로, 실록 편찬관은 당시 정치 권력의 향배에 따라 편성여부가 좌우될 수 있다. 이를 근거로 편찬관의 성격을 살펴보자.

먼저 편찬관은 법전에 규정된 대로 편성된 것이 아니고, 부여된 임무도 현직의 품계와 일치하지 않는다. 이는 적당한 사람을 구할 수 없었던 현실적인 한계도 있었지만, 정국의 변동에 따라 좌우되었기 때문이라고 생각된다.

　둘째, 편찬관들은 모두 문과 급제자였으며, 급제시 성적이 상위층이었던 사람이 40%정도였다. 그리고 편찬관 대부분(67명중 60명)이 당상관까지 승진하였던 점에서, 현실 정치에서 권력을 가진 계층이었다고 할 수 있다.

　셋째, 중종조 文衡을 지냈던 7명 중 5명이 편찬관을 역임했던 점에서 볼 때, 학문적으로 능력이 뛰어난 사람들이 편찬관으로 편성되었다고 할 수 있다.

　넷째, 연산조나 중종조에서 史官을 지낸 경험이 있거나, 현재 사관직을 수행하고 있는 사람이 35명(52%)이었다. 이러한 사실로 보아 편찬관들은 文名이 높고, 史官의 경력이 요구되었던 것으로 보인다.

　다섯째, 실록청의 기사관은 대체로 專任史官이었던 봉교·대교·검열 등이었다[48]. 기사관은 일반적으로 사관이라고 하였으며, 수행한 임무도 주로 기사활동이었다. 따라서 이들은 주로 가장사초의 수납이라든가, 실록청의 房에 편성되어 初草의 작성 등 실록 편찬 과정에서 가장 실무적인 임무를 수행하였던 것으로 생각된다.

　끝으로, 편찬관들은 훈구계 거족가문은 아니더라도 가문 내에 특별한 결함이라든가 문제가 없었으며, 전기이래 가문의 성세를 유지하였던 거족가문에서 상당 수 배출되었던 점을 확인할 수 있다.

---

48) 다른 실록의 경우도 기사관직은 대부분 專任史官이 수행하였다.

第2節 仁祖實錄의 編纂過程과 編纂官

여기서는 17세기 중반 효종 초에 편찬된 인조실록[49]의 편찬 과정과 실록청의 구성, 편찬관의 성격 등에 대해 살펴보자. 이 작업은 조선 중기의 실록 편찬 실 예를 살필 수 있는 근거를 제공한다고 본다. 그리고 실록의 서술태도와 편찬 방법상의 발전성, 편찬관의 구성 및 정치세력의 동향, 그리고 조선 중기 역사의 이해와 정국의 변동, 당시 관료 지식인들의 당대사 의식 등을 규명할 수 있을 것으로 생각된다.

인조실록의 편찬관 명단은 실록의 말미와 규장각 고문서[50]로 전해지고 있어, 편찬관과 편찬 과정, 실록청의 구성을 살피는데 연산군일기에 비해 다소 용이하다.

1. 仁祖實錄의 編纂 過程

인조는 광해군의 '廢母殺弟'와 중립 외교를 이유로 반정하였다. 대북파를 제거하고 반정에 성공한 서인들은 광해군때의 중립 외교를 '背明附後金'이라 매도하고, '崇明反後金'을 명분으로 내세웠다[51]. 반정으로 집권한 이후 서인 정권에 의해 전개되었던 숭명반청 외교는 두 차례에 걸친 청의 침략을 초래하였고, 정국은 주화파와 척화파로 나누어져 혼란이 가중되었을 뿐만 아니라, 국가적으로는 건국의 기본 명제였던 성리학적 명분을 무너뜨리는 요인이 되었다. 더욱이 호란 이후 청의 지나친 내정 간섭과 막대한 양의 공물 요구로 朝野에서는 주전론이 확산되

---

49) 인조은 인조 재위 26년 2개월(1632년 3월 癸卯-1649년 5월 丙寅)의 사실이, 50권 50책으로 정리되었다.
50) 奎章閣 古文書 No 4252.1-3.('인조실록청제명기', 1책 11장, 33 ×21.5cm, 활자본)
51) 『仁祖實錄』卷1, 元年 3월 甲辰.

었다. 그러나 청의 入朝와 양위 압력에 눌려 인조 본인은 정작 미온적인 태도를 가지고 있었으며, 이로 인하여 정국은 더욱 급박하게 전개되었다52).

인조반정 이후 초기의 정국은 붕당 정치53)원리에 따라 서인(기호 사림)과 남인(영남 사림)의 상호 견제와 비판으로 전개되었다. 인조가 붕당과 당론을 모두 배격하였으나, 점차 반정공신의 비대화와 비공신사류의 조직적인 견제에 따라 두 세력간의 갈등과 반목으로 정국은 복잡하게 전개되었다. 인조 말년이 되면서 당파는 洛黨, 原黨, 韓黨, 山黨 등으로 세분화되었다54). 반정 공신 계열로 훈구세력화 하였던 낙당과 원당은 김자점55)과 원두표56)를 당주로 하였고, 신진 세력으로서 在朝의 한당과 在野의 산당은 김육과 김집을 黨主로 하여, 꾸준히 세력의 확장을 도모하고 있었다. 이중 재야의 산당은 김장생, 김집, 송준길, 송시열, 이경석, 유계, 이유태, 윤선거 등을 당인으로 山林57)화하여 유림들과 함께 조야에서 정치적 영향력을 행사하였으며, 효종 즉위 이후에는 정국을 주도할 정도였다.

---

52) 인조의 청에 대한 미온적인 태도에 불만을 품은 좌의정 심기원등 일부 공신 세력들은 인조 22년(1644) 反淸의 기치를 내걸고 친청 인사들을 제거하는 등 모반을 일으키기도 하였다.(『燃藜室記述』 권27, 仁祖朝故事本末, 沈器遠獄條)
53) 李泰鎭, 『朝鮮時代 政治史의 再照明』, 汎潮社, 1985.
54) 姜周鎭, 『李朝黨爭史 研究』, 서울대 출판부, 1971.
55) 반정 이후 훈구세력으로 비대화되었는데, 예하의 黨與로는 李時萬, 黃戶, 李以存, 李之恒, 李海昌, 嚴鼎耇 등이 있다.(『燃藜室記述』 권30, 孝宗朝故事本末, 金自點獄條.) 이들중 이시만과 이이존을 제외하고는 모두 인조 실록 편찬관으로 참여하였다.
56) 원두표(1593 - 1664)는 최명길에 의해 천거된 인물로, 문과 출신이면서도 군정 사무에 밝아 병조판서에 특서될 정도로서 효종조 북벌 운동 추진 시 이론가로서 일익을 담당하였다. 原黨의 당수이면서도 사림과도 원만한 관계를 유지하고 있었다.(李京燦, 「朝鮮 孝宗朝의 北伐 運動」, 『청계사학』5, 1988.) 그의 黨與로는 李行進과 李時楷 등이 있었다.
57) 산림의 문제에 대해서는 이우성 논문(「李朝 儒敎政治와 山林의 存在」, 『韓國의 歷史像』, 창작과비평사, 1982.)에 자세하다.

이와 같이 인조 재위동안 정치·외교·군사·사상 등 국정은 매우 복잡하고 미묘하게 전개되었다. 그리고 인조 말년 당파의 세분화는 효종 즉위이후의 정국까지 영향을 주었다. 따라서 효종 1년부터 4년 사이에 편찬되었던 인조실록의 편찬관 구성시에도 당파 상호간의 알력과 정치권의 영향 등으로 미묘한 문제가 야기되었을 것으로 생각된다.

인조의 사후 후계한 효종 1년에 편찬을 시작하여 전후 4년만에 완성된 인조실록의 편찬과정은 다음과 같다.

실록의 편찬 논의가 처음 제의된 것은 효종 1년 4월이었다. 그러나 인조 말년부터 군비를 확충한 이유가 무엇인가를 조사한다는 명분으로, 청나라에서 계속 사신을 보내 오는 관계로 늦어지게 되었다. 효종 1년과 2년에만 각각 9회와 7회 등 16번이나 사신이 왔었는데[58], 이러한 빈번한 사행은 조선 정부에 여러 가지 문제를 야기했다. 사신의 내왕에 따른 경비와 이를 충당하기 위한 막대한 세폐로 국가 재정이 고갈되었을 뿐만 아니라, 계속된 흉년으로 백성은 도탄에 빠졌다[59]. 효종 즉위초 이와 같은 청의 빈번한 사신 파견으로 편찬은 자연히 늦어지게 되었던 것이다.

그러나 춘추관에서는 실록 편찬이 더 이상 늦추어지면 안 된다는 이유를 들어 실록청의 설치를 요청하였고, 공석이었던 대제학이 임명되면서 본격화되었다[60].

통상 대제학은 전임자가 후임자를 추천하는 것이 관례였다. 이에 전임 대제학 조경에게 후임자를 추천하도록 하였으나, 조경이 군비 확충 문제에 연관되어 귀양 중이었던 관계[61]로 양주에 머물고 있던 영돈녕

---

58) 車文燮, 「孝宗朝의 軍備擴充」, 『朝鮮時代軍制研究』, 단국대출판부, 1973.
59) 『孝宗實錄』 卷3, 元年 4월 丙午.
60) 『孝宗實錄』 卷3, 1年 4월 丙午.
61) 청나라는 인조 말기부터 단행된 군정 사업 확충 이유를 감시한다는 미명하에 효종 원년 3월 칙사를 보내 查問하였다. 이 문제로 영의정 이경석과 대제학 조경이 의주의 백마산성에 위리안치되었던 것이다.

부사 김상헌에게 물었다. 다음 달 양주에서 올라온 김상헌은 兪棨를 변호하다 유배중이었던 門人 조석윤62)을 추천하였다. 파면중인 사람으로 문제의 소지가 있었으나, 왕은 대신들과 의정부의 좌·우참찬, 6조판서와 판윤을 불러 권점하도록 하였고, 참석자 모두가 조석윤에게 권점함으로써 그대로 임명되었다63). 공석이었던 대제학이 제수됨으로써 인조가 승하한지 1년 만인 효종 1년에야 비로소 편찬을 위한 준비가 갖추어지게 되었다.

그런데 이듬해 영의정 李敬輿(1585-1657)가 대간에게 탄핵받아64) 영중추부사로 옮기면서 사임65)을 청하였다. 이에 따라 실록청의 총재관과 영의정이 공석이 되었다. 공석이었던 영의정에는 김육이 제수되어 별 문제가 없었으나66), 실록청의 총재관이 문제였다. 효종은 총재관의 교체없이 실록의 편찬을 완성하고자 하였다67). 그러나 이경여가 낙향하였기 때문에, 더 이상 자리를 비워둘 수 없었다. 그리고 이경여 본인의 강력한 사임요구68)와 좌의정 이시백의 요청에 따라 영의정 김육(1580-

---

62) 『孝宗實錄』 卷4, 1年 5月 辛酉.
 조석윤(1606-1654, 본관 ; 白川, 號 ; 樂靜齋)은 張維·김상헌의 문인으로, 인조 6년 別試 장원으로 급제한 인재였다. 일을 당하여 진언하기를 피하지 않아 때로 왕의 뜻을 거슬려 귀양가기도 하였으나 소신을 굽히지 않았던 당대 명망 받는 사림의 한 사람이었다. 그는 같은 당파였던 兪棨가 인조의 諡號를 정할 때, '仁'자를 쓸 수 없다고 진언한 것과 관련하여 유배당하자, 이를 극구 변호하다 자신도 유배당하였다.
63) 『孝宗實錄』 卷4, 1年 6月 庚子.
64) 영의정이었던 이경여가 사임을 요청한 것은 효종 1년 12월 戊寅으로, 광해군 때의 醫官 정지문에 대한 형벌을 강경하게 하자는 대간과 의견이 갈리면서부터이다. 즉 그는 이 문제와 관련하여 대간으로부터 탄핵을 받고, 대신으로 있을 수 없다고 사임을 요청하였고, 이를 왕이 받아들이면서 2년 1월 己卯에 영중추로 옮겨졌다.
65) 『孝宗實錄』 卷6, 2年 1月 壬午.
 이 날 사임한 이경여는 戊子日에 낙향하였다.
66) 『孝宗實錄』 卷6, 2年 1月 己丑.
67) 『孝宗實錄』 卷6, 2年 1月 乙未.
68) 『孝宗實錄』 卷6, 2年 1月 乙未.

1658)에게 총재관을 겸임시겼다69). 이경여와 김육이 총재관을 지낸 실질적인 시기는, 이경여가 시작부터 2년 1월 己酉까지, 김육이 2년 1월 己酉부터 완성될 때까지이다70). 전반기 실록청의 구성 등의 기초 작업은 이경여가, 후반기 편찬 단계의 일은 김육이 수행했던 것으로 볼 수 있다.

대제학이었던 조석윤은 실록의 편찬이 진행되던 기간 몇 차례의 파면71)과 복귀를 거치면서 6개월여 官界에서 물러났기 때문에, 편찬관으로서 실질적인 활동이 불가능했다72). 조석윤의 파면 이후 대제학은 윤순지73)와 채유후74)에게 교대되었다가 찬진시에는 채유후가 하였다.

한편 실록의 편찬이 진행되던 효종 1년 4월 이후 4년 7월 사이 淸으로의 使行이 매우 빈번하였는데다75), 사행시 상당수의 편찬관들이 正使

---

69) 이경여의 사임은 乙未였고, 김육의 겸임은 2月 己酉에 이루어졌다.
70) 본래 실록청의 총재관은 영의정이 例兼하였던 자리였다. 김육 역시 2년 1월의 인사에서 영의정에 제수되어 할 수 있었다. 그런데 2년 12月 庚戌에 정태화가 영의정이 되고 좌의정으로 옮긴 뒤에도 계속 총재관직을 수행하여 찬진까지 하였다. 이는 처음에 이경여를 교체하지 않고 실록의 편찬을 끝내려던 효종의 의지와 연관된다.
71) 『孝宗實錄』卷5, 2年 10月 己亥.
조석윤은 여러 궁에 소속된 소금과 가마의 폐지를 상소하였다가 거절당하자 스스로 사임을 요청하였고, 이시기 파면된 상태였다. 그런데 총재관이었던 이경여가 실록의 편찬이 늦어질 것을 염려하여 복귀를 건의하였다.
72) 『孝宗實錄』卷7, 2年 10月 丁卯.
조석윤의 파면은 왕의 능행시, 감사 유철이 준비를 잘못한 것이 발단이었다. 즉 유철의 죄에 대해 대사헌 조석윤은 관대한 법의 적용을 요구하다가 파면당한 것이다. 그가 재 등용된 것은 동지중추 민응형의 요청으로 3년 4월 癸卯였다. 이후 대사간, 대사헌, 동지중추, 성균동지 등을 역임하였으며, 실록이 완성될 때는 대사성(4년 4월 신해)이었다. 이렇게 보면 조석윤이 2년 10월이후 편찬관으로서의 임무를 제대로 수행하였을까 하는 점에 대해서는 의문일 수밖에 없다.
73) 『孝宗實錄』卷7, 2年 10月 戊寅.
윤순지가 대제학에서 사임한 것은 3년 4월 乙巳이고, 곧 채유후가 제수되어(甲戌) 수행하였다.
74) 『孝宗實錄』卷8, 3年 4月 庚戌.
75) 즉위년 6월 '고부겸주청사'부터 4년 11월 '동지사'까지 모두 14번의 사행이 있

나 副使, 書狀官 등으로 참여했음이 확인된다76). 후계한 왕이 수행해야 하는 중요한 사업 중 하나가 전왕대의 역사 사실을 실록으로 편찬하는 것임은 분명하다. 그런데 실록 편찬 사업이 진행되는 중에 使行을 위하여 편찬관들을 선발했다는 것은 편찬이 원만하게 진행될 수 없었음을 의미한다. 그런데 주지하듯이 조선조 외교 관례상 중국(명·청) 사행77)은 매우 중요한 국가적 관심사였다. 국가적으로 큰 의미가 부여되고 관심이 집중되었던 사행에 편찬관 중에서 선발하였다는 것은, 이들의 학행이 뛰어났음과 외교상으로도 중요한 임무를 수행하였다는 사실을 반증한다.

실록의 편찬기간에 外職에 제수되어 나간 사람도 상당 수 있는데, 이를 정리하면 다음과 같다.

도청 낭청 ; 김홍욱 - 충청감사(2년 10월 丁未)
일방 당상 ; 이기조 - 함경감사(2년 10월 甲申)
　　　　　　김익희 - 강원감사(2년 10월 癸亥)
일방 낭청 ; 김종일 - 삼척부사(2년 8월 戊申)
　　　　　　홍중보 - 수원부사(2년 12월 己未)
삼방 낭청 ; 신　혼 - 옥과현감(3년 1월 辛丑)
　　　　　　정지화 - 황해감사(4년 1월 辛卯)

─────────────

었다.
76) 인조실록 편찬관으로 사행에 참여한 인사는 다음과 같다.
① 의순공주 호송사(1년 6월) ; 부사(신익전 - 3방당상), ② 사은사(1년 6월) ; 부사(임담 - 1방당상) 서장관(이홍연 - 1방낭청), ③ 사우진하겸동지사 ; 부사(이기조 - 1방당상), ④ 진위겸진향사(1년 11월) ; 정사(김육 - 총재관), ⑤ 진위겸진향사(2년 2월) ; 부사(박서 - 3방당상), ⑥ 진하겸사은사(2년 3월) ; 정사(한흥일 - 3방당상) 부사(오준 - 도청당상), ⑦ 진하사은겸동지사(2년 11월) ; 부사(황호 - 2방당상), ⑧ 사은사(3년 8월) ; 부사(신유 - 1방당상), ⑨ 동지사(3년 10월) ; 부사(정유 - 1방낭청)
77) 조선초기 명으로의 사행은 '朝天'이라 하였고, 중기이후 청으로의 사행은 '燕行'이라 하였다. 조선사회에서 중국과의 사행은 매우 중요한 행사의 하나였음은 주지의 사실이다.(黃元九, 「燕行錄選集 解題」, 『民族文化推進會』, 1976.)

그리고 1년 8월에는 암행어사의 임무를 띠고 지방으로 파견된 인사도 있다[78]. 그리고 3방 당상인 한홍일은 2년 11월[79]에, 박서는 4년 6월[80]에 각각 死去하였고, 1방 당상인 이시해는 강빈의 시호 문제와 관련하여[81], 조복양은 유계를 변론하는 것과 관련하여[82], 오정위는 良女 차출과 대궐안 獄에 사람 가둔 문제와 관련 각각 탄핵당하였다[83]. 따라서 이들이 실록청의 임무를 제대로 수행했다고 보기는 어렵다.

이렇게 본다면, 편찬과정에서 실질적으로 임무를 수행한 사람은 얼마 되지 않았던 것이다. 즉 편찬관 명단에 수록되어 있는 70명은 편찬 기간 동안 관계했던 모든 사람을 기록한 것으로, 계속 관여했다고는 볼 수 없다[84].

따라서 통상 실록에서 확인할 수 있는 편찬관 명단은 편찬시 관계한 인사들을 모두 기록한 것일 뿐 의미가 없으며, 편찬기간동안 수시로 빠져나가거나 보충되었던 것으로 생각된다.

효종 1년 4월 처음 논의되어 동년 6월 대제학의 제수이후 본격화되었던 인조실록은 4년 7월 총재관 김육과 대제학 채유후의 찬진으로 4년 여만에 완성되었다[85]. 그리고 관례에 따라 史庫에 봉안되었으며[86]. 연

---

78) 『孝宗實錄』卷4, 1年 8月 癸未.
79) 『孝宗實錄』卷7, 2年 11月 庚寅.
80) 『孝宗實錄』卷11, 4年 6月 癸亥.
81) 『孝宗實錄』卷6, 2年 3月 辛卯.
82) 『孝宗實錄』卷5, 1年 10月 庚寅.
83) 『孝宗實錄』卷8, 3年 6月 戊申.
  이 날 校理 洪處大가 "신이 지난 달 스무날 이후에 실록청에 출근했는데 오정위와 이태연이 먼저 와 있었습니다.…"라고 上言한 것은 주목된다. 70명의 편찬관 명단에 없는 이태연이 별도로 기록되어 실록청의 구성시 일률적으로 편찬관을 구성하는 것이 아니었음을 알 수 있다.
84) 『孝宗實錄』卷11, 4年 8月 庚午에 지평 박송휴가 편찬관들에 대한 부상을 말하면서 "지난번 편찬관들에게 상을 줄 때, 말장구를 준 사람이 40여명이나 되었습니다. 표창의 은전이 너무 지나칩니다.…"라고 한 것은 이를 반증한다.
85) 『孝宗實錄』卷11, 2年 7月 甲子.
86) 실록이 완성되었을 당시 史官이 부족하여 우선 강화부에만 봉안하였고(『孝宗實

회87)와 논공 행상에 따라 부상과 승진이 주어졌다88). 이로써 전후 4년여에 걸친 인조조의 역사 사실은 50권 50책으로 편찬이 마무리되었다.

2. 實錄廳의 構成과 任務

효종 1년 인조 실록의 편찬을 위하여 구성된 실록청의 편찬관들은 부록에서 보는바와 같이 총재관에서 3房의 낭청까지 모두 70여명이다89). 이를 다시 간단하게 정리하면 다음과 같다.

가) 총 재 관 ; 2명
나) 도청 당상 ; 5명
　　　낭청 ; 25명
다) 1방 당상 ; 5명
　　　낭청 ; 7명
라) 2방 당상 ; 3명
　　　낭청 ; 8명
마) 3방 당상 ; 8명
　　　낭청 ; 7명

먼저 3방의 각 방에서는 인조 재위 27년의 사적을 각각 9년씩 담당

　錄』卷11, 4年 閏7月 辛亥.), 10월에 전국의 史庫에 봉안하였다(『孝宗實錄』卷11, 4年 10月 庚辰.).
87) 『孝宗實錄』卷11, 4年 7月 甲戌.
88) 『孝宗實錄』卷11, 4年 閏7月 丁巳.
　"실록청의 前後 총재관인 중추부영사 이경여와 좌의정 김육에게 안장 갖춘 말을 주고, 도청 당상관인 대제학 채유후, 전 판서 이후원에게 각각 품계을 한 등급씩 올려 주었다. 당하관들인 조한영, 이천기, 권우를 모두 당상관으로 승급시켰다. 그리고 각 방 당상관들과 당하관들에게도 차등있게 물건을 주었다."
89) '仁祖實錄廳題名錄'에는 謄錄官 60명이 별도로 기록되어 있다. 이들은 실록이 완성된 뒤 해서체로 정서하기 위하여 편성된 사람들이다. 이들 60명중 11명이 효종실록 편찬시 편찬관으로 활동하였다.

하였다. 1방에서는 인조 1·4·7·10·13·16·19·22·25년을, 2방에서는 인조 2·5·8·11·14·17·20·23·26년을, 3방에서는 인조 3·6·9·12·15·18·21·24·27년의 사실을 담당하였다.

초초를 작성하는 각 방의 인원을 살펴보자.

1방 12명(당상 5, 낭청 7), 2방 11명(당상 3, 낭청 8), 3방 15명(당상 8, 낭청 7) 등 모두 38명(54%)으로 구성되어, 인원 수 비례에 따라 가장 많은 임무를 수행했다. 각 방에서는 실록청에 모여진 방대한 분량의 사료들을 직접 살펴, 왕의 재위시기에 맞추어 자료를 분류하고, 일기체로 초초를 작성하였다.

각 방의 편성 인원은 대체로 비슷하다. 그러나 그 면면을 보면 약간의 차이점을 발견할 수 있다. 우선 각 방 당상 중 1방(5명중 1명), 2방(3명중 1명)과는 달리 3방의 경우는 8명중 6명이 전임 사관 역임자라는 점이다. 낭청은 1방(7명중 2명), 2방(8명중 3명), 3방(7명중 3명)등 편성 인원과 전임사관 역임자가 고르게 편성되어 있다. 3방에서 편집을 담당한 시기가 인조 재위 3·6·9·12·15·18·21·24·27년 등 9년간이었는데, 이 시기가 다른 시기에 비해 중요한 일이나 사건이 있었던 것이 아니기 때문에, 편성시 별도의 의미를 둔 것 같지 않다.

중초를 작성하는 도청의 구성 인원은 25명(편수관 10명, 기주관 8명, 기사관 7명)으로, 전임사관 역임자가 18명, 실록의 편찬 경험이 있는 사람이 9명이다. 史官·실록 편찬 경력과 관련된 인사들이 가장 많이 편성되었다.

실록의 편찬 과정 중 가장 중요한 임무는 중초본의 작성이다. 실록청에 모아진 광범한 자료의 연도별 분류와 사실의 취사선택으로 작성된 것이 초초본이라면, 이를 편수 범례에 따라 필요 없는 부분을 산삭하고, 빠진 내용을 보첨하여 작성되는 중초본은, 문장과 체제의 보완을 거친 뒤, 정초본으로 완성되기 때문에 실록에 가까운 형태이다. 다시 말하면 실록 편찬의 가장 중요한 작업이 중초본의 작성까지인 것이다. 현존하는 실록 중 중초본의 형태를 그대로 보전하고 있는 광해군일기를 보면 이러한 사실을 확인하는데 큰 도움이 된다.

광해군일기의 중초본은 초초본에 직접 朱墨이나 黑墨으로 潤文 校訂한 상태로 전해지고 있다[90]. 따라서 광해군일기의 중초본에는 정초본에서 확인 할 수 없는 실록 편찬 과정의 실 예, 즉 초초본 내용의 산삭, 보첨, 수정, 편차 이동 등의 사례가 매우 자세하게 표시되어 있다. 다시 말하면 각 방에서 1차 원고로 작성하여 도청에 올려진 것이 교정된 상태로 전해지고 있는 것이다. 광해군일기의 사례를 볼 때, 실록의 편찬 과정 중 가장 핵심적인 작업이 도청의 낭청 손에서 이루어진다고 할 수 있으며, 도청의 낭청은 다른 부서와 달리 실무 인사중심으로 편성해야 하는 것이다.

이와 같이, 실록의 편찬시 가장 중요하고 실무적인 일이 초초와 중초의 작성인 점에서 볼 때, 실록청에 편성된 인사들 중 각 방과 都廳의 낭청에 실무적인 인사들로 배치되는 것은 자명하다.

그런데 각 방과 도청의 郎廳에 편성된 인사[91]들은 모두 行職이었던 특징이 보인다. '행수법'[92]은 특정 관직에 적당한 후보자가 없거나, 혹은 품계가 관직보다 높거나 낮은 사람을 필요한 관직에 꼭 쓰고 싶은 경우를 위해 마련된 장치이다. 이중 '行'은 "階高職卑" 즉 품계는 높으면서 낮은 관직의 일을 수행할 때 사용되었다. 실록청의 낭청에 편성된 사람들이 모두 본인 품계보다 낮은 직책의 임무를 수행했다고 하는 것은 실록청의 임무가 그만큼 중요했다는 사실을 반증한다.

편찬의 마지막 단계인 중초본의 교정과 문장 및 체제를 통일하여 정

---

90) 광해군일기의 편찬에 대해서는 林承豹의 논고(「光海君日記의 編纂經緯와 國譯過程」, 『民族文化』 18, 1995.) 참조.
91) 각 방의 낭청이 22명, 도청의 낭청이 25명등 모두 47명이다.
92) 『經國大典』卷1, 吏典 行守條.

초본을 작성하는 도청의 당상과 총재관은 전후 7명이 참여하였다. 총재관의 경우 이경여에서 김육으로 바뀌었으나, 모두 영의정시 예겸했으므로 『경국대전』 등에 명문화된 직제를 그대로 따르고 있다.

도청 당상 5명중 조선조 최고 문장가로 인정받았던 대제학 역임자가 3명(조석윤, 채유후, 윤순지)이었는데, 실록의 문장과 체제를 통일하는데 반드시 필요한 조치였다. 이것은 실록 편찬시 대제학의 임명이 선결 과제로 인식되었던 것과 직결된다. 대제학이 아니었던 이후원도 조석윤과 마찬가지로 김상헌의 천거로 등용되었던 사람으로 김장생의 문인이었으며, 오준은 百齡의 아들로 문장에 능하며 公私의 碑銘을 많이 남긴 인사였다. 이로 보아 이들 역시 도청의 당상으로 선발될 수 있는 학문의 소유자였다. 따라서 도청의 당상은 다른 부서와 달리 학문과 문장력이 상당히 뛰어난 인사들로 선발되었음을 알 수 있다.

3. 編纂官의 性格

인조실록 편찬에 참여한 편찬관 70명의 성격을 한 마디로 정의하기 어렵지만 다음과 같은 사실을 확인할 수 있다.

먼저 편찬관들은 영의정을 비롯하여 당시 중앙 행정부서의 주요 인사들이 거의 망라되었다는 점이다.

조선왕조는 중앙 정치 제도의 운영에 있어 광범한 겸직제를 운영하였다. 이는 부족한 경제력으로 인재의 폭 넓은 운용과 행정의 원활화를 기하기 위한 조치였다[93]. 이중 춘추관에는 한 명의 전임관 없이 모두 겸관만 60여명 편성하였다.

전임관 없이 겸관으로만 구성한 것은 각 관청에서 시행한 일을 용이하게 수집하기 위한 목적 때문이었다. 즉 각 관청에 속한 겸임사관들이

---

[93] 본서 제Ⅰ부 제2장 참조.

소속 관청에서 시행한 일을 기록하여 춘추관에 보고하면, 춘추관에서는 사관의 사초와 함께 시정기로 작성하여 실록의 편찬에 대비했다. 상당한 분량으로 현전하고 있는 인조대 '겸춘추일기'는 이러한 겸관의 운영사실을 반증한다.

평상시의 춘추관 겸관 운영에 비해 실록의 편찬과 같은 국가적인 사업이 있는 경우에는 춘추관내에 임시기구인 실록청을 설치하여 인원을 더 보충하였다. 따라서 평상시 춘추관의 겸관보다 더 많은 인원이 충당되었다. 그리고 실록청의 최고 책임자인 총재관 역시 영의정이 맡게 하고, 각 부서의 장을 포함하여 많은 인사들에게 실록 편찬의 임무를 겸임시켰다. 이러한 관례에 따라 효종 1년 구성된 "인조실록청"의 편찬관들 역시 중앙행정기구의 관료들이 광범하게 편성된 것이다.

둘째, 편찬관들의 당색은 대부분 서인계이다. 인조반정후 광해군일기의 편찬이 늦어진 이유가 광해군대 기록된 시정기나 사초 등이 북인계 인사들에 의해 작성되었다는 이유 때문이었다. 따라서 서인 집권 기에 편찬된 인조실록의 편찬관 70명중에 서인계 이외의 인사들은 확인되지 않는다.

인조실록 편찬에 이용된 자료들이 인조 재위 동안 서인계 인사들이 작성한 것을 근거로 하였기 때문에, 효종초 자료의 수정 문제도 발생되지 않았다. 따라서 인조 실록은 효종 즉위이후 계속 집권하고 있었던 서인계 인사들의 주도에 의해 편찬되었다.

그런데 효종 초반의 정국은 집권 서인 내에 낙당·원당·한당·산당 등으로 분파되어 매우 복잡하였다. 따라서 서인 중에서도 어느 당파의 인사들인가 하는 점이 주목된다.

편찬관 명단에서 보듯이 총재관 김육을 비롯하여 在朝의 한당[94]과

---

94) 당주인 김육을 비롯하여 아들인 김좌명, 신흠의 아들 最와 익전, 그리고 효종의 총애를 받아 병조판서로 북벌론에 깊이 관계한 박서 등이라고 할 수 있다.

훈구세력화한 낙당의 인사95)들이 많고, 산당은 상대적으로 적다. 산당 인사가 적은 것은 효종초 일시 정국주도권에서 멀어진 것과 연관된다. 송시열의 독대 요구를 효종이 거절함에 따라 송시열이 낙향하였고96), 산당의 과격한 논의에 대한 효종의 불만97), 충청도의 대동법 확대 시행 문제로 김육과 김집의 대립에서 효종이 김육의 주장을 받아들이면서, 김집이 낙향하였을 때 송준길·송시열을 비롯한 산당 인사들이 함께 조정을 떠났던 사실에서 짐작된다98). 그러나 당시 산림계의 영향력이나 在朝의 한당과 산당의 긴밀한 관계로 볼 때, 산당 인사들의 영향력을 간과할 수 없다99). 이렇게 볼 때, 당시 정국을 주도하는 과정에서 상당한 영향력을 가진 인사들이 망라되어 인조실록의 편찬에 관계했다고 본다.

　셋째, 편찬관은 모두 문과에 급제한 인재들이다. 70명의 편찬관중 동지관사로 3방의 당상에 편성되었던 신익전을 제외하고는 모두 문과에 급제하였다는 것은, 이들의 학문이 뛰어났음을 알 수 있다. 더욱이 신익전 역시 學行으로 추천된 점에서, 편찬관들이 학문과 학행이 뛰어난 인사들이라고 정의하는데 무리가 없다. 더욱이 급제자 69명의 성적을 살펴보면, 상위 성적의 급제자가 28명(41%), 중간 성적이 23명(33%), 하

---

95) 이후원, 황호, 신면, 이지항, 이해창, 엄정구등은 김자점의 낙당계 인사들이고, 이행진, 이시해 등은 원당계 인사들이라고 할 수 있다.(『燃藜室記述』, 권30, 효종조고사본말, 김자점獄條)
96) 『孝宗實錄』卷1, 卽位年 6月 丁未.
97) 『孝宗實錄』卷2, 卽位年 10月 戊申.
98) 송준길, 송시열등 산당 인사들이 조정에 들어오게 된 것은 효종 8년 8월(효종실록 권19, 8년 8월 乙酉)에 송준길이, 이듬해 7월(『孝宗實錄』卷20, 9年 7月 辛酉)에 송준길의 천거로 송시열이 들어왔다.
99) 산당 인사들 중 실록 편찬에 관여한 사람으로는, 김장생의 어머니가 신흠의 고모였던 점에서 신최와 신익전이 산당과 연관된다. 그리고 도청 당상의 이후원과 도청 낭청의 이천기는 김장생의 문인, 1방 당상 김익희는 손자, 김집의 조카 益熙는 2방 당상 이일상과, 益照는 도청 낭청 李廷夔와 사돈간이었던 점에서 확인된다.

위 성적이 18명(26%)이었다. 전체적으로 보면, 연산군일기의 편찬관과 마찬가지로 절반 가까운 인사들이 상위 성적으로 급제한 인사들이었다는 사실을 발견할 수 있다.

춘추관에 편성되어 활동하였던 예문관의 전임관, 즉 봉교·대교·검열 등 전임사관들을 반드시 문과 급제자로 임명하였던 것과 실록 편찬관들을 모두 문과 급제자로 구성한 것, 그리고 이들의 성적이 상당히 좋았다는 사실은 역사사실의 정리와 편찬을 중요시하였던 시대사조를 확인할 수 있다. 이와 함께 이들의 학문이 뛰어났음은, 편찬이 진행되던 효종 2년 6월 홍문관의 후보자를 위한 권점에서 대부분 8점과 7점을 받았다는 점100), 효종초 淸 使行時 선발된 인사들 중 실록 편찬관이 상당수 선발되었다는 것에서도 확인할 수 있다.

넷째, 편찬관들의 나이101)는 대부분 30대와 40대로, 전체의 66%이다102). 40대중 도청의 당상 1명, 도청의 낭청 11명, 각방의 당상 6명, 각방의 낭청 8명 등이고, 30대중에는 도청의 낭청 10명, 각방의 당상 2명, 각방의 낭청 8명 등이다. 50대 16명중 실무인 낭청에 참여한 사람은 6명이고103), 나머지 10명은 당상에 편성되었다. 그리고 60대 이상의 인사들은 대개 지사나 동지사 등 당상으로 참여하였다104). 70대는 총재관

---

100) 『孝宗實錄』卷6, 2年 6月 戊午.(밑줄 ; 실록 편찬관)
　　권점 8 ; 이경휘, 김시진, 홍중보, 신최, 이응시, 이단상.
　　권점 7 ; 이석, 정언벽, 오정위, 이정기, 민정중, 이재, 장응일.
101) 편찬관의 나이 분포.

나 이	70대	60대	50대	40대	30대	20대	계
인원(백분율)	1(1)	5(7)	16(23)	26(37)	20(29)	2(2)	70(100)

　　나이는 인조실록의 편찬이 시작된 효종 1년(1650)을 기준으로 하였다.
102) 연산군일기 편찬관들도 유사하다.
103) 도청의 낭청인 李應蓍와 심지한, 1방의 낭청 성이성과 김종일, 2방의 낭청 변시익, 채충원 등이다.
104) 60대 중 조빈의 경우만 도청의 낭청으로 참여하여 실무 일을 맡았다. 그가 편수관으로 실무로 참여한 것은 직품의 낮은 이유도 있겠으나, 광해군 일기의 편

김육이다.

이러한 분포로 볼 때, 8%정도인 60대와 70대는 도청과 각방의 당상으로 참여하면서, 실무보다는 문장과 체제의 통일 등의 일을 담당하였다고 보여진다.

30대와 40대중 당상으로 참여한 이는 9명뿐이고, 37명이 실무 부서인 낭청에 편성되었다. 그리고 이들 낭청에 편성된 인사들은 모두 '行職', 즉 본인의 품계보다 낮은 실록청의 직책을 수행하였다. 따라서 주로 기초 작업이라고 할 수 있는 초초와 중초의 작성 등 실록편찬의 중추적인 임무를 수행한 것으로 본다.

다섯째, 70명 편찬관들의 가계 분포에서 아래와 같이 친인척 관계에 있는 사람들이 상당수 포함되어 있다.

父子關係 ; 金 堉 - 佐明
　　　　　趙 斌 - 嗣基
叔姪關係 ; 蔡裕後 - 忠元
　　　　　吳 竣 - 挺緯
　　　　　洪命夏 - 重普
　　　　　申翊全 - 最
兄弟關係 ; 洪處尹 - 處大
婚姻關係 ; 李天基(子) - 洪處尹(女)

그리고 동일 가문의 인사들도 상당수 편성되어 있는데, 3명 이상이 편찬관으로 참여했던 가문은 다음과 같다.

全州 李 ; 7명.
南陽 洪 ; 6명.
韓山 李 ; 4명.
慶州 金 ; 3명.

찬과 겸춘추일기를 작성했던 것이 반영된 것이 아닌가 생각된다.

이들의 특징은 조선전기 이래 명문 거족으로 성장한 가문들이라는 점이다105).

한편 70명의 편찬관중에는 인조실록 이외 다른 실록의 편찬에 관계한 이가 24명(34%)이고, 전임 사관 역임자들이 36명(51%)이다. 전임 사관은 아니더라도 인조대 겸춘추일기를 작성한 사람도 8명106)인 것으로 보아, 춘추관의 겸임사관이나 겸춘추일기 작성의 경험도 어느 정도 고려된 것으로 본다.

이상과 같이, 편찬관들은 모두 문과에 급제한 인재들이었으며, 인조 당대 역사적 사실을 직접 작성하였던 전임 사관 역임자, 그리고 '겸춘추일기'를 작성했던 인사, 실록 편찬의 경험이 있는 사람들이었다는 점을 발견할 수 있다. 편찬관으로 참여했던 인사들의 최종 관력을 보면, 11명을 제외하고는 모두 당상관까지 역임하였다. 이는 편찬관에 선발될 정도의 학행과 능력이라면 개인과 가문에 하자가 없는 한 승진이 보장되었던 핵심 관료층이었음을 의미한다.

第3節 編纂官의 性格

이상으로 16세기초에 편찬된 연산군일기와 17세기 중엽에 편찬된 인조실록의 편찬과정과 편찬관에 대해서 살펴보았다.

실록은 후세에 영원히 전해져 권계되었기 때문에, 기록된 내용에 대해서는 군주를 비롯하여 대소 신료 모두가 큰 관심을 가지고 있었으며, 폄하된 기사는 반드시 고치고자 하였다. 연산군대 이극돈이 김일손의 사초를 보고, 자신과 관련된 기사가 나쁘게 기록되었음을 확인하고, 이의 개서를 요구한 것은 대표적인 사례라고 할 수 있다. 김일손이 이극

---

105) 이러한 현상은 앞 절에서 살핀 연산군일기의 편찬관과 매우 유사하다.
106) 김육, 조석윤, 채유후, 조빈, 여이징, 한홍일, 이해창, 변시익 등.

돈의 요구를 거절하자, 이극돈은 결국 이를 빌미로 士禍를 일으켰으며, 조선초기 발생한 가장 대표적인 필화사건이 되었던 것이다. 이와 같이 사관의 사초나, 이를 바탕으로 편찬되었던 실록은 當代와 後代까지 역사의 교훈이 되었던 근거가 되었다.

주지하듯이 실록은 후계한 왕이 즉위와 함께 전왕대의 각종 사료를 망라하여 편년체로 편찬하였던 가장 중요한 사업의 하나였다. 따라서 후계한 왕은 곧바로 실록청의 개국과 함께 편찬관의 편성을 독려하였으며, 영의정을 총재관으로 임명하여 편찬을 총괄하도록 하였다. 영의정을 비롯하여 당시 경외 대소아문의 요인들이 모두 편찬관으로 편성되었음은 실록의 편찬이 매우 중요한 사업이었으며, 역사 사실의 정리에 기울인 군주와 지배 관료층의 역사의식이 높았음을 살필 수 있다.

한편 실록의 편찬은 사학사적으로 볼 때, 당대 역사의 당대 편찬이라는 사실과 직결되는 것이므로, 여러 가지 의미하는바가 매우 컸다. 우선 당대 관료가 당대 역사를 편찬하다보니 현실 정치와 긴밀하게 연관되지 않을 수 없으며, 정치권의 영향이라든가 작성한 사실의 누설 여부에 매우 민감하지 않을 수 없었다. 그리고 당대 역사 사실을 정리한 사람과 이를 근거로 실록이라는 역사서로 편찬하는 사람이 다를 수 있다는 점[107]에서 문제의 소지는 내재되어 있었다. 더욱이 전왕대의 관료 중에 생존해 있는 사람이 많을 수 있으며, 혹여 이들이 현실 정치권에서 여전히 영향력을 발휘할 수 있는 위치라고 한다면, 사초의 납입을 거부하는 문제[108]에서부터 납입한 사초의 개서[109]가 자행될 수 있는 여지가 있었던 것이다.

---

107) 사초를 작성하였던 사관 중에 다음 왕대 실록 편찬관으로 참여하였던 사람들도 일부 있었지만, 일반적인 경우는 아니었다. 따라서 사초의 작성자와 이를 근거로 실록을 편찬하는 사람은 다르다고 본다.
108) 제Ⅱ부 제1장 제3절에서 살펴보았던 정태제의 경우가 여기에 해당된다.
109) 예종대 閔粹史獄의 원인이 납입한 사초의 개서에 있었다.

第2章 實錄 編纂의 實例 359

　이와 같이 실록의 편찬은 단순히 전왕대의 역사사실을 정리한다는 의미 외에, 어떤 사람들이 편찬관으로 편성되었는가 하는 점에 따라서 실록의 성격 및 편사 태도를 살필 수 있다. 조선중기 이후에는 당파가 세분화되고, 집권 당파의 성향에 따라 실록이 편찬되거나 수정 혹은 개수되는 경우가 있었기 때문에, 이러한 문제는 더욱 심화되었다. 따라서 실록 편찬관의 성격을 이해한다는 것은 당대사의 이해는 물론, 당시 정치세력의 동향까지 살필 수 있는 것이다.
　여기서는 연산군일기와 인조실록의 편찬시 편성되었던 편찬관을 중심으로 대강의 성격을 살펴보자.
　먼저, 실록 편찬관들은 모두 문과 급제자들이었다. 조선 관료제 사회에서 과거의 급제 여부는 개인적으로 입신양명의 기회를 제공해주었으며, 가문의 큰 영광이기도 하였다. 따라서 당시는 문과 급제자를 몇 명 배출하였는가에 따라서 가문의 성세 여부를 가름하기도 하였다. 이와 같이 실록의 편찬관 모두가 문과 급제자라는 점은 학문적 능력이 뛰어난 인사들에게 당대 역사의 편찬을 맡기겠다는 시대사조를 살필 수 있다. 더욱이 이들 중 상위 성적으로 급제한 사람이 40%를 넘는 점, 최종적으로 역임한 관력이 대부분 당상관까지 지냈던 사실, 그리고 전기이래 성세를 유지하였던 명문 거족출신이 많았던 점에서, 실록 편찬관의 성분은 당대 지배 엘리트 계층이라고 정의하는데 무리가 없다.
　편찬관으로 편성된 인사들 중에는 부자간이나 형제간, 가까운 인척간이었던 사람들이 많다. 앞에서 보았듯이 편찬관의 성분을 당대 지배 엘리트 계층이라고 할 때, 이러한 현상은 '사돈지친제'니 권력의 향배를 좌우할 수 있는 자리를 특정 가문의 인사들이 독점하겠다는 의도 때문에 발생한 것으로 생각된다. 즉 실록의 내용이 후세에 전해져 권계되었던 점에서 지배층들이 큰 관심을 보이는 것은 자명하다. 따라서 가문내의 인사나 자기의 黨與를 편찬관으로 적극 참여시켰던 것이 아닌가 생각된다.

 영의정이 총재관으로서 편찬의 총 책임을 맡았던 것을 비롯하여 대소아문의 實勢 관료들이 편찬관으로 편성되었던 점에서 조선시대 당대사의 편찬은 정치권력과의 상관관계를 배제할 수 없으며, 편찬 과정에서 권력으로부터 자유로울 수 없었음을 반영한다. 그리고 다른 한편으로는 사관의 기사활동을 위축시키는 요인이 되었다. 이에 대해 조정에서는 사관의 기사활동을 보장하기 위한 여러 가지 제도적 장치와 철저한 비밀 유지를 강조하기도 하였다.
 전임사관을 역임하였거나, 이전에 실록 편찬 경력이 있었던 인사들 중에서 상당수가 편찬관으로 편성되었다. 이러한 현상은 당대 역사 사실을 직접 기록하였던 사람과 이를 근거로 실질적인 편찬 경험이 있었던 인사를 중심으로 우선 선발하려는 자세와 연관된다.
 실록청에 편성된 편찬관들 중 편찬의 첫 단계로 가장 기초적인 일은 각 방의 낭청에 의해서 이루어 졌다. 이들은 실록청에 납입된 사관의 사초를 비롯하여 각종의 자료들을 편년순으로 정리하여 초초본을 작성하였다. 도청에서는 초초본의 내용을 刪削하여 중초본을 작성하였는데, 실록의 편찬 단계에서 가장 핵심적인 일이라고 할 수 있다. 따라서 중초본을 작성하는 도청의 낭청에는 가장 많은 인원이 편성되었으며, 전임사관과 실록 편찬 경험이 있었던 인사들이 상당수 편성되었다. 즉 실록의 편찬과정에서 중초본의 작성이 가장 중요하며, 핵심적이라고 할 수 있는 만큼 춘추관의 겸관 중 실무관이었던 편수관·기주관·기사관을 겸하였던 인사 위주로 편성되었다.
 이상과 같은 의미를 부여할 수 있듯이, 실록의 편찬 과정과 편찬관에 대한 분석은 조선시대 당대사학사의 규명과 직결된다. 즉 태종 이후 각 왕대 편찬된 실록을 상호 비교하여 사료의 이용, 평가상의 차이점, 서술과정에서 무엇을 강조하였고, 어떤 목적으로 서술하였는가와 같은 역사의식의 문제를 밝히는데 반드시 필요하다. 그러나 조선시대 **官撰**의 **史書**가 대부분 그렇듯이 실록의 편찬에서 사학사적인 특징을 발견하기란 쉽지 않다. 더욱이 **分黨**이 이루어지기 시작하는 중기이후가 되면 **黨色**에 의한 실록의 편찬이 이루어지기 때문에 이를 근거로 서술상의 특징을 구별하기는 더욱 어렵다. 다만 최초의 실록 편찬 이후, 점차 체계적인 실록청의 구성과 구체적인 편찬 과정이 이루어졌다는 점에서 발전의 일면을 찾을 수 있다. 그리고 정국을 주도하였던 핵심 권력층의 인사들이 망라되어 편찬하였다는 사실에서 정국의 동향이나, 지배세력의 변동 등을 살피는 것도 가능하다.

앞으로 태조에서 철종까지 모든 실록의 편찬과정과 편찬관, 서술태도의 특징 등을 분석한다면, 조선조 **當代史學史**의 구체적인 이해는 물론 지배세력의 변동에 대한 분석이 가능할 것으로 본다.

第3章 實錄의 史論

　관찬사서와 사찬사서를 막론하고 작성자의 역사의식과 역사관을 살피는데 가장 중요한 근거 자료가 史論인 것은 분명하다. 여기서는 먼저 사론의 작성과 사론의 내용, 그 성격, 작성자와 작성 자료, 작성시기 등을 살피고자 한다. 그리고 조선전기(태조부터 명종실록)의 실록 중 중종실록[1])에 수록된 사론을 중심으로, 그 성격을 살펴보고자 한다.

第1節 史論의 作成

　조선 유교 사회에서는 언론 정치의 활성화를 통하여 합의에 의한 정책 실현을 가장 중요하고 기본적인 것으로 인식하였다. 따라서 언론 三司의 활동은 무엇보다도 왕도정치의 구현에 크게 기여하였다. 여기에 史官의 운영과 활동 역시 이러한 의도에 직결된다고 생각한다. 특히 사관은 군주와 대소 신료의 언행 및 모든 時政事를 유교적 가치 기준에 따라 褒貶하였기 때문에, 유교이념의 구현이 가능했다고 본다. 따라서

---

1) 중종실록을 대상으로 한 것은 필자가 학위논문을 작성하면서 면밀하게 살필 수 있었기 때문이다. 다른 실록에서도 비슷한 사례를 확인할 수 있을 것으로 본다.

이들 역시 대간 이상으로 왕도정치의 구현에 적극적이었는데, 그 방법은 시정사를 直書하는 일 외에 당대 역사의 비평이라고 할 수 있는 史論의 작성을 통하여 도모하였다.

史論이란 당대 시정사나 인물을 논평한 일종의 역사 비평이다. 즉 사서의 편찬자나 당대 역사 사실을 정리하는 사관, 그리고 실록의 편찬관으로 편성된 인사들이 특정한 사실이나 인물, 제도나 정책 등에 대해서 당시의 思潮와 도덕적이고 객관적인 가치 기준을 근거로 칭송하거나(襃) 비판한 것(貶)이다. 따라서 본문 기사의 내용과는 구별된다. 작성자들의 역사 의식과 역사적 안목이나 비판의 방향 등을 보여주고 있으며, 역사 해석의 기본 관점까지 들어 있다. 이렇게 볼 때, 사론은 작성자들의 역사 인식이라든가, 당시의 사조 및 편사관까지 밝힐 수 있는 귀중한 자료이다.

주지하듯이 조선왕조는 유교를 국시로 하여 건국되었고, 그의 실천을 중요한 과제로 인식하였다. 따라서 유교 이념을 현실에 구현하겠다는 의지가 강하였으며, 이의 실현은 여러 가지 방법으로 논의되었다. 언론 삼사의 기능을 강화한 것이나, 학술기관의 설치와 운영은 이의 실현 의도와 직결되는 한 예이다.

대간의 활동을 보장하여 言路를 개방한 것, 경연의 지속적인 실시, 집현전의 강화, 예문관과 춘추관의 분리와 임무 분장, 홍문관의 설치 등의 조치는 조선 사회에서 유교 이념의 구현에 어느 정도의 노력을 기울였는가를 살필 수 있다. 이중 대간은 국왕과 관료들에게 유교적인 가치를 추구함과 더불어 양반 사회의 여론을 수렴하기 위하여 마련되었다. 경연은 국왕에게 講經하는 것을 주목적으로 운영되었지만, 강경 후 중요하고 긴급한 정치 현안을 논의하기도 하였다. 집현전은 세종대 강화되어 조선 전기 문화사업을 체계적으로 이루었다. 예문춘추관이 태종 1년 분리되면서, 예문관이 詞命의 제찬을, 춘추관이 時政의 기록을 담당하는 기구로 독립되면서 기능의 강화가 도모되었다. 세조 2년 집현전이 혁파된 이후 예문관에 집현전의 기능을 옮기면서 기구가 확대되자, 성종대 홍문관을 별도로 설치하여 세종조 집현전의 기능을 수행하도록 하였다.

이와 같이 조선 사회에서는 言路의 개방 및 학술정치의 구현을 위한 노력이 지속적이고 구체적으로 전개되었다. 이는 조선사회의 정치 이념이 유교적 명분론의 현실 구현이었음을 반증한다.

유교 이념의 구현을 도모하기 위한 이상의 여러 가지 노력 중에 현실 정치에서의 실현 여부를 가장 강하게 비판하거나 탄핵한 것은 대간이다. 즉 대간에게 한 번 탄핵되면 관료생활이 끝날 정도로 대단한 영향력을 끼쳤던 관료 조직이었다. 한편 예문관의 전임관으로서 춘추관의 기사관을 겸임한 사관의 탄핵 활동(史論의 작성)은 당대에 볼 수 없는 것이 아니었기 때문에, 대간보다 영향력이 크지 않다. 그러나 후세에 영원히 전해져 권계되기 때문에, 현실 정치에서 확인되는 대간의 탄핵보다 큰 영향력을 끼쳤다고 본다. 더욱이 이들의 평가는 당시 지배 관료를 비롯한 정치적 인물들에 대한 성향을 구분할 수 있음은 물론 당시 사조(이념)까지 이해할 수 있기 때문에, 파급효과는 컸다고 본다.

사론의 일반적인 명칭으로 고려조에서는 論・贊・某曰 등으로 표현하였으며[2], 조선왕조에서는 실록을 비롯한 15세기의 관찬사서 및 16세기 이후 편찬된 사찬사서 모두 臣等案・史臣曰・史臣贊曰 등으로 표현하였다[3].

---

2) 『三國史記』에서는 '論曰', 『三國遺事』에서는 '贊曰', 『帝王韻記』에서는 '史臣曰'로 썼다.(鄭求福, 『高麗時代 史學史 研究』, 西江大 博士學位論文, 1985.)
3) 조선전기의 사서 중에서 『高麗史』와 『高麗史節要』, 『三國史節要』만이 '史論不作'의 원칙에 따라 다른 사람의 사론만 싣고 찬자의 사론이 없으며, 나머지 사서들은 모두 사론을 작성하였다.(李元淳, 「朝鮮前期 史書의 歷史認識」, 『韓國史論』 6, 國史編纂委員會, 1981.) 그리고 조선중기 이후 편찬된 사서를 보더라도 史論은 기본적으로 작성되어 있다.

여기에서는 실록에 수록된 史論을 대상으로 하여, 형태 및 성격, 작성시기, 작성자 등을 살피고자 한다. 그리고 적성된 내용을 근거로 史官들의 당대사 인식을 살펴보자.

실록은 本文과 細註4), 史論 등 3부분으로 구성되어 있다. 본문은 역사사실의 편년적 서술을 말하며, 이중 별도의 설명을 필요로 하는 사실에 대한 보충 기사를 세주라고 한다. 그리고 사론은 '史臣曰'로 시작하는 문장으로 당대 현안 및 인물에 대해 시비포폄한 것을 말한다.

먼저 史論의 형태를 보면, 최초로 편찬된 태조실록부터 인종실록까지는 특정사실에 연이어서 서술되었다. 명종실록 이후부터는 本文과 구별하여 別行으로 구분하면서 한 칸을 낮추었기 때문에, 본문과 세주, 史論 등을 구분하기가 용이하다.

史論의 성격은 '역사학적'인 것과 '포폄론적'인 것으로 구분된다. 전자는 역사 서술의 원칙을 제시하거나, 사실의 진위 여부·인과 관계 등을 밝히기 위해 작성된 것으로서, 역사학적 관심이 큰 것을 의미한다. 이에 비해 후자는 도덕적이고 객관적인 비판을 통하여 감계를 주기 위한 성격이 강한 것을 말한다. 그런데 실록과 같이 군주의 언행과 조정의 시정사를 중점으로 편찬된 관찬사서의 경우는 역사학적인 것보다 도덕적 교훈을 바탕으로 한 포폄론적 사론이 주로 작성되었다.

사론의 형식(形態)은 기준과 원칙에 따른 것이 아니고 매우 다양하다. 일반적으로는 인물 1명과 사실·제도·관청·재이 등 하나의 사안에 대해서 1篇5)의 사론으로 포폄하였다. 그러나 일부의 경우 1명만이 아니

---

4) 본문의 기사만으로 확실하게 알기 어려운 경우 본문의 내용을 보완하기 위하여 본문보다 작은 글씨로 쓴 것을 말한다. 그러나 실제로 細註의 내용 중에서는 본문의 내용을 보완하는 것으로 그치지 않고 史官의 평가를 가하여 史論의 성격을 견지한 것이 상당 수 있다.
5) 사론을 세는 양사는 '則' 또는 '篇'이 있다. 한우근은 '則'으로(「朝鮮前期의 史官과 實錄編纂에 關한 硏究」,『震檀學報』66), 鄭求福은 '篇'으로(「朝鮮前期 春秋館과 實錄編纂」,『許善道先生停年紀念韓國史學論叢』, 1987.) 세고 있다. 여기서 필

고, 3명6)·4명7)·5명8)을 논평한 것이 있는 가하면, 역대 이조판서 역임자 4명의 직무 수행 능력을 논평한 것9)도 있다. 특정 사실의 끝에 논평하지 않고, 문장의 중간에 삽입한 것10)과 인사 기사 중 특정인의 관직제수를 논평한 것11)도 있다. 한 명의 인물을 3편의 사론으로 평가한 것12)도 있다. 어떤 것은 본문의 기사와 전혀 다른 내용을 논평한 것13)도 있으며, 細註의 형식인 것14)도 있다. 이와 같이 어떤 원칙이나 규정, 작성자가 정해진 것이 아니었다15).

사론의 작성시기는 사건 당시 작성된 '當代史論'과 실록 편찬시 작성된 '後代史論'으로 구분된다. 전자는 전임 및 겸임사관 등이 직접 견문한 바를 근거로, 기사 작성 당시에 논평한 것을 의미하며, 후자는 실록 편찬시 편찬관으로 편성되었던 중견 관료 이상의 인사들이 현재적 의식에 따라 과거 사실을 논평한 것이다. 史論의 작성자에 대한 분석에서도 살펴보겠지만, 이들과 상관없이 당시 관료들이 자신의 일상사나 문장을 중심으로 문집을 남겼을 때, 그 문집의 기사 중에서 발췌하여 사론으로 작성된 것도 있다.

실록에 수록된 사론들은 대체로 當代史論이다. 그러나 후대에 작성된 것도 다수 있다. 중종 元年 12月, '中朝에서 비록 법도 밖으로 대우하여 끝내 힐문함이 없다 하더라도 史筆에 기록하는 바에 어찌 후세의 의심

자는 後者를 따랐다.
6) 『中宗實錄』 卷20, 9年 2月 丙申.
7) 『中宗實錄』 卷20, 9年 3月 戊寅.
8) 『中宗實錄』 卷20, 9年 3月 乙亥.
9) 『中宗實錄』 卷31, 12年 閏12月 丁酉.
10) 『中宗實錄』 卷36, 14年 7月 辛亥와 戊申.
11) 『中宗實錄』 卷32, 13年 3月 庚戌.
12) 『中宗實錄』 卷39, 15年 4月 癸酉.
13) 『中宗實錄』 卷38, 15年 3月 壬辰.
14) 『中宗實錄』 卷101, 38年 7月 壬戌.
15) 일부의 사론은 개인 문집의 내용 중에서 발췌한 것도 있다.

이 없겠는가?'16)라고 한 기사 중에 '中朝'라는 것은 중종의 시호를 칭하는 것으로 승하한 뒤에 작성된 것이다17). 그리고 12년 右贊成 朴說에 대한 3편의 사론18) 중, 앞의 2편은 비판 내용, 뒤의 1편은 칭송 내용이다. 따라서 뒤의 사론은 실록 편찬시에 편찬관들이 별도로 작성하여 첨부시킨 것으로 보여진다19).

이와 같이 동일 사건이나 인물을 2편 이상의 史論에서 정반대의 내용으로 작성하여, 뒤에 작성된 것이 '後代史論'임을 보여주는 것이 있는가하면, 명확하게 時間(時期·年代)을 표기한 것도 있다. 중종 12年 李思均에 대한 논평 중에, '···길에서 귀양가는 光祖를 만나서···'20)와 같이, 2년 후의 기묘사화를 언급함으로써 실록편찬시 작성되었음이 분명한 것도 있다21). 15년 司錄 趙仁奎를 비판하는 사론에서는, '···뒤에 관찰사가 되어서는···'22)와 같이 아직 발생하지도 않은 사실을 언급하기도 하였으며, 동년 6월 대사헌 李沆을 비판하는 사론에서는, '···10여년 뒤에 三凶(金安老·許沆·蔡無擇)이 용사할 때에···'23)라고 하여, 10년 뒤

---

16) 『中宗實錄』 卷1, 元年 12月 乙卯.
17) 이외에 『中宗實錄』 卷105, 39年 11月 庚戌條의 史論에서는 '中宗大王'이라는 기사가 보이기다 한다.
18) 『中宗實錄』 卷27, 12年 2月 辛酉.
19) 여러 편의 사론 중 전혀 상반된 내용의 사론은 후대에 작성된 것으로 보인다. 박열에 대한 논평 중 똑같은 형태의 것이 11년에도 작성되었다.(卷24, 11年 4月 壬申) 이러한 형태로 작성된 것으로 후대에 작성된 사론임을 보여주는 것은 여러 곳에서 발견할 수 있다. 王에 대한 사론 2편(卷31, 12年 12月 乙丑.), 魚得江에 대한 사론 2편(卷65, 24年 6月 辛卯.), 周世鵬에 대한 사론 2편(卷68 25年 7月 甲辰의 史論.), 成世昌에 대한 사론 2편(卷97, 37年 1月 甲午.), 洪彦弼에 대한 사론 2편(卷101, 39年 1月.) 등이 있다.
20) 『中宗實錄』 卷31, 12年 閏12月 乙酉.
21) 이것과 같이 발생전의 기묘사화를 논한 것으로는 『中宗實錄』 卷36, 14年 9月 戊申과 동 卷37, 14年 11月 甲申·甲午·丁酉 등이 있다.
22) 『中宗實錄』 卷39, 15年 5月 甲辰.
15年 10月 戊戌의 史論에서는 감사였던 孫仲暾을 거론하면서 '뒤에 이조판서가 되어서'라고 하였다.
23) 『中宗實錄』 卷39, 15年 6月 辛未.

의 사실(乙巳士禍)이 언급되어 있다. 그리고 右議政 金克成을 비판하면서, '얼마 있다가 죽었다.'라고 하여, 생존한 사람의 죽음을 미리 언급한 것24)도 있다.

이와 같이 명확하게 시간이 표기되어 후대사론임을 확인할 수 있는 것이 있다. 실록에 수록된 전체 사론 수에 비한다면 미미하지만, 분명한 사실은 사론이 당대에만 작성되는 것이 아니고, 실록 편찬시 편찬관들에 의해서 작성되기도 하였다는 사실을 확인할 수 있다. 이는 사론의 내용분석에 있어서 사관들의 당대사 의식뿐만 아니라, 실록 편찬관들의 과거사 의식을 살필 수 있음을 의미한다.

史論의 작성시 필요한 자료 및 작성자에 대해서 살펴보자.

첫째, 사론은 사관을 비롯하여 諸臣이 작성한 사초를 근거로 하였다. 특히 전임사관들이 집에서 별도로 작성하였던 가장사초에 수록된 사론은 가장 중요한 자료였다.

전왕이 승하하면, 후계한 왕은 실록청을 열고 전왕대 사관(전임 및 겸임)을 역임한 사람과 빙거할만한 자료를 소지하고 있는 사람들에게 기한을 정해 납입하도록 명하였다. 이들 자료들은 실록청에 납입되어, 당시 역사 사실을 밝히는 중요한 기사로서 실록의 편찬 자료로 이용되었는데, 이를 근거로 논평도 가능했다. 연산 4년 성종실록 편찬시, '諸臣의 史草는 年·月·日순으로 직서하여 전문을 附入하되 片言雙字라도 증감해서는 안 된다.'25)라는 기사의 '史草'는 집에 간직한 '家藏史草'를 의미한다. 입시사초의 경우 정청에 직접 입시하여 정사의 논의 내용을 받아 적은 뒤에 춘추관에 내야 하기 때문에, 사론을 작성하는 것이 불가능하다. 그런데 가장사초는 집에 돌아와 별도로 작성하는 것이었기 때문에, 사론의 작성이 가능하였다. 따라서 가장사초의 내용과

---

24) 『中宗實錄』 卷90, 34年 5月 壬辰.
25) 『燕山君日記』 卷30, 4年 7月 乙卯條.

사론은 실록 편찬시 본문과 사론을 작성하는데 직접 인용될 수 있었다. 史草는 국왕이 승하하면 작성자의 이름이 쓰인 '사초납상장'을 첨부하여 실록청에 납부하였다. 실록청에서 이를 나누어 각 房에 분담시키면, 각 방에서는 분담된 가장사초를 기초로 하여 사론을 작성했다[26].

둘째, 時政記이다. 『翰苑故事』의 시정기 찬수범례 중에, '褒貶의 자료가 될 만한 내용은 綱目을 만들어 아래에 기록한다.'와 '전·현직 관료의 졸년을 씀에는 그 인물의 평가에 대하여 더욱 신중히 하여 반드시 公議를 채택하고 자기의 의견을 참고하여 褒貶을 정하되 한 마디도 輕率해서는 안 된다.'[27]는 기사가 있다. 이는 실록편찬시 시정기의 기사 내용 중 일부가 발췌되어 사론으로 작되었음을 반영한다. 그러나 시정기는 겸임사관들이 소속 관청의 시행사를 작성하여 보고한 기사를 근거로 편찬한 것이었기 때문에, 편찬 과정에서 기사의 일부가 노출되는 경우가 있다. 그리고 시정기에는 가장사초처럼 포폄의 기사가 없을 것이기 때문에, 이를 근거로 사론이 작성되는 경우는 드물 것으로 생각된다.

셋째, 실록 편찬시 편찬관의 가치 기준으로 작성하는 경우이다. 이런 경우는 전왕대의 사실에 대한 포폄이기 때문에 과거사를 현재적인 입장에서 평가하는 것이다. 따라서 사초나 시정기 등 전 시기의 자료를 근거로 작성할 수도 있지만, 대부분은 자신의 관점에 따라 논평했을 것이다. 이런 점에 따라 실록 편찬 당시의 사조나 시대의식과 연관되었을 것으로 보인다. 그리고 이는 전 왕조의 사실에 대한 현재 지배층의 역사의식을 살필 수 있는 근거가 된다.

넷째, 개인문집의 기사내용이다[28]. 문집에서 발췌하여 작성한 사론은

---

26) 車長燮, 「朝鮮前期 實錄의 史論」, 『國史館論叢』32, 1992.
27) 『翰苑故事』 時政記式.
28) 사관이나 실록 편찬관 경력이 없었던 陰崖 李耔의 문집인 '日錄'의 기사내용 중에서 사론으로 작성된 것이 9편인 것에서 알 수 있다.

'當代史論'이다. 실록의 편찬자료로 쓰일 것이라는 판단 하에 작성한 것은 아니지만, 문집의 기사는 사건 발생 당시를 기준으로 작성한 것이기 때문이다.

이상의 내용을 근거로 각각의 특징을 살펴보자.

첫째, 당대 활동한 사관의 사초를 이용한 경우이다. 이들이 작성한 것은 대부분 '당대사론'이며, 사건이나 사실이 발생했던 당시에 쓰여졌다는 점과 작성자가 정7품 이하 말단인 奉敎(정7품)·待敎(정8품)·檢閱(정9품)을 비롯한 신진기예의 전임사관으로서 적극적인 현실인식 태도와 자세를 가졌다는 점이 특징이다.

둘째, 시정기의 기사에서 발췌하여 작성한 경우이다. 시정기는 겸임사관들이 소속 관청의 시행사를 작성하여 춘추관에 보고한 것을 근거로 매년 말 정리하였다가, 3년마다 인쇄하였다. 그런데 시정기는 가장 사초와 달리 춘추관에 보고되고, 당상관들이 수찬의 근만을 살피기 위해서, 또는 수시로 볼 수 있었던 현실적인 여건 때문에 기사의 내용이 노출될 수 있었다. 따라서 작성자의 입장에서는 본인 및 후손에게 돌아갈 필화 사건을 우려하여 直書하지 않거나, 日氣 등 주변 사실만 기록하는 등 정확한 시비득실을 하지 않는 점이 보인다.

셋째, 실록편찬시에 구성된 편찬관들이 작성한 경우, 사건이나 사실이 발생한 직후의 것이 아니고, 시간이 다소 경과한 뒤 작성되었으며, 작성자도 중견 관료급 이상이라는 특징이 보인다. 따라서 신진기예의 사관이 작성한 것과 다른 점이 발견될 수 있다.

넷째, 사관이나 실록 편찬관으로 활동하지 않은 사람의 문집 내용을 근거로 작성된 경우이다. 문집의 주인공 역시 적극적인 현실 인식이라든가, 역사인식 태도, 현실 사회 문제에 대한 비판능력이 뛰어난 사람이라는 특징이 보인다. 그리고 문집의 작자는 실록의 편찬자료로 쓰인다는 전제로 기사를 작성한 것이 아니기 때문에, 자유로운 분위기와 철저한 주관성에 입각하여 사실을 기록했다는 점이 특징이다.

이상에서 살핀 바와 같이 실록에 수록된 사론은 여러 가지의 자료와 다양한 인사들이 작성하였다. 그러나 그 중 가장 중요한 자료와 역할은 역시 사관과 이들이 작성한 사초였을 것이다. 따라서 실록에서 확인할 수 있는 역사의식은 곧 사관의 '당대사의식'이라고 보아도 틀리지 않다고 본다.

第2節 朝鮮前期 實錄의 史論

태종대 태조실록이 편찬된 이후, 16세기에 편찬된 중종실록까지 조선 전기에 편찬된 실록에 수록된 史論의 분포는 다음 표와 같다.

표3-4) 조선전기 실록의 사론

	태조	정종	태종	세종	문종	단종	세조	예종	성종	연산군	중종	명종	計
在位	7	2	18	32	2	3	13	1	25	12	39	22	177
史論		1				4	5	2	629	32	1307	1449	3429
史官	9	2	22	57	8	11	42	3	85	38	176	94	559

표에서 보는 바와 같이, 史論이 처음 작성된 것은 정종실록이다[29]. 내용은 고려조에서 벼슬을 지냈기 때문에, 조선왕조에서는 벼슬을 지낼 수 없다고 사직하였던 吉再에 대해, 史官 洪汝剛이 論評한 것이다[30]. 정종실록에 수록된 1편의 사론을 제외하고, 태조실록부터 문종실록까지 더 이상 사론이 없다.

---

29) 『定宗實錄』卷5, 2年 7月 乙丑.
30) 조선전기에는 史草에 작성자의 이름이 기입된 채로 납입되었기 때문에, 실록에 도 사론의 작성자 이름을 알 수 있었다. 그러나 점차 성명의 기입을 하지 않으면서 '史臣曰'로 대신하였다.

단종때 작성된 史論은 즉위년 3편과 1年 1편 등 모두 4편이다. 내용을 자세히 살펴보면, 모두 실록 편찬시에 작성된 '후대사론'의 형태이다. 즉위년 5월에 작성되었던 첫 번째 사론의 내용에, '魯山君이 어린 나이로 卽位하였는데,…'31) 라고 표현되어 있는 것에서, 당시 활동한 사관들이 작성한 것이라면, 자신들의 임금을 魯山君이라고는 부르지는 않았을 것이기 때문이다. 그리고 동왕 1년에 작성된 4번째의 사론에,

> "…黃甫仁과 金宗瑞가 어찌 임금이 어리고 나라가 위태로운 것이 근심스럽다는 것과 정치가 개인의 門中으로 돌아가는 것이 염려스럽다는 것을 알지 못하였겠는가? 이는 진실로 본래 어린 임금을 의탁받은 의리는 조금도 없으면서 상벌을 자기들 마음대로 하여 다른 사람들은 감히 무엇이라고 하지 못하였기 때문이다.…"32)

라고 기록되어 있다. 이 史論은 계유정란 성공의 주역들이 자신들과 반대편에 섰던 황보인과 김종서에 대해서 신랄하게 비판한 것으로, 당대에 작성했다고 보기 어렵다. 즉 세조대 단종실록의 편찬을 담당했던 실록 편찬관들이 전왕을 폄하고 당시의 재상들을 비판하는 것을 통하여 世祖의 즉위과정과 자신들의 행위를 정당화시키고자 했던 의도를 살필 수 있다.

세조대는 5편의 사론이 작성되었는데, 모두 '당대사론'의 형태로 후대에 작성된 것이 없다. 모두 당시의 사실이나 사건에 대해서 당대 활동한 사관들이 논평을 한 것을 근거로 작성하였다. 이는 세조실록이 편찬되던 성종 초 당시 정국을 주도하던 인물들이 생존해 있던 것과 연관된다. 즉 실록 편찬시의 현재적 인식기준으로 세조대의 사실을 비판하는 것을 우려하였기 때문이다.

---

31) 『端宗實錄』 卷1, 卽位年 5月 癸丑.
32) 『端宗實錄』 卷7, 1年 7月 庚午.

이와 같이 성종실록 이전까지에는 수록된 사론이 매우 적다. 이는 무엇보다도 15세기의 시대적 분위기와 연관된다. 우선 당시의 정치·사회적 분위기는 사관들이 자유롭게 비판하거나 논평할만한 사회적 여건이 성숙되지 못하였다. 그리고 건국 이후 집권 체제는 물론 정치적 안정도 이루어지지 못하였다. 태종은 두 차례 왕자의 난을 집권한 후 왕권의 전제화를 도모하였으며, 세조는 계유정란과 곧 이은 쿠데타를 통하여 집권함으로써 명분에 어긋나고 말았다. 조선 건국의 유교 이념이 퇴색되고 명분에 어긋나는 등 반유교적이었던 시기라고 할 수 있다. 왕권의 절대화를 도모하려는 군주들이 집권하고 있었던 시기에 대간은 물론 현실 정치사나 정치적 인물에 대한 사관의 포폄은 사실상 어려웠던 것이 사실이다. 더욱이 학문의 분위기는 여전히 관학파의 학풍이 주류를 이루었기 때문에, 비판적 안목을 갖춘 지적분위기도 형성되지 못하였다. 이러한 시대적 분위기와 학문 풍토는 성종 이전의 실록에 공통적인 영향을 끼치게 되었다고 생각된다. 작성된 사론의 편수만을 근거로 할 때, 사림의 등장과 비판적 지식이 고조되었던 성종 재위 25년 동안 629편이 작성된 것이나, 이후의 실록에 비해 정치·사회적으로 분위기가 눌렸던 연산군 치세 12년 동안 32편이 작성되었던 사실도 이러한 현상과 무관하지 않다.

한편 성종실록부터 많은 분량의 史論이 작성되고, 실록에 수록되었던 사실은 시사하는 바가 크다. 성종실록에 사론이 많이 수록된 배경으로는, 우선 이 시기 학문적 소양이 깊었던 사림의 진출과 밀접하다[33]. 즉 사림의 사관식 신출로 인하여 사관의 현실 인시태도가 고조되기 시작하였고, 사론의 왕성한 작성으로 나타난 것이다. 그런데 역사는 연속성

---

33) 車長燮은 전게 논문에서 士林의 정계 진출과 그들의 史學에 대한 관심의 고조에서 사론이 많이 작성되기 시작하였다고 보았다. 그리고 成宗 9년 이후 사론이 증가된 것과 中宗 8년부터 14년까지 사론이 집중되었던 것도 趙光祖 등 사림세력의 활동과 연관시키고 있다.

에서 의미를 찾을 수 있으므로, 사론의 작성이 많아진 것은 이전부터 이미 비판의식이 고조되었으며, 그것이 이 시기에 영향을 끼친 것으로 본다. 이 시기 등장한 사림 역시 成宗 이전에도 言官과 史官에 임명되어 활동하였으며, 의식도 지속적으로 형성·발전되어 온 점에서 알 수 있다. 다만 여건이 조성되지 않아서 사론을 작성하지 않았고, 그만큼 실록에 수록될 수 없었다고 생각된다.

성종 이후 왕성한 사론의 작성과 실록의 수록은 비판적인 의식의 성장과 史官에 임명된 인사의 지적 분위기 성숙, 그리고 당시 정치·사회적 분위기의 성숙에서 찾아야 할 것이다. 여기서 史官의 지적 분위기란 사관이 되면 굳은 기개를 가져야 한다는 뜻에서 '設頭受責'하거나 '古風鞭罰'[34]하는 풍습, 즉 관료 생활 초기 선배로부터 모욕과 수치를 경험한 뒤, 어떠한 외압도 극복할 수 있는 자세를 가졌던 데서 연유하는 것으로 생각된다[35]. 이러한 독특한 풍습은 새로 제수된 신임 사관들에게 투철한 의식을 강화시켰다. 비판의식은 고려말 성리학의 수용과 더불어 고조되기 시작하면서 조선 초기에 계승되었다. 여기에 세종대의 숭문책과 유학교육의 장려는 관료들의 지적 수준을 높여주었고, 이러한 배경이 반영되어 사론의 왕성한 작성으로 나타난 것이다.

한편 이상과 같은 右文策이나 지적분위기와는 달리 건국 이후 여러 차례에 걸쳐 녹공되었던 훈구파 주도의 현실 정치 상황은 전혀 다른 방향으로 전개되고 있었다. 일부 뛰어난 학문의 소유자와 명분론을 지키고자 하였던 훈구파 인사도 있었지만, 대부분은 권력을 쫓는 과정에서 정도에 어긋난 행동과 언사를 일삼는 경우가 많았다. 따라서 언론 삼사로부터 탄핵을 받은 사람들이 많았다. 이러한 훈구파 주도의 정치현실에서 나타난 명분론의 쇠퇴와 정치적 非理는 유교 이념의 구현이라는

---

34) 『翰苑故事』, 李玄錫跋文.
35) 사관의 新入禮가 매우 까다롭고 엄했음은 成俔의 『용재총화』(권2, 권3.) 등 조선 초기의 각종 야사류에서 확인할 수 있다.

본래의 취지나 성숙된 지적분위기와는 상반되었다. 더욱이 세조의 왕위 찬탈 이후 관학파의 분파는 건국 이념의 하나였던 유교적 명분론을 퇴색시켰다. 이러한 현상은 결국 사림출신 사관들의 현실 정치에 대한 비판으로 나타나게 되었으며, 성종 이전의 실록과는 달리 상당한 분량의 사론으로 표현되면서, 실록에 수록된 것으로 이해된다.

지적 분위기의 성숙과 사림의 활동 등 제반 여건의 확충에 따라 사론의 작성이 왕성했던 성종대와는 달리 반유교적 성향이 강하였던 연산군 재위 12년 동안 32편36) 정도밖에 작성되지 않는 등 다시 위축되었다.

연산군일기에 수록된 32편 중 무오사화가 일어난 연산군 4년 7월 이후 갑자사화가 발생했던 10년 4월까지의 사이에 작성된 사론이 15편으로, 절반 정도라는 사실은 주목된다. 이러한 현상은 무오사화 이후 사관들의 활동이 위축되었음에도 불구하고, 오히려 사관들이 적극적으로 현실을 비판하였기 때문이라고 본다. 갑자사화이후 중종반정까지의 2년 4개월 동안에 14편이 작성된 것도 동일한 의미로 해석된다. 이렇게 볼 때, 연산군이 명칭의 격하, 가장사초의 수납 등 사관에 대한 탄압이 있었음에도, '기사'라는 고유의 임무를 계속 수행했던 것으로 보여진다.

중종실록에는 조선전기 실록 중 가장 많은 1305편37)이 수록되었다. 다른 시기에 비해 많은 것은 사관의 활동을 적극적으로 수용하려고 하는 왕의 의지와 사관의 비판적 인식이 높아진 점, 지적 분위기의 성숙 등이 복합적으로 작용하였기 때문이라고 본다. 즉 사관들의 현실인식

---

36) 燕山君日記에 수록된 사론.

在位	元	2	3	4	5	6	7	8	9	10	11	12	計
數	·	2	1	·	4	4	·	5	2	4	8	2	32

37) 빠짐없이 찾아내려고 노력하였지만, 본의 아니게 빠뜨린 것도 있을 것이다. 그러나 그것은 많지 않으며, 전체적인 논리 전개에도 큰 영향을 줄 정도는 아니라고 생각한다.

고조와 함께 그들이 활동할 수 있는 사회적 여건이 갖추어졌던 것으로 볼 수 있다. 이렇게 본다면 사론은 당시 사회적 분위기를 이해할 수 있는 기준이며, 그 내용의 분석은 당시의 사조 및 사관들의 당대 역사의식을 파악하는데 중요한 단서를 찾을 수 있다고 본다. 중종 재위 39년 동안 실록에 수록된 사론을 年·月로 구분하여 정리하면 다음과 같다.

표3-5) 중종실록에 수록된 사론의 분포

재위	1	2	3	4	5	6	7	8	9	10	11	12	13
史論	16	21	18	11	15	17	28	59	67	68	90	103	50
재위	14	15	16	17	18	19	20	21	22	23	24	25	26
史論	86	67	4	9	7	23	13	17	12	4	31	50	39
재위	27	28	29	30	31	32	33	34	35	36	37	38	39
史論	11	24	42	16	13	29	16	14	15	51	42	15	92

표에서 보는 바와 같이 중종실록에 수록된 史論은 모두 1305편이다. 많이 작성된 해는 8년부터 15년까지로 590편(전체의 45%)이다. 그리고 1·4·5·10·11·12월 등에 100편 이상 작성되었다. 100편 이상의 사론이 작성된 달에는 관직 제수 등 人事와 역모 사건들이 많았다[38].

연산조의 폐정 뒤에 즉위한 중종은 元年 9월과 10월에 전교를 내려[39], 전조의 양대 사화에 연루된 인사들을 다시 기용하였다. 반정초기의 정국은 공신세력에 의해 좌우되었다. 그러나 이 시기를 전후하여 다시 기용된 인사들이 대간이나 홍문관에 제수되면서 하나의 세력을 형성하기 시작하였고, 현실의 정치문제에 대해서 '公論'이라는 이름으로 공신 세력에 대립하는 양상을 띠기 시작하였다[40]. 그러나 중종 5년 4월

---

38) 인사(元年 10月, 7年 10月, 8年 4月·10月, 9年 10月, 11年 4月 등)와 변란(2年 1月 ; 朴耕의 亂, 4月 ; 李顆의 亂, 5年 4月 ; 三浦倭亂, 14年 12月 ; 己卯士禍, 16年 10月 ; 辛巳의 獄 등) 및 대신들의 사망이 많았다.
39) 『中宗實錄』 卷1, 元年 9月 申巳 및 10月 壬子.
40) 李棕浩·金光哲, 「朝鮮王朝 中宗代의 王權과 政治勢力의 動向」, 『馬山大 論文

朴元宗이 사망하고[41], 7년 12월에는 柳順汀[42], 8년 7월에는 成希顔이 연이어 사망하면서[43] 공신세력은 크게 위축되었다. 그리고 이 시기를 전후하여 왕은 공신세력의 전횡에서 벗어나 자신의 권력을 구축하기 시작하였다. 왕실을 보호하려는 강한 의지라든가, 祈晨齋·昭格署·내수사 장리 등 왕실과 관련이 깊은 행사의 수호를 천명하였던 것은 이를 반영한다. 당시 조정 대신들은 이들 왕실 관련 행사의 혁파를 집요하게 건의하였으나, '祖宗朝의 成憲을 준수'한다는 명분아래 태도를 바꾸지 않았다. 그리고 의정부와 육조의 인사들에게 힘을 실어주기 보다, 오히려 왕권의 견제 기구였던 대간과 연결하여 왕권의 강화를 도모하기도 하였다[44].

공신세력의 퇴보를 기화로 중종은 스스로 왕권을 강화하려는 의지와 함께 새로운 정치세력의 출현에 관심을 가졌다[45]. 이러한 분위기에 따라 11년에는 왕의 의중에 부합되는 신진들이 하나의 정치세력으로 형성될 수 있었다[46].

이와 같은 중종대의 정치·사회적 분위기에 따라 사관들은 적극적인 현실 인식 태도를 가졌으며, 인물과 朝野 관청의 시행사, 정책 및 풍습 등 광범한 사실을 비평하기 시작하였다.

먼저 중종실록에 수록된 사론을 시기별로 구분해 보면, 기묘사화 이

集』4, 1982.
41) 『中宗實錄』 卷11, 5年 4月 壬寅.
42) 『中宗實錄』 卷17, 7年 12月 庚申.
43) 『中宗實錄』 卷18, 8年 7月 癸巳.
44) 崔承熙, 『朝鮮前期 言官·言論 硏究』(韓國文化硏究所, 1976)를 보면, 조선전기 대간의 활동은 왕권의 강화와 연관되었음을 밝히고 있다.
45) 왕은 스스로 바람직한 인물로 廉恥와 節義를 崇尙하는 인사를 지적하였으며, 그리고 이때부터 학문에 있어서도 經學에 대한 관심을 고조시키기 시작하였다. (『中宗實錄』 卷19, 8年 10月 辛酉 및 卷20, 9年 3月 甲子.)
46) 당시 대신으로서 신진들의 진출을 비호한 사람은 鄭光弼·安瑭 등이었다. 중종도 스스로 자신의 정치권력을 유지하기 위한 기반의 조성을 생각하였고, 이로써 새로운 정치세력의 등장과 형성이 가능했다.

전과 이후에 작성된 사론이 각각 649편과 656편으로 비슷하다. 그런데 기묘사화에 趙光祖 등 신진사류들이 연루되어 제거되면서, 중종 16년부터 18년까지 3년(16年 ; 4편, 17年 ; 9편, 18年 ; 7편 등) 동안 작성된 사론이 20편 정도뿐이었다. 이것은 당시 활동한 사관들이 사화에 연루되어 화를 입고, 활동이 위축되었던 것과 연관되었기 때문이다[47]. 이외에 사론이 적게 작성되었던 시기는 20年(13편)·23年(4편)·27年(11편)·31年(13편)·34年(13편) 등 전후 5년 동안 54편 정도가 작성되었다. 이는 당시 복잡한 정국의 추이와 긴밀하게 연관된다.

내용별로 살펴보면, 기묘사화 이전에 작성된 사론의 경우 국정 운영과 관련된 것이 많으나, 이후의 것은 인물에 대한 내용이 주를 이루고 있다. 이는 사화 이전만 하더라도 신진사림들에 의한 훈구파 비난이 집중되면서, 훈구세력에 의해 주도되었던 정국 운영에 대한 비판이 집중되었기 때문이다. 인물에 대한 포폄에서도 사화 전에는 훈구세력에게 집중되었고, 사화 후에는 사림세력에 집중되었던 것과 무관하지 않다. 이를 정리하면 다음과 같다.

표3-6) 사론의 내용별 분류

區分	人物		紀綱	儀禮	風俗	官廳	政策	公論	災異	外交	大臣	其他	計
	왕	신하											
史論	115	979	40	10	9	44	36	10	8	2	17	35	1305
平均	9	75	3	0.7	1	3	3	0.7	0.6	0.1	1	3	100

표에서 보는 바와 같이 1305편의 사론 중 인물에 대한 포폄론이 84%로 거의 대부분이다. 인물에 대한 내용이 많은 것은 현실정치에 대한

---

47) 기묘사화 시에 趙光祖 당여로 몰려 피화된 인물 중, 사관을 역임하였거나 현재 역임중이었던 사람은 19명(총 피화자는 75명)이다.
具壽福·申潛·安瑭·文瑾·蔡世英·權橃·任權·李若氷·鄭譍·金匡復·沈達源·李弘幹·柳仁淑·尹漑·崔彦景·李構·鄭忠樑·張玉 등.

깊은 관심과 왕도정치의 구현에 기여하였음을 의미한다. 그 외 조정의 기강(風習)에서부터 儀禮・風俗・각 관청(의정부・승정원・사헌부・사간원・홍문관・춘추관 등)・정부의 정책 및 公論, 災異, 외교 등 국정 전 분야에 걸쳐 論評하고 있다. 이는 사관의 관심분야가 매우 방대했을 뿐만 아니라, 당대 역사 및 정치・경제・사회 전반에 대한 관심이 높았음을 의미한다.

명종실록에 수록된 내용은 명종조의 정치 정세의 변천에 따른 사건들과 이들과 관련된 여러 인물에 대한 논평이 주를 이루고 있다. 大・小尹 외척 爭權의 내막, 문정왕후의 섭정・녹훈외람, 윤원형 일당과 환관의 폐해, 禪敎 양종의 복위 문제 등이 상당수 논평되었다. 그리고 전면적으로 정권을 차지하였던 權臣들에 대한 반대 입장이 과감하게 논평되었다[48]. 이러한 점은 성종대와 중종대이래의 시대사조가 그대로 반영되었던 것과 무관하지 않다.

第3節 史論의 性格

조선 전기 편찬된 실록에서 史論이 본격적으로 작성되기 시작한 것은 성종실록부터이다. 이 시기에 사론이 본격적으로 작성되기 시작한 것은 15세기 이래의 학풍이 쇠퇴하고 현실 비판적인 안목이 고조된 사림 세력이 정계에 진출하였던 것과 연관된다. 조선 혁명에 반대하여 현실 정치에 참여하지 않다가 영남을 근거지로 학문에 전념하였던 인사들은 성종대 이후 과거를 통한 정계진출을 시도하였다. 학문적으로 '經學'을 숭상하고, 도덕적으로 의리・명분을 추구하였던 이들은 정국을 보는 안목에서도 훈구파와는 다른 입장을 견지하였다.

---

48) 韓㳓劤, 前揭論文.

성종대 중앙 정계에 진출하기 시작하였던 사림파는 주로 삼사 등 청직에 제수되어 활동하였다. 따라서 군주와 신하들의 정책 수행 과정에서 유교적 이념에 어긋나는 경우가 있다면 적극적인 비판과 탄핵을 서슴지 않았다. 특히 대간직에 있었던 신진들은 서경권의 행사를 통하여 왕권의 견제는 물론 유교 정치 이념의 확립과 여론 정치의 활성화에 상당한 영향력을 끼쳤다. 따라서 이들에게 한 번 탄핵되면 관료생활이 끝날 정도로 조선 유교 사회에서 끼친 영향력은 매우 컸다.

언로의 활동과 연관된 대간의 활동과 함께 학술정치의 구현에 있어서는 예문관과 춘추관, 홍문관의 역할이 무엇보다 컸다. 특히 '掌記時政'의 임무를 수행하였던 춘추관은 당대 역사 사실의 광범한 기록을 통하여 후세에 영원히 감계를 주었기 때문에 대간의 활동만큼이나 조정의 관료들에게 끼친 영향이 컸다. 즉 대간에게 탄핵되면 현재의 관료생활이 끝나는 것으로 그치지만, 사관에게 폄하되면 후세에 영원히 전해져 권계되었다. 따라서 관료들은 모두 사관의 기사 내용에 대해서 큰 관심을 보였으며, 특히 사론에 대해서는 수정과 삭제를 요구할 정도였다. 더욱이 공개 정치를 지향하였던 조선 사회에서는 모든 군신회의시에 사관이 入侍하였기 때문에 비밀스런 논의나, 심지어 독대까지 금지되었다. 이에 사관들은 입시한 곳의 모든 정사 내용 및 토의 사실을 사초에 기록하였으며, 家藏하기 위한 별도의 사초를 작성하기도 하였다. 입시사초의 경우에는 인물이나 시정사에 대한 논평이 불가능하지만, 가장사초에는 특정사나 인물에 대한 논평이 가능하다. 이러한 가장사초의 논평을 통상 史論이라고 하며, 이는 당시 지식인의 사상이나 시대사조, 나아가 작성자의 역사의식을 밝힐 수 있는 근거가 된다.

한편 사관들은 성리학적 유교질서를 구축하고자 하였던 자세를 견지하고 있었으며, 유교적 가치 기준을 근거로 평가하고자 하였다. 이들이 褒貶의 기준으로 삼았던 '유교적 사관'이란 다음과 같은 기준이 요구되었다.

먼저 內治에 있어서는 군주가 현실 정치의 책임자이고, 모든 정치의 잘잘못이 군주에게 있다고 보았다. 따라서 군주는 정치를 잘하기 위해서 유교적 학문과 덕을 갖춘 어진 신하의 등용과 그들의 보필을 받아야 하고, 간신이나 환관을 멀리해야 하며, 재상과 대간의 忠言을 따라야 하고, 유교 경전을 공부해야 한다. 그리고 실행한 정치 행위에 대해 책임져야 하며, 백성이 안정된 생활을 하도록 할 의무가 있다. 기강의 확립, 법의 공평한 실시, 중국적인 예제의 실현 등도 요구되었다. 이러한 정치 질서가 마련되지 않는 것은 군주가 정치를 잘못한 것으로 보았으며, 그럴 때는 天地로부터 암시를 받는다고 보았고, 이를 天譴이라고 하였다. 天災와 地變 등 災異에 대한 사론은 이러한 유교질서가 제대로 실행되지 않았을 때 나온 것이다.

外治에 있어서는 가능한 한 전쟁을 미리 막는 것이 바람직하다는 평화 외교책을 추구하였는데, 이는 애민정책과도 연관되는 것이었다. 중종실록에 수록된 사론의 경향이 있어서 외치 문제는 당시의 유교적 사관과 일치하지는 않지만, 內治는 거의 일치하고 있다.

여기서 중종실록에 수록된 史論을 근거로 그 성격을 살펴보자.

1305편 중 민생과 관련된 史論으로 사화 전에 1편과 후에 2편[49]이 작성되었다. 구휼문제 및 민본사상과 관계된 것으로 왕실 중심 역사서술과 지배층위주의 현실인식을 주로 하였던 조선사회에서, 이러한 내용의 사론은 주목할 만하다.

관정에 대한 史論에서는 대간직을 수행하고 있는 사헌부와 사간원에 대한 포폄론이 주를 이루고 있다. 이 역시 대간의 간언을 적극 받아들이는 것이 무엇보다도 중요하다고 인식하고 있는 유교 사관의 입장과 일치한다. 이러한 경향은 經筵官에 대한 論評이라든가, 성균관과 홍문

---

49) 『中宗實錄』 卷93, 35年 9月 乙未와 동 卷94, 36年 2月 壬午.

관에 대한 논평에서도 그대로 반영되어 있다.

災異에 대해서는 한결같이 하늘의 경고에 대해서 근신할 것과 정국이 원만하게 진행되지 못하는 경우를 災異와 연결시키고 있다는 점이 보인다. 그런데 재이를 다룬 史論이 기묘사화 전까지 1편도 없다가, 사화 후에 집중적으로 작성되었던 특징이 보인다. 이것은 신진사류들의 건의로 三代의 이상정치가 구현되었다고 보았던 사화 전에는 天譴 등을 논할 필요를 느끼지 않았고, 사화 이후에는 달라진 상황에 따라 논평한 것으로 이해된다.

禮節에 대해서는 전체적으로 올바른 禮制의 시행에 대해서 논하고 있다. 즉 성리학적 유교 질서를 바탕으로 예제의 실현을 논하였다.

1305편의 史論 중 '역사학적 사론'이라고 분류할 수 있는 것은 1편도 없다. 대부분의 史論이 후대에 감계를 주기 위해 작성된 '포폄론적 사론', 즉 도덕적 교훈사관이다. 이는 사관들이 역사적 사실을 규명하기 위한 목적으로 사론을 작성했다기보다 사실 그 자체에 대한 설명과 평가를 주로 하였기 때문이다. 이러한 경향은 실록의 대부분 사론에서 살필 수 있다.

중종실록에 수록된 1305편 史論의 경향을 한마디로 설명하기는 어렵다. 중종의 재위 기간이 39년으로 매우 길었고, 활동한 사관도 176명이었고, 실록의 편찬에 참여한 사람도 139명으로 매우 많기 때문이다. 더욱이 왕실 중심의 관찬사서였던 점에서도 각 개인의 史觀 구분이 용이하지 않다. 그리고 동일한 시기, 동일한 인물이나 사실을 포폄하는데 2·3편으로 論評한 경우는 작성자에 따라 비판 시각과 안목·의식이 상반되고 있는 사실에서 더욱 그렇다.

비록 중종실록을 내용으로 살핀 한계가 있지만, 이상의 내용을 바탕으로 史論의 성격과 사학사적 의의를 정리하면 다음과 같다.

첫째, 사관들은 論評의 기준을 유교적 관점으로 함으로써 고려왕조

이래의 유교사관 체계화에 기여하였다. 조선의 건국은 단순하게 왕조의 교체로만 이해되지 않는다. 즉 조선의 건국은 불교에서 유교로의 사상적인 교체를 의미하고, 정치 및 사회 운영의 원리로 유교적 명분이 강조되었다. 따라서 유교적 명분의 준수는 조선 유교 사회에서 반드시 지켜야 하는 원칙의 하나였다. 유교 국가의 건설과 유교 정치 이념의 구현을 과제로 인식하였던 조선 사회에서 이의 실천을 위한 노력은 모든 관청의 관료들이 실행해야 하는 것이었다. 그중 대간과 사관의 활동은 무엇보다 이의 실천을 위한 것이었음은 주지의 사실이다. 따라서 이들의 활동은 곧 유교 사관의 체계화와 직결된다고 할 수 있는 것이다.

사론의 내용에는 당시 활동하였던 지배층의 현실 인식태도가 반영되어 있다. 중종대의 경우, 언관과 경연을 정치적 도구로 생각하고 광범한 언론의 확대를 도모하였던 태도, 즉 전통적 명분론의 회복과 因習·舊制의 혁파를 통하여 훈구파의 독주를 견제하고자 하였던 입장이 반영되어 있다.

둘째, 대부분의 史論은 왕과 신하 등 조정 내의 인사들을 중심으로 논평하고 있는 점에서 볼 때, 지배층 중심 사관이 유지되었음을 확인할 수 있다. 그러나 일부의 사론에서는 民生과 관련된 사실도 살필 수 있어 피지배층에 대한 관심이 나타났다는 의미를 찾을 수 있다. 그런데 특정 인물과 그의 행적에 대한 포폄 내용 위주로 작성하였던 점에서, 사관들이 도덕적인 감계를 사론의 작성을 통하여 보이고자 하였음을 볼 수 있다.

셋째, 거의 대부분이 역사적 인과관계를 살필 수 있는 '역사학적 사론'이라기보다는, 인물의 시비포폄을 위해 작성된 '포폄론적 사론'의 성향, 즉 도덕적 교훈사관의 성격이 강하다는 점이다.

結 論

　역사 사실의 정리와 실록의 편찬을 통하여 후세에 권계하는 임무를 수행하였던 史官에 대해 살펴보았다. 다소 한계가 있지만, 이상의 연구만으로도 조선시대 당대사의 편찬 이유와 史官에 대한 성격, 특성을 이해하는데 도움이 되었다고 생각한다. 더욱이 이제까지 사관의 활동과 관련된 사초와 시정기의 작성, 실록의 편찬과정과 편찬관에 대한 본격적인 연구가 없었던 상황에서, 그 단서를 제공하였다는데 의미를 둘 수 있다고 본다. 본문의 내용을 정리하고, 앞으로의 연구 방향을 제시하는 것으로 결론에 대신한다.

　조선을 건국하는데 성공한 사대부들은 건국과 함께 전 시대의 청산과 새 왕조에 대한 당위성을 부여하는데 적극적으로 노력하였다. 정치·경제적인 면은 물론, 사회·사상적인 모든 면에서 천명에 의한 왕조 개창이었음을 강조하는데 역점을 두었다. 그리고 역사적인 면에서는 通史體에 의한 전 시대의 정리와 기전체·편년체에 의한 고려시대사의 정리, 그리고 건국사 및 당대사의 체계적인 정리와 편찬을 통하여 왕조 건국의 당위성 및 정통성의 제고에 노력하였다. 통사는 『동국사략』을 시작으로 『동국통감』에서 일단락 지었으며, 전 왕조사는 기전체의 『고려사』와 편년체의 『고려사절요』 정리를 통하여 마무리하였다. 건국사는 『용비어천가』의 편찬을 통하여 건국 주체 세력의 역할과 신성성을 부여하였다. 그리고 자신들이 건국한 왕조의 정치가 잘 전개되고 있으며, 후세에 교훈이 된다는 점을 강조하기 위하여 당대사인 실록의 편찬에 적극적이었다. 따라서 태조의 사후 태조대 역사를 실록으로 편찬하는 문제가 태종대 본격적으로 논의되었다. 이때 원로대신들은 역사사실이 인멸될 것을 우려하여 당대 편찬을 주장하였고, 사관들은 비밀이 보장되지 않을 수 있는 문제와 필화사건에 대한 우려를 들어 후대(3대 이후) 편찬을 주장하였다. 그러나 태종과 하륜을 비롯한 당대 지배층들의 강력한 주장에 의하여, 왕의 사후 곧 바로 편찬하는 원칙을 세우게 되었다. 따라서 실록에는 후세인에 의한 평가보다는 당대인들에 의한 시비포폄이 그대로 수록되는 원칙이 마련되었다.

 사관과 실록은 분리하여 생각할 수 없다. 그리고 이들은 조정의 어떤 관료보다도 가장 중요한 역할을 수행하였다. 따라서 사관의 직책이 비록 말단이기는 하였지만, 이들의 기사 내용에 의하여 후세의 감계가 결정되었기 때문에, 군주를 비롯하여 대소신료들의 관심이 항상 집중되었다.

 조선시대 사관이 되기 위해서는 문과의 급제와 함께 기본적으로 才・學・識 등 '三長之才'를 갖추어야 가능했다. '才'는 역사 서술 능력을 말하며, '學'은 광범한 역사 지식을 의미하며, '識'은 이런 것을 바탕으로 현실을 올바로 직시하고 시비포폄할 수 있는 능력을 말한다. 따라서 과거에 급제했다고 해서 누구나 史官이 될 수 있는 것이 아니었으며, 여러 가지 까다로운 조건을 갖추어야 했다. 본인의 능력은 물론, 조상의 臟吏 여부도 살폈다. 이는 본인만 능력이 있으면 되는 것이 아니고, 주변 환경까지 살피겠다는 인식 태도로써, 이들의 임명을 중시하였던 의도와 무관하지 않다. 이외에 성격에 하자가 있거나, 동료와 사이가 좋지 않은 경우는 물론, 심지어는 결혼하지 않은 사람도 불가능하였다. 따라서 적당하지 않은 사람을 천거한 경우에는, 천거자까지 동일하게 벌을 줄 정도였다. 이는 조선시대 史官의 선발시 매우 신중하였음과 이들에 대한 기대가 컸음을 반영하는 것이다.

전임사관의 경우와 마찬가지로 춘추관 소속의 겸임사관에게도 동일한 조건과 자격이 요구되었다. 이는 역사사실을 기록하는 인사는, 그가 전임이나 겸임에 무관하게 합당한 인사가 아니면 안 된다는 지배층의 강렬한 의지의 표현이다.

이렇게 사관의 자격 요건과 제수가 까다로웠던 만큼, 사관에 제수된 인사들은 권력에 아부하여 붓을 꺾거나 진실을 왜곡하는 경우가 드물었다. 연산군 4년 자신의 비리를 사초에서 삭제해 달라는 일기청 당상관 이극돈의 요구를 거절하고, 끝내 죽임을 당하였던 김일손의 경우는 史官의 자세를 극명하게 보여주는 사례이다. 따라서 조정에서는 모든 역사 사실의 기록과 후세의 권계를 위하여 중앙 정부의 시행사는 물론 지방 아문의 시행사까지 기록하겠다는 정신에 따라 중종 10년 6월 '外史'를 설치·운영하였다. 더욱이 閨門안의 은밀한 사실까지 모두 기록하여 군주와 내명부를 권면하기 위하여 '女史'의 설치논의가 있었던 점도 주목된다. 그리고 이들의 활동과 관련한 入侍 사초와 시정기의 작성, 실록의 편찬과 봉안, 이안, 고출, 포쇄 등이 충분하게 보장되는 조치가 점차 확대되었음을 살필 수 있다.

당대 사실의 광범한 기록과 후세에 전하여 교훈을 삼겠다는 의지는 실록의 편찬으로 나타났다. 실록의 편찬시 이용되는 자료는 史草를 비롯하여 각사 등록류, 승정원일기, 시정기, 야사, 개인문집, 조보, 사대부의 가장일기 등 매우 다양하다.

통상 실록의 편찬이 완성되면 이용되었던 자료들은 모두 세초되는 것이 원칙이었다. 그런데 편찬시 이용되었던 자료 중, 전임사관과 겸임사관이 작성한 史草가 상당 수 현존하고 있다. 이중에는 전임사관이 입시하였을 때 작성한 '入侍史草'가 있는 가하면, 강박한 기억을 더듬어 집에 돌아와 별도로 작성하여 가장하였던 '家藏史草'도 있다. 그리고 춘추관에 소속된 겸임사관들이 소속 관청의 시행사를 기록하여 춘추관에 보고해서 실록 편찬시 이용되었던 '兼春秋日記'도 상당수가 전해지고 있다. 이러한 자료들은 조선시대 사관의 사초 작성 실 예를 이해하는데 중요한 근거를 제공할 뿐만 아니라, 사관을 비롯하여 지배 관료층들의 당대 역사에 대한 의식을 살필 수 있는 근거를 제공하는 점에서 시사하는바가 매우 크다.

　사관은 조선 유교 사회에서 유교 이념의 구현을 사론으로 작성하였고, 이를 후세에 전하는 임무를 수행하였던 관료들이다. 이들이 사론을 통하여 유교 이념을 구현하고자 하였음은, 사론의 내용 중에서 유교적 명분을 추구하는 것이 많은 점에서 알 수 있다.

　실록은 본문과 細註, 그리고 史論으로 구성되어 있다. 본문은 편년순의 역사 사실을 정리 한 것이고, 세주는 본문의 내용을 설명하기 위해서 별도로 작성한 기사를 말한다. 그리고 史論은 사관과 실록 편찬관들에 의해서 작성된 역사 비평으로서 당대사실을 시비포폄한 것이다. 사론 중 역사 사실을 기록하던 당시의 사관이 작성한 것은 '當代史論', 편찬관들에 의해서 작성된 것은 '後代史論'이라고 한다. 따라서 사론은 작성자들의 역사의식을 밝히는데 가장 중요한 근거가 되며, 나아가 당대 사학사를 규명할 수 있는 요인이 되는 것이다. 그러나 이들이 작성한 사론에는 역사적 인과관계를 밝힐 수 있는 것보다는 도덕적 가치 기준을 근거로 포폄한 것이 더 많다. 따라서 어떤 역사의식을 살필 수 있기 보다는 조선전기 관찬사서의 경향과 마찬가지로 도덕적 유교사관의 경향성이 살필 수 있는 정도이다.

　실록에 수록된 사론의 분량은 성종대 이후 급격한 증가를 보이다가,

연산군 때 일시 줄어들었다. 그리고 중종대 다시 상당한 증가를 보이고 있는데, 중종 이후에 편찬된 실록들은 대체로 중종실록의 경향과 유사하다. 그런데 성종실록 이후 사론의 수가 갑자기 증가하게 된 이유는 다음과 같은 배경 때문이다.

먼저 이 시기 활동하기 시작하였던 사림의 자세와 무관하지 않다. 이들은 새로운 정치 구조의 형성을 위한 노력으로 언로의 확대를 도모하였으며, 현실 정치에는 명분론의 회복을 통한 도학정치를 구현하고자 하였다. 이러한 입장과 현실 자세는 적극적인 당대 비평, 즉 사론의 작성으로 나타났으며, 그것이 실록에 수록되었던 것이다. 그런데 사론은 어느 시기에 갑자기 많이 나타난 것이라고 할 수 없다. 초기부터 작성되었지만, 다만 실록에 수록되지 않았을 뿐이며, 사림이 정계에 등장하여 영향력을 발휘하기 시작하였던 성종대에 많이 수록될 수 있었던 여건이 조성된 것으로 생각된다.

그리고 전기이래 축적된 지적 수준의 향상과 지식인들의 현실 비판 의식이 고조되었던 것도 한 요인이다. 중기이후 양반 관료들이 기록을 남기려는 의식이 확대되면서 개인 일기의 작성이 보편화되었던 점, 각 지방에서 읍지의 편찬을 통하여 자기 지방의 역사 문화를 정리하려는 시대 사조 등이 활발해졌던 것도 한 요인이라고 본다. 더욱이 사관들의 기사활동이 점차 확대되었고, 역사 사실을 정리·기록한 내용에 대한 철저한 비밀보장 등의 조치가 폭 넓게 마련되었던 것도 사론의 작성이 많아진 원인이라고 본다.

사론의 내용은 군주와 대소 신료를 비롯하여 향촌의 유생 등 모든 계층의 인물을 포폄하였으며, 관청, 풍습, 재이 등 국정의 전 분야가 포함되어 있다. 이런 점에서 사론의 일반적인 성향을 찾는 것은 쉽지 않다. 그러나 대체적인 경향은 건국 이념인 유교 정치 체제의 확립을 위한 경향이 강하였고, 이를 현실 정치에 구현하고자 하였음을 살필 수 있다. 따라서 전반적으로 명분을 추구하는 점이 강하고, 이의 적합 여부를 살펴 포폄하였던 도덕적인 교훈 사관의 성향이 컸다고 할 수 있다.

조선시대 사관과 실록의 연구가 기본적으로는 **史學史** 중 당대사의 규명과 관련된 분야이지만, 이와 더불어 조선시대 정치·경제·사회·군사·외교·사상 등의 제반 분야를 폭 넓게 구체적으로 이해하는 것과 직결된다. 따라서 이 작업은 조선시대 역사상 및 역사학을 규명하는 데 있어서 가장 기초적인 작업의 하나라고 생각한다. 그리고 조선시대 사학사를 체계화하는 과정에서 반드시 해결해야 하는 과제이기도 하다. 그러나 다른 한편으로는, 사관 역시 중앙 정치를 체계적으로 운영하기 위해 편성된 관료 조직의 하나이기 때문에, 정치 권력의 향방과 분리하여 생각할 수 없는 점도 있다. 앞으로 정치 세력의 동향과 연관시켜 밀도 있는 작업이 진행된다면, 사관의 실체를 이해하는데 상당한 도움이 될 것으로 생각한다.

지나간 시대의 역사를 이해하는 것은 곧 현재의 교훈이 되는 것임은 물론, 미래에 창조적인 대안을 제시하는 것이다. 역사의 효용성 측면에서 볼 때, 당대사의 이해와 체계화는 과거사를 통하여 얻을 수 있는 교훈보다, 훨씬 큰 시사점을 찾을 수 있다고 본다.

조선왕조를 건국한 주인공들은 자신들이 전개한 정치가 잘 되었음을 강조하기 위하여 당대사인 실록의 편찬에 적극적이었고, 가문이 좋고, 학문이 뛰어난 인재들을 사관에 제수하여 공정하고 광범한 역사 사실의 정리와 편찬을 노모하였음은 앞에서 본바와 같다. 이는 당대시에 대한 현재적 의식과 직결되는 것이다. 이러한 태도는 역사의 현재적 의미를 강조하는 것이며, 현재적인 교훈을 바탕으로 자신들이 전개한 정치의 당위성을 구체화시키고자 하였던 의도와 연관되는 것이다.

이러한 점에서 당대 역사를 기록하여 후세에 전하는 임무를 수행하였던 사관의 활동과 그 결과물로 편찬된 실록의 이해는, 오늘의 입장에서도 의미가 매우 크다. 따라서 당대 역사를 정확하게 기록하여 후세에 전하였던 사관의 기사활동과 사관이 중심이 되어 편찬한 실록의 이해는 조선시대 역사학을 분석하는 것과 긴밀하므로, 앞으로 이에 대한 체계적인 연구뿐만 아니라, 사관 개인에 대한 연구도 병행되어야 할 것으로 생각된다. 그것은 관료로서의 사관과 전문 사가로서의 사관을 구분하여 살피는 문제와도 연관된다고 보여지기 때문이다.

이제까지 사관의 職制와 사초 및 시정기의 작성, 현존하는 전임사관과 겸임사관의 사초, 실록의 편찬과정과 편찬관의 실 예, 그리고 실록의 사론을 살펴보았다. 다소 논리의 비약이나, 잘못 해석한 점이 없지 않다. 그리고 조선시대 전 시기를 대상으로 연구하지 못한 한계도 있다. 그러나 본서는 이제까지 사관에 대한 본격적인 연구서가 출간되지 않았다는 사실과 학계에 일정 부분 기여할 것이라는 기대감으로 만용을 부리게 되었다. 혹여 논리의 비약이 있거나, 잘못 이해한 점, 무리하게 해석한 부분이 있다면, 차차 고쳐 나갈 것을 약속한다. 다만 독자 여러분께서 行間의 의미를 잘 살펴주기 바랄 뿐이다.

학문 연구에 있어서 주제의 독점권이란 없다고 본다. 앞으로 이 분야에 대한 연구자가 더 많이 나오고, 상호 활발한 학문적인 협조와 토의, 체계적인 연구 분석이 진행된다면, 사관의 실체 및 사관과 실록의 상관관계, 실록의 일반적인 성격, 실록의 편찬과정과 편찬관의 성격, 사초와 시정기 등의 구체적이고 심층적인 이해가 가능할 것으로 기대한다.

附錄

부록1) 太祖 1年부터 太宗 1年까지 예문춘추관 관원 일람표

姓 名	職 責	典 據	備 考
閔霽	大學士	太祖實錄 권1, 元年 7월 丁未	
朴宜中	學士	권2, 元年 10월 丁巳	
韓尚質	學士	元年 11월 丙午	
權仲和	大學士	元年 12월 己未	
金湊	大學士	권3, 1년 2월 丙戌	
尹紹宗	春秋館 同知	권4, 1년 9월 己未	卒記
閔霽	大學士	2년 9월 庚申	
韓理	學士	권6, 3년 9월 乙巳	
李恬	大學士	권7, 4년 4월 甲申	파면;司憲府 규탄
權近	學士	권8, 4년 윤9월 丁亥	遣 유후사로 行明
柳珣	大學士	10월 庚子	遣 正朝使 ; 抑留
鄭摠	大學士	11월 辛未	; 抑留
南在	大學士	권10, 5년 12월 丁亥	
河崙	學士	乙巳	
李明德	供奉	世宗實錄 권105,26년 윤7월丁酉	세종실록에서 확인
韓尚質	大學士	太祖實錄 권11, 6년 4월 甲午	諫官 규탄
朴形	大學士	권13, 7년 1월 壬戌	前職
成石璘	大學士	2월 癸卯	
姜隱	學士	3월 甲寅	
安景良	學士	4월 乙巳	卒記
趙浚	監事	권14, 7년 6월 丙辰	左政丞
鄭擢	大學士	定宗實錄 권4, 2년 4월 辛丑	
李至	大學士	권5, 2년 7월 乙丑	
宋齊岱	學士	권6, 2년 11월 戊辰	閔霽 妻兄
李來	學士	癸酉	
郭樞	大學士	太宗實錄 권1, 元年 1월 乙酉	
鄭矩	學士	上同	
河崙	監事	4월 癸未	
趙瑚	大學士	윤3월 庚寅	
黃喜			文宗實錄 권12, 2년 2월 壬申.
崔府			端宗實錄 권1,즉위년 6월 辛未.

부록2) 專任史官(太祖~明宗) 一覽表

이 표는 『翰苑題名錄』에 수록된 명단을 그대로 옮겨 정리한 것이다. 따라서 본문의 내용과 부록의 명단과는 인원수에서 약간의 차이가 있다.

凡例)
① 등과 난의 숫자는 석차.
② ○ : 重試 及第者.
③ 備考 : 최종관력

姓	名	本貫	登 科(席次)	父	祖父	曾祖	外祖	妻父	重試	備考

◯ 태조조

1	黃 喜	長水	공양 1	君瑞						領相
2	申 槩	平山	태조 2 8/33	晏	詔	仲明	任世正	蔡元敬·金可銘		左相
3	洪仲剛	南陽	태조 2 9/33	潛	開道	鐸	閔愉	金居道		寺正
4	柳思訥	文化	태조 2 30/33	臨	安澤	湜	權肅	劉敵·成習之	○	大提學
5	閔麟生	呂興	태조 2 32/33	中理	瑾	祥伯	柳之淀	廉大有		注簿
6	李明德	公州	태조 5 4/33	曄	堝		張羽			判中樞
7	金從理	善山	태조 5 22/33	邦老	珥	光偉				直學
8	盧 異	慶州	태조 5 23/33							正言

◯ 정종조

9	朴安信	尙州	정종 1 8/33	文老	瑔	元挺	朴思德			提學

附錄 395

10　柳宗揆　延安　정종 1　33/33　　　　　　　　　　　監司

● 태종조

11	洪汝方	南陽	태종 1	7/33	吉旼	普賢	瑜	慶璨	鄭符		吏判
12	崔士柔	朔寧	태종 2	8/33	潤文	子忠	善甫	魚白游	吳奐忠		直學 恒父
13	鄭 鬩	東萊	태종 2	10/33	鰲	仁保	安生	鄭文振	安東		獻納
14	宋 褒	金海	태종 2	21/33							執義
15	鄭 招	善山	태종 5	2/33	熙	台輔	承慶	洪希忠	金邵	○	大提學
16	金尙直	尙州	태종 5	4/33	謙	鼎	得和		李雄		提學
17	蔡知止	平康	태종 5	12/33							兵曹佐郞
18	兪尙智	昌原	태종 5	14/33	貴生	弘	囧		姜有信		代言
19	金 膺		태종 8	2/33							掌令
20	金元老		태종 8	4/33							司經
21	鄭承緖	草溪	태종 8	10/33	旼	和	守之	元保	禹		刑曹佐郞
22	辛引孫	靈山	태종 8	18/33	有定	富	原慶		薛崇		大提學
23	禹承範	丹陽	태종 8	21/33	洪壽	玄寶	吉生	尹東明	崔湜	○	吏判
24	金 顧	安東	태종 8	26/33	益達	縝	永暾	朴東生	鄭節		左司諫
25	李 攽		태종 8	28/33							舍人
26	權孟孫	醴泉	태종 8	30/33	詳	君保	遑	任敬宗	南績	○	大提學
27	李 審	驪州	태종 8	31/33	皐	允芳	謙		洪保		吏曹參議
28	裵 閏	星州	태종11	2/33	規	晋孫	用成	金承得	羅尙之		直學
29	李 椭	富平	태종11	21/33							直學
30	金 鑌	金海	태종11	23/33						○	禮曹判書
31	鄭周生	晋州	태종14	16/25							兵曹正郞
32	高有廉	濟州	태종14	17/25							翰林
33	裵 閑	星州	태종14	24/25	規	晋孫	用成	金承得	崔元之		正言
34	權 宰	安東	태종16	6/9	蘊	絪	侃		李師古		縣監
35	朴以昌	尙州	태종17	27/33	安信	文老	瑔		申包翅		監司

396 附錄

| 36 | 李仁孫 | 廣州 | 태종17 30/33 | 之道 | 集 | 唐 | 李元普 | 盧信 | | 右相 |

☯ 세종조

37	安修己	順興	세종 1 19/33	綮						吏曹正郎
38	李伯瞻	高阜	세종 1 20/33							副正
39	李先齊	光州	세종 1 24/33	日英	弘吉	奇				提學
40	梁鳳來	濟州	세종 1 28/33							監察
41	裵 寅	金海	세종 2 22/33							獻納
42	李承門		세종 2 29/33							獻納
43	李鳴謙	碧珍	세종 5 4/32	愼之	希慶	君常	權雍	曹孟修		監司
44	崔 庵	江陵	세종 5 13/32	天濡			崔守文	洪汝恭		正言
45	鄭 穧		세종 5 21/32							左司諫
46	李謙之	陽城	세종 5 27/32	孟常	澣	春富	柳滋			掌令
47	高承顔	濟州	세종 8 4/34	得宗				金旰		翰林
48	南秀文	固城	세종 8 5/34	琴	奇	永	安守之	金湜	○	直學
49	吳 愼		세종 8 7/34							參判
50	金孝起		세종 8 9/34							吏曹判書
51	金孟獻	安東	세종 8 11/34	明理	九容	昻	李達衷	李思儉		直學
52	柳義孫		세종 8 21/34	濱	克恕	濕	尹邦益	奉元郎	尹項彌 ○	吏曹參判
53	黃 瑞		세종 8 23/34					金旰		翰林
54	張 莪	昌寧	세종 8 27/34							郡守
55	崔自淵	陽川	세종 8 31/34	承潤	雨甫	濡				判官
56	崔井安	陽川	세종 9 6/27							正言
57	李孟專	碧珍	세종 9 8/20	審之	希慶	君常	呂克誨	金成美		正言
58	崔壽老		세종 9 14/20	希慶			趙愼	林希正		直講
59	崔允中		세종 9 15/20							監察
60	權自弘	安東	세종 9 16/20	恃	伯宗	正平				持平
61	魚孝瞻	咸從	세종11 15/33	變甲	淵	伯游	成思齊	朴訔		判中樞

62	李宗儉	永川	세종11	25/33	安直	釋之	洽	柳諍		大司諫
63	姜孟卿	晋州	세종11	28/33	友德	淮伯	蓍	李惠	尹項彌	領相
64	宋仁昌		세종14	30/33						獻納
65	鄭次恭	永川	세종14	31/33						直藝文
66	朴 赾	咸陽	세종16	17/25	俶	璠	忠佐	李敬之	韓尙溫	郡守
67	柳 睒	文化	세종16	18/25	孟聞	寬	安澤	洪璣	金瓘	監察
68	具致寬	綾城	세종16	24/25	揚	成老	禕	尹思永	李仲扶	領相
69	金福海	水原	세종17	9/33	四知	存理	承得		曹上林	翰林
70	金重良		세종17	21/33						翰林
71	孫肇瑞	一直	세종17	24/33	寬	永裕	得壽	金翕	河濱	戶曹參議
72	李壽山		세종17	25/33						縣監
73	金季友	安東	세종18	6/9	明理	九容	昂	李達衷	魚仲儀	舍人
74	李永楨		세종18	9/9						翰林
75	鄭 昌	草溪	세종20	18/33	孝恂	澮	修道	崔崇	李應·李漸	校理
76	李養根	咸平	세종20	19/33	如珪	自寶	玄雨	康	鄭而讓	通禮
77	金之慶	善山	세종20		地					大司憲
78	金係熙	金海	세종23	5/33	苟生					吏曹參議
79	姜希顔	晋州	세종23	23/33	碩德	淮伯	蓍	沈溫	金仲行	副學·希孟
80	趙衷孫	漢陽	세종24	7/8	育	溫	仁璧	李伯撰	鄭冕·南尙明	正言·光祖
81	尹子雲	茂松	세종26	4/32	景淵	淮	紹宗	李伯仁	金永倫	領相
82	金命重	義城	세종26	12/32	叔良	路	光富	尹紹宗	柳	執義
83	李勿敏	廣州	세종26	24/32	繩直	蔓實	元林	李亮	金輅	注簿
84	閔 悟	驪州	세종26	32/32	好禮	由誼	璿		奉安國	監察
85	李文炯	慶州	세종29	19/33	噫	擔	學林	安騰	許末牛	禮曹參議
86	韓瑞鳳	淸州	세종29	23/33	承舜	理	公義	李勵	權紹	吏曹正郎
87	柳子文	晋州	세종29	28/33	悅	謙	珂	金淇	李仁淑	府使
88	朴纘祖	密陽	세종29	7/26	尉	聯	仲美	李琚		府使
89	琴以詠	奉化	세종29	8/26	柔	極諧	操	朴天錫		校理
90	權 綸	安東	세종29	20/26	崇禮	衷	僖	趙仁珪		大司成

398 附 錄

| 91 | 全孝宇 旌善 세종29 21/26 叔謙 五倫 貢 | | | 校理 |
| 92 | 金 勇 金海 세종29 26/26 克一 泲 仇 李耳柬 | | | 承敎 |

☯ 문종조

93	吳伯昌 荳原 문종즉위22/33 寧老	洪龜 閔逍		大司憲
94	閔 貞 驪州 문종즉위23/33 澄源 審言 智生 金吉德 張友仁			判決事
95	尹子濚 茂松 문종 1 19/40 泎 江 會宗 姜淮順 尹繼謙 尹彪	○	直學
96	李悌林 문종 1 34/40 守中			監察

☯ 단종조

97	權以經 安東 단종 1 9/40 擇 尙溫 總 李稷 金理	吏曹正郎
98	李文煥 慶州 단종 1 11/40 嘻 撝 學林 安騰 李根完	承旨
99	柳 輕 文化 단종 1 16/40 自湄 洽 原之 柳珍 李永瑞	贊成
100	李芸奉 興陽 단종 1 18/40 希若 持 舒原 河自宗	禮曹佐郎
101	金利用 尙州 단종 1 22/40 張 浚 姜淮伯 朴景文	持平
102	崔漢輔 和順 단종 1 26/40 士老 安善 自河 權循	吏曹佐郎
103	金謙光 光州 단종 1 13/33 鐵山 問 若水 金明理 柳陽植	禮曹判書
104	安信孫 竹山 단종 1 21/33 復初	翰林
105	尹 慜 坡平 단종 1 26/33 須彌 普老 承禮 柳思訥 朴仁孝	大司憲
106	尹起磻 海平 단종 1 29/33 登良 思永 邦晏	執義
107	成壽嶙 昌寧 단종 2 12/33 以恭 路 萬庸	正言
108	金永堅 金海 단종 2 13/33 震孫 孝芬 觀 李種仁 ○	吏曹參議

☯ 세조조

| 109 | 魚世謙 咸從 세조 2 5/33 孝瞻 變甲 淵 朴訾 具達忠 | 左相 |

110	金	漬	延安	세조 2 8/33	致知	濤	光厚	李密	金貴誠		正言
111	黃	淑	昌原	세조 2 10/33	得粹	允奇	河晏	金汾	李吉安		司成
112	鄭蘭宗		東萊	세조 2 18/33	賜	龜岭	諧	李伯仁	李知止	○	吏曹判書
113	金瑞張		豊山	세조 2 19/33	繼容	凝	允德		崔敬		翰林
114	崔漢良		和順	세조 2 23/33	士老	安善	自河	權循	黃守身		司藝漢輔
115	許	琮	陽川	세조 3 3/13	蓀	扉	悕	崔安善	韓瑞鳳		右相
116	金仲衡		江陵	세조 3 8/13	子鏗	輕	坦之	崔淸	鄭允懷		府使
117	李壽男		全義	세조 4 2/5	誠長	士寬	貞幹	李伯臣	朴秀林	○	大司憲
118	閔	粹	驪州	세조 5 2/33	冲源	審言	智生	吳溥	尹詔		吏曹正郎
119	金克儉		金海	세조 5 17/33	剛毅					○	戶曹參判
120	金	礪	淸風	세조 5 21/33	敬文	瀞	仲源	吳振卿	柳方敬		翰林
121	申叔禎		平山	세조 6 4/4	自繩	槩	晏		南暉		兵曹正郎
122	元叔康		原州	세조 6 11/20	孝廉	昊	憲		金盼		正言
123	柳文通		晋州	세조 6 20/20	宗植	依	光甫	權遇	李抽		司諫
124	金	礎	安東	세조 7 2/3	元孝						刑曹佐郎
125	洪貴達		岳溪	세조 7 3/3	孝孫	得禹	淳	盧緝	金淑正		吏曹判書
126	李瓊仝			세조 8 22/33	達信	季由	蒙			○	大司憲
127	金良琠		光州	세조 8 13/33	孝敏			朴仲游			校勘
128	權	瑚	安東	세조 8 16/33	得	肅	貴		朴潤		兵曹正郎
129	朴喜孫			세조 8 21/33							持平
130	柳	洵	文化	세조 8 18/33	思恭	淙	原之	洪尙直	張繼曾	○	領相
131	朴叔達		陰城	세조 8 23/33	昕	淳	文吉		金卿		舍人
132	權	憬	安東	세조 8 25/33	技	遇	僖	李興門	李洧		吏曹正郎
133	成	俔	昌寧	세조 8 30/33	念	掄	石珚	安從約	李塾	◯	參贊
134	安處良		堤川	세조10 5/13							禮曹參判
135	崔哲寬		朔寧	세조11 5/33	景溥	道源	卜獜		金致知		持平
136	房貴元		南陽	세조11 12/33	恂文	九成	士良		趙云璲		翰林
137	趙益貞		豊壤	세조11 20/33	溫之	安平	愼	吳軸	權關		吏曹參判
138	元孟康		原州	세조11 31/33	孝廉	昊	憲	金盼	方		監察

附錄 399

400 附錄

139	李 堪	慶州	세조12	7/18	吉安	侗	廷碩	權紹	吳粹	府使
140	金禮源	陰城	세조12	13/18						司藝
141	金彦辛	江陵	세조12	15/18	安繼	貴誠	德崇	柳興德	文敍	持平
142	金 龜	金海	세조12	7/17						持平
143	楊守泗	中和	세조12	11/17	師悌	美	元格		權瞻	佐郎
144	李仁錫	全義	세조12	16/17	三奇	佐	思安	林命山	趙光壽	掌令
145	康致誠	信川	세조14	3/33	耆	生敏	得和		李義堅	翰林
146	孫 昌	密陽	세조14	5/33	壽岭	億	若水	河敬履		翰林
147	金 惊	江陵	세조14	23/33	貴誠	德崇	天益	李淪		大司成
148	兪 造	昌原	세조14	25/33	尙智	貴生	弘	康有信	黃淵	執義
149	楊子由	南原	세조14	31/33	淵	嗣輔	首生	崔俯		執義

☯ 예종조

150	金 楣	慶州	예종 1	4/33	從直	繩	冲漢	鄭鎭		獻納
151	安晉生	忠州	예종 1	9/33	自立	弘祚	止善	具宗節	南秀文	正言
152	姜居孝	晋州	예종 1	22/33	子愼	宗德	淮伯	李磻		舍人
153	金直孫	扶安	예종 1	26/33	懷允	瑠	光敍	宋光善	尹登峻	正言

☯ 성종조

154	朴處綸	高靈	성종 1	8/16	思爛	美生	光祐	柳閱	崔致濱	副學
155	權景佑	安東	성종 1	13/16	縈	永和	執智	李承孫	魚世謙	戶參判
156	鄭以僑	迎日	성종 1	15/16	從韶	淮衡		權致孫		吏曹正郎
157	李禮堅	韓山	성종 2	4/9	亨增	叔畝	種學	趙雅	金寬安	大司諫
158	李 博	固城	성종 3	7/33	庚	壹	原	成得識	羅文緖	翰林
159	趙文琡	漢陽	성종 3	14/33	欽	仲發	師	申仲舟		執義
160	徐 赾	利川	성종 3	19/33	遭	達				持平
161	表沿沫	新昌	성종 3	23/33	繼	乙忠		李從林		翰林

162	安彭命	廣州	성종 3	26/33	從生	省	器	裵素	洪係江		司諫
163	李昌臣	全義	성종 5	5/33	亮	淳伯	士欽	趙惠	德泉君		吏曹參判
164	奇襸	幸州	성종 5	6/33	軸	虔	勉	鄭忠敬	尹俊元		應敎
165	鄭淮	迎日	성종 5	8/33	自濟	淵	洪	李順蒙	許嚴	○	直學
166	潘佑亨	巨濟	성종 5	15/33	慨						大司憲
167	梁舜卿	忠州	성종 5	22/33	繼緒	汝恭	肅	朴樞	禹孝宗		吏曹佐郎
168	金諶	延安	성종 5	26/33	友臣	俟	自知	李繼忠	安	○	舍人
169	蘇斯軾	晋州	성종 5	29/33	禹錫						府使
170	曹偉	昌寧	성종 5	31/33	繼門	深	敬修	柳汶	申允範		戶曹參判
171	曹淑沂	昌寧	성종 5	33/33	顔仲	勑	甲生	盧恮	鄭攸宜		大司憲
172	崔乙斗		성종 6	6/20	信漢	自進	季魯	孫孟希	權良		正言
173	柳麟童	文化	성종 6	17/20	桂芬	承順	士根	南珥	閔孝悅		吏曹正郎
174	徐彭召	大邱	성종 7	4/13	居廣	彌性	義		楊泚		吏曹正郎
175	安潤孫	廣州	성종 7	5/13	克辨	鐵山	省	金最	金元右		大司憲
176	閔孝曾	驪州	성종 7	8/13	悟	好禮	由誼	奉安國	崔虎生		贊成
177	崔璡	江陵	성종 7	11/13	命孫	店	天濡	趙瓚	金永堅		大司憲
178	柳仁濡	文化	성종 8	8/33	孝章	衡	元顯	安進	蓬山副守諄		僉正
179	李世英	陽城	성종 8	12/33	玉蕃	季茂	推		崔有容		參判
180	李均	韓山	성종 8	15/33	季町	種善	穡	朴遂良	許迪		副學
181	洪泂	南陽	성종 8	16/33	貴海	益生	子儆	閔孝悅	趙衷孫		副學
182	金壽童	安東	성종 8	28/33	礩	宗淑	陞	安質	李季禧		領相
183	崔潾	江華	성종 9	3/5	延年	福海	世昌	李季甸	柳季孫		大司諫
184	李杜	全義	성종10	6/10	知耻	秀東	昷	康袞	洪孟孫		吏曹佐郎
185	崔滉	鐵原	성종11	3/33	虎山	敦	五福	朴稠			同知
186	李粹彦	廣州	성종11	4/33	蓀	守哲	遇生	李繼潘	趙籬		舍人
187	柳麟種	文化	성종11	7/33	桂芬	承順	士根	南珥	尹澹		寺正
188	朴訓	密陽	성종11	8/33	思東	繼持	義林	李傳春			寺正
189	李琚	德水	성종11	9/33	孝祖	邊	公晋	奇貢	陳世蕃		兵曹參議
190	閔祥安	驪興	성종11	16/33	貞	澄源	審言	張友仁	金禧		大司憲

402　附錄

191	李承健	牛峰	성종11	18/33	折	吉培	周	柳江	金汴		監司
192	姜謙	晋州	성종11	20/33	子正	微	安壽	李梡	具哲卿		校理
193	朴文幹	高靈	성종11	24/33	仁孝	眞言	尙思	徐晋	朴璘		校理
194	洪係元	南陽	성종12	5/13	潤溫	敬孫	智	許季	兪卿老		持平
195	李思孟	全義	성종12	7/13	梓	恭全	承幹	朴何信	李承茗		翰林
196	安珦	順興	성종12	8/13	敦厚	璟	從約	朴融	李永禧		左相
197	辛服義	靈山	성종12	11/13	尙殷	智	應參	李元增	鄭伯元		掌令
198	申叔根	平山	성종12	13/13	自繩	槩	晏	南暉			府尹
199	權瑠	安東	성종13	4/11	有順	恢	允均	金學知	金周		典籍
200	韓呴	淸州	성종14	12/33	長孫	瑞龍	承舜	林檐	廉紀		持平
201	朴承熽	密陽	성종14	19/33	楗	仲孫	切問	崔昫	鄭尙祖		舍人
202	尹璋	楊州	성종14	20/33	志夏	期	壽	李紬	崔哲石	○	工曹判書
203	李孝篤	龍仁	성종14	27/33	奉孫	升忠	伯撰	洪利用	崔命根		司諫
204	河潤	晋州	성종14	30/33	繼文				金之慶		翰林
205	成希顔	昌寧	성종16	4/16	瓊	孝淵	溥	德泉君	趙益祥		領相
206	洪瀚	南陽	성종16	12/16	貴海	益生	子徹	閔孝悅	成貴達		副學
207	權景裕	安東	성종16	15/16	紊	永和	執智	李承孫	許混		吏正郎
208	金馹孫	金海	성종17	2/33	孟	克一	淆	李	禹克寬		吏曹正郎
209	李達善	光州	성종17	3/33	亨元	善齊	日英	李悓	安堯卿		院正
210	李承張	牛峯	성종17	9/33	埑	吉培	周		金慶長		典翰
211	崔世傑	海州	성종17	11/33	堧	萬理	荷	宋公珩	禹獜孫		獻納
212	權五福	醴泉	성종17	14/33	善	幼孫	詳	李季旬	烏川正嗣宗		校理
213	姜渾	晋州	성종17	19/33	仁範	叔卿	友德	呂仁輔			贊成
214	李希洛	水原	성종17	24/33	養源						牧使
215	李瑠	昌寧	성종17	31/33	孟賢	介智	午	尹塢	蓬城君恒		校理
216	南世周	固城	성종18	2/5	益文	琴	奇		瑞城副正		典翰
217	梁賀	晋州	성종18	5/5	順石			鄭孝忠	慶禎		持平
218	李冑	固城	성종19	2/4	泙	增	原	許樞	列山正		正言
219	南宮璨	咸悅	성종20	12/33	順	致	佐	崔敦	申自繩		監司

附錄 403

220	宋千喜	礪山	성종20	17/33	克昌	倫	忠孫	鄭克從		吏曹判書
221	鄭光國	東萊	성종20	24/33	蘭孫	賜	龜岑	盧攝		禮參判
222	崔連孫		성종20	26/33	岱	凋	德之	李季茂	崔湔	僉知
223	柳崇祖		성종20	27/33	之盛	敬孫	濱	權得	閔亨孫	翰林
224	孫仲暾	慶州	성종20	30/33	昭	士晟	登	柳復河	洪欽孫	參贊
225	奇 褚	幸州	성종21	2/10	軸	虔	勉	鄭忠敬		府使
226	鄭汝昌	河東	성종21	10/10	六乙	復周	之義	崔孝孫	桃平君	縣監
227	權 鈞	安東	성종22	6/6	逈	彌	繼	朴允文	金伸訥	右相
228	韓亨允	清州	성종23	15/33	巴	繼美	惠	成俊	崔洌 ○	刑曹判書
229	申 澄	高靈	성종23	16/33	松舟	稽	包翅	梁	閔男興	文學
230	成允祖	昌寧	성종23	18/33	可義	福同	孝祥	李	李蒔	右尹
231	李希舜	安岳	성종23	20/33	枰	九寬	晨			府使
232	姜德裕	晋州	성종23	24/33	眉壽			李思任		正郎
233	權達手	安東	성종23	28/33	琳	有順	恢	李輔丁	鄭繼金	校理
234	鄭 侁	海州	성종23	5/14	澄	旗	崗		尹伯亨	翰林
235	南 袞	宜寧	성종25	2/22	致信	珪	乙珍	河備	李世雄	領相
236	高世昌	濟州	성종25	5/22	台翼	得宗	鳳智	宋紹	金駿孫	注書
237	鄭承祖	慶州	성종25	6/22	文德	之禮	吉祥	陳致中	金忠長	監察
238	姜 澂	晋州	성종25	12/22	利行	安福	淮中	許蓀	鄭湄	禮曹參判
239	曹致虞	昌寧	성종25	21/22	末孫	敬武	尙明	金漢啓	朴赫孫	院正

● 연산조

240	權五紀	醴泉	연산 1	9/33	善	幼孫	詳	李李旬	李承仝	執義
241	韓世桓	清州	연산 1	12/33	運	致云	砆	李慎	李永岭	吏曹判書
242	鄭希良	海州	연산 1	18/33	延慶	忱	忠碩	慶侃	崔璡	翰林
243	申公濟	高靈	연산 1	21/33	洪	末舟	稽	卞鈞	湖山君	吏曹判書
244	李思恭	全義	연산 1	23/33	秉仁	養性	善慶	金仁仲	慎敦仁	掌令
245	金 瑠	慶州	연산 1	24/33	泰卿	新民	仲誠	卞鈞	李沂	贊成

246	李 荇	德水	연산 1	25/33	宜茂	抽	明晨	成熺	璋山守	左相
247	李幼寧	完山	연산 2	5/33	深源	枰城君	寶城君	安謹	鄭汝裕	吏曹正郎
248	金 熠	慶州	연산 2	10/33	宗蓮	碓	仲權	洪元淑	韓忠義	持平
249	朴 誾	高靈	연산 2	17/33	聃孫	季林	持	李苢	申用漑	修撰
250	成希哲	昌寧	연산 2	20/33	玩	孝淵	溥	李大晟	富原君	參校
251	文 瑾	甘泉	연산 2	24/33	彬	崇質	孫武	李文興	奇	刑曹參判
252	柳仁貴	晉州	연산 2	25/33	文通	宗植	依	李抽	成玩	禮曹參議
253	金楊震	豊山	연산 3	9/13	徽孫	從石	子純	閔孝悅	許瑞	工曹參判
254	金 寬	金海	연산 3	10/13	克儉	剛毅		安璋		監正
255	河繼曾	晉州	연산 4	20/33	孟閏	孝明	演	金博		參校
256	李 𡊮	眞寶	연산 4	25/33	繼陽	禎	云侯	金有庸	李時敏	戶曹參判
257	李賢輔	永川	연산 4	30/33	欽	孝孫	坡	權謙	權孝誠	判中樞
258	金克愊	光州	연산 4	32/33	謙光	鐵山	問	陳繼孫	把城君	贊成
259	徐 厚	大邱	연산 4	5/6	彭召	居廣	彌生	楊沚	梁舜卿	副提學
260	韓效元	淸州	연산 7	7/35	曾	長孫	瑞龍	李三老	金自淑	領相
261	尹龜壽	坡平	연산 7	17/35	熺	珪	承禮	申丁道	邊祥	兵曹正郎
262	李 耘	韓山	연산 7	23/35	仁堅	亨增	叔畝	柳京生	安遇臣	參議
263	李守貞	廣州	연산 7	27/35	世佐	克堪	仁孫	趙瑾	申承演	修撰
264	金欽祖	禮安	연산 7	28/35	孝友	尾孫	新			判決事
265	李守義	廣州	연산 8	10/14	世佐	克堪	仁孫	趙瑾	崔秀英	翰林
266	金錫硎	扶安	연산 8	12/14	仲孫	懷	瑠			監正
267	許 硡	陽川	연산 9	4/8	琛	蓀	扉	柳蒔	金礪石	贊成
268	尹世豪	坡平	연산 9	5/8	俊	岑	太山	趙增	崔宗淑	刑曹判書
269	申 鏛	平山	연산 9	8/8	末平	自準	檠	權擘	富林君	吏曹判書
270	金 硡	光州	연산10	10/31	順誠	華	若時	韓輯	丘達童	戶曹參判
271	安處誠	順興	연산10	31/31	琛	知歸	玖	李永禧	朴聃孫	監正
272	俞汝霖	杞溪	연산10	3/19	起昌	解	輯	具安遇	安聃命	禮曹判書
273	鄭紹宗	河東	연산10	4/19	錫年			韓繼胤	江陵君	翰林
274	林 垓	平澤	연산10	14/19	萬根	從直	檐	鄭昕	英陽正	副正

275	鄭嗣宗	河東	연산10 15/19	錫年			韓繼胤	成愼仁	郡守
276	李希曾	陜川	연산12 7/17	允儉	順生	智老	崔季漢	柳續	修撰
277	金 瑛	安東	연산12 11/17	永銖	係權	三近	金博	金光礪	吏曹參議
278	鄭忠樑	東萊	연산12 13/17	光世	蘭孫	賜	裵稠	河陰正	知申事
279	尹仁鏡	坡平	연산12 15/17	呴	繼興	惇	柳琮	金之壽	領相

☯ 중종조

280	李 抹	延安	중종 1 8/15	仁文	根健	續	李長孝	辛仲琚	直學
281	鄭 熊	羅州	중종 1 10/15	參全	暾	以忠	權 碓	宋孝亨	執義
282	文 灌	甘泉	중종 2 5/36	彬	崇質	孫武	李文興	李 誠	掌令
283	權 橃	安東	중종 2 12/36	士彬	琨	啓經	尹 塘	崔世演	贊成
284	柳 灌	文化	중종 2 19/36	廷秀	霍	尙榮	朴潤孫	閔季曾	左相
285	尹止衡	南原	중종 2 24/36	孝孫	處寬	希長	朴元亨	李 演	吏曹參議
286	權希孟	安東	중종 2 28/36	詳	孝良	自庸	李 友	呂漢卿	監司
287	金希壽	安東	중종 2 33/36	叔演	自行	日至	金 增	梁 治	大司憲
288	蘇世良	晋州	중종 2 11/33	自坡	效軾	禧	王碩珠	楊培	大司諫
289	任 樞	豊泉	중종 2 20/33	由謙	漢	孝敦	李 愼	許 逢	禮曹參判
290	李守英	道安	중종 2 24/33	仁佑	勝				正言
291	潘碩枰	光州	중종 2 32/33	瑞麟	崗	思德			刑曹判書
292	蘇世讓	晋州	중종 4 3/18	自坡	效軾	禧	王碩珠	崔昌孫	贊成
293	鄭 荃	東萊	중종 4 5/18	亨耘	秠	善卿	愼自修	愼克正	翰林
294	韓胤昌	淸州	중종 4 6/18	士介	繼禧	惠	李有仁	南孝元	禮曹參判
295	兪仲翼	杞溪	중종 4 8/18	臣老	孝通	顯	吳 沆		司諫
296	李孝彦	龍仁	중종 5 5/33	奉孫	升忠	伯撰	洪利用	李 敷	吏曹正郎
297	許 渭	陽川	중종 5 8/33	聃	菖	扉	尹繼謙	李世弘	監司
298	曹允文	昌寧	중종 5 11/33	繼夏	九斂	變隆	车陽君	吳宗周	翰林
299	李 佑	固城	중종 5 13/33	珌	嶷	壹	奇 軸	呂遇昌	舍人
300	羅 昶	羅州	중종 5 14/33	逸孫					司藝

301	鄭球	東萊	중종 5	15/33	有義	潔	子順	趙瓚	金仲文	副正
302	鄭應麟	淸州	중종 5	16/33	胤	沃卿	孝忠	李昌東	金宗孫	大司諫
303	朴祐	忠州	중종 5	26/33	智興	蘇	光理	徐宗夏	鄭留守	
304	柳仁淑	晉州	중종 5	28/33	文通	宗植	依	李描	李㪷	贊成
305	李洽	驪興	중종 5	32/33	師弼	簡		洪貴海	朴謙	僉正
306	李挺豪	靑海	중종 6	15/16	淳禧	孝綱	和英	趙琛	吳光傑	正言
307	朴命孫	咸陽	중종 8	3/8	以恭	遂智				執義
308	金匡復	尙州	중종 8	5/8	화					都事
309	金公藝	安東	중종 8	6/8	階	宗孫	丸	柳塾	李達善	承旨
310	沈義欽	靑松	중종 8	4/33	光宗	貞源	潚	金叔演	尹金孫	典翰
311	朴聞卿	文義	중종 8	5/33	世延	之茂	禾致	李存約	趙恢	副學
312	沈彦光	三陟	중종 8	8/33	濬	文桂	忠寶	金普淵	朴承緖	吏曹判書
313	任權	豊川	중종 8	10/33	由謙	漢	孝敦	李愼	辛悌聃	兵判
314	洪係貞	南陽	중종 8	19/33	潤德	敬孫	智	申松舟	金期壽	翰林
315	李弘幹	龍仁	중종 8	21/33	孝篤	奉孫	升忠	崔命根	李逵	僉知
316	丁玉享	羅州	중종 8	22/33	壽崗	子伋	衍	金彦辛	金守延	兵曹判書
317	許洽	陽川	중종 8	30/33	確	琮	蓀	金守祖	李惟淸	贊成
318	李若氷	廣州	중종 9	7/21	滋	世佑	克堪	安彭命	洪彦昇	吏曹正郎
319	安處順	順興	중종 9	21/21	璣	知歸	玖			縣監
320	張玉	豊德	중종 9	1/15	孟禧	均	金若枰	蓮城君	○	舍人
321	曹彦卿	昌寧	중종10	7/15	殷	九敍	變隆	宋譚		吏曹佐郎
322	具壽福	綾城	중종11	4/33	頤	信忠	鋼	李宜榮	丹山正	吏曹正郎
323	尹漑	坡平	중종11	12/33	李孫	龜蒙	禧	尹伯	永春君	左相
324	趙九齡	淳昌	중종11	13/33	俊孫	士淳	龜山			翰林
325	柳庸謹	晉州	중종11	23/33	濱	仁濕	均	李仁行	鄭弘先	都承旨
326	權悅	安東	중종11	28/33	哲經	自謙	居約	黃允卿	韓胤根	吏曹判書
327	鄭萬種	光州	중종11	3/11	允績	繼禹	之夏	申子杠	權承金	禮曹參判
328	柳希齡	晉州	중종11	9/11	仁貴	文通	宗植	李長生	禹審言	戶參議
329	崔克成		중종11	11/11	秀孫	生明	匡之	吳伯亨		獻納

330	沈達源	青松	중종12	4/18	順門	湲	澮	鄭任生	尹希仁	吏曹判書
331	沈思遜	豊山	중종12	14/18	貞	膴	寶	許塘	李禮長	直學
332	蔡世英	平康	중종12	16/18	子涓	潭	孝順	柳孝庸		戶曹判書
333	林百齡	善山	중종14	3/29	遇亨	秀	得茂	朴子回	吳聲遠	吏曹判書
334	李公仁	光州	중종14	9/29	達善	亨元	先齊	安堯卿	愼榮命	修撰
335	李 構	星州	중종14	16/29	世俊	文興	菊		李瑗	牧使
336	曹孝淵	昌寧	중종14	19/29	致虞	末孫	敬武	朴赫孫	李堣	郡守
337	張季文	仁同	중종14	20/29	哲堅	智	洪壽	李著	金福壽	應教
338	李元徽	光州	중종14	22/29	胤宗	時止	枚			承校
339	琴 椅	奉化	중종14	27/29	致湛	衍		金淡	李弘準	府使
340	安 珽	順興	중종14	6/28	處善	琛	知歸	崔潤身	尹世洭	典籍
341	申 潛	高靈	중종14	9/28	從濩	澍	叔舟	義昌君	明龜	牧使
342	申遵美	平山	중종14	15/28	援	永錫	元祐	把城君	柳聃壽	典籍
343	金神童	光州	중종14	16/28	磔	順誠	萃	南 馤	郭世籍	注簿
344	姜 灛	晋州	중종14	17/28	子仁					典籍
345	尹豊亨	柒原	중종14	2/19	碩輔	思	參	朴仁老	辛允恭	監司
346	宋 純	新平	중종14	3/19	泰山	福川	壽之	趙 雍	薛南仲	參贊
347	尙 震	木川	중종14	8/19	甫	孝忠	英孚	金 徽	孝智	領相
348	鄭 源	東萊	중종14	13/19	有綱	潔	子順	申 濚	權遇鸞	承旨
349	金 埏	彦陽	중종14	18/19	守謙	餘善	承達			工曹佐郎
350	趙宗敬	豊壤	중종15	2/11	彭	益貞	溫之	李嗣孫	李 箴	典翰
351	閔齊仁	驪興	중종15	6/11	龜孫	粹	冲源	金效震	李 岣	贊成
352	楊八俊		중종15	11/11	培	子瞻	淵	朴仲愚	張忠輔	戶曹佐郎
353	安 玹	順興	중종16	3/18	舜弼	珹	仁厚	趙康門	朴文璐	左相
354	黃 恬	長水	중종16	6/18	允峻	蟠	事長	安 根	許允平	承旨
355	林 鵬	羅州	중종16	10/18	杚	貴椽	始巢	金 潞	李宗義	承旨
356	宋麟壽	恩津	중종16	11/18	世良	汝諧	順年	柳承陽	權 博	大司憲
357	洪敍疇	南陽	중종16	13/18	淑	貴演	益生	安克治	鐵城君	舍人
358	金 馮	安東	중종16	17/18	誠童	碩	宗叔	姜希孟	李頤壽	判決事

附錄 407

408　附錄

359	沈連源	青松	중종17	5/33	順門	湲	澮	申永錫	金瑠	○	領相
360	安士彥	廣州	중종17	6/33	子欽	潤孫	克辨	辛舜昇	尹元謹		輔德
361	金嶒	光州	중종17	18/33	硅	元信	敖	成克讓	德津君		承旨
362	成倫	昌寧	중종17	20/33	世貞	忠達	得識	洪永河	吳澄		吏曹參判
363	周世鵬	尙州	중종17	3/7	文佇	長孫	尙彬	黃謹中	安如居		戶曹參判
364	鄭光胤	迎日	중종18	2/4	仁昌	鐵拳	祖修	申自準	鄭大德		翰林
365	蔡無斁	仁川	중종19	11/30	浚	年		申保	金麗英	朴士華	大司憲
366	黃琦	昌原	중종19	16/30	衡	禮軒	善卿	元甫崑	楊世俊		監司
367	南舜民	宜寧	중종19	17/30	孝元	恬	俊	韓伯倫	昌化守		同知
368	蘇逢	晋州	중종20	4/33	世良	自坡	效軾	楊培	金世熙		大司諫
369	崔演	江陵	중종20	7/33	世健	自霑	允	金世良	李翁		判尹
370	金魯	安東	중종20	14/33	希壽	叔演	自行	梁治	李誠彥		直學
371	閔世良	驪興	중종20	17/33	球	禮達	騫	申永保	沈引源		承旨
372	朴世翁	咸陽	중종20	18/33	仲儉	信童	義孫	李寬植	洪世弼		吏曹參議
373	韓淑	唐津	중종20	21/33	瑾	允祐	涉	李泙	蔡裕孫		工曹判書
374	姜溫	晋州	중종20	24/33	永叔	詗	子平	李貞陽	朴拭		舍人
375	李元卿	完山	중종20	25/33	犧	源	衡	閔瀨	金淹		司書
376	韓山斗	淸州	중종21	6/13	世桓	運	致元	李永岭	成夢井		刑曹參判
377	李忠佐	廣州	중종21	13/13	世琛	克輔	季元		柳池		翰林
378	蔡洛	仁川	중종23	11/33	年	申保	綸	尹濟	權蓬		大司諫
379	李夢亮	慶州	중종23	17/33	禮信	成茂	崇壽	崔慶男	崔崙		參贊
380	金伯醇	熙川	중종23	21/33	聰	仁門	有智	李嵩	邊夢程		承旨
381	崔景弘	慶州	중종23	22/33	淑生	鐵重	渚	朴安阜	韓亨允		承正
382	李瀣	眞寶	중종23	29/33	植	繼陽	禎	朴緇	金復興		大司憲
383	羅世纘	羅州	중종23	10/19	彬	殷制	繼	尹勞	田世昀		大司憲
384	金綱	光州	중종23	12/19	胤文	性源	義蒙		安繼宋		正郞
385	權應挺	安東	중종23	13/19	希孟	詳	孝良	呂漢卿	金燁		參判
386	李浚慶	廣州	중종26	6/33	守貞	世佐	克堪	申承演	金揚震		領相
387	羅湜	安定	중종26	7/33	世傑	繼宗	裕善	趙益貞	億千		典籍

388	朴忠元	密陽	중종26	8/33	藻	光榮	楣	奇欑	李璘壽	吏曹判書
389	盧漢文	光州	중종26	13/33	自璋	禎	忠民	朱晦	柳淑	禮曹參議
390	任虎臣	豊川	중종26	15/33	樞	由謙	漢	許遂	崔浩文	戶判
391	尹世忱	坡平	중종26	19/33	之嶸	岑	泰山	茂林君	李應時	僉正
392	朴世茂	咸陽	중종26	26/33	仲儉	信童	義孫	李寬植	權仍	院正
393	柳辰仝	晋州	중종26	27/33	漢平	子文	悅	洪貴海	尹衡	工曹判書
394	李元孫	全義	중종27	5/8	侃	益禧	直幹	柳承孫	朴	刑曹參議
395	朴從鱗	咸陽	중종27	6/8	訥	紹宗	而敬	金係行	文抑磬	吏曹正郎
396	鄭彥慤	海州	중종28	4/14	希儉	延慶	忱	申承濋	申公濟	戶曹參判
397	慶渾	淸州	중종28	6/14	世淸	錦	由亨	金守良	許礦	副學
398	元繼儉	原州	중종28	11/14	順祖	仲秬	孝而	張玉堅	李熙福	吏曹判書
399	朴鵬鱗	咸陽	중종28	13/14	訥	紹宗	而敬	金係行		正言
400	李希孫		중종28	14/14	壽男	鉉	言布	盧公著	宋雍	牧使
401	丁應斗	羅州	중종29	2/26	玉亨	壽崗	子仍	金彥辛	宋世忠	贊成
402	李滉	眞寶	중종29	4/26	埴	繼陽	禎	朴緇	權碩	贊成
403	權轍	安東	중종29	6/26	勣	僑	摩	安擢	曹承晛	領相
404	鄭希登	東萊	중종29	7/26	球	有義	潔	金仲文	李繼洪	校理
405	李潤慶	廣州	중종29	12/26	守貞	世佐	克堪	申承演	申宗河	兵判
406	李世璋		중종29	14/26	穆	潤生	孫若	金首孫	梁公淑	知申事
407	宋麒壽	恩津	중종29	16/26	世忠	汝諧	順年	朱溪君	蔡沈	吏判
408	趙德壽	豊壤	중종29	24/26	世獻	益禧	厚之	金軸	李德濟	郡守
409	洪春年	南陽	중종30	2/11	係貞	潤德	敬孫	金期壽	沈雲	監司
410	林亨秀	平澤	중종30	7/11	畯	萬根	從直	權錫	鄭弘弼	牧使
411	趙彥秀	楊州	중종30	8/11	邦佐	壽堅	選	申泂	閔昌	參贊
412	李鐸	全義	중종30	9/11	昌亨	孟禧	宏植	朴維	李宗蕃	領相
413	南應雲	宜寧	중종30	4/7	世健	忭	俑	李允湜	辛世良	禮曹參判
414	李瑊	禮安	중종31	2/7	櫓	敍疇	永培	魚世恭	尹彥昌	舍人
415	崔希孟		중종31	5/7	瀣	孝基	旼	李綸	趙孝溫	修撰
416	李無疆	陽城	중종31	7/7	瑞建	適	重連		朴讓	直學

410　附錄

417	吳夢檉	寶城	중종31	3/4	滉	孝元	仁憲	尹敬德	柳大龍		翰林
418	李永成	龍仁	중종32	6/27	弘幹	孝篤	奉孫	李逵	高自謙	1.	正郎
419	李彦忱	延安	중종32	11/27	繼長	弼	仁忠	成世貞	安漢英		掌令
420	白仁傑	水原	중종32	12/27	益堅	思粹	效參	禹從殷	安璨		參贊
421	崔彦粹	朔寧	중종32	8/9	濬源	秀雄	永潾		閔恬	正言
422	李洪男	廣州	중종33	2/8	若氷	滋	世佑	洪彦昇	元繼蔡		工曹參議
423	南蚪年	忠州	중종33	7/8	世周	益文	琴	德植	柳希渚		府使
424	任鼐臣	豊川	중종33	3/15	柱	由孫	漢		禹績	兵曹參議
425	李士彌	呂興	중종33	8/15	公礪	之時	繼孫	叔義	權啓		典翰
426	柳希春	善山	중종33	12/15	桂隣	公潓	陽秀	崔溥	宋駿		副學
427	李湛	龍仁	중종33	13/15	宗樊	績	行儉	嚴孝良	慶世仁		監司
428	李首慶	廣州	중종33	14/15	英符	攀	克堅	李孝完	金希說		校理
429	沈苓	青松	중종34	7/12	宗元	幹	順路	鄭瀁	金克愊	正言
430	李中悅	廣州	중종34	9/12	潤慶	守貞	世佐	申宗河	趙德壽		正郎
431	閔箕	驪興	중종34	18/33	世瑠	孝孫	亨	李仁錫	金澤		右相
432	閔起文	呂興	중종35	7/33	愿	師騫	解	鄭叔墩	崔瀹		副學
433	安方慶	竹山	중종35	13/33	恂	子誠	沼	俞鎭	朴亨彦		監司
434	朴承任	潘南	중종35	21/33	衍	礣	秉鈞	金萬鎰	權五紀		知申事
435	閔筬	驪興	중종35	22/33	世瑠	孝孫	亨	李仁錫	呂眉壽		持平
436	禹鏛	丹陽	중종35	24/33	仁孫	孝從	敬之		洪世雄	監司
437	朴大立	咸陽	중종35	26/33	世榮	仲儉	信童	金漢佑	黃憲		吏判
438	柳堪		중종35	28/33	世龜	軒	李漳	許礦	曹允武		舍人
439	南慶春	宜寧	중종35	29/33	孝義	恢	俊	柳子和	鄭弘佐		通禮
440	鄭滋	延日	중종35	31/33	惟沈	淵	自淑	安彭壽	權勖		吏曹正郎
441	金澯	月城	중종35	3/19	良輔	信	永源	卞譚	崔壎		牧使
442	南宮忱	咸悅	중종35	8/19	翼	璨	順	金燐角	許允寬		戶曹參判
443	鄭浚	草溪	중종35	11/19	允誠	溫	興	李浩	朴蘋		監司
444	姜昱	晉州	중종35	12/19	公望	景敍	舜民	崔長孫	李以坤		監司
445	李文馨	全義	중종35	15/19	完	義錫	三奇	李公邃	寧城君		吏曹判書

附錄 411

446	兪 絳	杞溪	중종36	2/5	汝霖	起昌	解	成聘命	南崇元		戶曹判書
447	閔思道	呂興	중종37	3/4	簡	世球	孝孫	尹恭	成守琛		縣監
448	姜士安	晋州	중종37	4/4	溫	永叔	詗	表沿沫	任幹		正郎
449	尹 潔	南原	중종38	4/33	時傑	當	之得	南順宗	鄭光門		吏曹正郎
450	李 戡	羽溪	중종38	6/33	光軾	之芳	徵	李世應	任權		大司憲
451	鄭宗榮	草溪	중종38	11/33	淑	允謙	溫	金季勳	柳淯		贊成
452	王希傑	開城	중종38	16/33	懋	宗義	地德		洪若弼		舍人
453	李純孝		중종38	18/33	瑀	孟禎	洌	成世貞	申 瀚		兵曹佐郎
454	柳 涉	晋州	중종38	25/33	義臣	塾	子偕	南恢			牧使
455	孫弘績	密陽	중종38	30/33	東老						翰林
456	李億祥	完山	중종39	2/23	連同	富丁	孝伯		尹奉宗		監司
457	柳景深	文化	중종39	3/23	公權	子溫	沼	南八俊	襃寬		大司憲
458	趙 璞	漢陽	중종39	4/23	壽岡	英傑	云明	申溥	許璚	○	弘正
459	李 煸	龍仁	중종39	6/23	忠楗	允濯	叔生	李孝彦	金憲胤		正郎
460	安 香含	順興	중종39	8/23	世亨	誠	友益	鄭溙	南燮元		寺正
461	李德應	星州	중종39	9/23	挺	云秠	誧	申永和	尹任		翰林
462	柳 信		중종39	11/23	世燐	軒	季漳	李益禧	安漢俊		翰林
463	韓智源	淸州	중종39	13/23	碩	士信	繼禧	尹之岐	尹璞		吏曹佐郎
464	安名世	順興	중종39	15/23	燀	友夏	誼		李殷雨		弘正

◯ 명종조

465	睦 詹	泗川	명종 1	10/33	世枰	希顔	哲成	趙澈	李寶	○	吏曹參判
466	姜 暹	晋州	명종 1	12/33	公望	景叙	舜民	崔長孫	朱世父		戶曹判書
467	高景虛	濟州	명종 1	13/33	漢衡	繼祖	台輔	申希演			監司
468	李友閔	延安	명종 1	21/33	國柱	世範	叔琦	閔琛	安從堗		禮曹參判
469	鄭思亮	晋州	명종 1	23/33	銀海	礪臣	誠謹	林石鐵	安璨		司諫
470	李重慶	廣州	명종 1	29/33	英符	攀	克堅	李孝完	尹綱		吏判
471	李光軫	驪興	명종 1	31/33	遠	師弼	曾碩	洪潤德	朴英美		承旨

412 附錄

472	奇大恒	幸州	명종 1	7/33	遵	襸	軸	尹金孫	趙邦宗		判尹
473	姜士尙	晋州	명종 1	18/33	溫	永叔	訓	朴弑	尹光雲		右相
474	沈 銓	靑松	명종 1	23/33	達源	洞	淄	尹希仁	李翰	○	監司
475	李 銘		명종 1	33/33	景忠	硯堤君蓬城君		金處	鄭希岭		校理
476	金貴榮	尙州	명종 2	4/6	應武	士元	叔春	李守寬	尹寬		左相
477	陳 寔	驪陽	명종 2	6/6	福命	猷	致中	黃琟	朴熾		副學
478	李之行	牛峰	명종 3	4/22	諶	承健	圻	金叔馨	李懶		監司
479	金質忠	光州	명종 3	5/22	鏡	漢輔	伯謙	金延孫	閔達衷		戶曹佐郎
480	孫胤曾	平海	명종 3	8/22	守默	浩	舜孝		鄭磶		翰林
481	李希伯	韓山	명종 3	11/22	貴枝	允蕃	溳	邊希達	朴紹		監正
482	李 瓘	咸平	명종 3	12/22	允實	世蕃	良	臨淮守	興巖正		右尹
483	南延慶	宜寧	명종 3	14/22	世枰	怛	侸	李紹元	尹霆		縣監
484	金繼輝	光州	명종 4	6/34	鎬	宗胤	克忸	李光元	申瑛	○	大司憲
485	金添慶	江陵	명종 4	7/34	忠貞	宗胤	貴亨	閔粳	李稔		禮曹判書
486	金 鎭	豊山	명종 4	10/34	順貞	揚震	徽孫	金億從	鄭世臣		掌令
487	鄭思顯	晋州	명종 4	22/34	磯	仁亨	浩	黃琟	高興守		持平
489	洪 淵	南陽	명종 6	4/6	愼	慶昌	係江	申光澤	金義卿		吏曹參判
490	黃 琳	昌原	명종 7	7/36	舜卿	浚源	澄	曹繼商	尹濱		吏曹判書
491	朴啓賢	密陽	명종 7	8/36	忠元	藻	光榮	李獜壽	金智孫		兵曹判書
492	梁應鼎	濟州	명종 7	10/36	彭孫	以河	湛	金誥	林九岭	○	大司成
493	李龜壽		명종 7	14/36	幼彦	義新君枰城君		洪以平	許應千		寺正
494	尹 澍	坡平	명종 7	23/36	懷貞	傑	師殷	趙翊	鄭希登		承旨
495	李仲虎	光州	명종 7	27/36	公仁	達善	亨元	愼榮命	尹衢		大司諫
496	張士重	豊德	명종 8	6/41	栢	忠輔	孟禧	李奇	洪澍		監司
497	高景軫	濟州	명종 8	7/41	漢衡	繼祖	台輔		具延壽		判決事
498	姜克誠	晋州	명종 8	11/41	復	台壽	龜孫	金安國	成瑾	○	應敎
499	柳 㙉	文化	명종 8	17/41	禮善	演	思義	楊世輔	金業	○	領相
500	兪 泓	杞溪	명종 8	19/41	絪	汝霖	起昌	南忠世	李遵仁		左相
501	朴應男	潘南	명종 8	23/41	紹	兆年	林宗	洪士俯	尹和		大司憲

502	金孝甲	安東	명종 8	31/41	錫	彦默	壽亨	奇迥	鄭仁沃		佐郞
503	金德鵾	安東	명종 8	32/41	溢	壽卿	磧	申皓	李稔		寺正
504	李拭		명종 8	36/41	承常	長陽正茂松君	閔寬	趙壽崑		吏曹參判
505	朴素立	咸陽	명종10	5/33	世茂	仲儉	信童	權仍	孫叔謙		吏判
506	李墅	韓山	명종10	6/33	之蘭	秩	長潤	元璿	洪繼漢		吏曹判書
507	尹承慶	海平	명종10	7/33	弘彦	殷弼	萱	長臨守	元希尹		寺正
508	李選	永川	명종10	9/33	順曾	龜孫	仲浩	金孝長	李萱		參議
509	姜士弼	晋州	명종10	13/33	溫	永叔	詗	朴栻	鄭允奇		監司
510	崔顒	朔寧	명종10	14/33	彦粹	濬源	碓	閔恬			禮曹參判
511	尹仁涵	坡平	명종10	21/33	應奎	宕	師夏	李壽童	丁應斗		戶曹參判
512	安宗道	順興	명종10	33/33	景律	光粹	繼宋	趙自知	翼城正		監司
513	安自裕	順興	명종11	4/12	恕	友晳	言川	金永銖	金崇義		吏曹判書
514	李陽元	完山	명종11	5/6	鶴丁	蘭孫	末丁	鄭漨	柳幹		領相
515	柳思新	文化	명종11	6/6	渾	壽千	悌根	金順仁	李孝彦		正郞
516	權克禮	安東	명종13	5/11	德裕	博	岭	曹繼商	徐固		吏判
517	奇大升	幸州	명종13	4/35	進	襸	軸	姜永壽	李任		副學
518	鄭淹	光州	명종13	7/35	萬種	允勳	繼禹	權承金	金墺		承旨
519	韓孝友	淸州	명종13	8/35	垣	世琛	俶	尼城守	金縉		執義
520	尹斗壽	海平	명종13	10/35	忭	希琳	繼丁	玄允明	黃大用		領相
521	鄭惟一	東萊	명종13	12/35	穆蕃	光祐	蘭元	李弘準	金應復		大司諫
522	朴希立	咸陽	명종13	13/35	世榮	仲儉	信童	金漢佑	閔世龍		牧使
523	具忭	綾城	명종13	14/35	壽福	頤	信忠	丹山正	金釴		工曹參議
524	具思孟	綾城	명종13	23/35	淳	希景	壽永	義新君	韓克恭		贊成
525	黃廷彧	長水	명종13	27/35	悅	起峻	蟾	許墉	趙詮		兵曹判書
526	鄭琢	淸州	명종13	31/35	以忠	僑	元老	韓從傑	潘沖		左相
527	李齊閔	完山	명종13	33/35	顒	怡	宋	蔡仲卿	朴壅	○	大司憲
528	河應臨	晋州	명종14	2/12	億水	繼祖	孟潤	房應淸	趙應世		修撰
529	成壽益	昌寧	명종14	3/12	禮元	夢井	聃年	李守諒	崔世臣		禮曹參判
530	安祉	順興	명종14	8/12	世寬	謙	友益	朴纘	薛公誠		校理

附錄 413

531	具鳳齡	綾城	명종15	2/18	謙	仲連	仁恕	權檜	金應律	吏曹參判
532	黃廷式	長水	명종16	6/36	悅	起慘	蟾	許墉	李龜禎	承旨
533	崔 逖	朔寧	명종16	8/36	彥粹	瀋源	雄	閔恬		校理
534	李山海	韓山	명종16	11/36	之蕃	稚	長潤	南攸	趙彥秀	領相
535	李應麒		명종16	19/36	文衡	壽甲	轍	洪士俯	羅允明	院正
536	權 鵬	安東	명종16	20/36	大忠	鐺	曼衡	安秀良	丁應斗	寺正
537	李廷馣	慶州	명종16	29/36	宕	達遵	芭	金應辰	尹光富	知中
538	李裕仁		명종16	33/36	磁	塤	禎	李英符	李景福	監司
539	沈義謙	靑松	명종17	3/25	泓	希源	順門	韓胤源	韓興緖	大司憲
540	權 徵	安東	명종17	15/25	確	愚	恬	宋承殷	李孝彥	兵判
541	李景明	固城	명종17	25/25	佑	珌	嶷	呂遇昌	申任	府使
542	李海壽	全義	명종18	2/4	鐸	昌亨	孟禧	李宗蕃	鄭惟義	吏曹參判
543	金 澥	禮安	명종19	5/33	牛千	泗昌	首孫	曹世虞	朴仁元	司諫
544	李濟臣	全義	명종19	7/33	文誠	仁孫	允純	禹禮孫	尙鵬南	北兵使
545	朴應福	潘南	명종19	10/33	紹	兆年	林宗	洪士俯	林九岺	大司憲
546	李廷虎	延安	명종19	16/33	岸	壽長	渾	柳義臣	李挺	判決事
547	尹希吉	坡平	명종19	27/33	沆	伯岺	傲	宋殷碩	辛琮	監司
548	尹承吉	海平	명종19	32/33	弘彥	殷弼	萱	李舜民	朴諫	參贊
549	趙廷機	豊壤	명종19	4/12	宗敬	彭	益禎	李箴	姜昱	應敎
550	尹卓然	柒原	명종20	3/4	伊	文亨	碩輔	金胤先	宋孟璋	戶曹判書
551	兪大修	杞溪	명종20	4/4	涵	絳	汝霖	安漢俊	宋琪壽	寺正
552	洪 渾	南陽	명종21	2/17	硺世	景霖	任	尹桓	李允良	副學
553	金宇宏	義城	명종21	3/17	希參	致精	從革	郭仁化	洪胤	副學
554	鄭士偉	光州	명종21	4/17	耋	大德	沃	洪佑弼	尹安邦	監司
556	崔 滉	海州	명종21	7/17	汝舟	瓊	文孫	韓世倫	任樴	贊成
557	韓 準	淸州	명종21	12/17	守慶	鎭	弘澍	柳祖誼	崔貞秀	戶曹判書
558	柳成龍	豊山	명종21	15/17	仲郢	公綽	子溫	金光粹	李坰	領相
559	鄭彥信	東萊	명종21	17/17	振	洪孫	傑	許碏	申禮	右相

부록3) 仁祖代 兼春秋日記 目錄

冊番	番號	題目	作成時期	作成者	備考☆;史官
1	1	兼春秋日記	7년 6월 20일, 22일,	홍문관응교 尹煌	3쪽
	2		7년 7월 22일		2쪽
	3	己巳 各月記事	7년 7월 22일, 8월 4일	李士祥	4쪽
	4		7년 7월 27일, 8월 8일, 9월 29일, 10월, 11월 8일	홍문관겸기사관 韓興一	6쪽, ☆
	5		7년 7월 27일, 8월 8일, 9월 14일,	의정부겸편수관 金槃	4쪽
	6	兼春秋日記草	7년7월28일,29일,30일,8월1일-29일,9월1일-29일,10월 1일 - 3일	弼善 李洙	15쪽
	7	月記	7년 7월, 11월 4일, 12월	홍문관응교 金世謙	9쪽
	8		7년 8월 7일, 9월 5일, 10월 4일, 11월 16일, 12월 9일		4쪽
	9	兼春秋日記	7년 8월 8일 - 29일	사헌부겸춘추 兪省曾	29쪽
	10		7년 8월 7일 - 29일, 9월 1일	시강원사서겸기사관 柳景緝	10쪽, ☆
	11	宗簿寺兼春秋日記	7년 8월21일 - 29일, 9월 1일 - 20일	종부시겸춘추 金聲敎	35쪽
	12	己巳年月記		靈光郡守 朴	10쪽
	13		7년 12월 21일 - 30일. 8년 1월 2일 - 24일	禮曹佐郞 安時賢	21쪽
	14		7년 12월 望後 8년1월9·16일, 2월 9·13·19·26 27일, 3월 2·12·16·18·19일,4월,5월1·5-7일, 13-15일, 19일	護府使겸춘추관편수관 李穰	6쪽

416 附錄

2	1	日記	8년 1월 29일 - 3월 20일	工曹佐郎겸기사관 南	21쪽
	2	庚午年月記	8년 1월, 2월, 3월,4월	겸기주관 李省身	3쪽, ☆
	3		8년 1월, 2월, 3월 11일, 4월 6일	刑曹正郎겸기주관 金尙績	5쪽
	4		8년 1월, 2월 24일, 3월 11일, 4월 2일, 5월		6쪽
	5	吏曹記事	8년 2월, 3월, 4월, 5월, 6월,	기주관 韓興一	5쪽
	6	兼春秋日記	8년 3월 11일 - 25일	行의정부사인겸편수관 尹煌	5쪽
	7		8년 3월 14일 - 29일, 4월 1일 - 8일	兵曹正郎 閔光勳	9쪽, 날자誤記
	8		8년 3월7-9일, 4월1-30일, 5월1일-29일		8쪽, 史官日
	9		8년 4월 11-30일, 5월1-29일, 6월 1-4일	戶曹佐郎 田闢	4쪽
	10	庚午四月五月月課史草	8년 4월 25일, 5월 17일	홍문관교리 閔應亨	4쪽, 작성날자 5월22일
	11	永平縣兼春秋日記草自六月初一日至初八日修正	8년 6월 1일 - 8일	行永平縣令 宋	20쪽, 표지에 '修正'
	12	崇禎三年六月日記	8년 6월 4일 - 9일	宗簿正겸편수관 李馨遠	7쪽,
2	13	崇禎三年庚午六月十八日至七月十五日日記	8년 6월 18일-29, 7월 1일-15일		12쪽
	14		8년 6월, 7월, 8월, 9월		3쪽
	15	兼春秋日記	8년 6월, 7월, 8월, 9월(修撰時日記) 10월, 11월,	獻納 李景義	8쪽
	16	庚午六月至十二月承文院日記	8년 6월 17일, 7월 2일, 8월 2일, 9월 17일, 10월 4일, 11월 4일, 12월 7일	承文院判校知製教겸편수관 金	15쪽, 草書

附錄 417

3	1		8년 7월 24일-30일, 8월 1일-30일, 9월1일-18일	겸춘추의정부사인 金世謙	10쪽
	2		8년 7월 29일, 8월, 9월	副司正 蔡裕後	5쪽
	3	咸慶道兼春秋月記	7월, 8월, 9월, 10월 11월, 閏11월	함경도도사겸기주관 宋國澤	8쪽, ☆
	4	崇禎三年庚午兼春秋日記	7월, 8월, 9월, 9월19일, 10월, 11월4일	겸기주관 李景魯	13쪽
	5	月記	7월, 8월, 9월, 10월, 11월, 윤11월	홍문관수찬 李命雄	6쪽, ☆
	6	春秋館日記	8년 7월 26일-30일, 8월 1일-29일, 9월 1일-29일, 10월 1일-13일	장령겸편수관 高傳川	51쪽
	7	月記	8년 8월 7일, 9월 2일, 10월3일, 11월11일,	舒川郡守 洪悥	8쪽, 宣祖陵알현
	8		8년 8월 16일-29일, 9월 1일-8일	禮曹正郎 鄭之羽	9쪽
	9	庚午八月至九月初九日	8년 8월 1일-29일, 9월 1일-9일	겸수관輔德 呂爾徵	5쪽
	10	庚午八月爲始十二月至兼春秋日記草	8년 8월17일, 9월10일, 10월1일·2일, 11월9일·11일, 12월4일	行永平縣令겸기주관 宋	15쪽
4	1		9월, 10월, 11월, 윤11월		2쪽
	2	庚午九月十月十一月十二月日記	8년 9월10일-29일, 10월1일-30일, 11월1일-29일, 12월1일-4일	겸편수관舍人 呂爾徵	13쪽
	3	崇禎三年庚午日記	9월17일-29일, 10월2일-30일, 11월1일-29일, 12월1일-7일		28쪽
	4		8년 9월21일-29일, 10월1일-29일	行禮曹佐郎겸기사관趙公淑	23쪽
	5		8년 10월4일-30일, 11월1일-2일	執義 趙邦直 前任 弘文館校理時日記	4쪽, 前任時日記
	6	兼春秋月記	8년 10월, 11월	홍문관교리 兪省魯	6쪽, 11월일 작성
	7		11월29일, 12월1일-9일		13쪽
	8		12월 8일		1쪽(낙장?)
	9		12월4일-11일	司諫 金世謙	4쪽
	10	兼春秋日記	8년 12월 6일-8일	장령겸편수관 高傳川	5쪽
	11	兼春秋月記	8년 12월9일-12일	홍문관수찬 尹棨	7쪽
	12		8년 12월, 9년 1월	편수관 金	3쪽
	13	春秋館月記	8년 12월 18일		2쪽

5	1		8년 12월 10일-16일, 19일-30일 9년 1월 1일-30일, 2월1일-23일, 3월 2일-29일, 4월1일-4일		97쪽, 缺日 有
	2		9년 4월5일-18일		8쪽, 缺日 有
6	1	春秋館日記	8년 12월22일-28일 9년 1월1일-27일, 2월1일-30일, 3월1일-28일, 4월1일-30일, 5월1일-24일	戶曹佐郞겸 기사관 姜羽高	35쪽
	2	庚午十二月辛未正月吏曹月記 辛未正月二月三月議政府月記 辛未三月四月五月弘文館月記		편수관 崔惠吉	7쪽
	3	自庚午十二月至辛未六月兼春秋日記	8년 12월11일-30일, 9년1월1일-30일, 2월1일-30일, 3월1일-29일, 4월1일-30일, 5월1일-29일, 6월1일-10일	형조정랑겸 기주관 朴而立	17쪽
	4		13일-16일		2쪽
7	1	崇禎四年辛未月記	9년 1월-6월		1쪽
	2	月記	9년 1월- ?월	편수관 李行遠	4쪽, ☆
	3		9년 1월, 3월, 4월	李行遠	9쪽 작성자명 異
	4	月記	1월, 2월, 5월	行홍문관수찬 李命雄	5쪽
	5	辛未月記	1월, 2월, 3월, 4월	겸기주관 李省身	5쪽
	6		9년 1월, 3월, 4월	기주관 趙絅	4쪽 正月을 政月로
	7	兵曹兼春秋日記	9년 1월1일-30일, 2월1일-30일, 3월1일-29일, 4월1일-30일, 5월1일-29일, 6월1일-12일	正郞 朴	17쪽
	8		9년 1월1일-30일, 2월1일-30일, 3월1일-13일	홍문관부교리겸기주관 尹棨 修正	11쪽
	9	月記	9년 2월, 3월, 4월,	기사관 沈東龜	6쪽
	10		9년 2월, 3월, 4월, 5월	辛熙宗?	5쪽
	11		9년 2월5일-30일, 3월1일-23일,		7쪽
	12		9년 2월2일-30일, 3월1일-26일	편수관 李惟遠	14쪽, ☆

			9년 2월3일-5일	司書겸기사관 趙啓遠	2쪽
	13		9년 2월3일-5일	司書겸기사관 趙啓遠	2쪽
	14	承文院兼春秋日記	9년 2월23일, 3월3일, 4월19일, 5월16일	겸승문원판교 趙緯韓	4쪽
	15	崇禎四年辛未兼春秋日記	9년 3월16일, 4월, 5월	겸기주관 李景曾	17쪽, ☆
	16		9년 3월, 4월, 5월	金?	7쪽
	17		9년 3월17일-24일, 5월19일-29일	舍人겸편수관 金世廉	5쪽
	18	侍講院兼春秋日記	9년 3월23일-28일, 4월1일-30일, 5월1일-10일	弼善 朴安悌	15쪽
8	1	月記	9년 4월	부응교편수관 金世濂	4쪽
	2	辛未今上九年 崇禎四年	9년 4월, 5월	기주관 蔡裕後	7쪽
	3		9년 4월26일, 5월9일, 10일	사간 兪省曾	5쪽, 6월4일 작성
	4	辛未五月弘文館月記	9년 5월	기주관 金南重	5쪽, ☆
	5	辛未五月十六日自公淸道遞任上來	9년 5월16일-29일	行舍人겸편수관 趙廷虎	2쪽
	6		9년 5월19일-29일, 6월1일-12일	기사관 金汝鈺	10쪽, ☆
	7	崇禎四年辛未六月·七月兼春秋月記	9년 6월, 7월	예조좌랑겸기사관 金汝鈺	5쪽, ☆
	8		9년 6월3일-8일		4쪽
	9	日記	9년 6월4일-11일		5쪽
	10		9년 6월14일, 7월2일, 8월14일, 9월1일, 10월10일, 11월11일·18일		13쪽
	11		9년 6월24일, 7월28일, 8월30일, 9월23일, 10월8일, 11월7·19일, 12월6일		9쪽
	12		9년 6월11일-30일, 7월1일-29일, 8월1일-30일, 9월1일-29일, 10월1일-29일, 11월1일-30일, 윤11월1일-29일, 12월1일-10일	호조정랑겸기주관 黃胤後 謹修進	48쪽

9	1		9년 7월18일-26일	閔?勳	3쪽
	2	崇禎四年辛未七月	9년 7월19일	慶尙都事 辛應望	3쪽
	3		9년 7월26일, 8월29일, 9월8일	기주관 兪省曾	5쪽
	4	承文院兼春秋月記	9년 7월19일, 8월27일, 9월5일·11일-13일·20-21일, 10월1일·8일	判校겸편수관 趙緯韓	4쪽
	5	辛未自七月至十一月弘文館兼春秋月記 辛未七月議政府兼春秋月記幷錄	9년 7월-11월	겸편수관 崔	6쪽
	6		9년 8월29-30일, 9월1일-29일, 10월1일		7쪽
	7	辛未九月草記	9년 9월5일-29일, 10월1일-4일		8쪽
	8	辛未十月草記	9년 10월5일-29일, 11월1일-5일	공조정랑겸기사관 權濤	8쪽
	9	司憲府兼春秋日記	9년 11월1일-30일	李行遠	8쪽
	10	春秋館上外史月記	9년 10월, 11월, 윤11월, 12월	기사관 具	5쪽
	11	兼春秋月記	9년 11월12일, 윤11월27일	홍문관교리겸주관 緯趙韓	3쪽
	12	禮曹兼春秋日記	9년 11월3일-30일, 윤11월1일-29일, 12월1일-7일	예조좌랑겸기사관 卞時益	15쪽
	13	辛未十一月草記	9년 11월12일·14일·23일		2쪽
	14	弘文館兼春秋日記	9년 閏11월1일-29일, 윤12월1일-30일	尹棨?	8쪽
	15		9년 윤11월17일-29일, 12월1일-5일	승문원판교겸편수관 高傅川	7쪽
	16	辛未十二月	9년 12월6일·9일·13일	기주관 蔡裕後	6쪽, 12월15일 작성

附錄 421

10	1	兼春秋日記	4月20일-24일	司憲 李日○	4쪽
	2	江原道兼春秋日記	10년 6월1일-30일, 7월1일-29일, 8월1일-30일, 9월1일-29일, 10월1일-30일, 11월1일-20일.	行江陵都護府使兼編修官 兪省曾	20쪽
	3	崇禎5年 秋冬兼春秋日記	10년 6월28일, 7월3일·26일, 8월3일·11일, 9월24일, 10월6·27일, 11월9·10일	記事官 李	5쪽
	4		6월28일, 7월, 9월, 10월6일	行南陽都護府使水原鎭管兵馬僉節制使兼編修官 兪	3쪽
	5	兵曹兼春秋日記	10년 6월11일-30일, 7월22일, 8월6·17일, 12월2일-9일	兵曹正郎兼記事官 池德海	8쪽
	6	壬申六原以後日記	6월11일-30일, 7월1일-29일, 8월1일-30일, 9월1일-29일, 10월1일-30일, 11월1일-29일, 12월1일-9일.		17쪽
	7	壬申七月以後至十一月		弘文館副應敎 金堉	4쪽
	8	宗簿寺春秋館日記	10년 7월26일·29일, 8월1일-14일	8월15일 錦山郡守 金聲旅	22쪽
	9		8월	羅萬甲	4쪽, ☆
	10	咸鏡道兼春秋日記	10년 8월,9월,10월,11월,	行咸鏡道都事兼記注官 金顯(앞에 기입)	3쪽
	11	崇禎五年壬申八月望後日記	10년 8월15일-30일, 9월1일-29일, 10월1일-30일, 11월1일-29일, 12월1일-9일		16쪽

11	1		10년 8월26일-30일, 9월1일-29일, 10월1일-21일	司憲府掌令兼編修官 金德承	10쪽
	2		8월晦日, 9월8일,10월27일,11월9일	執義 閔應亨	2쪽
	3		10년 9월, 10월, 11월		5쪽
	4		10년 9월13일-15일	禮曹正郎 金汝鈺	4쪽, ☆
	5		9월 19일-30일	行南陽都護府使水原鎭管兵馬僉節制使兼編修官 兪	10쪽
	6		10년 12월	永川郡守 沈之源	2쪽, ☆
	7	禮曹兼春秋十二月日記	10년 12월 2일-7일	禮曹正郎 韓王言	8쪽
	8		10년 12월2일-9일	持平兼記注官 金孝建	2쪽
	9	崇禎五年壬申十二月初八日以二十五日禮曹兼春秋日記	10년 12월8일-25일	禮曹兼春秋正郎 韓	20쪽
	10	兵曹兼春秋日記	10년 12월11일-11년 6월3	兼記注官 池德海	14쪽
	11			行南陽都護府使水原鎭管兵馬僉節制使兼編修官 兪	1쪽
	12			行南陽都護府使水原鎭管兵馬僉節制使兼編修官 兪	2쪽

	1	崇禎6년兼春秋日記	인조11년 정월, 2월,3월,4월	겸춘추 李尙質	2쪽
	2	崇禎6년癸酉日記	인조11년 2월 11일-29일, 3월1일-17일	禮曹正郞 安時o	15쪽
	3	兼春秋日記	인조11년 2월11일-29일, 3월1일-29일, 4월1일-30일, 5월1일-24일	前 編修官 申敏一	18쪽
	4		崇禎6년 2월-5월	舍人 李o義	2쪽
	5		3월, 4월	崇禎6년6월 兼春秋 李命雄	3쪽
	6	崇禎6년 4월	인조11년4월13일-30일, 5월1일-28일	記注官 尹孝永	19쪽
	7	崇禎6년 4월	4월24일-30일, 5월1일-29일	記注官 李	5쪽
	9	日記 崇禎6年癸酉4月望後5월6월望前	인조11년 4월 28일-30일, 5월1일-29일, 6월1일-12일.	刑曹佐郞兼記事官 李海昌	22쪽, ☆
	10		5월12일-29일, 6월1일-4일	記注官 趙斌	6쪽
	11	癸酉月記	6월-12월	編修官 李省身	4쪽
12	12	弘文館兼春秋月記	6월2일,9월1일,10월5일,11월24일,		6쪽
	13	平安道兼春秋日記	6월-11월	江東縣監兼記事官 鄭	4쪽
	14	兼春秋日記	6월11일-30일, 7월1일-29일, 8월1일-30일, 9월1일-30일, 10월1일-29일, 11월1일-30일, 12월1일-29일		28쪽
	15	崇禎癸酉兼春秋月記	弘文館兼春秋月記(6·7월),吏曹兼春秋月記(10·11월)	李命雄	4쪽
	16	兼春秋月記	7월-11월	兼春秋 李尙質	3쪽
	17		인조11년 7월14일-29일, 8월1일-30일, 9월1일-30일, 10월1일-29일, 11월1일-30일, 12월-1일-29일	兵曹正郞兼記注官 洪翼漢	15쪽
	18	11월24일			1쪽
	19	崇禎6년 11·12月司憲府兼春秋月記	11월26일, 12월1일	編修官 任絖	4쪽
	20	侍講院兼春秋日記	12월1일-10일	弼善 黃胤後	13쪽

13	1		인조 12년 정월 초2일	기사관 李元鎭	2쪽
	2	甲戌兼春秋月記	인조 12년 정월 초2일, 2월15일, 3월 초1일,4월26일,5월13일,27일	홍문관부교리 李尙質	3쪽
	3	甲戌年月記	인조 12년 정월, - 6월.	3월이전;舍人겸 편수관 4월이후;부교리 李省身	3쪽
	4		인조 12년 정월-3월, 6월	기사관 尹	4쪽
	5		인조 12년 정월2일, 2월15일, 3월13일, 4월9일, 5월13일, 6월3일.	기사관 姜大遂	3쪽
	6	甲戌春夏月記	인조 12년 정월30일, 2월27일, 3월7일, 5월13일, 6월3일.	기사관 金壽翼	4쪽
	7	自甲戌正月至六月望前月記	인조 12년 정월 - 6월	竹山縣監 겸기사관 睦性善	2쪽,☆
	8		인조 12년 정월 24일- 6월 5일.	편수관 朴選	11쪽
	9		인조 12년 정월1일- 6월 10일	편수관 卞三近	16쪽
	10	侍講院兼春秋日記	인조 12년 2월 10일- 5월 16일.	전기사관 金慶餘	30쪽
	11		인조 12년 2월 27일, 3월, 4월, 5월 13일, 6월	기주관 崔衍	2쪽
	12		3월 1일 - 12일.		4쪽
	13	月記	인조 12년 3월18일, 4월	기사관 沈東龜	4쪽
	14		인조 12년 5월 22일.	舍人 朴潢	2쪽,☆

14	1		仁祖12년6월	記事官 金	4쪽
	2		6일-11일		3쪽
	3		인조12년 6월, 7월	編修官 金槃	3쪽
	4	弘文館兼春秋月記	인조 12년 7월, 8월	記注官 鄭太和	4쪽, ☆
	5	兼春秋月記	인조12년 7월26일, 9월1일, 10월9일, 11월13일	記注官 姜大遂	4쪽
	6		인조12년 7월1일-29일, 8월1일-30일, 윤8월1일-24일	編修官 朴선	10쪽
	7	秋冬日記	인조12년 7월1일-29일, 8월1일-30일, 윤8월1일-30일, 9월1일-30일, 10월1일-29일, 11월1일-30일	編修官 卞三近	17쪽
	8	日記	9월20일-30일, 10월1일-29일, 11월1일-10일	記事官玄風縣監 金世謙	14쪽
	9		9월1일-13일, 10월1일-11일, 11월1일-13일, 12월1일-9일	記注官 朴崎	8쪽
	10	兼春秋月記	인조12년 11월13일	記注官 趙錫胤	2쪽
	11	甲戌12月司諫院兼春秋所記		編修官 鄭太和	3쪽
	12	甲戌12月	인조12년 12월26일-29일, 13년 정월1일-30일, 2월1일-29일, 3월1일-29일, 4월1일-30일, 5월1일-29일, 6월1일-6일.		16쪽
	13		인조12년 12월28일-29일, 13년 정월1일-30일, 2월1일-29일, 3월1일-29일, 4월1일-30일, 5월1일-29일, 6월1일-12일	戶曹佐郎兼記事官 奇	17쪽
	14		인조12년 12월28일-29일, 13년 정월1일-30일, 2월1일-29일, 3월1일-29일, 4월1일-16일	刑曹正郎兼記注官 權稱	8쪽

426 附錄

15	1		인조13년 정월1일-30일, 2월1일-29일, 3월1일-29일, 4월1일-30일, 5월1일-29일, 6월1일-5일	編修官 卞三近	15쪽
	2		인조13년 정월26일-30일, 2월1일-29일, 3월1일-29일, 4월1일-30일, 5월1일-29일, 6월1일-11일	工曹正郎兼記注官 李尙香 兼	12쪽
	3	崇禎8年六月	인조13년 정월15일, 2월21일, 3월14일, 4월18일, 5월14일,17일, 6월3일,	楊州鎭兵馬僉節制使兼編修官 李	8쪽
	4		인조 13년 3월1일-29일, 4월1일-30일, 5월1일-2일	兵曹正郎兼記注官 卞時益	6쪽
	5	侍講院兼春秋日記	4월17일-29일, 5월1일-6일	司書 金重謐	12쪽
	6		인조 13년 5월 일	京畿都事兼記注官 金克恒	1쪽, ☆
	7	月記修正	인조 13년 6월11일-30일, 7월1일-14일	編修官 卞三近	5쪽
	8		인조 13년 7월14일, 8월, 9월, 10월, 11월	編修官 尹榮	4쪽
	9	乙亥7月8月全羅都事日記	인조 13년 7월19일-29일, 8월1일-20일	全羅都事兼記注官 崔時遇	4쪽
	10	侍講院兼春秋日記	인조 13년 7월27일-29일, 8월1일-6일	前行 侍講院文學兼記注官 卞時益	4쪽
	11	黃海道兼春秋日記	인조 13년 7월27일-11월30일	記注官 申↑向	20쪽
	12	?			1쪽
	13		인조 13년 7월8일	京畿都事兼記注官 金克恒	2쪽 史臣曰
	14		인조 13년 8월	京畿都事兼記注官 金克恒	3쪽 史臣曰
	15		인조 13년 9월	京畿都事兼記注官 金克恒	2쪽 史臣曰
	16		인조 13년 10월	京畿都事兼記注官 金克恒	2쪽 史臣曰
	17		인조 13년 11월	京畿都事兼記注官 金克恒	3쪽 史臣曰
	18		8월26일-30일, 9월1일-12월4일	編修官 鄭彦	13쪽

			인조 13년 10월4일-12월30일, 14년 정월1일-2월18일	記注官 宋國準	35쪽
16	1				
	2	乙亥月記	11月	兼記事官 沈	4쪽
	3	崇禎8年乙亥11月望後時政記	11月16일-30일		45쪽, 亂草
	4	高城郡日記	인조 13년11월 일	兼編修官 曹	7쪽
	5	月記	인조13년, 14년 정월-5월	清河縣監 沈東龜	9쪽
	6	弘文館兼春秋所記	13년 12월, 14년 정월	編修官 鄭太和	4쪽
	7	崇禎8년12月日記	13년 12월4일-30일	禮曹佐郎兼記事官 崔文湜	7쪽
	8		13년 12월3일-8일	正言兼記事官 金重鎰	4쪽
17	1	崇禎9年丙子正月望後12日日記	인조 14년 1월16일-27일		43쪽, 亂草
	2	記注官 日記	1월-4월	記注官 金	2쪽
	3	戶曹兼春秋日記	1월1일-5월30일	戶曹佐郎兼記事官 金	23쪽
	4		1월15·20일, 2월5일, 3월25일, 4월9일-12일, 5월23일, 6월	編修官 李惟○	7쪽
	5	侍講院兼春秋日記	14년 2월22일-3월21일	侍講院司書兼記事官 嚴	10쪽
	6		14년 2월21일-5월30일		15쪽
	7	議政府兼春秋所記	14년 2월-6월	編修官 鄭太和	6쪽
	8		14년 2월19일-5월30일		18쪽
	9		14년 5월24일, 6월2일	京畿都事	4쪽
	10	慶州居忠義衛--		京畿都事兼記注官 柳景緝	6쪽
	11				4쪽
計	17권		仁祖 7년 6월 20일 - 14년 6월 2일		1958쪽

부록4) 燕山君日記 編纂官 名單50)

職責	姓名	本貫	父	席次	最終職	歷任官職	備考
監館事	成希顔	昌寧	瓚	4/16	領議政	刑·判(元·9),吏·判(2·7),좌찬성(2·9)	史官(성종)
知館事 (6명)	成世明	昌寧	任	9/20	知中樞	지돈녕부사	
	申用漑	高靈	沔	3/4	左議政	大提學(2·2),禮判(3·7)	
	張順孫	仁同	重智	16/16	領議政	監司(2·8),漢城左尹(2·9),大司憲(3·6)	
	鄭光弼	東萊	蘭宗	9/33	領議政	副提學(元·9),吏·參(3·1),大司憲(3·6)	
	金詮	延安	友臣	1/33	領議政	禮·參(3·11),刑·判(4·3)	成宗編修官
	朴說	密陽	思東	4/33	右贊成	吏·參(3·4)	成宗編修官
同知館 事(8명)	曺繼商	昌寧	九敍	22/33	右參贊	吏·參(2·1),監司(3·12)	
	李惟淸	韓山		28/33	左議政	承旨(2·8),大司憲(2·10),漢城左尹(2·11)	成宗編修官
	金訢	延安	舜臣	9/11	知中樞	平安監司(2·11)	成宗編修官
	成世純	昌寧	忠達	2/33	大司憲	漢城左尹(2·2),同知中樞府事(2·7)	
	孫澍	平海	舜孝	7/33	參贊	忠淸監司(2·6),刑·參判(3·3)	
	任由謙	豊川	漢祖	10/33	判書	戶·參判(3·3),大司憲(3·6)	成宗記注官
	南袞	宜寧	致信	2/22	領議政	承旨(2·11),兼同知成均館事(3·10)	史官
	權弘	安東	영	1/13	大司憲	御使(2·1),大司諫(2·10),同副承旨(2·11)	
修撰官 (5명)	姜景敍	晋州	舜民	30/33	大司諫	大司諫(2·6)	成宗編修官
	李世仁	星州	璧	26/33	僉知中	直提學(2·1),大司諫(3·2),副提學(3·6)	
	韓世桓	淸州	運	12/33	左參贊	大司諫(2·10)	
	慶世昌	淸州	祥	18/22	參判	應敎(2·7),掌令(2·8),執義(2·12)	
	崔淑生	慶州	鐵重	10/33	贊成	典翰(2·9),應敎(2·11),直提學(3·5)	

---

50) 表의 작성시 석차는 등과시 성적이며, 관직은 실록편찬기간동안 역임한 관직으로 괄호안의 숫자는 除授된 날자를 의미한다. 날자를 표시한 것 중 2년 6월이후의 날자는 그 이전부터 표시된 날자까지 수행하고 있음을 의미한다. 그리고 비고난에서 '史官'이라고 표기한 것은 전임사관직을 지냈던 경험이 있는 사람을 말하고, '成宗編修官'등은 실록 편찬시 수행한 직책을 표시한 것이다.

編修官	柳希渚	文化	順行	2/33	副提學	執義(3·1),典翰(3·6)	成宗記事官
	金謹思	延安	勉	15/22	領議政	舍人(2·9),敬差官(4·3)	
	安彭壽	竹山	繼性	25/33	大司諫	掌令(2·3),應教(2·8),典翰(3·2)	
	尹殷輔	海平	萱	22/22	領議政	執義(2·2)	成宗記事官
	李希孟	高阜	從根	1/14	監司	掌令(2·10)	
	黃 㻋	尙州	龜壽	3/14	府尹	御使(2·1)	
	金崇祖	光州	衷	6/33	典翰	典籍(원·12),獻納(2·7),司諫(2·12)	成宗記事官
	金駿孫	金海	孟	2/11	博士	慶尙敬差官(2·4),直提學(2·7)	
	金綴文	光州	性源	6/33	直提學	敎理(2·9),副應敎(2·11)	
	康仲珍	信川	湯	3/33	判校	獻納(원·12),掌令(2·7)	
	李 偉	固城	비	18/36	監司	掌令(3·3)	
	尹世豪	坡平	之俊	5/8	判書	持平(3·4)	
	金克愊	光山	謙光	32/33	贊成	掌令(3·1)	
	尹 耕	坡平	孜善	19/33	司諫	司諫(4·1)	
	趙 舜	咸安	銅虎	32/33	參判	御使(2·1),敎理(2·2),掌令(2·12)	
	許 硡	陽川	琛	4/8	贊成	持平(2·11)	
	金世弼	慶州	薰	15/33	參判	敎理(2·1),吏·正郞(2·7),檢詳(3·3)	成宗記事官
	李 荇	德水	宜茂	25/33	左議政	應敎(2·3)	史官
	尹希仁	坡平	해정	4/15	參判	持平(2·11)	
	金安國	義城	連	2/8	贊成	副敎理(2·9),地平(3·1)	
	申 鏛	平山	末平	8/8	判書	獻納(3·4),敎理(3·4)	
編修官 (24명)	安處誠	順興	琛	31/31	監正	修撰(2·2),副敎理(2·11)	
	柳 雲	文化	公佐	3/31	大司憲	佐郞(2·3),獻納(2·8)	
	魚得江	咸從	文孫	12/33	大司諫		
記注官 (7명)	李賢輔	永川	欽	30/33	參判	持平(2·10)	
	李思鈞	慶州	塤	7/33	知中樞	副校理(4·4)	
	成 雲	昌寧	聃年	29/31	判書	佐郞(2·11)	
	權 福	安東	昱	1/8	典籍	副修撰(2·8),正言(2·9)	
	申 儀	平山	承漵	9/35	院正	佐郞(2·11)	
	洪彦弼	南陽	洞	4/36	領議政	著作(3·2),副修撰(3·10)	
	鄭忠樑	東萊	光世	15/17	承旨	奉敎(2·4)	史官

記事官 (16명)	金欽祖	禮安	孝友	28/35	判決事	奉教(2·6),縣監(4·8)	史官
	李希曾	陜川	允儉	7/17	修撰	修撰(3·3),奉敎(3·6), 死亡(4·1)	史官
	金 瑛	安東	永鐵	11/17	參議	修撰(3·3),奉敎(3·6)	史官
	尹仁鏡	坡平	순	15/17	領議政	待敎(3·6),奉敎(3·12)	史官
	李 抹	延安	仁文	8/15	直提學	檢閱(2·6)	史官
	文 瑾	甘泉	彬	5/36	掌令	檢閱(2·6)	史官
	鄭 熊	光州	參仝	10/15	執義	檢閱(2·6),奉敎(3·6)	史官
	權 橃	安東	士彬	9/36	贊成	檢閱(2·6),待敎(3·1)	史官
	柳 灌	文化	延秀	16/36	左議政	檢閱(2·6),正言(4·8)	史官
	尹止衡	南原	孝孫	21/36	參議	檢閱(2·6)	史官
	成世昌	昌寧	倪	24/36	左議政	博士(3·12),正言(4·1)	
	金希壽	安東	淑演	33/36	大司憲	檢閱(2·6)	史官
	蘇世良	晋州	自坡	11/36	大司諫	檢閱(2·6)	史官
	崔重演	和順	漢	17/33	承旨	獻納(9·4)	
	任 樞	豊川	由謙	20/33	參議	檢閱(2·6)	史官
	潘碩枰	光州	瑞麟	32/33	判書	檢閱(2·6)	史官
계	67명						

부록5) 仁祖實錄 編纂官 名單

職責		姓名	生沒年	本貫	登科/成績	現職	最終職	備考
總裁官	領事●	李敬輿	(1585-1657)	全州	광해 1(10/33)	영의정	영의정	선조,광해군
	領事	金 堉	(1580-1658)	淸風	인조 2(1/28)	영의정	영의정	광해군
都廳堂上	知事	吳 竣	(1587-1666)	同福	광해10(7/40)	예조판서	判中樞	
	知事	李厚源	(1598-1660)	全州	인조13(16/33)	도승지	우의정	
	同知事	尹順之	(1592-1666)	海平	광해12(12/15)	이조참판	좌찬성	효종동지사
	同知事	趙錫胤	(1606-1654)	白川	인조 6(1/11)	이조참판	대제학	광해군일기
	同知事	蔡裕後	(1599-1660)	平康	인조 1(1/24)	이조참판	이조판서	효종지사
都廳郎廳	編修官●	洪命夏	(1607-1667)	南陽	인조22(2/19)	行집의	영의정	효종지사
	編修官	曺漢英	(1608-1670)	昌寧	인조15(1/11)	行집의	한성좌윤	
	編修官	李應蓍	(1594-1660)	全州	인조11(7/33)	行사간	이조참판	광해,효종,
	編修官	金弘郁	(1602-1654)	慶州	인조13(10/33)	行집의	응교	
	編修官●	沈世鼎	(1610- ?)	靑松	인조19(5/ 8)	行집의	승지	효종편수
	編修官●	李天基	(1607-1671)	延安	인조13(6/ 8)	行응교	정언	
	編修官●	權 垺	(1610-1685)	安東	인조 7(9/25)	行응교	한성좌윤	
	編修官●	洪處尹	(1607-1663)	南陽	인조17(6/ 7)	行응교	예조참의	
	編修官●	沈之漢	(1596-1657)	靑松	인조 7(21/25)	行응교	부사	광해군일기
	編修官	趙 贇	(1587- ?)	漢陽	인조 2(1/34)	行사예	감사	광해군일기
	記注官	洪處亮	(1607-1683)	南陽	인조15(10/11)	行이·정랑	이조판서	
	記注官	丁彦璧	(1612- ?)	羅州	인조22(11/22)	行헌납	헌납	
	記注官●	金始振	(1618-1667)	慶州	인조22(7/ 7)	行헌납	호조참판	
	記注官●	洪處大	(1609-1676)	南陽	인조18(4/ 7)	行이·정랑	중추부사	處尹 弟
	記注官	吳挺緯	(1616-1692)	同福	인조23(8/15)	行헌납	참찬	효종수찬
	記注官●	李正英	(1616-1686)	完山	인조14(10/11)	行이·정랑	지돈녕	
	記注官	李廷夔	(1612-1671)	韓山	인조26(1/ 9)	行헌납	이조참판	

	記注官●	趙復陽	(1609-1671)	豊壤	인조16(8/15)	行이·좌랑	이조판서	효종수찬,
	記事官●	趙嗣基	(1617-1694)	漢陽	인조26(7/10)	行정언	승지	효종수찬
	記事官	吳 翩	(1615-1653)	海州	인조24(1/ 7)	行사서	지평	
	記事官●	徐必遠	(1614-1671)	夫餘	인조26(5/ 9)	行정언	형조판서	
	記事官	金 徽	(1607- ?)	安東	인조20(32/33)	行수찬	이조판서	효종수찬
	記事官	李慶徽	(1617-1669)	慶州	인조22(14/19)	行수찬	이조판서	
	記事官	閔鼎重	(1628-1692)	驪興	인조27(1/ 7)	行사서	좌의정	
	記事官●	申 最	(1619-1658)	平山	인조26(4/ 9)	行봉교	현감	欽子
一房	知事	林 墰	(1616-1652)	羅州	인조13(17/33)	이조판서	이조판서	
堂上	知事	李基祚	(1595-1653)	韓山	광해 7(7/ 8)	호조판서	예조판서	
	同知事	申 濡	(1610-1665)	高靈	인조14(1/11)	도승지	예조참판	
	修撰官●	金益熙	(1610-1656)	光州	인조11(14/33)	대사간	이조판서	
	修撰官	李時楷	(1600-1657)	全州	인조 8(2/10)	병조참지	이조참판	광해일기
二房	同知事	呂爾徵	(1588-1656)	咸陽	인조 2(18/34)	공조참판	공조참판	
堂上	修撰官●	李一相	(1612-1666)	延安	인조 6(4/ 5)	좌승지	예조판서	광해 효종
	修撰官	黃 㦿	(1608-1658)	昌原	인조 2(7/38)	우부승지	대사성	광해일기
三房	知事 ●	韓興一	(1587-1651)	淸州	인조 2(11/11)	이조판서	우의정	광해일기
堂上	知事	朴 遾	(1602-1653)	密陽	인조 8(3/10)	공조판서	병조판서	
	同知事●	申翊全	(1605-1660)	平山	薦擧	副護軍	도승지	欽子
	修撰官	兪 榥	(1599-1655)	杞溪	인조11(16/33)	좌승지	감사	
	修撰官	趙壽益	(1596-1674)	淳昌	인조11(13/33)	이조참의	한성좌윤	
	修撰官	李之恒	(1600- ?)	全州	인조11(22/33)	예조참의	대사간	광해일기
	修撰官	李行進	(1597-1665)	全義	인조13(27/33)	동부승지	동지중추	
	修撰官	南老星	(1603-1667)	宜寧	인조 9(14/15)	부호군	도승지	
一房	編修官●	李海昌	(1599-1651)	韓山	인조 8(11/33)	行응교	사간	광해일기
郎廳	編修官	成以性	(1595-1664)	昌寧	인조 5(11/34)	行사간	사간	광해일기
	編修官	李弘淵	(1613-1682)	韓山	인조15(4/11)	行집의	참찬	
	編修官	李 晢	(1603-1685)	全州	인조12(5/12)	行보덕	지돈녕	

	記注官	鄭攸 (1606- ?)	東萊	인조17(16/16)	行이·정랑	승지		
	記事官●	洪重普 (1612-1671)	南陽	인조23(6/15)	行수찬	우의정		
	記事官	金宗一 (1597-1675)	慶州	인조 3(1/12)	行수찬	府使		
二房	編修官●	趙珩 (1606-1679)	豊壤	인조 8(21/33)	行집의	대사헌		
郎廳	編修官	卞時益 (1598- ?)	草溪	인조 6(4/11)	行장령	승지	광해일기	
	編修官	柳道三 (1609- ?)	晋州	인조10(2/ 5)	行司導寺正	승지		
	記注官●	蔡忠元 (1598- ?)	平康	인조 9(4/15)	行교리	부윤		
	記注官	洪鑙 (1610- ?)	南陽	인조23(7/15)	行지평	부사		
	記注官	金佐明 (1616-1671)	淸風	인조22(12/19)	行교리	병조판서	埈子	
	記注官	李慶億 (1620-1673)	慶州	인조22(1/ 7)	行이·정랑	좌의정		
	記事官●	趙龜錫 (1615-1665)	楊州	인조26(6/ 9)	行봉교	감사		
三房	編修官	嚴鼎耉 (1605-1670)	寧越	인조 8(9/10)	司僕寺正	한성좌윤	광해일기	
郎廳	編修官	鄭知和 (1613-1688)	東萊	인조15(1/10)	行사인	좌의정		
	編修官	郭之欽 (1601- ?)	淸州	인조24(4/34)	行장령	집의		
	記注官●	李杭 (1612-1701)	全義	인조23(11/15)	行지평	집의		
	記注官●	李壄 (1611-1668)	全州	인조22(3/18)	行지평	사간	효종실록	
	記事官	張次周 (1606-1651)	仁同	인조22(2/ 7)	行수찬	수찬		
	記事官●	申混 (1624- ?)	高靈	인조22(15/19)	行봉교	교리		
謄錄官	李泰淵●		韓山	行교리				
	吳斗寅		海州	行지평		효종편수		
	沈儒行		靑松	行지평				
	權大運		安東	行지평				
	李溫			行지평				
	鄭木盈		海州	行문학(징5)				
	韓震琦		淸州	行병조정랑				
	吳以奎		羅州	行병조정랑				
	姜鎬		晋州	行병조정랑				
	尹堦		海平	行예조정랑				
	黃儁耉		檜原	行병조정랑				
	朴承休		密陽	行병조정랑				

李時術	慶州	行공조정랑	
金 迏	義城	行형조정랑	
李震根		行직강	
成震丙		行직강	
鄭 攸	東萊	行직강	
李俊耇	星州	行司直	
鄭始成●		行副사직	
吳挺垣	同福	行정언	
南龍翼	宜寧	行정언	효종수찬
元萬石	原州	行정언	
李延年	韓山	行정언	
趙 備	漢陽	行정언	
鄭繼冑	延日	行사서	
朴承健	密陽	行사서	
趙汝秀	豊壤	行예조좌랑	
金禹錫	商山	行예조좌랑	
呂曾齊	咸陽	行예조좌랑	효종기주
沈 榥	靑松	行예조좌랑	효종편수
鄭 植	海州	行예조좌랑	
鄭 晢	海州	行병조좌랑	효종수찬
韓尙玄	淸州	行병조좌랑	
盧亨夏	豊川	行병조좌랑	
呂閔齊	咸陽	行병조좌랑	
洪柱世	豊山	行전적	
趙晉錫	楊州	行副司果	
李時省	慶州	行부사과	
金壽恒	安東	行부사과	효종편수
李萬雄	全義	行설서	
洪 葳	南陽	行설서	
李殷相	延安	行설서	효종수찬
尹飛卿	坡平	行박사	
安後稷	廣州	行박사	

李世翊	桂陽	行박사	
兪瑒	昌原	行박사	
李端相●	延安	行副司正	
許班	陽川	行부사정	
金宇亨	光州	行부사정	효종수찬
睦來善●	泗川	行부사정	효종수찬
李曾●	全州	權知부정자	
閔維重●	驪興	권지부정자	
沈攸	靑松	권지부정자	
閔點	驪興	권지부정자	
李華封	全義	권지부정자	
金益振	慶州	권지부정자	
成後卨	昌寧	권지부정자	효종편수
任座	豊川	권지부정자	
權格	安東	권지부정자	효종기주
洪錫龜	南陽	行부사용	

※ 보기
1) ● : 전임사관 역임자 표식
2) 비고의 광해군일기, 효종실록 등의 표기는 해당 실록의 편찬관으로 참여했음을 의미한다.
3) 현직은 실록 편찬 당시 수행중이었던 관직을 의미한다.

◆ 參考文獻

① 기본자료

- 『朝鮮王朝實錄』(太祖 - 明宗), 國史編纂委員會.
- 『朝鮮王朝實錄』CD, 서울 시스템.
- 『高麗史』東亞大學校, 古典研究室.
- 『磨厓集』
- 『磨厓府君遺墨』(奉教時 史草)
- 『磨厓先生實紀』
- 『冲齋集』; 安東權氏 忠定公派 서울宗親會, 1982.
- 『冲齋日記』(翰苑日記・堂后日記・承宣時日記); 寶物 262號.
- 『陰崖集』(陰崖日錄); 大同野乘 收錄
- 『翰苑故事』(藝文館編, 肅宗4(1678), 筆寫本)
- 『翰苑題名錄』(藝文館 編)
- 『國譯 燃藜室記述』, 民族文化推進會.
- 『國譯 青莊館全書』, 民族文化推進會.
- 『國朝人物考』, 서울대 出版部 影印本, 1978.
- 『韓國系行譜』(天・地・人), 寶庫社, 1992.
- 『萬姓大同譜』, 明文堂, 1983.
- 『國朝文科榜目』
- 『古文書』(奎章閣 所藏; 春秋館日記・兼春秋日記 등)
- 『邑誌』(平安道・忠淸道)
- 『邑誌』; 韓國文集叢刊.

② 단행본

○ 姜周鎭,『李朝黨爭史硏究』, 서울대出版部, 1971.
○ 姜周鎭,『趙靜菴의 生涯와 思想』, 博英社, 1982.
○ 國史編纂委員會,『韓國史』12, 1973.
○ 金成俊,『韓國中世 政治法制史硏究』, 一潮閣, 1985.
○ 金昌鉉,『朝鮮初期 文科及第者의 出身背景과 進出에 관한 硏究』, 한양대박사학위논문, 1996.
○ 南智大,『朝鮮初期 中央政治制度硏究』, 서울대박사학위논문, 1993.
○ 閔斗基,『中國의 歷史認識』上·下, 창작과 비평사, 1985.
○ 閔賢九,『朝鮮初期의 軍事制度와 政治』, 한국연구원, 1983.
○ 朴龍雲,『高麗時代史』上·下, 일지사, 1985.
○ 朴仁鎬,『韓國史學史大要』, 이회, 1996.
○ 裵賢淑,『朝鮮實錄의 書誌的 考察』, 中央大 博士學位論文, 1989.
○ 14세기 高麗社會 性格硏究班,『14세기 高麗의 政治와 社會』, 민음사, 1994.
○ 李丙燾,『韓國儒學史』, 亞細亞文化社, 1987.
○ 李秉烋,『朝鮮前期 畿湖士林派 硏究』, 一潮閣, 1984.
○ 李成茂,『朝鮮兩班社會硏究』, 一潮閣, 1995.
○ 李樹健,『嶺南士林派의 形成』, 嶺南大出版部, 1979.
○ 李佑成·姜萬吉,『韓國의 歷史認識』(上·下), 창작과 비평사, 1976.
○ 李泰鎭,『朝鮮時代 政治史의 再照明』, 汎潮社, 1985.
○ 全用宇,『湖西士林의 形成에 대한 硏究 - 16-17세기 湖西士族과 書院의 動向을 中心으로 - 』, 忠南大 博士學位論文, 1994.
○ 鄭求福,『高麗時代 史學史 硏究』, 西江大 博士學位論文, 1985.
○ 鄭杜熙,『朝鮮時代의 臺諫硏究』, 一潮閣, 1994.
○ 鄭杜熙,『朝鮮初期 政治支配勢力硏究』, 一潮閣, 1983.
○ 조동걸·한영우·박찬승,『한국의 역사가와 역사학』(상·하), 창작과 비평사, 1994.

○ 周藤吉之,『高麗朝官僚制硏究』, 日本法政大出版局, 1980.
○ 車長燮,『朝鮮後期 閥閱硏究』, 一潮閣, 1997.
○ 崔承熙,『朝鮮初期 言官·言論硏究』, 서울대출판부, 1976.
○ 崔異敦,『朝鮮中期 士林政治構造 硏究』, 一潮閣, 1994.
○ 卓用國,『中國史學史大要』, 探究堂, 1986.
○ 韓國史硏究會,『韓國史學史의 硏究』, 乙酉文化社, 1985.
○ 韓永愚,『朝鮮前期 史學史 硏究』, 서울대 출판부, 1981.
○ 韓永愚,『朝鮮前期社會思想硏究』, 知識産業社, 1987.
○ 許興植,『高麗科擧制度史硏究』, 一潮閣, 1981.
○ 玄相允,『朝鮮儒學史』, 玄音社, 1982.

③ 연구 논문

① 〈외국논문〉

宮內府　　　1909,『五臺山史庫 調査報告書』.
今西 龍　　1914,「李朝實錄に就いて」,『芸文』5-8·9.
瀨野馬熊　　1926,「李朝宣祖修正實錄と顯宗改修實錄に就いて」,『瀨野馬熊遺稿集』.
瀨野馬熊　　1932,「李朝實錄の所在の移動に就いて」,『靑丘學叢』4.
稻葉君山　　1926,「赤裳史庫訪問記」,『朝鮮學報』7.
末松保和　　1958,「李朝實錄考略」, 學習院大學 文藝部 硏究年報5.
末松保和　　1965,「李朝の野史の叢書について」,『靑丘史草』2.
McCune　　 1938,「The Ri Dynasty Annals of Korea」,『Transaction of Korean Branch of the Royal Asiatic Society』 Vol 29.
芳山學人　　1939,「漢陽朝 實錄考査」,『東亞日報』9月20日-11月1日.
北島万次　　1994,「壬辰倭亂硏究와 朝鮮王朝實錄」,『朝鮮王朝實錄과 古典國譯事業』.

野口　　　1914, 「李朝實錄にていて」, 『史學雜誌』25-2.
田中健夫　1993, 「朝鮮王朝實錄雜話」, 『日本歷史』536.
周藤吉之　1977, 「高麗初期の翰林院」, 『東洋學報』58.
中村榮孝　1936, 「朝鮮全州の史庫とその藏書」, 『文敎の朝鮮』.
稻葉岩吉　1933, 「太白山本光海君日記의 由來」, 『光海君時代의 滿鮮關係』.
丸龜金作　1938, 「朝鮮全州史庫實錄の移動と宣祖의 實錄複印」, 『史學雜誌』 49-6.
丸龜金作　1943, 「朝鮮の春秋館と李朝實錄の撰修とに就て」, 『史學雜誌』 54-10.

② 〈국내논문〉

高柄翊　1994, 「東亞諸國의 實錄」, 『朝鮮王朝實錄과 古典國譯事業』.
國編委　1977, 『承政院日記 刊行事業槪要』.
國編委　1977, 『承政院日記 刊行事業槪要』.
國編委　1986, 『史庫址調査報告書』.
國編委　1986, 『成廟寶典洗草錄』.
金慶洙　1994, 「治平要覽에 對한 硏究」, 『湖西史學』21·22합집.
金慶洙　1996, 「中宗朝 冲齋 權橃의 史草」, 『忠南史學』9.
金慶洙　1996, 「中宗代 磨厓 權輗의 史草에 대한 硏究」, 『古文書硏究』9·10.
金慶洙　1996, 「燕山君日記 編纂官에 대한 一 考察」, 『重山鄭德基博士 華甲紀念 韓國史學論叢』.
金慶洙　1997, 「朝鮮朝 外史의 設置와 運營」, 『歷史學報』154.
金慶洙　1998, 「朝鮮時代 "家藏史草의 一 硏究」, 『季刊書誌學報』21.
金慶洙　1998, 「仁祖實錄의 編纂過程과 編纂官」, 『忠北史學』10.
金慶洙　1998, 「朝鮮前期 兼任史官의 運營과 그 性格」, 『朝鮮時代史學報』5.
金九鎭　1994, 「國譯 朝鮮王朝實錄에 대하여」, 『朝鮮王朝實錄과 古典國

譯事業」.
金根洙 1976, 「野史叢書의 總體的 硏究」, 中央大韓國學硏究所刊.
金根洙 1977, 「朝鮮王朝實錄 解題」, 『永信아카데미 韓國學硏究所』.
金根洙 1978, 「野史叢書의 個別的 硏究」, 中央大韓國學硏究所刊.
金成俊 1981, 「高麗七代實錄編纂과 史官」, 『嶺南大民族文化硏究所』1.
김태성 1992, 「光海君日記의 編纂에 관한 간단한 고찰」, 『력사과학』2.
金亨奎 1941, 「奎章閣圖書와 李朝實錄」, 『春秋』2-2.
閔賢九 1989, 「高麗 恭愍王의 反元的 改革政治에 대한 一考察」, 『진단학보』68.
裵賢淑 1978, 「朝鮮史庫의 藏書管理」, 『奎章閣』2.
裵賢淑 1979, 「江華府史庫 收藏本考」, 『奎章閣』3.
裵賢淑 1986, 「五臺山史庫와 收藏書籍에 대하여」, 『書誌學報』創刊號.
裵賢淑 1989, 「朝鮮實錄의 書誌的 硏究」, 『中央大圖書館學科博士學位論文』.
白麟 1971, 「太白山史庫 所藏本에 대하여」, 『圖書館報』8-1.
白麟 1972, 「全州史庫와 同藏書의 疏開經緯에 대하여」, 『韓國비브리오』1.
白麟 1972, 「香山實錄曝曬移安于茂朱赤裳山形止案」, 『國學資料』2.
孫寶基 1964, 「君主와 史官 -李世民과 李芳遠을 中心으로-」, 『史學會誌』6.
申奭鎬 1960, 「朝鮮王朝實錄의 編纂과 保管」, 『사총』5.
申奭鎬 1968, 「朝鮮王朝實錄의 編纂과 保管」, 『史叢』5.
申奭鎬 1975, 「編纂事業」, 『韓國史論』3.
安大會 1991, 「大東稗林에 대하여」, 『大東稗林解題』, 國學資料院.
安大會 1992, 「朝鮮後期 野史叢書 編纂의 意味와 過程」, 『民族文化』15.
楊萬鼎 1988, 「全州史庫本 朝鮮王朝實錄의 保存에 관한 硏究」, 『全羅文化硏究』2.
吳恒寧 1997, 「史官制度 成立史의 제문제」, 『태동고전연구』14.
兪英玉 1994, 「集賢殿의 運營과 思想的 傾向」, 『부대사학』18.
윤국일 1983, 「고려실록에 대한 약간의 고찰」, 『력사과학』4.

李光麟   1967,「提調制 硏究」,『동방학지』8.
李起男   1971,「忠宣王의 改革과 詞林院의 設置」,『歷史學報』52.
李起東   1978,「羅末麗初 近侍機構와 文翰機構의 擴張」,『歷史學報』77.
李相殷   1978,「李朝實錄所在의 移動에 대하여」,『도서관』33-4.
李成茂   1994,「朝鮮王朝實錄과 韓國學硏究」,『朝鮮王朝實錄과 古典國譯事業』.
李迎春   1987,「朝鮮時代의 兼職制」,『淸溪史學』4.
李佑成   1982,「高麗·李朝의 易姓革命과 元天錫」,『韓國의 歷史像』.
李在郁   1946,「李朝實錄의 成立에 就하야」,『鄕土』1-1·2.
李載浩   1985,「宣祖修正實錄 記事의 疑點에 대한 辨析 -특히 李栗谷의 '十萬養兵論과 柳西厓의 養兵不可論에 대하여-」,『成大大同文化硏究院』.
李泰鎭   1988,「朝鮮時代 野史發達의 趣移와 성격」,『又仁金龍德博士停年紀念史學論叢』.
李鉉淙   1970,「開港後 史庫保存狀況」,『白山學報』8.
李鉉淙   1970,「舊韓末史庫保存과 守護寺刹」,『도협월보』11-12·12-1.
林承豹   1991,「光海君日記 太白山史庫本의 체재와 내용 -實錄編纂過程의 실상-」,『民族文化推進回報』24.
林承豹   1995,「光海君日記의 編纂經緯와 國譯過程」,『民族文化』18.
任昌淳   1992,「朝鮮王朝實錄文獻關係資料抄錄續」,『季刊書誌學報』.
張東翼   1976·79,「高麗前期의 兼職制에 대하여」(上·下),『大邱史學』11·17.
鄭求福   1977,「16-17세기의 私撰史書에 대하여」,『全北史學』1.
鄭求福   1984,「高麗時代의 史館과 實錄編纂」,『第3回國際學術會議論文集』
鄭求福   1987,「朝鮮初期의 春秋館과 實錄編纂」,『許善道先生停年紀念 韓國史學論叢』.
鄭求福   1992,「中宗朝 磨厓 權幩의 史草」,『季刊書誌學報』8.
鄭求福   1996,「조선조 일기의 자료적 성격」,『정신문화연구』제19권 4호, 한국정신문화연구원.

鄭求福 1995,「史學史에 있어서의 時代區分과 各時代의 特徵」,『韓國史의 時代區分에 대한 硏究』, 韓國精神文化硏究院.
鄭杜熙 1980,「集賢殿學士硏究」,『全北史學』4.
鄭杜熙 1989,「朝鮮建國初期 統治體制의 成立過程과 그 歷史的 意味」,『韓國史硏究』67.
鄭良婉 1994,「國譯리조실록에 대하여」,『朝鮮王朝實錄과 古典國譯事業』.
鄭亨愚 1971,「稗林과 大同野乘의 異同」,『圖書館學』2.
車勇杰 1979,「朝鮮王朝實錄의 編纂態度와 史官의 歷史意識」,『韓國史論』6.
車長燮 1983,「朝鮮前期의 史官 -職制 및 政治的役割-」,『慶北史學』6.
車長燮 1985,「史官을 통해 본 朝鮮前期 士林派」,『慶北史學』8.
車長燮 1992,「朝鮮前期 實錄의 史論」,『國史館論叢』32.
崔先惠 1995,「朝鮮初期 太宗代 藝文館의 設置와 그 歷史的 意義」,『震檀學報』80.
崔承熙 1966·67,「集賢殿硏究」,『歷史學報』31·32.
崔濟淑 1981,「高麗翰林院考」,『韓國史論叢』4, 성신여대.
韓㳓劤 1988,「朝鮮前期 史官과 實錄編纂에 관한 硏究」,『震檀學報』66.
許興植 1974,「高麗科擧制度의 檢討」,『韓國史硏究』10.

The Study of Sakwan(史官) in the Chosŏn Dynasty

Kim Gyung soo

The purpose of this study is to manifest the operation of the Chunchukwan(春秋館, office for Annals Compilation) and the contents of the practical activities of Sakwan(史官) through making investigation into Sakwan that was desigened to write down historical facts exactly and widely as a kind of clear and important government office.

The Chunchukwan, which succeeded to the system of the end of the Koryŏ Dynasty, was operated by means of the YemunChunchukwan(藝文春秋館) system which was united with Yemunkwan(藝文館, office of Royal Decrees) in the beginning of the founding of a countrry. But It was separated from Yemunkwan and consisted of more than sixty officials holding two offices at the same time without full-time officials (專任官) in July in the first year of TaeJong when the government organization was reshuffled. The reason why it was operated by only officials holding two offices at the same time without full-time officials is the purpose of recording wildly matters carried out in all public and making compilation materials for Sillok(實錄) on the basis of it.

Sakwan, who carried out his duty to record historical facts in the present generation, required strict requistes for qualification and formalities, because his duty itself was important function to caution coming age through recording historical facts in those days. He must pass the Erudite examination(文科) under the kingdom and be equipped with ability, scholarship and knowledge. And he must required harmonious relationship and everyday attitude among his colleagues. If there were a vacancy, a government official, lower than Bongkyo(奉教) of Yemunkwan, recommended an officials in Samkwan(三館) after looking throughly into four his ancestors(father, grandfather, great-grandfather and maternal grandfather). And then, all officials of Chunchukwan came together at Uijŏngbu(의정부, state Council) and argued for and against, and they choosed a competent person as Sakwan after testing him. But if an unable man was recommended, even the recommender might be purnished. Because qualifications and formalities were very strict and stringent like this, the elected performed their tasks with pride and dignity. And they could have strong consciousness for a royal summons without being tempted by power and the drift of the times.

Sakwan is divided into full-time officials and officials holding two offices at the same time(that is, part-time officials), Full-time Sakwans refer to 8 officials of Yemunkwan, who are Bongkyo(two Jong 7 pum officials), Taekyo(two Jong 8 pum officials) and Kŏmyŏl(four Jong 9 pum officials). And part-time officials refer to Yŏnguijŏng and other officials who belong to each government organization and are holding the office of Chunchukwan currently with their main post.

Full-time Sakwan recorded enforced matters directly attended historical sites such as Kyŏngyŏn(經筵, a kind of Confucian lecture for the king) and meeting by all the government officials. For this reason, Sakwan played a more important role than any other officials in those days. Part-time Sakwan reported the enforced matters of government offices that he belonged to in a diary style. His task was connected with putting historical facts in order, and similar to full-time Sakwan's.

The contents of their records attracted king's and all officials' attention because those were admonished to coming ages. A trouble brought on by a slip of the pen such as Minsusaok(閔粹史獄) or muosahwa(戊午士禍, Purge of 1498) organated from the contents of Sakwan's record, so it shows how important the contents of Sakwan's record is.

In relation to establishment of Sakwan's institution, Uisa(外史) which put the provincial enforced matters in order and reported them, was set up and operated in the reign of king Jungjong, and the institution of Yŏsa(女史) was actively debated for the purpose of admonition to coming age by recording the facts of the inside of a boudoir. In this period, the purpose of recording of all provincial enforced matters and the foots of the inside of a boudoir is directly connected with the pursuit of justification and the practical embodiment of Ethical politics (道學政治). Therefore, Cultivation of king's mutual disposition and studiousness, expansion of the passage of speech and the attitude of a sage king and sage were emphasized.

Investigation about the ingredious of officials who were consecutively occupied the Sakwan's office is important work in relation to the change of political ruling force. Full-time Sakwans, who were active during the period of the early Chosŏn Dynasty, were 559 persons.

Because it is not easy to define the ingredients of all these person in a word, in this study the ingredients and social backgrounds of only 176 persons who were active in the reign of king Jungjong become the subject of study.

The fact that many Sakwans were largely from the meritorious elite (勳舊派) become clear through investigation about the ingredients of Sakwans who were active during the reign of king Jungjong.

It is connected with Sakwan's activities to put historical facts in those days in order and compile them. Namely, the meritorious elite might be demanded the positive adjustment and predication about their situation. It seems that the meritorious elite produced Sakwan, as the Confucian literati(士林派) strived for their own party's advance through recommendation system and Inner-recommendation system.

The most important thing among Sakwan's activities is to put historical fact in those days in order such as Sa'cho(史草, historical Records) and Sijŏnggi(時政記, important affairs of the nation). Sa'cho is significantly used to do compile Sillok, and it is clue to look into the writer's consciousness about history. The existing Sa'cho was written by Kwonpŏl(權橃), Kwonye(權悅) and Jungtaeje(鄭泰齊) who occupied the full-time Sakwan office during the reign of king Jungjong and InJo, The writers were much concerned that the contents of record were leaked out because the contents of that article were able to cause a trouble brought on by a slip of the pen. The Sa'cho written by Nosusin(盧守愼) during the reign of king Jungjong and 'Kyomchunchuilki(兼春秋日記)' during the reign of king Injo exist among Sa'chos written by part-time Sakwan. These Sacho's also were used to compile Sillok like that and are significant from the view point that the officials recognition about reality can be examined.

Sillok was a national enterprise which the successor must put in force after the preceding king died. Because all historical facts such as politics, economy, society and culture were recorded actually Sillok was strictly prohibited as much as that even a king could not be admitted to inspect the contents. Therefore, the compilers were elected carefully, full-time Sakwans took charge of Kisakwan(記事官, lower writing officer) among them, and they did practical working like writing down Chochobon(初草本). In the result, Sakwan carried out not only putting historical facts in those days in order normally but also the most practical important task.

Sillok consist of text, detail note and saron(史論, historical essay). A historical essay among these parts is a clue to make clear Sakwan's and compiler's historical consciosness. Although there were writing of a historical essay in early Chosŏn Dynasty, only a little amount was recorded. But a historocal essay contained a lot of contents from the Sŏngjong Sillok. It is the result from the mixed action of Sarim's entrance on the stage, intellectuals' growing-up and climax of critical consciousness about real society.

Even though there are a little limitation, this study is considered as the former stage for the future study progress. And this study is closely connected with Sillok. Besides, because Sillok is related to intellectuals' historical consciousness in those days and their influence on coming ages, that is thought to be the branch of research for the study of historiography.

◆ 索 引

(ㄱ)

家藏史草　138, 139, 158, 159, 231, 322, 325, 332, 377, 416,
家藏日記　286, 304
假注書　29
各司謄錄類　39
감관사　46, 332, 333, 336, 337
甲子士禍　344
綱目　35
康致誠　149, 190, 430
改書　151, 153
鉅族　172, 180~182
建國史　14
檢閱　15, 18, 52, 59, 90, 102, 110, 153, 169, 264, 273, 274, 280, 299, 322, 332, 363

兼官　113
兼記注官　61
兼史　96
겸임사관　15, 18, 19, 20, 38~40, 54~57, 60~71, 102, 120, 139, 153, 156, 167, 199, 286, 302~307
겸직제　39, 60, 68, 298, 361
겸춘추　19, 64, 66, 72, 82, 85, 86, 99, 100, 120, 122, 275, 280, 298, 302, 304, 308, 310~312, 357
겸춘추관　64
겸춘추일기　19, 20, 38, 48, 64, 299, 304, 305, 307, 310, 357, 361, 366
經國大典　51, 56, 63, 68, 113, 306,

307, 336
經歷 92, 200, 232
京史庫 326
經筵官 36, 51, 60, 116, 135, 397, 399
경연일기 160, 320
고려사 17, 56
고려사 백관지 41
高麗史節要 17, 329, 414
古文書 58
考出 325
古風鞭罰 383
공봉 46
公山誌 86
公的日記 114
관찬사서 22, 71, 371, 374, 410, 416
光海君日記 39, 303
校理 50
교서관 36, 45
鞫案 163
國朝文科榜目 169
權橃 20
權悅 20
閨門 102, 103, 105, 109, 110, 415
규장각 79, 85, 348
近畿士林 292
謹按 275, 276, 279,

283
禁方措置 142
기거주 157
奇晚獻 93
記事官 81, 169, 208, 332
기주관 52, 330, 344, 358, 369
己丑獄死 296
金馹孫 33, 64

(ㄴ)

南袞 77
南行月日記
郎廳 301, 323, 364
內史 12, 103
內外家門 28
盧守愼 20

(ㄷ)

당대사 14, 18, 22, 69
當代史論 22, 375, 379, 382
當代史學史 369, 370
堂后日記 201, 220
대간 168
대교 51, 59, 102, 151, 169, 256, 259, 274, 299, 347, 363

大明會典 242
대사성 255, 256
大提學 48, 323
大學 203
대학사 47
都事 77, 92, 309
都承旨兼春秋 61
都廳 323, 359, 462
獨對 15, 38
東國文獻備考 79
동국사략 413
동국통감 17, 50, 413
東西氷庫 165
동지관사 330, 339, 344, 363
杜佑通典 103

(ㅁ)

磨勘 200, 232, 239
戊午士禍
戊寅日記 229
武定寶鑑 191
문하부 49, 56, 120
文翰署 42
文翰職 43
眉巖日記 320
閔粹史獄 140, 149, 189, 367

密鞠時 127
密直提學 345

(ㅂ)

박사 95
反正功臣削勳 247
房 301, 319, 347, 378
奉敎 13, 15, 36, 48, 53, 54, 89, 135, 162, 190, 259, 260, 264, 379
奉審 326
부교리 50, 234, 332
부수찬 50, 60, 234, 256, 289, 299
부제학 50
北征日記 128
分年 333
分年分房 319
分撰 39, 70
秘書省 43
飛草 140, 283

(ㅅ)

賜暇讀書 289, 332
史閣 326
사간원 307

史稿　78, 325, 327, 328
史庫　328
史館　13, 168
史官自薦制　194, 365
史局　74, 82, 144, 156, 207, 327, 338
史記　155, 333
司錄　73, 74, 98, 376
史論　22, 57, 64, 101, 162, 207, 214, 215, 217, 219, 223, 227, 229, 231, 232, 262, 272, 275, 331, 371, 374, 380, 386, 395~398, 401~416
詞林院　42
사림파　84, 176, 194
詞林學士　43
史臣曰　216, 227, 279, 282, 373, 374
私撰史書　81, 82, 99, 371, 373
史草　261, 275, 325, 298, 304, 307, 342
史草冊　147
史評　142, 394
史筆　17, 30, 33, 61, 106, 131, 137, 207
史學史　418

史學思想　317
史翰　55, 69
四翰林集　90
刪削　369
上番　139, 156
上箚　132, 135
書記　12
先入後出　132, 134
設頭受責　383
細註　222, 272, 276, 280, 283, 374, 375, 416
洗草　164, 231, 301, 303, 305, 335, 355
昭格署　387
召對　390
小微通鑑　35
蘇斯軾　29
蘇齋　287, 288
속강목　105
續武定寶鑑　163
宋元節要　35
首領官　92
修正　81, 447
修撰　48, 53, 113, 114, 213, 333, 334, 434, 437, 444
修撰官　62
夙興夜寢箴　291

索引 | 455

承宣房　43
承宣時日記　227
承宣日記　211
承傳單抄冊　39, 286
승정원　120, 306
承政院日記　156, 160, 230, 232, 307, 320
侍講院　299
시강학사　43, 154
시독학사　43
시무조　82
시정기　67, 80, 164, 232, 303, 320
時政策要　154
시행사　48
申用漑　77
실록청　302, 322, 323, 325, 330, 352, 377
實錄廳題名記　339

(ㅇ)

安瑜　77
安名世　441
夜對　126, 405
野史　81, 83, 163, 210
御書院　43
歷史敍述　317
燃藜室記述　79
燕山君日記　21, 208

예문관　23, 36, 40, 44, 68, 259, 363, 372
藝文春秋館　13, 38, 47
外史　81, 83, 89, 98
外史庫　326
용비어천가　17
慵齋叢話　180, 182
原史　80
留記　12
柳希齡　90, 94
六典條例　159
六曹判書　75
邑誌　99, 417
應敎　50
義禁府　92
儀賓府　92, 117
議政府　75, 117
移案　114, 164, 415
仁祖戊寅年史草　274
인조실록　21, 275, 284, 285, 322, 348, 350, 355, 360, 361, 365
인조실록청　361
日記洗草之圖　339
일기청　144, 334, 335, 341, 415
入侍　20, 114, 115, 118, 133, 135, 276, 283, 407

入侍史官 132
入侍史草 138, 139, 158, 231, 416

(ㅈ)

藏書閣 51
典校寺 40
前代史 14
전임사관 19
前朝史 14
銓注權 43
典翰 50
轉向士林 194
點檢 325
正字 50, 336
政廳 67, 260, 264
정정일기 299
正草 325
正草本 301, 359, 360
鄭泰齊 20
朝報 163, 286
弔義帝文 146, 190
朝會 116, 117
宗親府 117
左傳 35
主簿 479
注書 54, 126, 132, 140, 201, 259, 306

奏請使 201, 240, 241, 243, 246, 262
中草 302, 325
中草本 57, 301, 303, 320, 324, 359, 369
中樞府 117
지관사 338, 344, 363
直館 48, 141, 161,
直書主義 142
직제학 50
直筆 333
直翰林院 154
집현전 68

(ㅊ)

參上官 116, 117
參外官 36
參下官 116, 155
薦擧制 194
遷轉時 80
請先立志疏 294
靑松府使 78
청요직 171, 183, 291
初草 325
總裁官 284, 336
춘추관 13, 23, 38, 40, 44, 68, 161, 312, 372
春秋館記注官 93

春秋館日記 20, 79, 93, 286, ,299
春秋筆法 146
忠翊府 92
忠勳府 92, 117

(ㅌ)

太史 12, 65, 311

(ㅍ)

편수관 52, 53, 60, 64, 154, 265, 320, 330, 369
편찬관 12, 21, 22, 65, 70, 78, 93, 99, 115, 139, 207, 210, 213, 215, 218~220, 225, 276, 301, 313, 317, 323, 330, 335, 338, 340, 341~348, 354, 360~370, 380, 381, 413, 419
貶論 283, 391, 394, 408
褒論 278, 279, 283, 390, 391, 393, 408
褒貶 106, 138, 159, 210, 214, 372, 378,

393, 409
筆禍事件 137, 140, 141, 150, 158, 183, 189, 193, 322, 366, 393, 414

(ㅎ)

下番 33, 139
학사 46, 47, 50, 124, 125
學士院 41
翰林 36, 169
翰林時政記
翰林院 41, 44, 45
翰林推薦釐革 164
한림학사 154
漢城府 117
翰苑故事 378
翰苑日記 201, 211, 215
翰苑題名錄 15, 169
行朝日記 286
湖堂 289
弘文館 23, 51, 68, 168, 250, 299, 307
後代史論 375
後入後出 135
훈구계 178
훈구파 176, 194

조선시대의 사관 연구

인쇄일 초판 1쇄	1998년 11월 10일	
	2쇄	2018년 08월 20일
발행일 초판 1쇄	1998년 11월 20일	
	2쇄	2018년 08월 23일

지은이 김 경 수
발행인 정 찬 용
발행처 **국학자료원**
등록일 1987.12.21, 제17-270호

서울시 강동구 성내동 447-11 현영빌딩 2층
Tel : 442-4623~4 Fax : 442-4625
www.kookhak.co.kr
E-mail : kookhak2001@hanmail.net
ISBN 978-89-8206-309-1[09910]
가 격 23,000원

*저자와의 협의 하에 인지는 생략합니다.